최신시사상식

230집

Contents

상식 요모조모

TEST ZONE

최신시사상식 230집

초판인쇄: 2024. 10. 25. **초판발행**: 2024. 11. 1. **등록일자**: 2015. 4. 29 **등록번호**: 제2015-000104호 **발행인**: 박 용 **편저자**: 시사상식편집부
교재주문: (02)6466-7202 **주소**: 06654 서울시 서초구 효령로 283 서경빌딩 **표지 디자인**: 정재완 **발행처**: (주)박문각출판
이메일: team3@pmg.co.kr **홈페이지**: www.pmg.co.kr

정가 11,000원   ISBN 979-11-7262-297-8

사진 출처: 연합뉴스

Must Have News

"소설가 한강(54)이 2024년 노벨 문학상 수상자로 결정되면서 우리나라 최초의 노벨 문학상 수상자가 됐다. 한강의 수상은 아시아 여성 작가로는 최초이며, 한국인의 노벨상 수상은 지난 2000년 평화상을 수상한 고(故) 김대중 전 대통령에 이어 두 번째다."

소설가 한강, 한국인 최초 「노벨 문학상」 수상

스웨덴 한림원이 10월 10일 올해 노벨 문학상 수상자로 한국의 소설가 한강(54)을 선정했다고 발표했다. 한림원은 「역사적 트라우마에 맞서고 인간 생의 연약함을 드러낸 강렬한 시적 산문」이라며 선정 이유를 밝혔다. 한국인의 노벨상 수상은 지난 2000년 평화상을 수상한 고(故) 김대중 전 대통령에 이어 두 번째로, 노벨 문학상 수상은 한국인 최초. 또 아시아 작가의 수상은 2012년 중국 작가 모옌 이후 12년 만이며, 아시아 여성 작가로는 최초의 수상 기록이다. 한편, 시상식은 12월 10일 스웨덴 스톡홀름에서 열린다.

이스라엘, 헤즈볼라로 전선 확대 5차 중동전쟁 위기 고조

지난해 10월 시작된 이스라엘과 하마스의 전쟁이 1년째 이어지는 가운데, 이스라엘이 레바논과 예멘까지 공격하면서 전선이 중동 전역으로 확대됐다. 특히 이스라엘은 10월 1일 헤즈볼라를 상대로 레바논 지상전까지 전개했다. 이에 그동안 「저항의 축」 세력들을 간접지원해 왔던 이란이 이스라엘에 미사일을 발사하며 전쟁 전면에 나서고, 이스라엘이 이에 대한 보복을 예고하면서 5차 중동전쟁 위기가 고조되고 있다.

檢, 명품가방 수수 의혹 김건희 여사 등 불기소 처분

서울중앙지검 형사1부가 10월 2일 윤석열 대통령 배우자 김건희 여사의 「명품가방 수수 의혹」과 관련해 김 여사와 최재영 목사 모두에 「혐의 없음」 불기소 처분을 내렸다. 이는 인터넷매체 「서울의소리」가 지난해 11월 27일 최 목사가 김 여사를 접견하면서 명품가방을 건네는 장면을 몰래 촬영한 영상을 보도하면서 시작된 것이다. 한편, 이번 검찰의 불기소 처분을 두고 논란이 일어나는 가운데, 서울의소리는 항고한다는 입장을 내놓았다.

美 연준, 기준금리 0.5%p 인하 글로벌 금리 인하 본격화

미국 중앙은행인 연방준비제도(Fed·연준)가 9월 18일 기준금리를 기존 5.25~5.50%에서 4.75~5.0%로 0.5%포인트 인하하는 「빅컷(Big Cut)」을 단행했다. 이에 따라 2022년 3월부터 이어졌던 미국의 긴축 통화정책 기조는 사실상 마무리됐으며, 향후 글로벌 금리 인하가 본격화될 것으로 전망된다. 한편, 한국은행은 10월 11일 현재 연 3.5% 수준인 기준금리를 연 3.25%로 0.25%포인트 인하한다고 발표했다.

韓, 2025년 11월 세계국채지수(WGBI) 편입

영국 파이낸셜타임스스톡익스체인지(FTSE) 러셀이 10월 8일, 1년간의 유예 기간을 거쳐 내년 11월부터 한국을 세계국채지수(WGBI)에 추가한다고 발표했다. WGBI는 세계 3대 채권지수 중 하나로, 추종 자금은 3조 달러(약 4039조 원)로 추산된다. FTSE 러셀은 10월 기준으로 우리나라의 국채 편입 비중이 2.22%를 차지한다고 밝혔는데, 이는 우리나라까지 포함한 26개 편입국가 중 9번째로 큰 규모다.

정부, 보험료율 9→13% 인상 21년 만의 연금개혁안 발표

보건복지부가 9월 4일 현재 소득의 9%인 국민연금 보험료율을 연령대에 따라 매년 0.25%포인트~1%포인트씩 단계적으로 올려 최종 13%까지 인상하는 내용 등을 담은 「연금개혁 추진 계획」을 심의·확정했다. 하지만 세대별 보험료율 인상 속도 차등 방안은 중장년층에게 급격한 부담 증가로 이어질 수 있다는 점에서 사회적 저항이 우려되고 있다.

딥페이크 성범죄물 확산 경찰 수사 돌입

서울경찰청이 22만 명가량이 참여 중인 한 텔레그램 채널에서 딥페이크 성범죄물이 확산한 혐의를 수사 중이라고 8월 27일 밝혔다. 딥페이크 성범죄물은 SNS 등에서 내려받은 타인의 얼굴 사진에 음란물의 나체 사진을 합성해 유포하는 것이다. 최근 중고교는 물론 대학·군대에서도 이러한 딥페이크 성범죄물을 텔레그램 단체방 등에 공유한 범죄가 드러나면서 거센 논란이 일고 있다.

임윤찬, 영국 그라모폰상 수상 한국 피아니스트 최초

피아니스트 임윤찬(20)이 10월 2일 영국 런던에서 열린 「그라모폰 클래식 뮤직 어워즈」에서 「쇼팽: 에튀드」로 피아노 부문 수상자에 선정된 데 이어, 음악적으로 두각을 나타낸 청년 음악가에게 주어지는 특별상인 「올해의 젊은 예술가」도 수상하며 2관왕에 올랐다. 이처럼 한국 피아니스트가 그라모폰을 수상한 것은 물론, 2개 부문을 동시 수상한 것은 처음 있는 일이다.

오타니 쇼헤이, MLB 역사상 첫 50홈런-50도루 대기록

오타니 쇼헤이(30·LA 다저스)가 9월 19일 미국 플로리다주 마이애미 론디포 파크에서 열린 「2024 미국프로야구 메이저리그(MLB)」 마이애미 말린스와의 방문 경기에서 「50홈런-50도루」를 달성했다. 이처럼 MLB에서 한 경기 3홈런·2도루를 달성한 것은 물론, 단일 시즌 50-50 기록이 나온 것은 MLB 148년 역사상 처음이다. 오타니는 앞서 올 시즌 126경기 만에 40-40을 달성하기도 했는데, 이는 MLB 역대 6번째이자 최소 경기 기록이었다.

비만 치료제 위고비, 10월 15일 국내 출시

전 세계적으로 선풍적 인기를 끌고 있는 비만 치료제 「위고비」가 10월 15일 국내에 출시됐다. 「위고비」는 펜처럼 생긴 주사제로 주 1회 투약하는데, 한 박스에 주사기 1개와 주사바늘 4개가 들어 있어 4주간 투약할 수 있다. 국내 출시 가격은 4회 투약분이 37만 2000원(병원 및 약국 공급가격)으로, 소비자 가격은 70만 원대에 형성될 것으로 전망된다. 위고비 용량은 0.25mg부터 2.4mg까지 5종인데 매달 조금씩 용량을 높이며 투약하면 된다. 다만 위고비는 두통·구토·설사 등의 부작용도 보고되고 있기 때문에 투약 시 의사 처방이 반드시 필요하다.

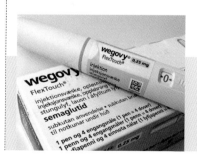

Infographics

합계출산율 | 한부모 가구 비율 | 난민통계 현황 | 사이버범죄 발생 및 검거 |
국민생활체육 참여 현황 | 국방예산 추이 | 사망 원인별 사망률 추이

❶ 합계출산율

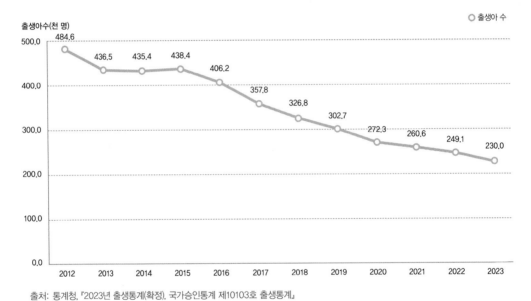

출생아수(천 명)

○ 출생아 수

연도	2012	2013	2014	2015	2016	2017	2018	2019	2020	2021	2022	2023
출생아 수	484.6	436.5	435.4	438.4	406.2	357.8	326.8	302.7	272.3	260.6	249.1	230.0

출처: 통계청, 『2023년 출생통계(확정), 국가승인통계 제10103호 출생통계』

📊 지표분석

2023년 합계출산율은 0.72명으로 출생통계 작성(1970년) 이래 최저치를 기록했다. 출산율은 2015년 이후 계속 하향 추세이다. 또한 결혼 연령이 상승하면서 35세 미만 연령층의 출산율은 감소하고, 35세 이상은 증가하는 추세이다.

합계출산율(TFR·Total Fertilty Rate): 한 여자가 가임기간(15~49세) 동안 낳을 것으로 예상되는 평균 출생아 수를 나타낸 지표로서 연령별 출산율(ASFR)의 총합

❷ 한부모 가구 비율

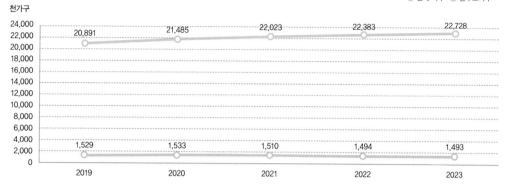

○ 전체 가구 ○ 한부모가구

천가구

출처: 통계청, 「장래가구추계」 / 「인구총조사」

🔺 지표분석

한부모가구란 일반가구 중 한부(모)와 미혼자녀로만 구성된 가구를 말하며, 2023년 한부모가구 비율은 6.6%이다. 한부모가구 비율은 2019년 7.3%, 2020년 7.1%, 2021년 6.9%, 2022년 6.7%로 매년 하락 추세를 보여왔다.

❸ 난민통계 현황

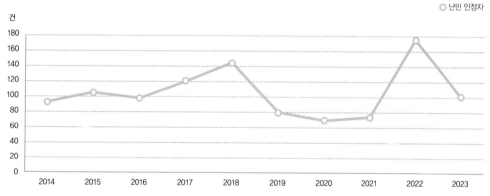

○ 난민 인정자

건

출처: 법무부, 출입국 외국인 정책 통계연보

🔺 지표분석

2013년 난민법 시행 이후로 난민인정 신청 건수는 큰 폭으로 증가해 왔으며, 2022년에는 11,539건으로 전년 대비 492.9% 증가했다. 국적별 난민 신청자 현황을 보면, 2022년 난민신청 상위 5개국은 러시아, 카자흐스탄, 중국, 인도, 말레이시아 순이다. 2023년 기준 누적 난민 인정자 수는 총 1,439명이며, 2023년 신규 난민 인정자 수는 101명이다. 국적별 난민 인정자 현황을 보면 2023년 난민인정 상위 5개국은 미얀마, 이집트, 아프가니스탄, 에티오피아, 콩고민주공화국 순이다.

❹ 사이버범죄 발생 및 검거

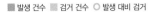

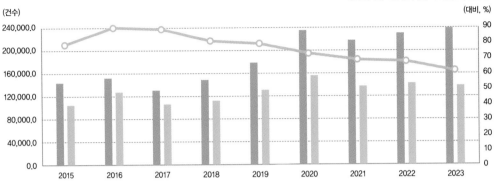

출처: 경찰청 「사이버범죄통계」

📊 지표분석

2023년 사이버범죄 발생 건수는 241,842건으로 이 중 검거 건수는 138,171건(발생 대비 검거율 57.1%)이다. 사이버 범죄는 계속 증가 추세로, 사이버범죄 통계는 크게 ▷정보통신망 침해범죄 ▷정보통신망 이용범죄 ▷불법콘텐츠 범죄로 분류하여 관리되고 있다. 이 사이버범죄에서 가장 큰 비중을 차지하고 있는 인터넷사기는 정보통신망 이용범죄에 포함된다.

❺ 국민생활체육 참여 현황

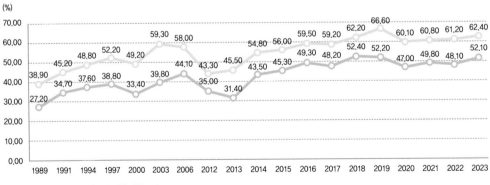

출처: 문화체육관광부 「국민생활체육조사」

📊 지표분석

2023년 주 1회 이상(1회 운동 시 30분 이상) 규칙적으로 체육활동에 참여한 비율은 62.4%로 2022년(61.2%) 대비 소폭 상승했다. 이는 국민 10명 중 6명이 주 1회 이상 생활체육에 참여하고 있음을 나타낸다. 주 2회 이상 규칙적으로 운동하는 비율은 52.1%로 2022년 48.1%에 비해 소폭 상승했다. 주 1회 이상 참여율의 경우 2010년 기준으로 핀란드 72%, 스웨덴 72%, 덴마크 64%, 네덜란드 56%, 프랑스 50%이다.

❻ 국방예산 추이

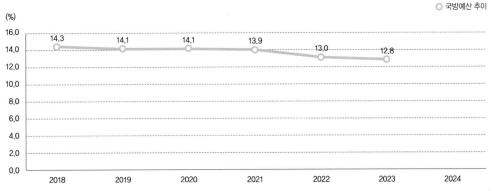

○ 국방예산 추이

(%)

14.3 14.1 14.1 13.9 13.0 12.8

출처: 국방부 (연도별 예산서), 기획재정부 「나라살림」

🏔 지표분석

국방비는 안보여건 변화와 사회복지 수요 증대 등에 따라 GDP 및 정부재정에서 차지하는 비율이 1980년대 이후 지속 하락하는 추세이다. 대규모 병력 위주의 양적 구도에서 첨단전력 위주의 체제로 변환하기 위해 국방개혁 초기에 정부재정 대비 국방비가 증가해 2004년부터 2007년까지 15%대를 유지하였으나, 2009년부터 국방비 점유율은 15% 미만으로 다소 낮아지고 있다. 2022년 기준 우리나라의 GDP 대비 국방비 지출 규모는 2.48%로 안보위협 및 국력 측면에서 볼 때 낮은 실정이다. 주요 국가의 국방비 지출 규모를 살펴보면, 미국 3.06%, 러시아 3.13%, 이스라엘 4.3%, 사우디 4.51%이다.

❼ 사망 원인별 사망률 추이

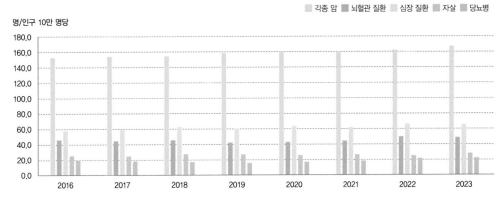

▨ 각종 암 ▪ 뇌혈관 질환 ▨ 심장 질환 ▨ 자살 ▨ 당뇨병

명/인구 10만 명당

출처: 통계청 「사망원인 통계」

🏔 지표분석

2023년 총 사망자 수는 352,511명으로 전년 대비 20,428명(−5.5%) 감소했다. 조사망률(인구 10만 명당 명)은 689.2명으로 전년 대비 38.3명(−5.3%) 감소했다. 10대 사망원인은 악성신생물(암), 심장 질환, 폐렴, 뇌혈관 질환, 고의적 자해(자살), 알츠하이머병, 당뇨병, 고혈압성 질환, 패혈증, 코로나19 순으로 나타났다. 한편, 자살률은 27.3명으로 전년 대비 2.2명(8.5%) 증가했고, 영아 사망률의 경우 2.5명으로 전년보다 8.1% 증가했다.

이스라엘 vs 親이란 저항의 축,

5차 중동전쟁 발발하나

▲ 이스라엘이 레바논 헤즈볼라로 전선을 확대한 가운데, 9월 28일 레바논 베이루트 남부를 공습하고 있다. (출처: 연합뉴스)

지난해 10월 팔레스타인 무장단체 하마스의 기습공격으로 시작된 이스라엘과 하마스의 「가자전쟁」이 1년 넘게 이어지는 가운데, 이스라엘이 레바논과 예멘까지 공격하면서 전선이 중동 전역으로 확대됐다. 가자전쟁 발발 이후 미국을 비롯한 국제사회는 이스라엘과 하마스 간 휴전협상 타결을 위해 지속적인 노력을 전개해 왔으나, 협상은 교착 상태에 머물면서 휴전은 요원해진 상태다.

이 사이 이스라엘은 레바논 헤즈볼라와 예멘 후티 등 친이란 「저항의 축」에 대한 전방위적인 공격에 나서며 전선을 확대했고, 특히 10월 1일 헤즈볼라를 상대로 레바논 지상전을 전개하면서 중동 위기는 최고조로 치달았다. 이에 그동안 「저항의 축」 세력들을 간접지원해 왔던 이란이 10월 2일 이스라엘에 200여 발의 탄도미사일을 발사하면서 전쟁 전면에 나서고, 이스라엘이 이에 대한 보복을 예고하면서 5차 중동전쟁 우려가 고조되고 있다.

한편, 이처럼 이스라엘이 전선을 확대해 나가는 데에는 오는 11월 미국 대선 전에 중동의 구도를 자국에 유리하게 재편하려는 베냐민 네타냐후 이스라엘 총리의 의중이 담겨 있다는 분석이 제기되고 있다.

이스라엘, 「헤즈볼라」로 전선 확대
삐삐테러에서 레바논 지상전 전개까지

지난해 10월부터 팔레스타인 무장단체 하마스와의 전쟁을 이어가고 있는 이스라엘이 9월부터 이란의 가장 강력한 대리세력 중 하나인 헤즈볼라를 공격하며 전선을 넓혔다. 이스라엘과 헤즈볼라는 지난해 가자전쟁 이후 크고 작은 무력공방을 벌여왔는데, 지난 7월 30일 헤즈볼라 최고위급 사령관 푸아드 슈크르가 이스라엘의 공습으로 추정되는 공격으로 사망하면서 갈등이 고조된 바 있다. 여기에 9월 17~18일 헤즈볼라의 근거지 레바논에서 이스라엘이 배후로 추정되는 무선호출기(삐삐)와 무전기 대량폭발 사건이 발생했으며, 23일에는 이스라엘이 「북쪽의 화살」 작전을 선포하고 레바논 각지에 고강도 폭격을 가하기 시작했다. 이후 헤즈볼라 수뇌부를 향한 이스라엘의 표적 공습이 지속적으로 전개되면서 헤즈볼라 수장인 하산 나스랄라 등 최고지도부가 이스라엘에 의해 모두 제거됐다. 그리고 이스라엘은 10월 1일에는 레바논 남부 국경 지역에 병력을 투입하며 지상전까지 개시했는데, 이러한 지상전은 2006년 레바논 전쟁 이후 18년 만에 이뤄진 것이다.

헤즈볼라(Hezbollah)

1983년 창설된 레바논의 이슬람 시아파 무장세력이자 정당조직이다. 이스라엘은 1982년 레바논에서 활동하고 있던 무장세력 「팔레스타인해방기구(PLO)」를 공격하기 위해 레바논을 침공했는데, 이때 이스라엘을 레바논에서 몰아내기 위해 결성된 조직이 헤즈볼라이다. 헤즈볼라는 1975~1990년까지 이어진 레바논의 장기 내전 이후에도 이스라엘에 맞서 저항운동을 한다는 명분으로 무장을 해제하지 않았고, 이에 현재 레바논 정부군과 맞먹는 병력을 갖추고 있다. 실제로 헤즈볼라의 자체 주장 병력 규모는 10만 명으로, 12만~20만 발의 로켓과 미사일을 비롯해 무인기(드론) 등의 비대칭 전력까지 다량 보유하고 있다. 여기에 2013년에는 시리아 내전에까지 참전하는 등 전투 경험까지 갖고 있다. 헤즈볼라와 이스라엘 간의 군사적 긴장은 이스라엘이 2000년 레바논 남부에서 병력을 철수하면서 잠시 잦아들기도 했으나, 2006년 헤즈볼라가 이스라엘 군인 2명을 납치하면서 「제2차 레바논 전쟁」이 발발해 34일간 이어진 바 있다.

저항의 축(Resistance Axis)

이슬람권 언론이 미국이 만들어낸 「악의 축(axis of evil)」에 반감을 드러내며 만든 용어로, 당초에는 미국과 미국의 동맹에 반대·저항하는 국가들이라는 뜻이었으나 점차 이란이 지원하는 반(反)이스라엘 무장단체들을 이르는 말로 진화됐다. 저항의 축에는 ▷팔레스타인 가자지구의 「하마스」와 「팔레스타인 이슬라믹 지하드」 ▷레바논의 무장단체 「헤즈볼라」 ▷이라크 시아파 무장정파(민병대) ▷시리아 바샤르 알아사드 정권 ▷예멘의 후티 반군 등이 해당된다.

이스라엘 배후 추정 삐삐테러 발생

9월 17~18일 헤즈볼라의 근거지 레바논에서 이스라엘이 배후로 추정되는 무선호출기(Beeper·일명 삐삐)와 무전기 대량폭발 사건이 발생하며 최소 32명이 숨지고 4000여 명이 부상을 입었다. 해당 폭발 사고에 대해 이스라엘 측은 아무런 입장을 내지 않았지만, 헤즈볼라와 이란은 이스라엘의 테러라고 주장하며 보복 방침을 밝혔다. 특히 9월 17일 폭발한 무선호출기의 경우 대부분 대만 통신기업인 골드아폴로의 「AR924」 모델인 것으로 알려졌는데, 골드아폴로 측은 해당 기기의 생산 및 판매는 헝가리 회사인 BAC가 맡았다며 사건과의 관련성을 부인했다.

그리고 미 뉴욕타임스(NYT)는 9월 18일 레바논에서 폭발한 무선호출기들이 이스라엘이 직접 생산해 헤즈볼라에 제공한 것이라며, 헝가리의 BAC 컨설팅은 이스라엘이 설립한 유령회사라고 보도했다. 또 로이터통신은 이스라엘 8200부대가 이번 작전의 개발 단계부터 관여했다고 보도했는데, 1952년 설립된 8200부대는 신호정보 감청, 사이버전·정보수집 등 「시긴트(SIGINT)」 분야 임무를 수행하는 이스라엘 최고의 사이버 첩보부대다. 아울러 해당 사건 배후로는 이스라엘 해외 정보기관인 「모사드」가 유력하게 지목됐는데, 모사드는 지난 7월 31일 이란 대통령 취임식 참석차 테헤란을 찾았던 하마스의 정치 지도자 이스마일 하니예 암살에도 관여한 바 있다.

모사드(Mossad)

해외정보를 담당하며 비밀정치공작, 대테러 활동을 수행하는 이스라엘의 정보기관이다. 1949년 12월 다비드 벤구리온 총리 시절 외무부 산하조직으로 출발해 1951년 총리실 직속 기관으로 변경됐다. 모사드가 지금까지 관여한 대표적인 사건에는 ▷1960년 나치 전범 아돌프 아이히만 체포 ▷1972년 9월 뮌헨올림픽에서의 아랍 게릴라 13명에 대한 7년에 걸친 추적과 암살 ▷1976년 공중납치돼 우간다 엔테베공항에 인질로 잡혀 있던 이스라엘 여객기 승객 구출 등이 있다.

이스라엘의 레바논 전역 폭격, 2300여 명 사상

이스라엘군이 9월 23~24일 「북쪽의 화살(Northern Arrows)」로 명명된 작전을 통해 레바논 남부와 동부 일부 지역의 헤즈볼라 시설 1600곳에 약 650차례의 공습을 단행했다고 밝혔다. 그리고 레바논 보건부는 9월 24일 이스라엘의 폭격으로 아동 50명·여성 94명을 포함해 최소 558명이 사망하고 1835명이 부상을 입었다고 발표했다. 이는 지난 2006년 7월 이스라엘과 헤즈볼라가 34일간 치른 「2차 레바논 전쟁」으로 레바논인 1191명이 사망한 이래 최대 피해 수치다. 이와 같은 이스라엘의 대규모 공습에 헤즈볼라는 9월 23일 밤 이스라엘 북부를 향해 로켓과 무인기 약 250발을 발사하는 맞대응에 나서 무기공장 등을 파괴했으며, 24일에도 북부 군수시설 등에 로켓 100발 이상을 발사했다고 밝혔다. 특히 헤즈볼라는 9월 25일 이스라엘 텔아비브 외곽 모사드 본부를 겨냥해 미사일을 발사했다고 밝혔는데, 지난해 10월 가자전쟁 이후 헤즈볼라가 이스라엘의 수도를 공격한 것은 처음 있는 일이었다.

이스라엘, 헤즈볼라 수장 등 제거

이스라엘군이 9월 28일 레바논 헤즈볼라의 수장 하산 나스랄라(※ 시사인물 참조)를 제거했다고 밝혔다. AP·로이터통신 등 외신에 따르면 이스라엘군은 전날인 9월 27일 헤즈볼라 지휘부 회의가 열린 레바논 베이루트 남부 다히예를 정밀 공습했으며, 이 공습으로 나스랄라를 비롯해 헤즈볼라 남부전선 사령관 알리 카르키 등 일부 지휘관도 사망한 것으로 전해졌다. 이스라엘은 헤즈볼라로 전선을 확대한 뒤 지도부를 겨냥한 표적 공습을 지속적으로 전개해 왔는데, 지난 7월 말 헤즈볼라 최고사령관 푸아드 슈크르를 암살한 데 이어 9월 20일에는 조직의 2인자이자 특수부대 사령관인 이브라힘 아킬을 제거했다. 또 9월 24일에는 헤즈볼라의 미사일·로켓부대 사령관 이브라힘 무함마드 쿠바이시가, 26일에는 무인기 지휘관 무함마드 후세인 사루르가 이스라엘에 의해 암살됐다. 헤즈볼라는 정규군과 달리 최고지도자와 그를 둘러싼 소수 지휘관들이 집단적 지휘체계를 이루고 있는데, 이스라엘의 표적 공습 약 2달 만에 최고지도부 전원이 사망하면서 조직이 사실상 궤멸 상태에 놓였다는 관측이 제기됐다.

▲ 하산 나스랄라(1960~20
출처: 위키피디아(Khamenei.ir/ CC BY

🖋 레바논 헤즈볼라의 새로운 수장인 하셈 사피에딘이 이스라엘의 공습으로 사망한 것으로 추정된다는 외신 보도가 10월 4일 나왔다. 사피에딘은 나스랄라가 1992년 헤즈볼라 사무총장에 오른 직후 집행위원회 조직을 맡아 30여 년간 헤즈볼라의 훈련 시스템, 외국 투자를 비롯한 재정 부문 등을 전담해 관리해 왔다. 그러다 나스랄라가 9월 28일 이스라엘의 공습으로 사망한 뒤 헤즈볼라의 수장이 된 바 있다.

이스라엘, 레바논 지상전 개시

이스라엘이 10월 1일 오전 헤즈볼라를 겨냥해 레바논 본토를 공격하는 지상전을 개시했다. 이스라엘은 이날 성명을 통해 「레바논 남부 국경지역의 헤즈볼라 목표물을 제거하기 위해 제한적이고 국지적이며 표적화된 지상 습격을 시작했다」고 밝혔다. 이스라엘 지상군이 레바논 국경을 넘은 것은 2006년 양측의 34일 전쟁 이후 18년 만에 처음으로, 당시 헤즈볼라가 이스라엘 군인 2명을 납치하자 이스라엘은 유엔 안전보장이사회가 설정한 경계선인 「블루라인(Blue Line)」을 넘어 레바논에 병력을 투입한 바 있다.

블루라인(Blue Line)

유엔(UN)이 설정한 이스라엘과 레바논을 가르는 일시적 경계선으로, 1978년 레바논을 침공한 이스라엘이 2000년 레바논에서 병력을 철수하자 유엔이 이스라엘의 완전 철군 여부를 확인하기 위해 발표한 임시 철수선이다. 하지만 2006년 헤즈볼라가 이스라엘 군인 2명을 납치하자 이스라엘이 블루라인을 넘어 레바논에 병력을 투입하면서 양측의 「제2차 레바논 전쟁」이 34일간 이어진 바 있다. 이에 유엔은 두 나라의 전쟁 종식을 위해 안전보장이사회 결의(UNSCR) 1701호를 채택하는데, 이는 이스라엘군이 레바논에서 완전히 철수하고 레바논 리타니강 이남에는 헤즈볼라를 제외한 레바논군과 레바논 지역 유엔평화유지군(UNIFIL)만 주둔한다는 내용이다.

이란의 이스라엘 보복 공격, 5차 중동전쟁 위기 고조

이스라엘이 9월 29일 예멘의 이슬람 무장단체 후티를 공습하는 등 「저항의 축」에 대한 전방위 폭격을 단행하고 나섰다. 이스라엘군은 이날 예멘 서부 호데이다항(港)과 인근 라스이사 항구의 항만시설과 발전소를 폭격했다. 예멘은 이스라엘에서 약 1800km 떨어져 있는데, 이스라엘군은 장거리 공격을 위해 전폭기와 공중급유기·정찰기를 포함한 수십 대의 이스라엘 공군 항공기를 투입한 것으로 알려졌다. 후티 역시 이란의 지원을 받는 「저항의 축」 일원으로, 지난해 10월 이스라엘과의 전면전에 돌입한 하마스를 도와 이스라엘을 겨냥한 공격에 가세해 왔다. 이처럼 이스라엘이 하마스·헤즈볼라에 이어 후티까지 연쇄 타격하자 일각에서는 「이스라엘이 11월 미국 대선 전 저항의 축을 궤멸하려 한다」는 관측까지 제기하고 나섰다.

후티(Houthis)

예멘의 이슬람 근본주의 조직이자 이슬람 시아파 무장단체로, 1994년 북예멘에서 후세인 바르레딘 알후티에 의해 조직된 「믿는 청년들」이 모태가 된 단체다. 2004년 후세인의 사망 이후 무장단체로 변모한 후티는 1994년 수니파의 남예멘 분리 독립을 막기 위한 활동을 시작했고, 2014년에는 수니파 정부를 공격하면서 현재 북예멘의 상당 지역을 장악하고 있다. 국제사회에서는 이란만이 후티 반군을 예멘의 합법 정부로 인정하고 있다. 후티는 이란식 시아파 국가를 수립하는 것을 목표로 하고 있으며, 이란 이외에 하마스·헤즈볼라·북한 등과 우호적인 관계를 맺고 있다.

이스라엘-헤즈볼라 갈등의 역사

날짜	주요 내용
1982. 6.	이스라엘 침공으로 1차 레바논전쟁 발발 → 1983년 헤즈볼라 결성
1983. 4.	헤즈볼라, 베이루트 미국 대사관 폭탄 테러
1992. 2.	이스라엘, 헤즈볼라 지도자 아바스 알무사위 살해
2000. 5.	이스라엘, 레바논에서 완전 철수
2006. 7.	•헤즈볼라, 이스라엘 군인 납치 → 2차 레바논전쟁 발발 •34일간 지속되며 8월 종료
2023. 10.	헤즈볼라, 하마스의 이스라엘 습격 다음 날 이스라엘 국경지대 폭격
2024. 7.	•헤즈볼라, 골란고원에 로켓 포격 가해 이스라엘 청소년 12명 사망 •이스라엘군 공습으로 헤즈볼라 고위 지휘관 푸아드 슈크르 사망
8. 25.	•이스라엘군, 레바논 남부 수천 곳 공습 •헤즈볼라군 로켓 320발, 드론 다수 발사
9. 17.	이스라엘 소행 추정 레바논 삐삐 폭발(최소 12명 사망, 2300여 명 부상)
18.	이스라엘 소행 추정 레바논 무전기 폭발(최소 25명 사망, 700여 명 부상)
20.	이스라엘의 베이루트 공습으로 헤즈볼라 2인자 이브라힘 아킬 등 사망
23.	이스라엘, 레바논 융단 폭격 「북쪽의 화살」 작전 시작
28.	헤즈볼라 지도자 하산 나스랄라, 이스라엘군 폭격으로 사망
10. 1.	이스라엘, 레바논 남부에서 제한적 지상전 시작

VS

헤즈볼라·후티 등 「저항의 축」으로 전선을 확대해 가며 강공을 이어가는 이스라엘의 행보에는 오는 11월 미국 대선 전 중동 질서를 자국에 유리하게 재편하려는 베냐민 네타냐후 총리의 의중이 있다는 분석이 나오고 있다. 즉, 유대계 유권자들의 표심을 의식한 미국 정치권이 11월 대선 전까지는 이스라엘에 적극적으로 개입하지 못할 것으로 보고, 그 전에 가능한 모든 군사적 역량을 동원해 「저항의 축」을 무력화하려 한다는 것이다. 미국은 이스라엘을 통제할 수 있는 유일한 나라지만, 오는 11월 대선을 앞두고 네타냐후에 대한 어떠한 압력도 행사하지 못하고 있다. 이는 조 바이든 현 대통령이 차기 대선 도전을 포기하며 사실상 레임덕 상태에 들어선 데다, 카멀라 해리스와 도널드 트럼프가 맞붙는 현 대선 판세가 워낙 박빙이기 때문에 중동 정세 개입이 가져올 후폭풍의 영향을 가늠하지 못하는 데 따른 것이다.

여기에 지지부진한 가자전쟁 인질 협상에 대한 비판 여론을 헤즈볼라에 대한 대대적 공세로 돌리면서 네타냐후 총리의 지지 여론을 결집시키려는 속내가 있다는 분석도 있다. 아울러 서방과의 관계 개선을 꾀하는 이란이 확전 부담으로 쉽사리 이스라엘 공격에 나서지 못하는 것도 이스라엘에 유리하게 작용하고 있다는 관측이다.

이란이 10월 1일 이스라엘을 겨냥해 200여 발의 탄도미사일을 발사하면서 중동의 전쟁 위기가 최고조로 치달았다. 이란의 이스라엘 공습은 앞서 지난 4월 13~14일 미사일과 드론으로 이스라엘 본토를 공습한 지 5개월여 만이다. 이란은 이번 미사일 발사에 대해 「하마스 수장 이스마일 하니예, 헤즈볼라 수장 하산 나스랄라, 혁명수비대 작전부사령관 압바스 닐포루샨의 죽음」에 대한 보복이라고 규정했는데, 이들 모두 이스라엘의 공격으로 잇달아 폭사한 바 있다. 이란은 지난 7월 하마스의 수장 이스마일 하니예가 자국에서 암살 당했을 때 이스라엘에 대한 보복을 천명한 바 있으나, 이후 2개월간 특별한 움직임을 보이지는 않았다. 이는 서방의 오랜 경제제재로 피폐해진 경제 회복이 자국의 최우선 과제이기 때문에 섣불리 전쟁에 개입하지 않은 것이다. 하지만 최근 이스라엘이 이란의 핵심 대리세력인 헤즈볼라의 수장 하산 나스랄라를 제거한 데 이어 18년 만에 레바논 지상전까지 개시하자 결국 행동에 나선 것으로 분석된다. 특히 이란은 앞서 지난 4월 이스라엘 본토 공습 시에는 공격 며칠 전 주변국에 통보하고 속도가 느린 드론도 같이 동원해 이스라엘이 대비할 시간을 줬다. 그러나 이번에는 사전 통보가 없었고 이스라엘에 12분여 만에 도달했을 정도로 속도가 빠른 탄도미사일을 동원했다.

이스라엘 vs 「저항의 축」, 충돌 현황은?

레바논 헤즈볼라	• 9월 23일부터 이어진 이스라엘의 집중 공습으로 교전 격화 • 이스라엘, 레바논 남부서 지상작전 시작(10월 1일) • 헤즈볼라, 이스라엘 텔아비브 인근 모사드 공습
팔레스타인	2023년 10월, 하마스의 이스라엘 기습 공격으로 전쟁 중(가자전쟁)
이란	• 이스라엘-이란 무력 공방(4월) • 헤즈볼라 수장 나스랄라 등 사망에 보복 다짐, 헤즈볼라 전면 지원 선언(9월 28일) • 이란, 이스라엘에 탄도미사일 180발 발사(10월 1일)
예멘(후티 반군)	• 하마스 연대 명분으로 홍해 지나는 상선 공격(2023년 11월~) • 이스라엘, 후티 근거지 폭격(9월 29일) • 후티, 이스라엘 텔아비브 인근 군사시설 드론 공격(10월 1일)

이스라엘 vs 이란의 군사력

이스라엘	구분	이란
현역 17만 명, 예비군 45만 명	병력규모	현역 67만 명, 예비군 35만 명(추정)
메르카바 등 전차 1500여 대/ 장갑차 1000대 이상	육군	T-72, T-90 등 전차 1600여 대/ 장갑차 1300여 대
F-35, F-15 등 전투기 330여 대/ 무인기(드론) 수백 대	공군	구형 F-14, 미그 29 등 전투기 250여 대/ 샤헤드, 아바빌, 모하제르 등 무인기 수십 종
구축·초계함, 고속정 등 50여 척/ 잠수함 6척	해군	전투함, 보급함 등 군함 220여 척/ 잠수함 10여 척
약 240억 달러(약 32조 원)	군사비	약 215억 달러(약 28조 원) 추정

이란-이스라엘 충돌, 중동전쟁 확전 전망은?

이란이 이스라엘에 약 200발의 탄도미사일 공격을 가하며 중동 정세가 요동치고 있는 가운데, 이스라엘이 이란에 강력한 대응을 천명하면서 5차 중동전쟁 우려가 고조되고 있다. 중동의 앙숙인 이스라엘과 이란은 수십년간 직접 충돌을 피해오면서 물밑에서 「그림자전쟁」을 벌여왔다. 하지만 이란이 직접 개입하고 이스라엘이 보복을 예고함에 따라 양측의 전면 충돌 가능성과 함께 이스라엘의 재반격 수위에 대한 각종 예측이 제기되고 있다. 특히 일부에서는 이스라엘이 이란 핵 프로그램의 핵심인 나탄즈 농축 시설을 공격할 수 있다는 점을 가장 우려하고 있다.

이처럼 이스라엘과 이란의 전면전 위기감이 고조되는 가운데, 미국은 이란의 공격으로부터 이스라엘을 방어하기 위해 「고고도미사일방어체계(THAAD·사드)」를 이스라엘 내에 배치하고 이를 운용할 미군 100명을 파병한다고 10월 13일 밝혔다. 지난해 가자전쟁 시작 이후 이스라엘에 실전용 사드가 들어가는 것은 이번이 처음으로, 미 언론들은 이에 대해 미국 정부가 중동 분쟁에 더욱 적극적으로 개입하겠다는 신호로 해석했다. 이러한 미국의 방침에 이란 외교부는 거세게 반발했으며, 「이란 국민과 국익을 지키는 데 레드라인은 없다」며 이스라엘에 대한 강도 높은 재보복도 예고했다.

이스라엘 vs 하마스 전쟁 1년, 가자지구 휴전은 여전히 요원

2023년 10월 7일 팔레스타인 무장정파 하마스의 이스라엘 남부 기습 공격으로 시작된 가자전쟁은 발발 1년을 넘어서며 장기전이 됐다. 현재 가자전쟁 휴전을 위한 협상은 지지부진한 상태로, 특히 미국의 압박에도 협상 대신 강경 전략을 고집하며 휴전을 거부해 온 베냐민 네타냐후 이스라엘 총리가 오히려 전선을 확대시키면서 휴전은 더욱 요원해졌다. 이러한 가운데 이스라엘군이 10월 17일 가자지구 남부에서 하마스 수장 야히야 신와르를 16일 제거했다고 발표하면서 발발 1년을 맞은 가자전쟁은 새로운 국면을 맞게 됐다.

가자전쟁 1년, 현재까지의 피해

팔레스타인 보건당국에 따르면 현재까지 가자전쟁으로 여성과 어린이를 포함해 4만 1000명 이상이 사망하고, 9만 3000여 명의 부상자가 발생했다. 또 이스라엘에서도 여성 282명과 어린이 36명 등 1200여 명의 이스라엘인과 외국인이 하마스의 기습 공격으로 사망했다. 이는 팔레스타인 가자지구 사망자수보다는 훨씬 적지만, 이스라엘 역사상 단일 사건으로는 최악의 사상자 기록이다. 여기에 가자지구에서는 전쟁 장기화로 인해 주거용을 포함해 전체 건물의 3분의 2가 훼손됐으며, 약 190만 명이 피란길에 오른 것으로 알려졌다.

네타냐후, 「필라델피 회랑」 영구 주둔 유지

팔레스타인 가자지구에 억류됐던 이스라엘 민간인 인질 6명이 지난 8월 31일 시신으로 발견되면서 9월 1일 예루살렘과 텔아비브를 중심으로 이스라엘 전역에서 약 70만 명이 이에 항의하는 대규모 반정부 시위가 벌어졌다. 이는 지난해 10월 가자전쟁 발발 이후 최대 규모로, 시위에 참가한 시민들은 네타냐후 총리의 사임과 즉각 휴전을 요구했다. 하지만 이와 같은 대규모 시위에도 네타냐후 총리는 9월 2일 기자회견을 열고 휴전 요구 여론을 일축했다. 그는 이날 하마스의 가자지구 통치가 종식되어야만 가자전쟁도 끝날 것이며, 하마스의 무기 밀수 통로인 가자지구-이집트 국경의 완충지대 「필라델피 회랑(Philadelphi Corridor)」에서 병력을 철수하지 않겠다는 기존 입장도 재확인했다. 필라델피 회랑은 가자전쟁 휴전협상에 있어 이스라엘과 하마스 양측이 가장 첨예하게 대립하는 사안으로 꼽히는데, 이스라엘은 당초 지난 5월 제안한 휴전협상안 첫 단계에서는 「국경지역의 이스라엘군 철수」를 밝혔으나 이후 필라델피 회랑 등에서 철군이 불가하다며 요구를 추가한 바 있다. 이스라엘은 필라델피 회랑 아래에 하마스가 이집트로부터 무기와 연료들을 몰래 가자지구로 반입하는 지하터널이 있다고 보고 있다.

▲ 필라델피 회랑은 가자지구와 이집트 사이의 국경에 위치해 있다. (출처: 위키피디아, Gringer translated by 102orion/ CC BY-SA 3.0)

이스라엘, 하마스 수장 신와르 암살 발표

이스라엘군이 10월 17일 성명을 통해 전날 가자지구 남부에서 하마스 수장인 야히아 신와르(※ 시사인물 참조)를 살해했다고 밝혔다. 신와르는 지난해 10월 7일 하마스의 이스라엘 기습 공격과 인질 납치·살해를 지휘해 전쟁을 촉발한 인물로, 이스라엘군의 제거 1순위 표적으로 꼽혀 왔다. 이에 이스라엘군과 이스라엘의 국내 정보기관 신베트는 모든 역량을 동원해 그를 추적해 왔으며, 신와르에게는 하마스 지도자 중 가장 많은 40만 달러(약 5억 원)의 현상금도 내걸었다. 신와르는 지난 7월 31일에는 이란 수도 테헤란에서 암살된 이스마일 하니예에 이어 하마스 수장인 정치국장 자리에 오른 바 있다.

가자전쟁 휴전 전망은?

국제사회에서는 가자전쟁의 빌미를 제공한 신와르가 사망한 만큼 종전을 검토해야 한다는 의견이 힘을 얻고 있는데, 조 바이든 미국 대통령은 10월 17일 「이스라엘과 팔레스타인 모두에 더 나은 미래를 위해 정치적 해법(휴전)을 도출할 기회가 왔다.」는 입장을 내놓았다. 또 영국·독일·프랑스·이탈리아 등 유럽 주요국도 인질 석방과 즉각적인 휴전을 요구했으며, 억류된 이스라엘 인질들의 가족 단체들도 하마스와 이스라엘 정부 양측에 전쟁 중단을 호소했다.

그러나 한편에서는 하마스와 이스라엘 내 강경파가 우세해 즉각 휴전은 어렵다는 전망도 나온다. 특히 네타냐후 이스라엘 총리는 10월 17일 「아직 전쟁은 끝나지 않았다. 우리는 마지막 인질이 돌아오는 순간까지 계속 싸울 것」이라고 밝혀 가자 전쟁 휴전은 불투명해졌다는 평가다. 실제로 신와르 사망 후에도 이스라엘은 가자지구와 레바논에 대한 공격을 확대하며 전쟁을 지속하겠다는 의지를 표출했다. 10월 19일 로이터 등 외신에 따르면 이스라엘은 이날 가자지구 북부 베이트 라히야의 주거용 건물 등에 대한 공습을 단행했으며, 하마스와 가자지구 민방위대는 해당 공격으로 팔레스타인 주민 87명이 사망했다고 주장했다. 또 이스라엘은 이날 레바논 헤즈볼라 무기고와 정보시설 등을 겨냥해 레바논 수도 베이루트에도 최소 12차례 공습을 감행했다. 이에 헤

즈볼라도 반격에 나섰는데, 특히 헤즈볼라는 베냐민 네타냐후 이스라엘 총리 자택을 노린 무인기(드론) 공격을 단행했다. 이 드론은 이스라엘 텔아비브 북쪽 해안도시 카이사레아에 있는 네타냐후 총리의 집으로 날아와 인근 건물을 타격했으나, 총리 부부는 당시 집에 없었던 것으로 전해졌다.

✎ 10월 21일 로이터 통신 등에 따르면 토니 블링컨 미국 국무장관이 가자지구 휴전을 추진하기 위해 중동 지역 순방에 나섰지만 협상 전망은 불투명하다는 평가다. 이는 이스라엘이 협상에 대한 의지가 약한 데다. 사망한 야히아 신와르에 이어 하마스를 이끌 차기 지도부가 누가 될지도 불투명하기 때문이다. 한편. 이번 방문이 이뤄질 경우 블링컨 장관의 중동 방문은 지난해 10월 7일 가자지구 전쟁이 시작된 이후 11번째가 된다.

이스라엘-하마스 전쟁 1년, 주요 내용

2023. 10. 7.	• 하마스, 이스라엘 기습 공격 • 이스라엘, 가자지구 보복 공습 시작	2024. 4. 14.	이란, 이스라엘 본토 공격
27.	이스라엘, 가자지구에서 대규모 지상전 시작	7. 31.	하마스 지도자 이스마일 하니야, 이란 테헤란에서 암살
11. 15.	이스라엘군, 알시파 병원 공습	8. 31.	가자지구 소아마비 백신 접종 시작
22.	이스라엘-하마스, 일시 교전 중지 및 인질 일부 석방 합의	9. 9.	소아마비 접종 완료, 이스라엘 가자지구 공습 재개
12. 1.	휴전 종료, 교전 재개	17.	이스라엘, 헤즈볼라 공습
9.	예멘 후티 반군, 홍해 상선 공격 시작	10. 16.	이스라엘, 하마스 수장 야히아 신와르 사살

최신 주요 시사

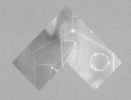

최신
주요 시사

8월 / 9월 / 10월

정치시사 / 경제시사 / 사회시사 / 문화시사

스포츠시사 / 과학시사 / 시시비비(是是非非)

2024 노벨상 / 시사용어 / 시사인물

정치시사

〰〰〰〰〰〰〰〰〰〰〰〰〰〰〰〰〰〰〰〰〰〰〰〰〰〰〰〰〰〰〰

마크롱, 새 총리에 「우파」 바르니에 임명
프랑스 4번째 동거정부 탄생

에마뉘엘 마크롱 프랑스 대통령이 9월 5일 우파 공화당 출신의 미셸 바르니에(73) 전 브렉시트(Brexit·영국의 유럽연합 탈퇴) 수석협상대표를 신임 총리로 임명했다. 이는 지난 7월 치러진 조기 총선 결선투표 두 달 만으로, 마크롱 대통령은 중도 성향의 르네상스당 소속이지만 바르니에 총리는 정통 우파 공화당 출신이다. 이로써 프랑스 5공화국 역사상 네 번째 동거정부가 탄생하게 됐는데, 동거정부(코아비타시옹, Cohabitation)는 대통령과 총리가 속한 정당이 서로 달라 한 정부 안에 여야가 공존한다는 뜻에서 붙은 명칭이다. 프랑스에서는 1958년 5공화국이 들어선 이래 지금까지 ▷프랑수아 미테랑 대통령과 자크 시라크 총리(1986~1988) ▷미테랑 대통령과 에두아르 발라뒤르 총리(1993~1995) ▷시라크 대통령과 리오넬 조스팽 총리(1997~2002) 등 총 3차례의 동거정부가 구성됐던 바 있다.

> **미셸 바르니에(Michel Barnier)는 누구?** 프랑수아 미테랑, 자크 시라크, 니콜라 사르코지 전 대통령 시절 여러 장관직을 거친 베테랑 정치인이다. 1973년 사부아 지역 의회 의원이 되면서 정계에 입문한 그는 1978년 하원의원에 당선되면서 중앙 정계에 등장했다. 미테랑 집권기이던 1993년 환경부 장관으로 입각한 뒤 유럽문제 담당 장관(1995년), 외무장관(2004년), 농수산부 장관(2007년) 등을 지냈다. 이후 1999년 유럽연합(EU) 집행위원이 되면서 유럽정치 무대에 데뷔했고, 2016년에는 브렉시트 EU 측 협상 대표로 나서 「미스터 브렉시트」라는 별명을 얻기도 했다.

네 번째 동거정부 탄생, 왜? 이번 동거정부 탄생은 지난 6월 30일과 7월 7일(결선) 치러진 프랑스 조기 총선 결과에 따른 것으로, 당시 마크롱 대통령의 르네상스를 비롯한 범여권은 하원 전체 577석 중 168석을 얻어 182석을 얻은 좌파연합 「신민중전선(NFP)」에 의회 다수당 자리를 내준 바 있다. 범여권은 2위 자리는 지켰으나 범여권에 비판적인 NFP와 극우 국민연합(RN) 연대 세력(143석)의 의석수를 합하면 과반(289석)을 훌쩍 넘겨 자체 정부 운영은 불가능한 상황이었다. 이에 마크롱 대통령은 이번 총선에서 4위를 기록한 공화당에 속한 바르니에 총리를 선택했는데, 이는 하원의 불신임 가능성이 가장 작은 데다 정부 운영에 있어 공화당의 지원을 받을 수 있다는 점 등이 고려된 것으로 보인다.

프랑스는 대통령제와 의원내각제가 혼합된 이원집정부제로, 프랑스 법상 대통령은 자기가 원하는 사람을 총리에 임명할 수 있다. 그러나 프랑스 국민의 직접선거로 선출되는 하원에서 정부 불신임안을 통과시킬 수 있기 때문에 총리는 일반적으로 대통령이 다수당이나 다수 연정의 지지를 받는 인물을 임명한다. 즉, 하원 다수당의 지지를 얻지 못하는 사람을 총리로 임명하는 것은 정국 불안정을 일으킬 수 있기 때문에 여소야대 상황에서는 야당 출신 총리를 임명하는 것이다.

💡 프랑스 하원이 10월 8일 좌파 정당들이 제출한 바르니에 정부 불신임안을 표결에 부쳤으나 전체 577명 중 197명만 찬성하며 부결됐다. 현재 좌파 정당 연합체인 신민중전선(NFP) 소속 의원이 193명인 점을 고려하면 NFP 소속 외에 불신임안에 찬성한 다른 정당은 사실상 전무한 셈이다. 하원에서 내각 불신임안을 통과시키려면 과반(289명)수의 찬성표를 얻어야 한다. 지난 6월 말과 7월 초 치러진 조기 총선에서 NFP가 1위를 했음에도 마크롱 대통령은 우파 공화당 출신인 바르니에 총리를 정부 수반으로 임명했다. 이에 NFP를 비롯한 좌파 성향 야당들은 마크롱 대통령의 결정이 선거를 통해 표출된 민심을 외면한 것이라며 강력 반발해 왔다.

> **이원집정부제(二元執政府制)** 대통령중심제와 의원내각제가 절충된 제도로, 대통령은 통상적으로 국민의 직접선거로 선출되며 의회의 다수당 당수가 총리로 선출된다. 이원집정부제는 대통령제와 의원내각제의 각 요소가 혼합돼 있는 절충적 정부 형태이기 때문에, 어떤 요소와 성질에 초점을 맞추느냐에 따라 다양한 양상을 보인다. 프랑스식 이원집정부제는 대통령에게 강력한 권한을 부여하면서도 의원내각제 요소를 기본으로 하는 정부 형태다.
>
> **헝 의회(Hung Parliament)** 의회 내 과반을 차지한 정당이 없어 불안하게 매달려 있는 상태(Hung)의 의회를 가리킨다. 지난 6월과 7월 치러진 프랑스 총선에서 어느 진영도 과반(289석)을 차지하지 못하면서 「헝 의회」가 출연했다는 평가가 나온 바 있다.

중국, 태평양 해상으로 ICBM 시험발사
44년 만의 공해상 발사-오커스 견제 분석

중국 인민해방군 로켓군이 9월 25일 대륙간탄도미사일(ICBM)을 태평양 해역으로 시험발사하는 데 성공했다고 중국 관영 신화통신이 보도했다. 보도에 따르면 로켓군은 훈련용 모의 탄두를 탑재한 ICBM 1발을 이날 오전 8시 44분 태평양 공해 해역으로 발사했으며, 해당 ICBM은 정해진 지역에 정확하게 떨어졌다. 통신은 ICBM 제원이나 비행궤적, 구체적인 탄착지점은 공개하지 않았다. 중국 국방부는 관련 국가에 시험발사를 사전 통보했다면서, 이는 국제법과 국제관례에 따른 것으로 특정한 어떤 국가나 목표를 겨냥한 것은 아니라고 덧붙였다.

발사 주요 내용 이번에 발사된 ICBM은 DF-41이나 DF-31로 추정되는데, 2017년 처음으로 실전에 배치된 DF-41의 경우 최대 10기의 핵탄두를 탑재할 수 있는 것으로 알려져 있다. 특히 최대 사거리가 1만 2000~1만 5000km로, 미국 워싱턴 등 지구상 거의 모든 표적을 타격할 수 있다. 이처럼 중국이 태평양 공해상으로 ICBM을 시험발사하는 것은 매우 이례적인 일로, 중국은 보통 내몽골 같은 중국 내부 외진 곳에서 미사일을 발사해 왔다. 교도통신과 영국 BBC에 따르면 중국이 공해상을 향해 ICBM을 발사한 것은 44년 만에 처음으로, 중국은 지난 1980년 5월 태평양 해역으로 ICBM인 둥펑(DF)-5 1발을 발사한 바 있다.

한편, 중국은 이번 ICBM 시험발사에 대해 특정 국가나 목표를 겨냥한 것은 아니라고 밝혔으나, 일부에서는 「오커스」(AUKUS, 미국·영국·호주 안보동맹) 견제 목적이 깔려있다는 분석을 제기하고 있다.

> **오커스(AUKUS)** 미국이 인도태평양 지역에서의 안보 증진을 목적으로 2021년 9월 15일 영국, 호주와 함께 출범시킨 외교안보 3자 협의체이다. 오커스라는 명칭은 호주(Australia), 영국(UK), 미국(US)의 국호 첫 글자 및 이니셜을 따 지은 것이다. 이들 3개국은 오커스를 통해 정기적인 고위급 협의를 가지면서 국방과 외교정책 등의 교류는 물론 첨단기술과 정보를 공유하고 있는데, 무엇보다 미영 양국이 호주의 핵잠수함 개발을 공동 지원하는 것이 핵심이다.

💡 미국 국방부는 지난해 보고서에서 중국이 미국 워싱턴까지 타격할 수 있는 둥펑(DF)-41을 포함해 약 350기의 ICBM을 보유한 것으로 추정한 바 있다.

中, 대만 포위 대규모 군사훈련 실시
「양국론」 외친 라이칭더 연설 겨냥

중국군이 라이칭더(賴淸德) 대만 총통의 건국기념일(쌍십절) 연설 나흘 만인 10월 14일 대만을 포위하는 대규모 군사훈련을 실시했다. 중국 인민해방군 동부전구 사령부는 이날 오전 5시 사회관계망서비스 공식계정에서 「전구 육군·해군·공군·로켓군 등 병력을 조직해 대만해협과 대만 섬 북부·남부, 섬 동쪽에서 날카로운 검 연합훈련[聯合利劍] 2024B를 실시한다」고 밝혔다. 이처럼 중국군이 대만 주변 해역에서 대규모 군사훈련을 실시한 것은 지난 5월 이후 처음으로, 중국군은 당시 라이 총통의 취임연설이 독립 주장을 담았다고 비난하며 대만 포위 훈련인 「날카로운 검 연합훈련 2024A」를 실시한 바 있다.

중국군의 군사훈련, 왜? 중국군의 이번 훈련은 라이 총통이 지난 10월 10일 113주년 대만 국경대회에서 한 기념사 발언을 문제 삼은 조처이다. 당시 라이 총통은 「지금 중화민국(대만)은 이미 타이·펑·진·마(대만 본섬과 펑후, 진먼, 마쭈)에 뿌리 내렸고 중화인민공화국(중국)과 서로 예속되지 않는다」는 양국론(兩國論)을 내세우면서 「중화인민공화국은 대만을 대표할 권리가 없다」고 강조했다. 그러자 중국 외교부는 라이 총통의 연설 당일 그를 비난한 데 이어, 이틀 뒤인 12일에는 중국 상무부가 대만을 상대로 한 추가 무역 조치를 검토 중이라고 밝혔다.

푸틴 러시아 대통령, 핵교리 개정 선언
「비핵국 돕는 핵보유국도 공격자 간주」

블라디미르 푸틴 러시아 대통령이 9월 25일 국가안보회의에서 핵 사용 원칙을 담은 핵 교리 개정을 공식 선언했다. 푸틴 대통령은 이날 「비(非)핵보유국이 핵보유국의 지원을 받아 러시아를 공격하는 경우 이를 두 국가의 공동 공격으로 간주할 것」이라고 밝혔다. 푸틴의 이번 선언은 핵무기를 보유하지 않은 우크라이나가 미국, 프랑스, 영국 등 서방 핵보유국에서 지원받은 무기를 러시아 본토 타격에 쓸 경우 미국 등 무기를 지원한 국가도 공격자로 간주해 대응하겠다는 뜻으로 해석된다. 우크라이나는 서방에 장거리미사일로 러시아 본토를 깊숙이 공격할 수 있게 허용해달라고 요청하고 있다. 한편 러시아는 미국과 함께 세계 핵탄두의 88%를 통제하고 있는 핵무기 강국으로, 지난 2022년 우크라이나를 침공한 뒤 우크라이나를 지원하는 서방을 겨냥해 핵교리 변경 가능성을 시사하며 위협을 반복해 왔다. 특히 푸틴은 집권 5기 취임식을 하루 앞둔 지난 5월 6일 서방 위협을 들며 러시아군에 전술핵무기 훈련을 지시하기도 했다.

> **러시아-우크라이나 전쟁** 러시아가 2022년 2월 24일 우크라이나 수도 키이우를 미사일로 공습하고 지상군을 투입하는 등 전면 침공을 감행하면서 시작된 양국의 전쟁이다. 특히 러시아와 우크라이나가 세계 4대 곡물수출국인 데다 러시아가 유럽으로 향하는 천연가스 대부분을 공급한다는 점에서 양측의 군사충돌은 전 세계적으로 에너지, 곡물 등 원자재 가격의 가파른 상승을 일으켰다. 더욱이 러시아와 우크라이나 간 전쟁은 미국을 중심으로 한 서방과 러시아·중국 등 비서방 간의 신냉전이 본격적으로 도래하는 계기가 됐으며, 특히 유럽에 큰 전환점으로 작용했다. 대표적으로 군사적 중립국인 스웨덴과 핀란드의 경우 러시아 위협에 대응하기 위해 나토(NATO) 가입을 추진하면서 모두 나토 회원국이 됐다.

유엔, 「이스라엘의 팔레스타인 영토 불법점령 중단」
124개국 찬성으로 결의안 가결

유엔이 9월 19일 미국 뉴욕 유엔본부에서 열린 총회에서 이스라엘의 팔레스타인 영토 불법점령을 1년 안에 중단하라는 내용의 결의를 채택했다. 해당 결의안은 투표에 참여한 181개 회원국 가운데 3분의 2 이상인 124개국의 찬성표로 가결됐는데, 한국을 포함한 43개국은 기권표를 던졌고 이스라엘·미국 등 14개국은 반대했다. 유엔 총회 결의는 안전보장이사회(안보리) 결의와 달리 국제법상 구속력은 없으나, 지난 6월 국제사법재판소(ICJ)가 이스라엘의 팔레스타인 영토 점령이 불법이라고 판단하고 점령 행위를 가급적 빨리 중단할 것을 권고한 데 이어 나온 것이라는 점에서 주목된다.

이번 총회를 통과한 결의안은 이스라엘이 1967년 제3차 중동전쟁 이후 점령하고 있는 팔레스타인 땅에서 모든 병력을 철수하고 이스라엘 정착촌 주민을 이주시키라고 요구했다. 또 팔레스타인 내 이스라엘 정착촌에서 생산된 모든 제품의 수입을 중단하고, 팔레스타인 점령지에서 사용될 우려가 있는 무기나 탄약을 이스라엘에 제공하거나 이전하지 말 것을 촉구하는 내용도 담겼다.

> **이스라엘(유대인) 정착촌** 팔레스타인 자치지역인 가자지구와 요르단강 서안지구에 있는 유대인 거주지역을 일컫는 말이다. 이스라엘 정착촌 건설은 주로 러시아와 에티오피아 등에서 이주해온 집 없는 유대인들을 정착시킴으로써 인구·주택·토지문제를 해결하는 것은 물론, 점령지역이 자국 영토임을 기정사실화하려는 데 그 목적이 있다. 하지만 국제사회는 이스라엘이 1967년 제3차 중동전쟁을 통해 점령한 서안지구 등에 유대인 정착촌을 건설하는 것을 불법으로 규정하고 그 중단을 요구하고 있다.

北, 우라늄 농축시설 첫 공개
미국 대선 겨냥 노림수 분석

북한이 9월 13일 김정은 국무위원장이 핵무기 연구소와 무기급 핵물질 생산시설을 현지 지도하고 핵물질 생산을 늘리기 위한 중요 과업을 제시했다고 보도하며, 고농축우라늄(HEU) 제조시설을 처음으로 공개했다. HEU는 핵탄두 제조에 사용되는 물질로, 우라늄 농축시설은 원심분리기에 우라늄을 넣고 고속 회전시켜 HEU를 생산한다. 북한은 이날 원심분리기 수백 개를 연결한 캐스케이드를 둘러보는 김 위원장의 사진을 공개했는데, 원심분리기는 수백~수천 개를 연결하는 캐스케이드 단계를 많이 거칠수록 고농축이 된다.

북한은 앞서 지난 2010년 미국 핵물리학자인 시그프리드 헤커 박사를 영변에 초청해 우라늄 농축시설 등을 보여준 적은 있지만 이번처럼 대외에 전면 공개한 것은 처음 있는 일이다. 이에 북한의 공개에 대해 ▷핵물질 보유 능력과 이에 따른 핵탄두 생산 능력 과시 ▷미국 대선을 50여 일 앞둔 상황에서 핵 카드를 본격적으로 꺼내 든 것이라는 여러 해석들이 나오고 있다. 한편, 이번에 공개한 시설의 위치는 기존에 핵시설을 갖췄던 「영변」 또는 미국 정보당국이 오래전부터 비밀 핵시설로 지목한 평양 인근 「강선」 단지로 추정되고 있다.

원심분리기 이용한 핵무기 제조 과정은?

1. 채광	천연우라늄(0.7%의 우라늄 235와 99.3%의 우라늄 238로 구성)
2. 정제	옐로케이크로 불리는 우라늄염으로 정제
3. 농축	원심분리기 이용
4. 전환	우라늄 주조장치에서 고체 상태로 전환
5. 핵무기 제조	우라늄 235만 핵분열 가능. 우라늄 235 함유율 90% 이상

공개한 곳으로 추정되는 「강선」은 어떤 곳? 강선은 지난 2019년 베트남 하노이 2차 북미 정상회담에서 도널드 트럼프 당시 미국 대통령이 북한의 핵시설이 은폐된 곳으로 지목하며 그 존재가 알려진 바 있다. 「영변 이외의 비밀 핵시설」은 당시 회담이 결렬됐던 핵심 원인으로 알려져 있는데, 당시 김 위원장은 영변 이외에 우라늄 농축시설이 없다고 강조했으나 트럼프 대통령이 「영변 핵시설 폐기+α」를 요구하면서 양국 회담은 노딜로 끝났다. 미국 과학국제안보연구소(ISIS)는 보고서를 통해 북한이 「강성(Kangsong)」이라는 이름의 우라늄 농축이 가능한 비밀 핵시설을 운영하고 있고, 규모도 영변 핵시설의 2배 이상이라고 주장하기도 했다. 강선 핵시설은 평양의 남동쪽 외곽인 평안남도 천리마 구역에 위치한 것으로 추정되는데, 북한은 그동안 영변에 비해 상대적으로 훨씬 덜 노출된 강선 핵시설을 은밀하게 가동해 오면서 상당한 양의 핵무기급 고농축우라늄(HEU)을 생산했다는 분석이 제기돼 왔다.

北, 「南과 연결된 도로-철길 모두 끊을 것」
남북 완전 단절 선언

북한이 10월 9일 남북이 연결되는 도로와 철로를 끊고 견고한 방어 축성물(구조물)로 요새화 공사를 진행한다고 발표, 지난해 말부터 진행해 온 남북 간 물리적 단절 조치를 공식화했다. 조선인민군 총참모부는 이날 조선중앙통신에 실린 보도문을 통해 「제반 정세하에서 우리 군대가 제1의 적대국, 불변의 주적인 대한민국과 접한 남쪽 국경을 영구적으로 차단·봉쇄하는 것은 전쟁 억제와 공화국의 안전 수호를 위한 자위적 조치」라고 주장했다. 특히 북한은 이번 조치와 관련해 우리 군이 아닌 미군 측(유엔군사령부)에만 전화통지문을 발송했다고 밝혀, 한국과의 대화를 거부하고 미국만 상대하겠다는 「통미봉남(通美封南)」 의도까지 드러냈다.

북한은 김정은 국무위원장이 「적대적 두 국가 관계」를 선언한 지난해 말부터 경의선·동해선 육로에 지뢰를 매설한 것을 시작으로 비무장지대(DMZ) 내 전 전선에 걸쳐 지뢰를 심었고, 경의선·동해선 철로까지 철거한 바 있다. 그리고 4월부터는 DMZ 인근에서 많은 병력을 동원해 대전차 장애물로 추정되는 콘크리트 방벽 및 철조망 설치, 지뢰 매설 작업 등을 해왔다.

북한, 남북 단절 및 요새화 공사 일지

2023. 12.~	경의선·동해선 육로에 지뢰 대량 매설
2024. 1.	김정은, 「(남북) 접경지역 철저 분리 위한 단계적 조치」 지시
3.~	경의선·동해선 육로 가로등 대거 철거
4.~	휴전선 모든 전선에 지뢰 매설, 초소·대전차 방벽 등 구조물 설치
5. ~	동해선 철로 철거 착수
6.~	경의선 철로 철거 착수
10. 9.	북한군 총참모부, 「9일부터 (남북) 도로, 철길 끊어버리고 방어 측성물로 요새화하는 공사」 공식화

北, 경의선·동해선 도로 일부 폭파 북한이 10월 15일 경의선·동해선 남북 연결도로 일부 구간을 폭파했다고 합동참모본부가 밝혔다. 북한은 지난 8월 경의선과 동해선 철도를 차단한 바 있는데, 이번에는 경의선과 동해선 도로도 폭파해 남북 간 육로를 완전히 끊은 것이다. 경의선은 서울과 파주를 거쳐 북한의 개성·평양·신의주로 이어지는 구간의 철도·도로로, 과거 개성공단 입주기업 관계자들이 남북을 오갈 때 활용한 통로다. 동해선은 강원도 양양에서 금강산을 경유해 원산까지 이어지는

구간으로, 과거 금강산 관광과 이산가족 상봉 등을 위한 경로로 활용됐다. 그동안 남북 연결 육로는 경의선·동해선·화살머리 고지·판문점 공동경비구역(JSA) 등 4곳이 있었는데, 이번 북한의 경의선·동해선 도로 폭파에 따라 남북 연결 육로는 사실상 판문점 JSA만이 남게 됐다. 화살머리 고지의 경우 차량이 이동할 수 없어 육로로서의 의미가 없기 때문이다.

北, 「대한민국 적대국가」 개헌　북한이 공화국 헌법에 「대한민국을 철저한 적대국가로 규제(규정)」했다고 10월 17일 노동신문이 보도했다. 김정은 국무위원장은 지난해 12월 노동당 전원회의에서 처음으로 「교전 중인 두 적대국가」론을 제시했는데, 채 1년도 되지 않아 이를 최상위법에 명문화하는 작업까지 완료한 것이다. 앞서 북한은 10월 7~8일 최고인민회의를 열어 헌법을 개정했는데, 관심이 몰렸던 통일 표현 삭제, 영토 조항 규정 등 적대적 두 국가 관계와 관련된 개헌 사실을 공개하지 않았다. 이에 헌법 개정을 차기 최고인민회의 때로 미뤘거나, 이번에 개정하고도 공개하지 않았을 가능성 등이 거론된 바 있다.

한편, 김일성 주석이 태어난 1912년을 기점으로 삼는 「주체 연호」는 10월 12일 밤부터 북한이 발표하는 성명과 담화에서 사라진 것으로 확인됐다. 이에 대해서는 김 위원장이 선대의 그늘에서 벗어나 자신을 독자적으로 우상화하려는 시도의 연장선으로 해석되고 있다.

한미 방위비 협상, 美 대선 앞두고 타결
2026년 방위비 분담금, 8.3% 늘어난 1조 5000억 원

한미 양국이 오는 2026년부터 적용될 주한미군 방위비 분담금을 위한 제12차 방위비분담특별협정(SMA) 협상을 최종 타결했다고 외교부가 10월 4일 밝혔다. 이번 12차 SMA 협상은 기존 협정 만료로부터 1년 8개월 앞선 지난 4월 이례적으로 이른 시점에 시작됐는데, 이에 도널드 트럼프 전 대통령이 재선할 가능성에 대비한 것이라는 분석이 제기된 바 있다. 이번 타결에 따라 양국은 올 초 시작된 협상을 5개월 만에 속전속결로 마무리했으나, 향후 변수도 존재한다. 이는 미국의 경우 우리와 달리 방위비 분담금 협정이 국회 비준 동의를 받지 않아도 되는 연방 행정협정이기 때문에, 대통령 결단만으로 재협상 요구가 가능한 데 따른 것이다.

주요 내용　방위비 분담금은 주한미군 주둔을 위해 한국이 분담하는 비용으로, 주한미군에서 근무하는 한국인 근로자 인건비, 각종 미군기지 내 건설비용, 군수 지원비 등의 명목으로 사용된다. 제12차 SMA의 유효기간은 2026~2030년의 5년간으로, 2026년 한국이 낼 주한미군 주둔 비용은 2025년 1조 4028억 원보다 8.3% 늘어난 총 1조 5192억 원으로 결정됐다. 이후 2030년까지 매년 소비자물가지수(CPI) 증가율을 적용해 방위비 분담금이 인상되는데, 특히 매년 증가율이 5%를 넘지 못하도록 상한선을 두기로 했다. 무엇보다 한국 측 분담금 연간 증가율 지수를 국방비 증가율에서 소비자물가지수(CPI) 증가율로 다시 돌린 점이 주목되는데, 이에 따라 앞서 11차 협정 때 결정된 국방비 증가 연동 기준이 CPI 증가율(2%대 전망)로 대체된다.

한편, 방위비 분담금은 주한미군 감축으로 8.9% 삭감된 2005년 제6차 협정을 제외하고는 매번 2.5~25.7%까지 증액돼 왔다. 시기별 인상률은 ▷제2차(1994년) 18.2% ▷제3차(1996년) 10% ▷제4차(1999년) 8.0% ▷제5차(2002년) 25.7% ▷제6차(2005년) −8.9% ▷제7차(2007년) 6.6% ▷제8차(2009년) 2.5% ▷제9차(2014년) 5.8% ▷제10차(2019년) 8.2% ▷제11차(2021년) 13.9%다.

여야, 22대 국회 첫 민생법안 28건 처리
구하라법·간호법 등 본회의 통과

여야가 8월 28일 국회 본회의에서 ▷구하라법(민법 개정안) ▷전세사기특별법 개정안 ▷간호법 등 민생법안 28건을 합의 처리했다. 이는 22대 국회가 개원한 지 3개월 만의 첫 민생법안 통과다. 우선 가수 故 구하라의 이름을 딴 구하라법은 양육 의무를 이행하지 않은 부모의 상속권을 제한하는 내용으로, 앞서 20·21대 국회에서도 발의됐으나 정쟁에 밀려 임기 만료로 폐기된 바 있다. 전세사기특별법 개정안은 한국토지주택공사(LH)가 전세사기 피해 주택을 경매로 매입해 제공하는 내용을 핵심으로 하며, 간호법은 진료지원(PA) 간호사의 법적 근거를 마련하는 내용을 담고 있다.

국회 통과한 주요 민생법안들

구하라법(민법 개정안) 피상속인에게 부양의무를 다하지 않았거나 학대 등 범죄를 저지른 경우와 같이 상속을 받을 만한 자격이 없는 법정 상속인의 상속권을 제한하는 내용의 민법 개정안이다. 이는 2019년 사망한 가수 고(故) 구하라 씨의 오빠가 「어린 구씨를 버리고 가출한 친모가 상속재산의 절반을 받아 가려 한다」며 입법을 청원하면서 붙은 명칭이다. 구하라법은 부양 의무를 제대로 하지 않은 상속인이 보상금이나 보험금을 달라며 소송을 제기하거나 재산 상속을 주장하는 일이 문제가 되면서 그 필요성이 지속적으로 제기돼 왔다. 구하라법은 피상속인에 대한 부양 의무를 중대하게 위반하거나 중대한 범죄 행위, 또는 그 밖에 심히 부당한 대우를 한 경우를 상속권 상실이 가능한 조건으로 적시했다. 다만 실제 상속권 상실을 위해서는 피상속인의 유언 또는 공동상속인 등이 청구하고 가정법원이 이를 받아들여야 한다. 청구는 부양의무를 중대하게 위반했거나 중대한 범죄행위를 저지른 직계존속이 상속인이 됐음을 안 날부터 6개월 이내에 해야 한다. 공동상속인이 없을 경우는 상속권 상실 선고의 확정에 의해 상속인이 될 사람(후순위 상속인)이 이를 청구할 수 있다. 구하라법은 2026년 1월부터 시행되는데, 헌법재판소가 직계 존·비속 「유류분」 조항에 대해 헌법불합치 결정을 내린 지난 4월 25일 이후 상속이 개시된 경우에도 소급 적용될 수 있도록 했다.

> **유류분〔遺留分〕** 고인(故人)의 의사와 상관없이 법에 따라 유족들이 받을 수 있는 최소한의 유산 비율을 말한다. 헌재는 지난 4월 25일 피상속인의 형제자매가 법정상속분의 3분의 1을 보장받는다고 규정한 민법 1112조 4호에 대해 재판관 전원 일치 의견으로 위헌 결정을 내린 바 있다.

전세사기특별법 개정안 한국토지주택공사(LH)가 전세사기 피해주택을 경매로 매입해 10년간 무상으로 거주할 수 있도록 하는 내용의 법이다. 즉, LH 등이 전세사기 피해 주택을 경매로 낙찰받아 피해자에게 공공임대로 지원하거나, 경매차익을 피해자에게 지급하는 내용 등을 담고 있다. 피해자들은 LH가 제공하는 공공임대 주택에서 기본 10년 동안 거주하고, 더 거주하기를 원할 경우에는 시세 대비 낮은 비용으로 최대 10년 더 거주할 수 있다. 전세사기 피해자 인정요건인 보증금의 한도는 3억 원에서 5억 원으로 상향했으며, 여기에 피해지원위원회에서 자체적으로 2억 원의 금액을 추가로 인정할 수 있어 최대 7억 원 구간 세입자까지 피해를 인정받을 수 있다. 또 기존 정부안에는 없던 이중계약 피해자도 구제받을 수 있도록 했으며, 경매차익이 10년간의 임대료에 미치지 못할 때는 정부와 지자체가 재정을 추가로 지원할 수 있는 근거도 담았다. 아울러 전세사기 유형과 피해 규모에 대한 실태조사 결과를 6개월마다 국회 소관 상임위원회에 보고하는 방안도 포함됐다.

간호법 의사의 수술 집도 등을 보조하면서 의사 업무를 일부 담당하는 진료지원(PA·Physician Assistant) 간호사의 의료 행위를 명문화하고 그 의료 행위에 대한 법적 근거를 명시한 법률 제정안이다. 간호법은 2005년 17대 국회에서 처음 발의된 지 19년 만에 국회를 통과했으며, 이번 통과에 따라 이르면 2025년 6월부터 PA 간호사의 의료 행위가 합법화된다. PA 간호사들은 이미 의사의 의료 행위에 준하는 처치와 시술 등을 하고 있으나, 기존 의료법에는 근거 규정이 없어 법률 제정 목소리가 계속돼 왔다. 간호법에 따르면 PA 간호사의 업무 범위는 보건복지부 시행령으로 정하도록 했으며, 간호조무사의 학력 규정은 특성화고 졸업자나 조무사 학원을 나온 사람에게만 국가시험 응시 자격을 주는 현행 의료법을 유지하되 부대의견에 반영해 추후 논의하기로 했다.

> **PA 간호사** 의사 면허 없이 의사로서 가능한 업무 중 일부를 위임받아 진료보조를 수행하는 간호사로, ▷의사의 수술 보조 ▷처방 대행 ▷진단서 작성 ▷시술 등의 업무를 담당한다. PA 간호사는 수술실 간호사 또는 임상전담간호사 등으로 불리는데, 2000년 초부터 개별 병원 차원에서 관행처럼 활용돼 왔으며 현재 1만 3000여 명에 이르는 것으로 추산된다. 하지만 기존 의료법에는 진료보조인력에 대한 근거가 없기 때문에 불법 의료행위라는 지적이 이어져 왔다.

8월 28일 국회 본회의 통과한 주요 민생법안들

전세사기특별법 개정안	최장 20년까지 공공임대주택 거주 가능하도록 하는 등의 전세사기 피해자 지원
구하라법(민법 개정안)	자녀에 대한 양육 의무를 저버린 부모의 상속권 배제
범죄피해자보호법 개정안	범죄 피해자가 사망한 경우 구조금을 유족에게 지급
대·중소기업 상생협력촉진법 개정안	수탁기업이 위탁기업의 기술을 유용해 위탁기업의 피해 우려 시 법원에 금지청구권 행사 가능
공공주택특별법 개정안	도심공공주택 복합사업 시한을 2026년 12월 31일로 연장
간호법 제정안	진료지원(PA) 간호사의 의료 행위를 법으로 보호

김건희·채상병 특검법,
국회 재표결서 부결되며 폐기

윤석열 대통령이 재의요구권(거부권)을 행사해 재표결에 부쳐진 김건희 특검법과 채상병 특검법, 지역화폐법이 10월 4일 열린 국회 본회의에서 모두 부결됐다. 국회는 이날 「윤석열 대통령 배우자 김건희의 주가조작사건 등의 진상 규명을 위한 특별검사 임명 등에 관한 법률안」(김건희 특검법)과 「순직 해병 수사 방해 및 사건 은폐 등의 진상 규명을 위한 특별검사의 임명 등에 관한 법률안」(채상병 특검법), 「지역사랑상품권 이용 활성화법 개정안」(지역화폐법)에 대한 재표결을 실시했으나, 재석의원 2/3라는 의결 정족수를 채우지 못하며 부결됐다. 해당 법안들은 지난 9월 19일 야당 단독으로 본회의를 통과했으나, 윤 대통령이 10월 2일 거부권을 행사함에 따라 국회로 돌아온 바 있다. 대통령이 거부권을 행사한 법안이 재의결되려면 재적의원 과반 출석에 출석의원 3분의 2 이상(200명)의 찬성이 필요하지만 모두 미치지 못하면서 해당 법안들은 폐기 수순을 밟게 됐다.

> **대통령의 법률안 거부권** 국회가 통과시킨 법률안 또는 결의의 성립을 저지할 수 있는 권한으로, 행정부의 입법부 견제 차원에서 헌법에 규정된 대통령의 고유 권한이다. 국회에서 법률안에 대해 본회의 의결을 거친 뒤 정부에 법률 공포를 요청할 경우, 대통령은 그 법률안에 이의가 있을 때 해당 법률안이 정부에 이송된 후 15일 이내에 이의서를 붙여 국회로 환부하고 그 재의를 요구할 수 있다. 그러나 국회가 거부된 법안을 재의결에 부쳐 재적의원 과반수 출석과 출석의원 3분의 2 이상의 찬성으로 의결하면 그대로 법률로 확정된다.

부결된 법안 주요 내용 「김건희 특검법」은 윤석열 대통령의 부인 김 여사의 ▷도이치모터스 주가조작 ▷삼부토건 주가조작 ▷명품가방 수수 ▷국민권익위원회 조사 외압 ▷22대 총선 개입 등 8가지 의혹을 수사하는 내용이다. 이는 지난해 12월에도 야당 주도로 21대 국회를 통과했지만, 윤석열 대통령의 거부권으로 국회로 돌아와 재표결 과정에서 부결된 바 있다. 그리고 야당이 4번째로 발의한 「채상병 특검법」은 대법원장이 특검 후보 4명을 추천하면 민주당과 비교섭단체 야당이 이를 2명으로 추린 후 그중 1명을 대통령이 임명하도록 했으며, 대법원장 추천 인사가 적합하지 않다고 판단될 경우 야당이 재추천을 요구할 수 있는 내용을 담았다. 지역화폐법은 지역사랑상품권 운영에 대해 국가와 지방자치단체의 재정 지원을 의무화하는 내용이 명시됐다.

헌재, 이정섭 검사 탄핵 기각
혐의 상당수 「소추사유 불특정」

헌법재판소가 8월 29일 재판관 전원일치로 이정섭 대전고검 검사에 대한 탄핵심판 청구를 기각했다. 이 검사의 비위 의혹은 지난해 10월 국회 국정감사에서 제기됐으며, 그해 12월 1일 이 검사에 대한 탄핵소추안이 민주당 주도로 국회를 통과한 바 있다. 국회는 이 검사가 ▷처가 운영 골프장 직원 등 범죄기록 무단 조회 ▷선후배 검사 골프장 이용 편의 제공 ▷대기업 임원으로부터 리조트 접대 ▷처남 조씨의 마약 수사 무마 ▷위장전입 등을 이유로 탄핵의 필요성을 주장했다. 그러나 헌재가 기각 결정을 내림에 따라 이 검사는 즉시 직무에 복귀하게 됐다.

헌재 판결 주요 내용 헌재는 코로나19 확산으로 5인 이상 모임이 금지된 시기에 이 검사가 대기업이 운영하는 리조트를 이용하며 기업 측으로부터 접대를 받았다는 의혹과 자녀 위장전입 의혹에 대해서는 직무관련성이 없어 탄핵소추 사유가 되지 않는다고 봤다. 또 이 검사가 뇌물죄 형사재판 증인을 법원의 신문 전에 사전 면담한 의혹에 대해서는 권한 남용으로 볼 수 없다고 판단했다. 이 밖에 이 검사의 범죄경력 조회 무단 열람 의혹, 동료 검사들에 대한 골프장 예약 편의 제공 의혹, 처남 마약수사 무마 의혹 등에 대해서는 탄핵소추 사유가 특정되지 않은 점, 관련 근거 자료가 헌재에 제출되지 않은 점 등을 이유로 판단이 이뤄지지 않았다.

> **탄핵소추권[彈劾訴追權]** 사법기관에서 소추·처벌이 곤란한 대통령을 비롯해 국무총리·국무위원·행정 각부의 장·헌법재판소 재판관·법관·중앙선거관리위원회 위원·감사원장·감사위원·기타 법률이 정하는 공무원이 그 직무집행에 있어서 헌법이나 법률을 위반한 때 탄핵의 소추를 의결할 수 있는 국회의 권리다. 탄핵소추는 재적의원 3분의 1 이상이 발의하고 재적의원 과반수의 찬성으로 의결할 수 있으나, 대통령의 경우는 국회 재적의원 과반수의 발의와 재적의원 3분의 2 이상의 찬성이 있어야 한다.

헌재, 「정족수 7명 조항」 효력정지 인용
이진숙 방통위원장 탄핵심판 심리 지속

헌법재판소가 10월 14일 헌재 재판관이 최소 7명 있어야 사건을 심리할 수 있도록 한 헌법재판소법 조항(제23조 제1항의 효력)의 효력을 정지했다. 헌재는 이날 국회의 탄핵소추안 통과로 직무가 정지된 이진숙 방송통신위원장이 「정족수 부족으로 탄핵심판이 정지되는 것은 부당하다」며 낸 효력정지 가처분 신청을 재판관 9명 전원 일치 의견으로 인용했다.

헌재의 결정, 왜? 지난 7월 31일 방통위원장으로 임명된 이진숙 위원장은 국회의 탄핵소추안 가결로 취임 이틀 만인 8월 2일 직무가 정지됐다. 이후 10월 17일 이종석 헌재소장과 이영진·김기영 재판관이 퇴임을 앞둔 가운데, 이들의 후임에 대한 국회 논의가 차질을 빚으면서 추후 헌재의 사건 처리 마비를 둘러싼 우려가 일었다. 이는 후임 재판관이 임명되기 전까지는 심리정족수인 7명을 충족하지 못해 사건을 심리할 수 없기 때문이다. 헌재 재판관은 대법원장과 대통령, 국회가 각각 3명씩 지명하는데, 이번에 퇴임하는 3명의 재판관은 모두 국회가 선출해야 하는 몫이다. 그러자 이 위원장은 10월 10일 심리정족수를 규정한 헌재법이 재판청구권 등을 침해한다며 헌법소원심판과 효력정지 가처분 신청을 함께 냈다. 그리고 헌재가 이날 가처분 신청을 받아들이면서 재판관이 교체되지 않더라도 이 위원장의 탄핵심판 심리는 계속될 전망이다.

檢, 명품가방 수수 의혹
김건희 여사·최재영 목사 모두 불기소 처분

서울중앙지검 형사1부가 10월 2일 윤석열 대통령 배우자 김건희 여사의 「명품가방 수수 의혹」과 관련해 김 여사, 최재영 목사 등에 모두 「혐의 없음」 불기소 처분을 내렸다. 이는 인터넷매체 「서울의소리」가 지난해 11월 27일 최 목사가 김 여사를 접견하면서 명품가방을 건네는 장면을 몰래 촬영한 영상을 보도한 후 그해 12월 초 김 여사 등을 검찰에 고발한 지 약 10개월 만이다. 한편, 이번 검찰 처분에 대해 서울의소리는 항고한다는 입장을 내놓았는데, 항고는 검사의 불기소 처분에 불복해 관할 고검에 다시 판단을 요구하는 절차를 말한다.

검찰 수사 주요 내용 김 여사는 2022년 6~9월 최 목사로부터 300만 원 상당의 디올백, 179만 원 상당의 샤넬 화장품 세트, 40만 원 상당의 양주를 받아 청탁금지법 위반 등의 혐의로 고발당했다. 최 목사는 김 여사에게 디올백 등을 건네며 김창준 전 미국 연방하원의원의 국정자문위원 임명, 사후 국립묘지 안장, 통일TV 송출 재개 등의 사안을 청탁했다고 주장했다. 하지만 검찰은 최 목사가 김 여사에게 건넨 금품은 윤석열 대통령의 직무와 관련성이 없다고 판단했다. 또 청탁금지법상 공직자의 배우자를 처벌하는 규정이 없으므로 처벌이 불가능하다고 보고 김 여사의 청탁금지법 위반 혐의에 대해 「혐의 없음」 결론을 내렸다. 또 검찰은 직무관련성이 인정되지 않는다는 판단에 따라 윤 대통령도 청탁금지법상 신고 의무가 없어 「혐의 없음」으로 결론 내렸다. 그리고 같은 논리로 금품을 건넨 최 목사의 청탁금지법 위반, 주거침입, 위계공무집행방해도 모두 혐의가 없다고 봤다.

김건희 여사 명품백 수수 의혹 사건, 검찰 처분 내용은?

관련 인물	고발 내용	검찰 판단	불기소 처분 이유
윤석열 대통령과 김건희 여사	청탁금지법 위반	혐의 없음(불기소)	• 공직자 배우자 처벌 규정 없음 • 대통령 직무 관련성 없음 • 직무 관련성 없으므로 윤 대통령 신고 의무 없음
	뇌물수수	혐의 없음(불기소)	• 김 여사는 공무원이 아니므로 뇌물수수죄 주체 아님 • 윤 대통령 명품백 등 수수 공모한 증거 없음
최재영 목사	청탁금지법 위반	혐의 없음(불기소)	대통령 직무 관련 명품백 등 제공한 것 아님
	주거침입·위계공무집행방해	혐의 없음(불기소)	일정 조율하고 검문 거쳐 내부로 들어갔기에 주거침입 아님

명품백 의혹 수사를 둘러싼 논란 명품백 의혹 수사는 지난 5월 이원석 당시 검찰총장 지시로 전담수사팀이 꾸려지면서 본격화됐는데, 현직 대통령 부인에 대해 검찰이 직접 수사를 벌인 첫 사례지만 최종 처분을 내리기까지 많은 논란을 남겼다. 검찰은 지난 8월 김 여사에 대해 무혐의로 잠정 결론을 내렸으나, 김 여사를 청사 외부에서 조사하면서 특혜 시비를 일으켰다. 이에 이 전 총장은 검찰수사심의위원회(수심위)에 사건을 넘겼는데, 수심위는 만장일치로 무혐의 결론을 냈다. 하지만 이후 최 목사가 별도로 신청해 열린 수심위는 1표 차이로 최 목사를 청탁금지법 위반 혐의로 기소할 것을 권고하면서 논란이 됐다. 이처럼 두 번의 수심위가 엇갈린 판단을 내놓으면서 최종 판결 여부에 관심이 모아졌으나, 검찰이 모두 무혐의 처분을 내리면서 해당 사건이 종결되게 됐다.

> **검찰수사심의위원회(檢察搜査審議委員會)** 검찰의 기소권 남용을 견제하기 위해 외부 전문가들이 검찰 수사와 기소 과정 등에 대한 심의를 하는 제도로, 2018년 1월 2일부터 시행됐다. 위원회는 국민적 의혹이 제기되거나 사회적 이목이 집중되는 사건에 대해 수사 계속 여부, 공소 제기 또는 불기소 처분 여부, 구속영장 청구 및 재청구 여부, 공소 제기 또는 불기소 처분된 사건의 수사 적정성·적법성 등을 심의한다. 수심위는 학계, 법조계, 언론계, 시민단체, 문화·예술계 등 사회 각 분야 전문가 150명 이상 250명 이하의 위원으로 구성되며 위원은 검찰총장이 위촉한다. 이들 심의위원 가운데 무작위 추첨으로 15명을 선정해 추가 수사, 기소 여부 등을 심의해 그 결과를 수사팀에 권고한다. 다만 수심위의 결정은 권고 효력만 있기 때문에 검찰이 이 결정을 반드시 따라야 하는 것은 아니다.

법무부, 「신(新) 출입국·이민정책」 발표
첨단기술 분야 외국 인재 유치 위한 「톱티어 비자」 신설

법무부가 9월 26일 국내 체류 외국인 300만 명 시대를 대비해 우수 인재를 선제적으로 유치하고자 「톱티어(Top-Tier) 비자」와 「청년드림비자」를 신설하는 내용 등을 담은 「신(新) 출입국·이민정책」을 발표했다. 또 외국인 유학생이 졸업 후에도 국내에 정착할 수 있도록 구직 기간을 늘리는 등의 방침을 통해 전문·기능인력을 5년 이내에 10만 명 이상 추가 확보한다는 계획이다.

「신(新) 출입국·이민정책」 주요 내용 법무부는 인공지능(AI)·로봇 등 첨단 분야 해외 고급인재를 유치하기 위해 톱티어 비자를 만들어 우수인재와 동반가족에게 출입국·체류 편의를 제공하기로 했다. 이는 해외 유수 대학의 이공계 학사 학위나 세계적인 기업·연구소에 재직 혹은 세계 수준의 원천기술 등을 보유한 첨단분야 인재가 대상이다. 또 톱티어 비자 발급대상이 아니더라도 기존 전문인력(E1~E7 비자)으로 분류되거나 혹은 대학원에서 공부하는 외국인들에 대해서도 배우자 국내 체류자격을 완화한다. 여기에 「청년드림비자」를 신설해 6·25전쟁 국제연합(UN) 참전국, 주요 경제협력국 청년에게 국내 취업·문화 체험 등의 기회를 부여한다.

그리고 인구감소에 직면한 지자체가 지역발전전략에 맞게 외국인력을 유치할 수 있도록 지역 수요와 특성에 부합하는 광역형 비자도 구현한다. 또 이민자 사회통합을 강화하기 위해 이민 2세대 등 외국인 청소년이 고등학교 졸업 후 대학에 진학하지 않더라도 취업비자(E-7 등)로 전환할 수 있도록 허용할 예정이다. 이 밖에 무분별한 외국인력 도입으로 인한 국민 일자리 침해와

「신(新)출입국·이민정책」 추진방안 주요 내용

톱티어 비자 신설	인공지능(AI), 로봇 등 첨단 분야 우수 인재와 동반 가족에 출입국 및 체류 편의 제공
청년드림비자 신설	주요 경제협력국 청년에게 국내 취업, 문화 체험 등의 기회 부여
비자발급 규모 사전 공표제 고도화	•과학적 분석 바탕 도입 규모 산정 •국민 일자리 침해와 사회적 갈등 발생 예방

사회적 갈등을 예방하는 차원에서 올해 시범 운영 중인 「비자발급 규모 사전공표제」를 고도화하는데, 이는 취업비자 관련 정량·정성 분석, 업종·직종별 수급불균형 및 이민정책적 영향 분석, 자문 결과를 종합 고려해 다음 연도의 도입 분야와 규모를 설정하는 것이다.

진실화해위, 제주 4·3 알린 〈한라산〉 이산하 시인 인권침해 인정

진실·화해를 위한 과거사 정리위원회(진실화해위)가 9월 6일 제주 4·3 사건을 정면으로 다룬 장편 서사시 〈한라산〉을 발표했다가 국가보안법 위반 등으로 처벌받은 이산하(본명 이상백) 시인에 대해 「중대한 인권침해」라며 진실규명 결정을 내렸다.

> **제주 4·3 사건** 1947년 3월 1일을 기점으로 1948년 4월 발생한 소요 사태 및 1954년 9월 21일까지 제주도에서 발생한 무력 충돌과 그 진압 과정에서 수많은 주민들이 희생된 사건을 말한다. 제주 4·3은 군사정권하에서 오랜기간 금기시되다가 1978년 소설가 현기영의 〈순이삼촌〉으로 그 진실이 조금씩 드러나기 시작했고, 1980년대 후반 민주화운동 이후 학계를 중심으로 점차 관련 논의가 이뤄지기 시작했다. 그리고 1999년 12월 국회에서 「제주 4·3 사건 진상규명 및 희생자 명예회복에 관한 특별법」이 통과됐고, 2003년 4월에는 故 노무현 전 대통령이 현직 대통령으로는 처음으로 제주를 방문해 「국가공권력에 의한 대규모 민간인 희생」 사실을 인정하며 국가권력의 잘못을 공식 사과한 바 있다.

진실화해위 결정에 이르기까지 이 시인은 1987년 3월 발간된 사회과학전문지 《녹두서평》에 연작시 〈한라산〉을 게재했다. 그런데 서울특별시경찰국 공안수사단은 그해 4월 〈한라산〉이 「제주 4·3 폭동을 의거로 미화한 용공시」라는 이유로 이 시인을 국가보안법 위반 혐의로 수배했으며, 시인은 그해 11월 검거됐다. 이후 법원이 이 시인에 징역 1년 6개월·자격정지 1년을 선고하면서 수감됐는데, 이후 민족문학작가회의에서 이 시인에 대한 석방운동을 전개하면서 1988년 10월 3일 개천절 특사로 가석방됐다. 그리고 2021년 12월 이 시인은 사건 당시 공안수사단 수사관들에 의해 가혹 행위 등 불법적인 수사가 이뤄졌다며 진실화해위에 진실규명을 신청했고, 지난해 6월 조사 개시가 결정된 바 있다. 진실화해위는 사건의 판결문, 수사·재판기록, 이 시인의 재판 당시 변호인, 사건 담당 경찰 수사관 등을 조사한 결과, 1987년 11월 중부경찰서 수사관들에게 이 시인을 붙잡은 뒤 구속 절차가 적법하게 진행되지 않아 불법 구금된 사실을 확인했다고 밝혔다. 또 공안수사단 수사 과정에서 이 시인이 구타 등 가혹행위를 당한 정황도 확인됐다.

인감증명서, 110년 만에 온라인 발급
9월 30일 오전 9시부터 「정부24」에서 서비스

행정안전부가 9월 30일 오전 9시부터 정부 온라인 민원사이트인 「정부24(www.gov.kr)」에서 인감 증명서 온라인 발급 서비스를 실시한다고 29일 밝혔다. 이는 1914년 인감증명서 제도 도입 이후 110년 만으로, 그동안은 방문 발급만 가능했다. 온라인 발급서비스가 되는 인감증명서는 부동산·자동차 매도용이 아닌 그 밖의 용도로 발급 받는 일반용 인감증명서 중 법원이나 금융기관에 제출하는 용도를 제외한 인감증명서다. 인감증명서 온라인 발급은 시범운영 기간 시스템 안정화를 거친 후 11월 1일부터 본격적으로 이뤄지게 된다.

주요 내용 1914년 도입된 인감증명서는 공적·사적 거래에서 본인 의사를 확인하는 수단으로 활용되고 있는데, 이는 본인의 도장(인감)을 주소지 주민센터에 미리 신고해두고 필요할 때 발급해 특정 도장이 본인이 신고한 인감임을 증명해주는 서류다. 신청한 인감증명서를 온라인으로 발급받기 위해서는 PC로 정부24에 접속해 전자서명(공동인증서 또는 금융인증서)과 휴대전화 본인인증 등 복합인증을 거친 뒤 발급 용도와 제출처를 기재해 신청하면 된다. 신청한 인감증명서는 바로 발급되며 인쇄해 사용이 가능하다. 인감증명서 온라인 발급 서비스는 정부24 회원 가입 여부와 무관하게 이용할 수 있으며, 발급 사실은 국민비서 알림서비스 또는 휴대전화 문자로 본인에게 통보된다. 아울러 행안부는 온라인 인감증명서의 위·변조를 막기 위한 검증 장치도 도입했는데, 정부24에서 인감증명서 상단에 있는 16자리 문서확인번호를 입력하거나 정부24 앱 또는 스캐너용 문서확인 프로그램으로 하단에 있는 바코드를 스캔하면 증명서의 진위를 확인할 수 있다. 이 밖에도 초 단위까지 발급 시점을 확인할 수 있는 시점확인필 진본마크, 시각장애인·저시력자 등을 위한 음성변환 바코드도 적용됐다.

카멜라 해리스 vs 도널드 트럼프
美 대선 11월 5일 실시

카멜라 해리스 부통령(민주당)과 도널드 트럼프(공화당) 전 대통령이 맞붙는 제47대 미국 대통령 선거가 11월 5일 치러질 예정이다. 미국 대선은 4년마다 11월의 첫째 월요일 다음 화요일에 실시하도록 헌법에 규정돼 있다. 당초 이번 대선은 조 바이든 대통령과 트럼프 전 대통령의 리턴매치로 치러질 가능성이 높았으나, 바이든 대통령의 중도 사퇴에 따라 트럼프와 해리스의 대결로 확정된 바 있다. 이번 선거를 통해 선출된 대통령은 내년 1월 20일부터 4년간 대통령직을 수행하게 된다.

💡 2024년은 전 세계 곳곳에서 선거가 치러지면서 정치가 경제를 휘두르는 현상을 뜻하는 「폴리코노미(Policonomy)」라는 표현이 등장하기도 했다. 실제로 지난 1월 대만 총통 선거를 시작으로 인도네시아 대선·총선(2월), 러시아와 우크라이나 대선(3월), 한국 총선(4월), 인도 총선(5월), 유럽의회 선거(6월), 브라질 지방선거(10월)가 치러졌다. 그리고 11월 5일 전 세계적 관심사인 미국 대선이 치러지면 2024년 폴리코노미의 해는 마무리될 예정이다.

해리스 vs 트럼프, 대결 확정까지 도널드 트럼프 전 대통령이 7월 15일 치러진 공화당 전당대회에서 대선 후보로 공식 지명되면서 2020년 재선 실패 이후 4년 만에 백악관 복귀에 도전하게 됐다. 트럼프 전 대통령은 2016~2020년까지 미국 제45대 대통령직을 수행했으며, 2020년 대선에서 재선에 도전했으나 실패했다. 이후 트럼프 전 대통령은 「마가(MAGA·미국을 다시 위대하게)」라는 슬로건을 내세우며 2024년 대선 도전을 선언했다. 트럼프는 현재 4건의 형사기소 등을 당한 상태이지만, 연방대법원이 지난 7월 1일 전직 대통령의 재임 중 행위에 대한 형사 면책특권을 넓게 인정하는 판결을 내리면서 사법리스크를 거의 벗어난 바 있다.

민주당의 경우 사실상 후보로 확정됐던 바이든 대통령이 대선을 107일 앞둔 7월 22일 후보직 전격 사퇴를 발표하면서 바이든 대통령과 트럼프 전 대통령 간 전현직 리턴매치가 불발됐다. 대선 후보 공식 지명 절차만을 남겨둔 현직 대통령이 재선 도전을 공식 포기하는 것은 미국 역사상 처음 있는 일이었는데, 바이든 대통령은 지난 6월 27일 트럼프와의 첫 TV토론에서 참패한 데다 잇따른 고령 리스크로 사퇴 압박을 받아왔었다. 그리고 바이든 대통령이 사퇴한 지 12일 만인 8월 2일 해리스 부통령이 민주당 대선후보로 공식 선출되면서 11월 미국 대선은 해리스 부통령과 트럼프 전 대통령의 대결로 확정됐다. 특히 해리스의 후보 확정으로 이전까지 트럼프 전 대통령의 압도적 우위로 여겨지던 미국 대선은 완전히 새로운 국면으로 접어들었는데, 만약 해리스 후보가 이번 대선에서 승리할 경우「미국의 첫 흑인 여성 대통령이자 첫 아시아계 대통령」이라는 역사를 쓰게 된다.

> **코커스(Caucas)와 프라이머리(Primary)** 각 당의 전당대회에서 대통령 후보를 지명할 수 있는 권한을 가진 사람을 대의원(Delegate)이라 하는데, 각 주의 대의원 수는 주 인구에 비례해 정해진다. 이 대의원을 선출하는 방법에는 예비선거(프라이머리)와 당원대회(코커스)가 있는데, 일반적으로 프라이머리에서 대의원의 75%, 코커스에서 나머지 25%가 선출되고 있다. 코커스와 프라이머리는 보통 대통령 선거가 있는 해 2월에서 6월까지 5개월에 걸쳐 치러지며, 아이오와 코커스와 뉴햄프셔 프라이머리로 그 포문을 열고 있다. 코커스와 프라이머리는 실질적으로 후보 선출이 이뤄지는 절차로, 이후 열리는 전당대회는 사실상 확정된 후보를 형식적으로 공표하는 축제의 성격이 강하다고 할 수 있다.

11월 5일 대통령 선거와 당선 공식 확정 미국 대선은 11월 첫째 월요일 다음 날인 화요일(올해는 11월 5일)에 치러지는데, 이때 유권자들은 각 주별로 특정 정당 지지를 서약한 선거인단 후보를 놓고 투표한다. 이렇게 선출된 선거인단이 대통령을 뽑는 투표는 12월 두 번째 수요일의 다음 주 월요일(올해는 12월 17일)에 치러지지만, 선거인단 선출 투표에서 대통령 당선자가 결정되는 만큼 11월 5일이 사실상 대선일로 여겨진다. 선거인단은 미국 상·하원을 합한 수인 535명에 워싱턴 DC 대표 3명을 더해 538명으로 구성되는데, 인구 비례를 따져 각 주별 선거인단 수가 변할 수 있으나 전체적인 숫자는 변하지 않는다. 미국 대선은 네브래스카와 메인만 제외하고 각 주 선거에서 한 표라도 더 얻은 승자가 그 주에 걸린 선거인단 전체를 가져가는「승자독식제도(Winner-take-all)」를 채택하고 있어, 총 선거인단 538명 중 과반수인 270명을 얻으면 대통령에 당선된다.

한편, 미국 대통령의 정권 인수 과정은 11월 첫 화요일에 대통령 선거를 치른 후부터 이듬해 1월 20일 정오를 기해 막 취임식을 마친 대통령에게 블랙박스(핵무기의 사용을 명령할 수 있는 권한)가 인계되는 것으로 완료된다. 1월 20일이라는 날짜는 1933년 수정헌법 20조에 의해 정해진 것으로, 이전까지는 3월 4일에 취임식이 이뤄졌으나 선거일과 취임일 사이의 공백 기간에 대한 문제가 제기되면서 앞당겨진 것이다.

> **승자독식제도(Winner takes all)** 주민들이 뽑은 선거인단이 한 명이라도 더 많은 정당이 해당 주의 선거인단을 모두 차지하는 제도를 말한다. 즉, 대통령 후보의 득표 비율대로 각 당의 선거인단 수를 배정하는 것이 아니라 주별로 한 표라도 많은 후보가 해당 주에 배정된 숫자의 선거인단을 독식한다는 것이다. 다만 네브래스카주와 메인주의 경우 선거인단 일부는 승자 독식으로 하고 나머지는 득표에 비례해 배분하는 혼합 방식을 취하고 있다.
>
> **스윙 스테이트(Swing State, 경합주)** 미국에서 전통적으로 공화당 우세지역이거나 민주당 우세지역이 아니어서 선거 때마다 지지를 바꾼 부동층 주를 말한다. 민주·공화당에 대한 지지율이 마치 그네(Swing)처럼 오락가락한다는 뜻에서 붙은 명칭이다. 현재 미국 대부분의 주가 뚜렷한 정치적 성향을 견지하고 있어, 후보들은 특정 정당이 압도적인 지지세를 보이지 않는 경합주에 심혈을 기울이는 경우가 많다. 특히 애리조나(선거인단 수 11명), 플로리다(29명), 미시간(16명), 노스캐롤라이나(15명), 펜실베이니아(20명), 위스콘신(10명) 등 6개 주가 대표적인 경합주로 꼽힌다.

선거인단의 반란표 상황은 없을까? 11월 선출된 선거인단은 12월 두 번째 수요일의 다음 월요일 12시에 각 주의 주도에 있는 주의사당·주정부 청사 등에 모여 주지사 입회하에 자신의 당 대통령 후보에게 표를 던진다. 실제로 그동안 치러진 미국 대선에서 선거인단이 배신 투표를 한 경우는 매우 드문데, 미국 역사에서 선거인단 반란표가 가장 많이 나온 대선은 선거인단 6명이 제임스 매디슨 전 대통령에게 반란표를 던진 1808년 대선이었다. 다만 배신 투표를 하더라도 연방 상하원에서 이를 즉각 무효화할 수 있기 때문에 선거 결과를 뒤집는 것은 불가능하다고 할 수 있다.

한편, 미국 수정헌법 12조에 따르면 대선에서 과반의 표를 획득한 후보가 없으면 선택권이 하원으로 넘어가게 된다. 하원이 대통령을 선출할 때는 각 주를 대표하는 50명의 하원의원이 한 표씩을 행사하게 된다. 미국 역사상 하원이 대통령을 뽑은 사례는 1800년과 1824년 두 차례 있었는데, 1824년 대선에서는 앤드류 잭슨 후보가 일반 투표와 선거인단 투표 모두에서 가장 많은 표를 확보했음에도 과반수의 선거인단을 차지하지 못해 하원으로 공이 넘어갔다. 그리고 당시 하원은 미국의 제6대 대통령으로 존 퀸시 애덤스를 선택한 바 있다.

北 특수부대 1만 2000명, 러시아 파병
우크라이나 전쟁에 첫 제3국 참전

국가정보원이 10월 18일 「북한군 동향을 밀착 감시하던 중 8~12일 러시아 해군 수송함을 통해 북한 특수부대를 러시아 지역으로 수송하는 것을 포착했다.」며 북한군의 우크라이나 전쟁 참전 개시를 확인했다고 밝혔다. 파병 부대는 북한군의 최정예 특수부대인 「폭풍군단(11군단)」으로, 총 10개 여단 가운데 4개 여단에 해당하는 약 1만 2000명이 파병된 것으로 전해졌다.
한편, 북한군 파병설은 지난 10월 3일 우크라이나 언론들이 도네츠크 전선에서 사망한 러시아 쪽 20여 명 가운데 북한군 6명이 포함됐다고 보도하면서 본격화된 바 있는데, 국정원이 세계 정보기관 가운데 처음으로 북한군의 우크라이나 전쟁 파병을 공식 확인한 것이다.

주요 내용 국정원에 따르면 청진과 함흥, 무수단 인근 지역에서 러시아 태평양함대 소속 상륙함 4척, 호위함 3척을 이용해 북한 특수부대 1500명이 블라디보스토크로 이동했다. 이후 전선 투입을 위한 적응 훈련에 들어간 이들은 러시아 군복과 러시아제 무기를 지급받았으며, 북한인과 유사한 용모의 시베리아 야쿠티야·부라티야 지역 주민의 위조 신분증도 발급받은 것으로 알려졌다. 러시아 해군함대의 북한 해역 진입은 1990년 이후 처음으로 전해지는데, 우크라이나 정보 당국은 러시아에 파병된 북한군이 이르면 11월 1일 우크라이나군이 일부 점령 중인 러시아 남부 쿠르스크주에 투입될 것으로 예상했다.
한편, 우리 정부가 이처럼 북한군의 우크라이나 전쟁 파병을 공식 확인하면서 국제 정세에 상당한 파장이 예상되는데, 이는 우크라이나 전쟁에 제3국이 참전하는 첫 사례이기 때문이다. 북한과 러시아는 앞서 지난 6월 전쟁 시 상호 군사원조 내용이 포함된 군사동맹 조약을 맺은 바 있는데, 이번에 이를 실제로 실행하면서 향후 세계 안보를 흔들 새로운 위협으로 부상한 것이라는 우려까지 나온다. 무엇보다 북한의 참전은 우크라이나 전쟁의 성격이 국제전으로 바뀌는 변곡점이자, 북한과 서방 간의 대치가 심화하는 계기가 될 수 있다는 점에서 이목이 집중되고 있다.

폭풍군단은 어떤 부대? 북한이 러시아를 지원하기 위해 우크라이나 전쟁에 파병한 부대는 특수작전부대인 11군단 중 일부인 폭풍군단이다. 폭풍군단 예하에는 경보병여단(번개)·항공육전단(우뢰)·저격여단(벼락) 등 10개 여단이 있고, 규모는 4만~8만 명으로 추정된다. 평안남도 덕천시에 주둔한 것으로 알려진 폭풍군단은 특수 8군단이 모체로, 특수 8군단은 1968년 1·21 청와대 습격사건을 일으킨 124부대를 중심으로 1969년 창설된 바 있다. 이후 1983년 경보교도지도국으로 이름이 바뀌었고, 1991년 제11군단(일명 폭풍군단)으로 확대 개편된 뒤 2017년 특수작전군으로 통합됐다. 최정예 특수부대인 이들의 임무는 전방 지역 진격로 확보와 후방 교란이다. 특히 지난해 2월 인민군 창건 75주년 열병식에서는 폭풍군단의 군기가 이 부대의 훈련 장면 영상과 함께 공개됐는데, 북한 매체들은 이 부대를 「특수작전군종대」로 지칭한 바 있다.

한편, 이번에 파병된 1만 2000명은 북한군 파병 역사상 역대 최대 규모로, 북한은 과거 베트남전과 제4차 중동전쟁에도 파병했지만, 그 규모는 수십 명~수백 명 수준이었다. 러시아는 2022년 우크라이나 침공 초기에 15만~20만 명의 병력을 투입했다가 전쟁이 장기화됨에 따라 지속적으로 병력 수를 늘려왔다. 대표적으로 바그너그룹 등 용병단체를 통해 5만여 명, 우크라이나 동부 돈바스 지역의 친러 분리주의 정부에서 4만~6만 명의 병력을 동원한 것으로 파악된다.

> **1968년 1·21 청와대 습격사건** 1968년 1월 21일 북한 특수부대 소속 31명이 청와대 습격을 위해 인근 서울 세검정 고개까지 침투했다가 미수에 그친 사건으로, 당시 유일하게 생포됐던 김신조의 이름을 따 「김신조 사건」이라고도 한다. 이 사건 이후 대통령 경호를 강화하는 차원에서 인왕산과 북악산, 청와대 앞길까지 일반인의 통행이 금지됐다. 또한 이 사건은 향토예비군(현 예비군) 창설과 고등학교와 대학교에서 교련 교육이 실시되는 계기가 됐다.

北, 러에 컨테이너 1만 3000개 분량 미사일·포탄 지원 국정원은 10월 18일 북한이 지난해 8월부터 최근까지 총 70여 차례에 걸쳐 1만 3000여 개 이상의 컨테이너 분량에 달하는 대량 살상 무기를 러시아에 지원한 것으로 평가했다. 이는 북한과의 무기 거래를 금지한 유엔 안전보장이사회 결의 위반에 해당하는 것이다. 국정원은 우크라이나 국방정보총국이 전장에서 수거한 북한제 무기를 확인한 결과, 북한이 러시아에 지원한 무기는 122mm·152mm 포탄, 대전차 미사일(불새-4), KN-23 등 단거리탄도미사일, RPG 대전차 로켓, 다연장로켓포 등으로 파악됐다고 밝혔다. 국정원은 그간 북·러를 오간 화물선에 선적됐던 컨테이너 규모를 감안할 때 지금까지 북한의 122mm·152mm 포탄 800만 발 이상이 러시아에 지원된 것으로 분석했다.

북러 관계의 「혈맹」 진화, 한반도에의 영향은? 북한이 러시아에 대규모 파병을 한 사실이 확인되면서 북·러 관계는 지난 6월 체결한 「포괄적인 전략적 동반자관계에 관한 조약」을 통해 군사동맹, 더 나아가 「혈맹(血盟)」으로 진화한 것이라는 평가가 나오고 있다. 이번 파병은 양국 조약에 담긴 군사개입 조항에 근거한 것으로 보이는데, 해당 조약 제4조에는 「북러 중 한 나라가 전쟁 상태에 처하면 다른 나라는 유엔헌장과 양국 국내법에 준해 자신이 보유한 모든 수단으로 군사적 및 기타 원조를 제공한다.」고 명시돼 있다.

무엇보다 북한군의 이번 참전으로 북러 양국 간 군사협력은 더욱 심화될 것으로 우려되는데, 북한의 경우 그간 개발한 무기 성능을 실제 전장에서 시험해볼 수 있을 뿐더러 대륙간탄도미사일(ICBM)·핵추진잠수함 등의 첨단 무기기술을 러시아로부터 이전받을 수 있는 가능성이 높아졌다. 여기에 북러관계가 우크라이나 전쟁 종료 여부와 관계없이 장기적으로 이어질 가능성이 높다는 점에서 향후 북핵문제나 한러 관계, 한반도 안보에도 상당한 장애물이 될 것이라는 전망이 있다. 특히 남북 간 군사 충돌이 발생할 경우 러시아군의 참전 가능성이 열렸다는 점에서도 우리 안보에 새로운 위협으로 부상했다는 우려가 제기된다.

> **북·러 「포괄적인 전략적 동반자관계에 관한 조약」 주요 내용**
> - 전략적 안정, 전략전술 협동 강화
> - 일방에 대한 직접적 위협 조성 시 협상 통로 지체 없이 가동
> - 일방이 무력 침공 받으면 지체 없이 모든 수단으로 군사·기타 원조 제공
> - 지역 안전보장 위한 방위능력 강화 목적의 공동 조치 제도화

Economy

경제시사

2024.
8.~ 10.

美 연준, 기준금리 0.5%p 인하 「빅컷」 단행
글로벌 금리 인하 본격화

미국 중앙은행인 연방준비제도(Fed·연준)가 9월 18일 기준금리를 기존 5.25~5.50%에서 4.75~5.0%로 0.5%포인트 인하하는 「빅컷(Big Cut)」을 단행했다. 이는 코로나19 위기 대응을 위해 긴급하게 금리를 낮췄던 2020년 3월 이후 4년 6개월 만의 금리 인하이며, 2022년 3월 기준금리를 올리기 시작한 이후로는 30개월 만의 피벗(Pivot, 통화정책 전환)이기도 하다. 이날 결정으로 2022년 3월부터 이어졌던 미국의 긴축 통화정책 기조는 사실상 마무리됐으며, 향후 글로벌 금리 인하가 본격화될 것으로 전망된다.

💡 중앙은행이 금리를 통상적으로 0.25%포인트 내리는 것은 「베이비스텝(Baby Step, 아기 걸음마)」이라고 부르며, 빅컷(Big Cut)은 0.25%포인트보다 큰 폭으로 금리를 하향 조정하는 경우를 뜻한다. 빅스텝(0.50%p 상향 조정)은 이와 대비되는 개념으로, 0.75%p를 상향 조정할 경우에는 「자이언트 스텝」이라고 한다.

연준, 빅컷 단행에 이르기까지 연준은 2020년 3월 이후 0.25%로 유지되던 기준금리를 2022년 3월 0.5%로 올리기 시작해 2023년 7월 5.5%까지 인상한 뒤 이를 1년 2개월째 유지해 왔다. 연준은 이후 8차례 연속으로 금리를 동결하면서 인플레이션을 잡기 위한 총력전을 펼쳤다. 연준은 이날 함께 공개한 경제전망 점도표(연준 위원들의 향후 금리 전망을 나타낸 도표)에서 연말 기준금리 전망치를 4.4%로 내다봤으며, 내년 말에는 연 3.4%, 2026년 말에는 연 2.9%가 될 것으로 예상했다. 이는 연내에 0.5% 포인트, 내년에는 1%포인트 추가로 금리 인하가 있을 것임을 예고한 것으로 풀이된다.

한편, 미국의 빅컷 단행으로 세계 중앙은행들의 금리 인하 움직임도 본격화될 전망이다. 특히 지난해 2월 이후 1년 7개월째 역대 최장기간 기준금리(3.50%)를 동결해 오고 있는 한국은행의 행보에도 관심이 모아지고 있다. 이날 미 연준의 금리 인하에 따라 2022년 7월 처음으로 한미 금리 격차가 역전된 이후 최대 2.0%포인트까지 벌어졌던 금리 격차는 1.5%포인트로 좁혀졌다.

세계 주요국 중앙은행 올해 금리 인하 현황(ECB는 예금금리 기준)

캐나다	5.0% → 4.25% (6, 7, 9월 인하)
유럽중앙은행 (ECB)	4.0% → 3.5% (6, 9월 인하)
스위스	1.75% → 1.25% (3, 6월 인하)
뉴질랜드	5.50% → 5.25% (8월 인하)
영국	5.25% → 5.0% (8월 인하)

한은, 기준금리 0.25%P 인하 한국은행이 10월 11일 금융통화위원회 본회의를 열고 현재 연 3.5% 수준인 기준금리를 연 3.25%로 0.25%포인트 인하하기로 결정했다. 한은이 기준금리 인하에 나선 것은 지난 2021년 8월 금리를 0.25%포인트 올리며 통화긴축 기조에 나선 지 3년 2개월 만이다. 그간 수도권 집값 과열 우려 등으로 금리 인하를 주저하던 한은이 결국 피벗을 단행한 것은 고금리 장기

최신시사상식

화에 따른 내수 부진이 심각하기 때문으로 분석된다. 앞서 정부와 정치권에서는 장기간 고금리가 지속된 상황에서 금리를 낮춰 이자 부담을 줄여줘야 민간 소비·투자가 살아날 수 있다는 주장을 지속적으로 제기해 왔다. 금통위의 이번 금리 인하로 지난 9월 1.50%포인트로 줄어들었던 한미 간 금리 차이는 다시 1.75%포인트로 벌어지게 됐다. 아울러 이번 0.25%포인트 금리 인하로 가계대출 차주의 이자 부담은 연간 3조 원가량 줄어들 것으로 추정된다.

美 하원, 「생물보안법」 통과
중국 바이오기업 제재 목적

미국 하원이 9월 9일 중국 바이오기업을 제재하려는 목적으로 올 초부터 입법화를 추진한 「생물보안법(Biosecure Act)」을 통과시켰다. 생물보안법은 미국 정부의 지원금을 받는 기업이 적대적 외국 바이오기업의 장비와 서비스를 구매하지 못하도록 하는 것이 핵심으로, 사실상 중국을 겨냥한 것이다. 즉 미국 국민의 유전자 분석정보, 지식재산권(IP) 등 안보적 중요성이 커진 바이오 데이터가 중국으로 넘어가 비합법적으로 이용되는 것을 방지하기 위한 법안이다. 해당 법안에는 미국 안보에 우려되는 중국 바이오기업으로 ▷중국 유전체기업 BGI 지노믹스 ▷BGI에서 분사한 MGI 테크 ▷MGI의 미국 자회사인 컴플리트 지노믹스 ▷의약품 CRO(임상수탁)·CDMO(위탁개발생산) 기업인 우시 앱텍과 우시 바이오로직스 등을 명시했다.

한편, 이 법안이 상원까지 통과할 경우 중국 기업들은 직격탄을 맞고, 미국과 중국의 바이오 패권 경쟁이 심화할 수 있다는 전망이 제기된다. 반면 국내 CDMO 기업인 삼성바이오로직스·롯데바이오로직스·셀트리온 등에게는 호재로 작용할 것으로 관측된다.

미국 생물보안법에 적시된 중국의 5개 바이오기업

기업	분야	특징
우시 바이오로직스	위탁개발(CDO), 위탁생산(CMO)	매출 중 북미 48% 차지
우시앱텍	임상시험대행(CRO)	매출 중 북미 66% 차지
BGI그룹	유전체 분석서비스	세계 최대 유전자은행 보유
MGI 테크	유전자 서열 분석기기 개발 및 판매	BGI에서 분사
컴플리트 지노믹스	유전체 분석서비스	MGI의 자회사

美, 중국산 SW 장착한 커넥티드 차량
2027년부터 수입·판매 금지

조 바이든 미국 행정부가 9월 23일 국가안보를 이유로 중국산 자동차 수입을 사실상 금지하는 조치를 발표했다. 미 상무부는 이날 「중국·러시아와 연관된 특정 하드웨어와 소프트웨어를 사용한 커넥티드 차량(이동통신 가능 차량)의 수입 및 판매를 제한한다」고 밝혔다. 금지 대상은 커넥티드 차량이 외부와 정보를 공유할 수 있도록 하는 와이파이·블루투스·셀룰러·위성 및 자율주행시스템에 들어간 중국·러시아와 관련된 하드웨어와 소프트웨어를 아우른다. 이에 중국산 소프트웨어(SW)를 장착한 차는 2027년형(2026년 생산)부터, 통신기기 등 부품을 장착한 차량은 2030년형(2029년 생산)부터 수입과 판매가 금지된다.

커넥티드 차량은 무엇? 커넥티드 차량은 차량의 내부에 설치된 네트워크 장치(통신 모듈)를 통해 운전자가 원격 시동과 진단, 실시간 음악 감상, 전화, 실시간 교통정보 등의 서비스를 이용할 수 있는 차량을 말한다. 상무부는 바이든 대통령의 지시로 지난 3월부터 중국산 부품을 사용한 커넥티드 차량의 국가안보 위험에 대해 조사해 왔는데, 미국은 중국이 해킹을 통해 미국 운전자나 사회기반시설과 관련한 정보를 수집하거나 소프트웨어를 활용해 커넥티드 차량을 원격 조종할 가능성을 우려해 왔다.

한편, 미국의 이번 조치에 따라 미국에 커넥티드 차량을 수출하려는 한국 자동차 기업들도 부품 수입선 다변화를 모색해야 하는 등 해당 규제의 영향을 받을 것으로 전망된다.

애플·구글, EU 과징금 불복 소송서 패소
애플은 21조 원-구글은 3조 5000억 원 과징금 확정

애플과 구글이 과징금을 취소해 달라며 유럽연합(EU) 최고법원인 유럽사법재판소(ECJ)를 상대로 낸 소송에서 9월 10일 모두 패소했다. 이에 따라 애플은 143억 유로(약 21조 원), 구글은 24억 유로(약 3조 5000억 원)의 과징금을 물게 됐다.

애플·구글 vs EU 소송 주요 내용 애플과 EU의 소송은 지난 2016년 EU 행정부 격인 EU 집행위원회(EC)가 애플이 EU 회원국인 아일랜드에서 받은 조세 혜택이 EU의 정부 보조금 규정에 어긋나 불공정하다고 지적하면서 시작된 것이다. 당시 EC는 애플이 아일랜드에 체납한 세금에 해당하는 과징금 130억 유로와 이자를 포함해 총 143억 유로(약 21조 원)를 내도록 명령했다. 하지만 애플은 과징금을 낼 수 없다며 2016년 집행위를 상대로 소송을 제기했고, 2020년 7월 EU 일반법원은 과징금 명령을 무효화하는 판결을 내렸다. 그러나 최고법원인 ECJ가 이날 4년 전 판결을 다시 뒤집으며 과징금 부과를 확정한 것이다. 여기에 애플은 지난 3월 음원 스트리밍 시장에서 독점적인 위치를 남용했다면서 과징금 18억 유로(약 2조 6000억 원)를 부과받은 바 있어, 올해에만 161억 유로(약 24조 원)를 EU에 지불해야 하는 상황에 놓이게 됐다.

한편, 구글도 이날 EU를 상대로 낸 과징금 취소소송에서 패소했는데, 이는 지난 2017년 6월 EU가 구글이 자사의 비교쇼핑 서비스를 우대하는 방식으로 경쟁을 제한했다며 과징금 24억 유로를 부과한 데서 시작된 것이다. 이에 구글은 그해 9월 EC를 상대로 과징금 취소소송을 제기했는데, 2021년 EU 일반법원은 원심 패소 판결을 내린 바 있다. 그러나 ECJ가 이날 지난 2017년 EU집행위의 과징금 부과 결정을 최종 인정하면서 과징금이 확정됐다.

구글, 2조 원 규모 「EU 반독점 과징금」 취소 소송은 승소 룩셈부르크 소재 유럽연합(EU) 일반법원이 9월 18일 EU 집행위원회가 지난 2019년 구글에 부과한 14억 9000만 유로(약 2조 2000억 원)의 과징금 부과 처분을 취소한다고 판결했다. 법원은 이날 집행위원회가 벌금 부과 당시 평가한 조항에 오류가 있었다며 구글 승소 판결을 내렸다. EU 집행위는 지난 2019년 구글이 애드센스 사업 부문을 통해 온라인 광고시장에서 시장 지배적 위치를 남용해 경쟁을 억제했다며 과징금을 부과한 바 있다. 그러나 법원은 이날 집행위가 구글의 계약이 혁신을 저해하거나 소비자에게 피해를 주고 온라인 검색 광고시장에서 지배적인 직위를 유지하고 강화하는 데 도움이 됐다는 점을 입증하지 못했다고 판단했다.

정부, 2025년도 예산안 확정
677조 4000억 원-긴축재정 기조 지속

정부가 8월 27일 윤석열 대통령 주재로 열린 국무회의에서 「2025년도 예산안」 및 「2024~2028 국가재정운용계획」을 의결한 가운데, 내년 예산이 올해보다 3.2% 늘어난 677조 4000억 원으로 확정됐다. 그러나 이는 총수입 증가율(6.5%)에도 미치지 못할 뿐 아니라 정부의 경상성장률(물가 상승을 포함한 성장률) 전망치 4.5%도 밑도는 수준이다. 정부는 내년을 관리재정수지 적자폭을 국내총생산(GDP)의 3% 이내로 제한하는 「재정준칙」을 준수하는 원년으로 삼기 위해 총지출 증가율을 3%대 초반으로 제한했다.

2025년 주요 사업 및 예산안 「2025년 예산안」에 따르면 본예산 677조 4000억 원 중 가장 많은 예산이 편성된 분야는 보건·복지·고용 분야다. 해당 분야는 올해 대비 4.8% 늘어난 249조 원으로, 전체 예산의 3분의 1 이상을 차지한다. 이어 ▷일반·지방행정(111조 3000억 원) ▷교육(98조 5000억 원) ▷국방(61조 6000억 원) ▷연구개발(R&D, 29조 7000억 원) 순으로 나타났다.

국가장학금 대상 확대 및 주거안정장학금 신설 내년부터 대학생에게 주는 국가장학금을 받을 수 있는 기준이 중위소득의 200%에서 300%까지로 확대된다. 이는 4인가구 기준으로 월 1146만 원에서 1719만 원으로 늘어나는 것으로, 지원 대상에 새로 포함되는 학생들은 기본적으로 1년에 100만 원을 받게 된다. 또 기초생활수급자나 차상위계층, 한부모 가정에 속하는 초등학생 5·6학년은 매달 15만 원의 「꿈사다리 장학금」을 졸업할 때까지 받을 수 있다. 원거리 대학에 입학해 집을 구해야 하는 기초생활수급자나 차상위계층 대학생들에는 「주거안정장학금」이 신설되는데, 원거리 대학의 기준은 원래 살던 집과 다른 시도에 있거나 같은 지역이라도 통학에 편도 2시간 넘게 걸리는 곳이다. 해당 요건에 해당하면 졸업 전까지 매달 주거안정장학금 20만 원을 받을 수 있는데, 다만 이는 계절학기를 포함해 학기 중에만 받을 수 있다.

연구생활장려금 신설 전체 R&D 예산은 올해보다 3조 2000억 원(11.8%)이 늘어난 29조 7000억 원으로, 12대 분야 중 증가율이 가장 높다. 이는 올해 10% 가까이 삭감해 논란이 됐던 예산을 지난해 수준(29조 3000억 원)을 넘어 사상 최대 규모로 확대한 것이다. R&D에 참여하는 전일제 이공계 연구자에게는 최소 연구비를 보장해 주는 「연구생활장려금」이 신설되는데, 이는 석사에게는 월 80만 원, 박사에게는 월 110만 원이 지급된다. 이는 다른 장학금이나 학교에서 매달 주는 돈을 합쳐 해당 액수를 넘기면 지원받을 수 없지만, 대통령 과학장학금과는 중복 수혜가 가능하다. R&D에 참여하지 않는 연구자라면 이공계 석사 장학금을 신청하면 되는데, 이는 저소득 이공계 석사에 매달 40만 원씩 최대 2년간 지원하는 것이다.

청년 일자리 및 주거 정책 청년 취업이 활발하지 않은 10개 업종 취준생 및 신입사원은 「빈 일자리 채움 3종 패키지」를 통해 최대 960만 4000원의 지원금을 받을 수 있다. 해당되는 10개 업종은 조선업과 뿌리산업 등으로, 훈련을 마친 청년은 480만 원을 받고 취업 후 2년을 근속하면 장려금 480만 원을 또 받게 된다. 그리고 청년주택청약에 당첨되면 분양가의 80%까지 최저 연 2.2%의 금리로 빌려주는 「청년주택드림대출」도 새롭게 출시된다. 또 청년도약계좌에 대한 정부 매칭 지원 한도를 현재 월 40만~70만 원에서 단일 70만 원으로 확대 개편한다. 이 밖에 청년 일경험 참여자를 1만 명 확대해 5만 8000명으로 늘리고, 구직단념청년 지원 강화(7만 2000명), 「쉬었음 청년」 맞춤형 일자리 지원(44만 3000명) 및 고립·은둔청년 대상 온라인 발굴 체계 마련 등 사회 복귀를 돕는 예산도 편성됐다.

필수의료 확충 등에 10억 원 투입 의료 분야에서는 전공의 수련 국가지원, 필수의료 확충, 지역의료 강화, 의료사고 안전망 구축 및 필수의료 R&D 지원 등 5대 핵심 분야에 집중 투자가 이뤄진다. 우선 전공의가 수련과 교육에 집중하도록 수련교육 비용과 인프라 개선 비용을 지원한다. 또 8개 필수 진료과목 전공의와 소아진료·분만 분야 전임의에게는 수당 월 100만 원을 지급한다. 아울러 지방의료원 기능 강화를 위한 운영비를 지원하며, 계약형 지역필수의사제를 도입해 지역 의료인력을 확보한다.

저소득층 지원 생계급여의 지급 여부 기준이 되는 「기준 중위소득」을 상승시켰는데, 이에 내년 기준 4인가구의 기준 중위소득은 609만 7773원으로 올해(572만 9913원)보다 약 6.4% 늘어난다. 이에 가구 소득이 중위소득 32% 이하일 때 받는 기초생활보장 생계급여가 4인가구 기준 월 195만 2000원으로, 올해보다 11만 8000원 오르게 된다. 여기에 중위소득 32% 미만 가운데 임산부, 영유아, 초중고생이 있는 가구에는 월 10만 원 상당(4인가구 기준)의 농식품 바우처를 지급한다. 또 아토피 등을 앓는 저소득 어린이·노인·임산부에게는 치료나 자연 체험에 쓸 수 있도록 연 10만 원 상당의 전자이용권(환경보건이용권)을 지급한다.

육아휴직 급여 상향 등 저출생 대책 육아휴직급여는 현재 1년간 월 최대 150만 원(통상임금의 80%)을 월 평균 192만 5000원으로 인상한다. 육아휴직 첫 3개월간은 월 250만 원, 그 다음 3개월은 월 200만 원, 7개월 이후부터는 월 160만 원을 지급하는데 1년간 받을 수 있는 상한액은 2310만 원이다. 배우자 출산휴가는 현재 5일에서 20일로 늘어나고, 연 1회 2주간 쓸 수 있는 단기휴직도 도입된다. 또 육아휴직 때문에 부담이 늘어난 사업주를 지원하는 「대체인력지원금」을 기존 월 80만 원에서 월 120만 원으로 늘리는데, 대체인력지원금은 중소기업이 출산휴가나 육아기 근로시간 단축, 육아휴직에 들어간 직원 대체인력을 30일 이상 고용하면 정부가 기업에게 지급하는 것이다.

여기에 육아휴직 업무분담지원금도 신설하는데, 이는 중소기업 사업주가 주 10시간 이상 근로시간 단축제도를 사용한 노동자의 업무를 분담한 동료 노동자에게 수당 등 추가 보상을 지급하면 정부가 고용보험기금에서 최대 월 20만 원까지 사업주에게 지원금을 지급하는 것이다. 부모 맞벌이 등으로 양육 공백이 발생한 가정의 12세 이하 아동을 돌보미가 직접 찾아가 돌봄을 제공하는 「아이돌봄서비스」의 경우 기존에는 중위소득 150% 이하 가정이 지원 대상이었는데, 중위소득 200% 이하 가정으로 기준을 완화한다.

2025년 주요 사업 및 예산안

분야	내용
저소득층	•생계급여액 연간 2200만 원 → 2342만 원 •의료급여 수급자 건강생활유지비 6000원 → 1만 2000원
노인	•노인 일자리 103만 개 → 110만 개 •특화 평생교육바우처 신설 •기초연금 월 33만 4810원 → 34만 3510원
청년	•국가장학금 100만 명 → 150만 명 •저소득층 주거안정장학금 월 20만 원 •꿈사다리 장학금, 초 5·6년생까지 확대
소상공인	•배달·택배비 지원 연 30만 원 •폐업 점포 철거비 250만 원 → 400만 원
저출생 고령화	•육아휴직 급여 한 달 150만 원 → 최대 250만 원 •대체인력지원금 80만 원 → 120만 원 •육아휴직 업무부담지원금 월 20만 원 신설
의료개혁	•전공의 수당 360명 → 4600명 •필수 진료과목 전공의 등 수당 월 100만 원 지급
R&D	•연구생활장려금 도입: 박사 110만 원, 석사 80만 원 •이공계 석사 장학금 1000명 지원 신규 도입

병장 월급 월 205만 원 병장 기준으로 올해 월 봉급은 매월 최대 165만 원인데, 내년에는 40만 원이 늘어난 205만 원이 된다. 205만 원 가운데 150만 원은 실제 월급이고, 나머지 55만 원은 병사와 국가가 1:1 매칭 방식으로 모으는 내일준비적금의 월 최대 지원금이다.

영세상인에 배달비 2000억 원 지원 내년부터 동네 식당 등 소상공 업체 67만 9000곳에 정부 예산 2037억 원을 투입해 한 곳당 연간 최대 30만 원의 배달·택배비를 지원한다. 또 주문용 키오스크 등 스마트 기기와 소프트웨어를 영세 사업자들에게 5000개 추가 보급한다. 여기에 소상공인과 자영업자의 채무 조정을 위한 「새출발기금」 규모를 현 30조 원에서 40조 원으로 확대하고, 점포 철거 지원금을 현 250만 원에서 400만 원으로 늘리기로 했다.

韓, 내년 11월 세계국채지수 편입
세계 9번째 규모 국채 투자처로 부상

영국 파이낸셜타임스스톡익스체인지(FTSE) 러셀이 10월 8일, 1년간의 유예 기간을 거쳐 내년 11월부터 한국을 세계국채지수(WGBI·World Government Bond Index)에 추가한다고 발표했다. FTSE 러셀은 모건스탠리캐피털인터내셔널(MSCI)과 함께 양대 글로벌 지수 제공업체로,

FTSE 세계국채지수(WGBI) 주요 내용

개요	• 주요국 국채가 편입돼 있는 선진채권지수 • 세계 최대 채권지수(추종 자금 3조 달러로 추정) • 영국 파이낸셜타임스스톡익스체인지(FTSE) 러셀이 운영
편입 요건	• 국채 발행 잔액 500억 달러 이상 • 스탠더드앤드푸어스(S&P) 기준 국가 신용등급 A- 이상 • 외국인 투자에 불편이 없는 시장 접근성(레벨 2)
기존 편입국	미국, 영국, 프랑스, 독일, 일본 등 25개국

FTSE 러셀이 발표하는 WGBI는 블룸버그·바클레이즈 글로벌 종합지수(BBGA), JP모건 신흥국 국채지수(GBI-EM)와 함께 세계 3대 채권지수로 꼽힌다. 이는 세계 최대 연기금 중 하나인 일본 공적연금펀드(GPIF)를 비롯해 초우량 투자자의 추종 비중이 높은 채권 지수로, 추종 자금은 3조 달러(약 4039조 원)로 추산된다.

韓, WGBI 편입에 이르기까지 우리나라는 지난 2002년 BBGA에 편입된 뒤 글로벌 금융위기 극복 차원에서 2008년부터 WGBI 편입을 추진해 왔다. FTSE 러셀은 ▷국채 발행 규모(500억 달러 이상) ▷국가신용등급(S&P 기준 A-이상, 디스 기준 A3 이상) ▷시장 접근성 등을 따져 편입 여부를 결정한다. 하지만 우리나라는 외국인 투자에 불편이 있는지를 보는 시장 접근성 항목에서 지속적으로 부정적인 평

FTSE 러셀의 채권시장 분류 현황

WGBI(선진시장)	미국, 중국, 영국, 일본, 캐나다, 싱가포르, 한국 등 26개국 (한국은 내년 11월부터 반영)
EMGBI(신흥시장)	인도, 멕시코, 브라질, 폴란드 등 17개국
FTEMGBI(프런티어·신흥시장)	코스타리카, 나이지리아, 베트남, 방글라데시 등 15개국

가를 받으면서 2022년 9월에야 편입 관찰대상국에 이름을 올린 바 있다. 그리고 이후에도 같은 문제로 인해 3차례 편입이 불발됐으나, 이날 FTSE 러셀이 한국의 시장 접근성에 「불편함이 없다(레벨 2)」고 평가하면서 편입이 결정되기에 이르렀다.

💡 FTSE 러셀은 10월 기준으로 우리나라의 편입 비중이 2.22%를 차지한다고 밝혔다. 이는 우리나라까지 26개 편입국가 중에서 미국(40.4%)·일본(10.2%)·중국(9.7%)·프랑스(6.7%)·이탈리아(6.0%)·독일(5.2%)·영국(4.8%)·스페인(4.0%)에 이어 9번째로 큰 규모다.

공정위, 업계 반발에 「플랫폼법」 제정 철회
공룡 플랫폼 사전 지정은 「사후 추정」으로 변경

공정거래위원회(공정위)가 9월 9일 플랫폼 독과점 규제 강화 조항을 공정거래법에 명시해 개정하는 「플랫폼 공정경쟁 촉진을 위한 입법 방향」을 발표했다. 당초 공정위는 지난해 12월 소수의 공룡 플랫폼을 시장 지배적 사업자로 사전 지정하는 「플랫폼법(플랫폼 공정경쟁촉진법)」 제정안 방침을 밝힌 바 있다. 그러나 지난 2월 업계의 반발에 부딪히며 이를 보류한 데 이어 7개월 만에 법 제정 대신 공정거래법 개정으로 방향을 바꾼 것이다. 특히 논란이 됐던 지배적 플랫폼에 대한 사전 지정 방침의 경우 「사후 추정」으로 변경했는데, 이는 플랫폼의 위법행위가 일어나면 그때 실태조사를 통해 지배적 플랫폼에 해당하는지를 따져 제재에 나서겠다는 것이다. 이처럼 정부가 업계의 반발에 한발 물러서면서 규제의 실효성마저 잃게 되는 것이 아니냐는 비판이 나오고 있다.

> **사전 지정제와 사후 추정제** 사전 지정제는 빅테크 플랫폼을 지배적 플랫폼(독과점 사업자)으로 정해 놓고, 이들이 기득권을 바탕으로 다른 플랫폼이나 입점 업체에 불리한 반칙 행위를 했을 때 일반 기업에 비해 더 신속하고 강하게 규제하는 방식을 말한다. 현재 유럽과 일본 등에서는 사전 지정제를 통해 초대형 플랫폼의 시장 지배력 남용 행위를 강력히 규제하고 있는데, 대표적으로 지난 3월 전면 시행된 유럽연합(EU)의 「디지털시장법(DMA·Digital Market Act)」을 들 수 있다. 반면 사후 추정제는 불공정 행위가 발생한 뒤 해당 플랫폼이 독과점 사업자에 해당하는지 판단하는 제도로, 위반 행위마다 플랫폼의 독과점 여부를 따로 판단해야 하기 때문에 사전 지정제에 비해 신속한 제재가 이뤄지지 않는다는 단점이 있다.

공정거래법 개정 주요 내용 공정위가 이날 공개한 공정거래법 개정안에 따르면 규제 분야는 ▷중개 ▷검색 ▷동영상 ▷소셜미디어(SNS) ▷운영체제(OS) ▷광고 등 6개이며, 규제할 위법행위로는 ▷자사 우대 ▷끼워팔기 ▷멀티호밍 제한 ▷최혜대우 요구 등 기존에 플랫폼법 입법 과정에서 밝힌 4대 반칙 행위가 유지됐다. 그리고 해당 행위를 저지른 플랫폼 가운데 시장 독점력을 갖춘 곳을 지배적 사업자로 사후 추정해 위법성 입증 책임을 물겠다는 것이다. 시장지배적 플랫폼 기준으로 인정되기 위해서는 ▷1개 회사의 시장점유율이 60% 이상이고 이용자 수 1000만 명 이상인 경우거나 ▷3개 이하 회사의 시장점유율이 85% 이상이고 각 사 이용자 수가 2000만 명 이상인 경우다. 단

스타트업 등의 규제부담 우려를 고려해 연간 매출액 4조 원 미만 플랫폼은 제외한다. 이 기준대로라면 쿠팡과 배달의 민족 등은 규제 대상에서 제외되며, 네이버·카카오·구글·애플·메타 등 소수만이 포함되는 데 그칠 것으로 전망된다. 이 사후 추정제로 지배적 플랫폼으로 인정되면 과징금 부과율은 현행 「관련 매출액의 최대 6%」에서 8%로 상향된다. 또 플랫폼이 독과점이 아니라는 사실을 입증할 책임이 강화되고, 반경쟁행위의 신속한 차단을 위한 임시중지명령 제도도 도입된다.

공정위 플랫폼 독과점 규제 방향은?

지배적 플랫폼 사후 추정	기존의 사전 지정 방침에서 후퇴
추정 기준	• 1개 회사 점유율 60% 이상 및 이용자 수 1000만 명 이상 • 3개 이하 해외 점유율 85% 이상 및 각 사별 이용자 수 2000만 명 이상 • 매출 4조 원 미만 업체는 제외
규제 분야	중개, 검색, 동영상, SNS, 운영체제, 광고 등 6개 분야
예상 지배적 사업자	구글, 애플, 네이버, 카카오 등

일정 규모 이상 온라인 플랫폼에 「대규모유통업법」 적용 공정거래위원회가 9월 9일 당정 협의를 거쳐 일정 규모 이상의 온라인 중개거래 플랫폼을 대규모유통업법상 규제 대상인 대규모 유통업자로 보고

관련 규제를 하겠다고 밝혔다. 다만 구체적인 규제 대상과 규제 내용에 대해서는 복수안을 제시했는데, 우선 법 적용 대상으로는 ▷연간 중개거래수익이 100억 원 이상이거나 연간 중개거래금액이 1000억 원 이상을 1안으로 ▷연간 중개거래수익이 1000억 원 이상 또는 연간 중개거래금액이 1조 원 이상을 2안으로 제시했다. 정산기준일과 기한에 대해서도 두 가지 안이 제시됐는데, 1안은 소비자의 구매확정일(청약철회 기간 만료일)로부터 10~20일 이내이고, 2안은 월 판매 마감일로부터 30일 이내다. 플랫폼이 판매대금을 직접 수령하는 경우에는 수수료 등을 제외한 판매대금의 100% 또는 50%를 별도관리(예치, 지급보증 등)하도록 의무화한다.

금융위, 「불법 사금융 척결 및 대부업 제도 개선방안」 발표
불법 대부계약 이자는 연 6%로 제한

금융위원회가 9월 11일 등록하지 않고 대부업 영업을 하는 행위에 대한 처벌을 최고 수준으로 강화하고 불법 대부계약 이자도 연 6%로 제한하는 등의 내용을 담은 「불법 사금융 척결 및 대부업 제도 개선방안」을 발표했다.

방안 주요 내용 금융위는 「미등록 대부업자」 호칭을 「불법 사금융업자」로 변경하고, 이들의 영업행위에 대한 처벌을 「5년 이하 징역 또는 5000만 원 이하 벌금」에서 「5년 이하 징역 또는 2억 원 이하 벌금」으로 강화한다. 또 불법 사금융 범죄로 법원에서 유죄 선고를 받을 경우 최대 5년간 전자금융거래를 제한하기로 했다. 그리고 불법 사금융업체들의 영업을 막기 위해 미등록 업체의 경우 대부계약 금리를 최대 6%로 제한하고 이보다 높은 금리에 따른 이자는 모두 무효화한다. 여기에 성착취나 인신매매, 폭행과 협박 등을 이용한 반사회적 불법 대부계약에 대해서는 원금과 이자 모두 무효로 하는 방안도 추진한다.

이 밖에 금융위는 7700곳에 달하는 지자체 등록 대부업자들을 대상으로 대대적인 구조조정에도 착수할 예정이다. 현재 대부업 등록은 금융위와 지자체로 이원화돼 있는데 3억 원 이상의 자기자본을 요구하는 금융위의 기준과 달리 지자체의 경우 개인은 1000만 원, 법인은 5000만 원만 있으면 등록할 수 있어 지나치게 문턱이 낮다는 지적을 받아 왔다. 이에 향후 지자체 대부업 등록 기준은 개인 1억 원, 법인 3억 원으로 상향 조정된다.

불법 사금융 척결 및 대부업 제도 개선 주요 내용

불법 사금융 인식 제고	미등록 대부업자 → 불법 사금융업자로 명칭 변경
온라인 대부중개업 제도 개선	대부중개사이트 등록 의무를 금융위로 상향하고 등록 요건을 강화 → 금감원이 직접 감독 및 검사 업무 수행
지자체 대부업 제도 개선	•지자체 등록 대부업 자기자본 요건 강화: 개인 1000만 원 → 1억 원, 법인 5000만 원 → 3억 원 •대부업체 대표의 타 대부업체 임직원 겸직 제한
불법 사금융업자 처벌 강화	•미등록 영업: 5000만 원 이하 벌금 → 2억 원 이하 벌금 •최고금리 위반: 3년 이하 징역 → 5년 이하 징역 •정부 사칭: 과태료 5000만 원 이하 → 5년 이하 징역 또는 2억 원 이하 벌금
불법 사금융 피해 구제 강화	•반사회적 대부계약 무효화: 성 착취, 신체상해 추심 등 반사회적 불법 대부계약은 원금 및 이자 무효화 추진 •불법 사금융업자 범죄 이득 제한: 불법 사금융업자가 대부 계약 시 상시법정이율(6%)을 초과하는 이자는 무효화(대부업법 개정)

법원, 티몬·위메프(티메프) 기업 회생절차 개시 결정
티메프 대표 대신 제3자가 경영-당장 파산은 모면

서울회생법원 회생2부가 9월 10일 대규모 정산 지연사태를 일으킨 티몬과 위메프(티메프)에 대한 회생절차를 개시하기로 결정했다고 밝혔다. 이는 지난 7월 29일 두 회사가 법원에 기업 회생절차를 신청한 지 44일 만으로, 통상 회생절차 개시는 기업 부채가 자산을 초과하거나 현금 부족으로 채무를 다 갚지 못하는 경우에 이뤄진다. 이에 따라 법원이 선임한 제3자 관리인(조인철 전 SC제일은행 상무)이 기존 경영진을 대신해 두 회사를 경영하게 되고,

> **티메프 사태 일지**
>
> | | |
> |---|---|
> | 7. 7. | 위메프, 일부 판매자 정산금 지급 지연 |
> | 24~25. | 티몬·위메프 피해자, 서울 강남 사무실 점거 |
> | 27. | 티몬, 현장 환불 중단 |
> | 29. | 티몬·위메프, 법원에 기업회생 신청 |
> | 30. | 법원, 티몬·위메프의 자산 및 채권 동결 |
> | 8. 2. | 법원, 티몬·위메프 자율구조조정지원(ARS) 프로그램 승인 |
> | 30. | 법원, ARS 프로그램 중단-회생절차 개시 여부 심사 재착수 |
> | 9. 10. | 법원, 회생절차 개시 결정 |

오는 12월까지 회생계획안을 마련해 채권자(피해자) 동의와 법원의 인가를 받으면 회생이 확정되게 된다.

> **티메프 사태** 7월 7일 위메프의 대금 미정산 발생에 이어 21일 티몬이 대금 정산 지연을 공지하면서 시작된 소비자 환불 불가 사태를 말한다. 해당 사태는 티몬과 위메프의 모기업인 큐텐이 무리하게 나스닥 상장을 추진한 것이 원인이 됐는데, 지마켓 창업자인 구영배 대표가 설립한 큐텐은 2022년 9월 티몬을 인수했고 2023년에는 인터파크쇼핑과 위메프를, 2024년에는 미국 쇼핑플랫폼 위시와 AK몰을 사들이는 등 문어발식 사업 확장을 단행한 바 있다. 이후 7월 29일 티몬과 위메프는 법원에 회생 개시를 신청했으며, 법원은 8월 2일 티몬의 자율구조조정(ARS) 프로그램 진행을 결정한 뒤 회생 개시를 한 달간 보류한 바 있다. ARS는 법원이 기업 회생 개시를 유예하고 기업과 채권자들이 효율적인 구조조정 방안 등을 협의할 수 있도록 하는 제도지만, 두 차례 열린 회생절차 협의회에서 두 회사와 채권단은 협의에 이르지 못했다. 이에 법원은 8월 30일 ARS 프로그램 연장을 중단하고 9월 10일 회생절차 개시를 결정했다.

회생절차 개시에 따른 절차는? 회생절차가 개시됨에 따라 법원은 티메프가 지고 있는 채무(빚)를 확정하는 절차에 돌입한다. 우선 채권자의 경우 10월 24일까지 서울회생법원에 온라인과 우편 등으로 채권 신고를 해야 하는데, 만약 채권이 신고되지 않으면 해당 채권은 회생계획에서 제외된다. 다만 두 회사가 10월 10일까지 제출하는 채권자 목록에 포함돼 있을 경우에는 별도로 채권 신고를 하지 않아도 된다. 티메프의 기업가치 등을 평가하는 조사위원은 한영회계법인이 맡게 됐는데, 조사위원은 채권 조사와 기업 평가 등을 토대로 오는 11월 29일까지 조사 보고서를 제출할 예정이다. 이후 조사위원은 채무 변제와 경영 정상화 계획 등이 담긴 회생계획안을 12월 28일까지 마련하게 된다. 그리고 이 회생계획안이 채권자와 담보권자의 동의 등 인가 요건을 충족할 경우 법원은 계획을 인가하게 된다. 그렇게 되면 두 회사는 회생계획에 따라 법원의 관리하에 채무 일부를 탕감받고 나머지 채무는 정해진 기간 갚아 나가며 재기할 수 있는 기회를 얻게 된다. 반면 회생계획안을 인가받지 못하거나 법원이 중간에 회생절차를 폐지하면 두 회사는 파산절차에 돌입하게 된다. 또 회생계획이 인가되더라도 제대로 진행되지 않으면 파산으로 이어지게 된다.

💡 기업회생절차는 한 기업이 사업을 계속할 만한 가치가 있지만 과잉투자나 금융사고 등의 문제로 인해 부채를 영업이익으로 충분히 감당할 수 없을 경우 진행하게 된다. 그 과정에서 채무의 일부를 탕감하거나 주식으로 전환하는 등 부채를 조정, 기업이 회생할 수 있는 발판을 마련하게 된다. 법원은 사업을 계속할 경우의 가치가 사업을 청산할 경우의 가치보다 크다고 인정되면 회생계획안을 제출받아 인가 여부를 결정한다. 그리고 채무가 변제되면 법원은 회생절차의 종결을 결정한다.

고려아연-영풍 경영권 분쟁 심화
MBK파트너스 참전, 적대적 M&A 논란

9월 13일 영풍과 사모펀드(PEF)운용사 MBK파트너스가 약 2조 원을 투입해 고려아연 지분 7.0~14.6%를 공개매수한 뒤 회사의 경영권을 확보하겠다고 나서면서 시작된 영풍과 고려아연의 경영권 분쟁이 격화되고 있다. 고려아연은 1949년 영풍그룹의 공동설립자인 고(故) 장병희·최기호 창업주가 1974년 설립하면서 고려아연은 최씨 가문이, 영풍그룹은 장씨 가문이 경영을 맡아왔다. 고려아연은 영풍 측의 공개매수가 대주주의 의사에 반하는 「적대적 인수·합병(M&A)」에 해당한다고 주장하며, 이를 통해 국가 기간산업의 핵심 기술이 해외로 유출될 위험이 있다는 주장이다. 반면 영풍 측은 이와 같은 주장은 근거 없는 억측이라며, MBK와의 경영권 인수로 현재 고려아연의 사업을 지속적으로 이어갈 것이라는 입장을 밝혔다.

현 고려아연 지분 구조는?

고려아연 최윤범 회장 측	• 최윤범 회장 등 일가: 15.6% • 현대차, LG화학, 한화 등 우호 지분: 18.3%
국민연금	7.6%
기타 주주	외국인 보유 18.23% 포함해 총 25.4%
영풍 장형진 고문 측 + MBK	• (주) 영풍: 25.4% • 장형진 영풍그룹 고문 등 일가: 7.7%

고려아연-영풍 경영권 분쟁, 왜?　1949년 고(故) 장병희·최기호 창업주가 공동 설립한 영풍은 1974년 고려아연을 설립했다. 이후 장씨 일가는 영풍문고와 전자계열사를, 최씨 일가는 고려아연을 포함한 비철 분야 계열사를 맡았다. 두 집안의 동업 관계는 70여 년간 이어졌으나, 2022년부터 창업주 3세 최윤범 회장 주도로 유상증자 등을 진행하며 지분 관련 분쟁이 시작됐고 영풍이 지난 2월 주주총회 안건에 반대를 표명하며 갈등이 본격화했다. 그러던 중 장형진(78) 영풍 고문 측이 국내 1위 사모펀드 MBK파트너스와 손을 잡고 9월 13일부터 주당 66만 원에 고려아연 공개매수에 돌입하며 경영권 분쟁이 시작됐다. 영풍과 MBK파트너스의 계획대로 공개매수가 이뤄지면 장 고문 측 지분은 약 33.1%에서 최소 약 40.1%, 최대 약 47.74%까지 늘어난다.

고려아연·영풍 경영권 분쟁 일지

1949.	故 장병희·최기호 창업주, 영풍 공동 설립
1974.	고려아연 공동 설립(최씨는 고려아연, 장씨는 영풍 경영)
2022.	• 한화, 고려아연 지분 5% 인수(8월) • 고려아연, LG화학·(주)한화와 6.02% 자사주 교환(11월)
2023.	현대차그룹, 고려아연 지분 5% 인수(9월)
2024. 2.	고려아연 이사회, 결산 배당 축소 및 정관 변경안 주주총회 상정 → 영풍, 고려아연 상정안에 반대
3.	고려아연 정기 주총서 배당 축소안 승인 및 정관 변경안 부결
9. 13.	영풍·MBK, 고려아연 지분 공개매수 발표

양사 공개매수 경쟁 지속　영풍 측은 9월 13일부터 주당 66만 원에 고려아연 공개매수에 나서는 동시에 고려아연의 자사주 취득을 금지하도록 서울중앙지법에 가처분 신청을 냈다. 이후 50만 원대였던 고려아연 주가가 70만 원대로 급등하자 영풍 측은 9월 26일 공개매수가를 75만 원으로 높였다. 그러자 10월 1일 최윤범 고려아연 회장 측은 영풍정밀 공개매수 공고를 올리는 것을 시작으로 2일 이사회를 열고 고려아연 자사주를 취득하기로 의결했다. 이는 법원이 10월 2일 영풍 측이 제기한 고려아연 자사주 취득 금지 가처분 신청을 기각함에 따른 것이다. 이에 영풍-MBK 연합은 1차 공개

매수 거래 마감일인 10월 4일 기존 75만 원이던 공개매수가를 83만 원으로 인상하며 고려아연과 동일한 조건으로 경쟁에 나섰다.

한편, 고려아연은 앞서 9월 24일 회사가 보유한 2차전지 소재인 전구체 가공 기술을 국가핵심기술로 선정해 달라고 산업통상자원부에 신청서를 제출한 바 있다. 국가핵심기술을 보유한 기업은 정부 승인을 받아야 외국 기업에 매각될 수 있다는 점에서 고려아연의 기술이 국가핵심기술로 지정되면 MBK가 추후 회사를 재매각할 때 부담으로 작용할 여지가 있다.

> **적대적 M&A(인수·합병)** 기업의 현 대주주나 이사회의 동의 없이 외부 세력이 기업 경영권을 확보하기 위해 강행하는 인수·합병을 말한다. 통상 적대적 M&A는 「공개매수(Tender Offer)」나 「위임장 대결(Proxy Fight)」의 형태를 취한다. 여기서 위임장 대결은 주총에서 의결권을 갖고 있는 위임장을 보다 많이 확보해 현 이사진이나 경영진을 갈아치우는 방법을 말한다. 이에 반해 인수·합병되는 기업과 매수자 간의 합의가 있는 경우는 「우호적 M&A」라고 한다.

금감원, 공개매수 소비자경보 「주의」 발령 금융감독원이 10월 8일 고려아연 경영권 확보를 위한 영풍과 고려아연 양측의 공개매수 과정에서 주가가 급등하자 공개매수 기간 중이나 종료 이후 주가가 급락할 수 있다며 소비자경보 「주의」 단계를 발령했다. 이는 고려아연 경영권 확보 경쟁이 과열되면서 근거 없는 루머나 풍문이 유포되고, 그로 인한 불공정거래에 대한 우려가 제기됨에 따른 것이다. 또 금감원은 이날 고려아연 공개매수에 대한 엄정한 관리·감독과 즉각적인 불공정거래 조사 착수도 지시했다. 정부가 이 사건에 개입한 것은 개인 투자자들의 피해가 커질 수 있다는 점 때문으로, MBK·영풍 측과 고려아연 현 경영진의 공개매수 경쟁이 시작된 지난 9월 13일 이후 약 4주간 주식 공개매수 대상이 된 고려아연과 계열사 영풍정밀의 주가는 크게 요동쳤다. 실제로 MBK와 영풍 측이 1주당 66만 원에서 시작한 공개매수 가격은 주당 83만 원으로 이 기간에만 26% 올랐으며, 고려아연 지분 1.85%를 가진 영풍정밀은 공개매수 가격이 주당 2만 원에서 3만 원으로 50% 상향했다.

SK 이노베이션·E&S 합병안 통과
100조 에너지 공룡 탄생 전망

9월 20일 한국예탁결제원과 SK이노베이션 등에 따르면 SK이노베이션과 SK E&S 합병의 마지막 관문으로 꼽혔던 주식매수청구권 행사 규모가 3350억 원에 그치면서 양사의 합병을 향한 마지막 걸림돌이 제거됐다. 주식매수청구권 행사 최종 마감일은 9월 19일이었으나, 일반 주주들은 2거래일 전 주식매수청구권 신청을 해야 해 지난 13일로 사실상 마감된 바 있다. 이번 주식매수청구권 행사 규모는 SK이노

SK이노베이션-SK E&S 합병 일지

7. 17.	SK이노베이션·SK E&S, 임시 이사회 열어 합병안 의결
8. 27.	양사 주주총회서 합병안 통과
9. 19.	SK이노베이션 주식매수청구권 행사 시한
11. 1.	합병 법인 공식 출범

베이션이 한도로 설정했던 8000억 원의 절반에도 미치지 못하는 규모다. 이로써 SK이노베이션과 SK E&S는 오는 11월 1일 매출 88조 원, 자산 100조 원 규모의 아시아·태평양 지역 최대 민간 에너지 회사로 거듭나게 됐다. 앞서 SK이노베이션은 지난 8월 27일 열린 임시 주주총회에서 SK이노베이션과 SK E&S의 합병 안건을 참석 주주 85.75%의 찬성률로 통과시킨 바 있다.

💡 주식매수청구권은 주총 결의에 반하는 주주가 자기 소유 주식을 정해진 가격으로 매수해 줄 것을 회사에 청구할 수 있는 권리를 말한다.

도이치 주가조작 항소심, 「전주(錢主)」 유죄
김건희 여사 수사 영향 주목

윤석열 대통령의 부인 김건희 여사가 연루 의혹을 받는 도이치모터스 주가조작사건 2심에서 「전주(錢主)」로 기소돼 1심에서 무죄 판결을 받았던 손 모씨가 9월 12일 항소심에서 방조 혐의가 인정돼 유죄를 선고받았다. 서울고법 형사5부는 이날 「자본시장과 금융투자업에 관한 법률(자본시장법)」 위반 등의 혐의로 재판에 넘겨진 권오수 전 도이치모터스 회장 등 9명에 대한 2심 선고기일을 열고 이와 같은 판결을 내렸다. 이에 손 씨처럼 본인 명의 계좌가 주가조작에 활용된 의혹을 받는 김 여사에 대해서도 방조 혐의 기소가 이뤄질지가 주목됐다.

2심 판결 주요 내용 권 전 회장 등은 2009년 12월부터 약 3년간 91명 명의의 계좌 157개를 동원해 통정매매 등을 통해 당시 2000원대였던 도이치모터스 주가를 8000원대까지 높인 혐의 등으로 2021년 12월 재판에 넘겨졌다. 그리고 이날 이뤄진 2심에서 권 전 회장에게 징역 3년에 집행유예 4년, 벌금 5억 원이 선고되는 등 피고인 9명 모두에게 유죄가 선고됐다. 무엇보다 이번 판결에서는 권 전 회장 등 주범보다 주식거래에 본인과 배우자 명의 등 4개 계좌를 이용한 행위 등으로 기소된 전주 손 씨의 판결에 더욱 큰 관심이 몰렸다. 이는 본인 명의 등 계좌 3개가 시세조종에 활용됐다는 의혹에 휩싸인 김 여사가 받고 있는 혐의와 유사하기 때문으로, 지난해 2월 1심에서 권 전 회장 등은 유죄 판결을 받았지만 공범으로 기소된 손 씨는 무죄를 선고받은 바 있다. 이후 검찰은 항소심에서 손 씨의 공소장을 변경해 방조 혐의를 추가했는데, 2심은 그의 방조 혐의를 일부 유죄로 볼 수 있다며 징역 6월에 집행유예 1년을 선고한 것이다. 또 2심은 앞서 1심 판단과 같이 김 여사 계좌 3개가 주가 조작에 활용됐다고 판단했다.

檢, 김건희 여사 도이치 주가조작 의혹
불기소 처분으로 종결

서울중앙지검 반부패수사2부가 10월 17일 윤석열 대통령 부인 김건희 여사의 도이치모터스 주가조작 사건 연루 의혹에 대해 불기소 처분을 내렸다. 검찰은 또 앞서 항소심에서 방조 혐의로 유죄를 선고받은 전주(錢主) 손모 씨와 김 여사는 투자 행태가 다르다는 판단을 내렸다. 이로써 김 여사의 해당 의혹을 둘러싼 검찰 수사가 2020년 4월 시작된 지 4년 6개월 만에 무혐의로 마무리됐으나 논란은 계속되고 있는데, 더불어민주당은 이 날 김 여사를 둘러싼 의혹들을 수사하는 「김건희 특검법」을 3번째로 발의했다.

검찰 수사 결과 주요 내용 김 여사는 2010~ 2011년 3월까지 자신의 증권계좌 6개를 활용해 권오수 전 도이치모터스 회장 측이 주도한 시세조종에 가담한 혐의를 받았다. 그러나 검찰은 김 여사의 일임 계좌 4개에 대해서는 시세조종 가담 혐의가 없다고 결론 내렸으며, 직접운용을 했던 계좌에 관해서

김건희 여사 「도이치모터스 사건」 검찰 수사 일지	
2020. 4.	최강욱 전 의원, 자본시장법 위반 혐의로 김 여사 고발
2021. 10~12.	검찰, 권오수 전 도이치모터스 회장 등 기소
2023. 2.	1심, 피고인 9명 중 권 전 회장 등 7명 유죄
2024. 5.	법원, 전주 손모 씨 「방조 혐의」 추가 공소장 변경 허가
7.	검찰, 대통령경호처 부속청사에서 김 여사 대면 조사
9.	2심, 방조 혐의 손 씨 포함 9명 전원 유죄
10. 17.	검찰, 김 여사 불기소

도 김 여사가 권 전 회장 측의 범행 동기를 인식하고 계좌를 운용했다고 볼 증거가 없다고 밝혔다. 또 검찰은 같은 사건에서 전주로 지목돼 항소심에서 방조 혐의로 유죄를 선고받은 손모 씨와 달리 김 여사는 주가조작에 가담했다는 것을 입증할 정황이 없다며 방조 혐의도 묻지 않았다. 김 여사의 도이치 주가조작 의혹 사건은 지난 2020년 4월 최강욱 전 민주당 의원의 고발로 시작됐는데, 검찰은 2021년 12월 권 전 회장을 구속기소하는 등 총 9명을 정식 재판에 넘기면서도 김 여사에 대해서는 처분을 내리지 않았다.

민주당, 「김건희 특검법」 3번째 발의 더불어민주당이 10월 17일 김건희 여사를 둘러싼 의혹들을 수사하는 「김건희 특검법」을 재발의했다. 이는 21대 국회와 지난 9월 이후 세 번째 발의로, 앞서 김건희 특검법은 윤석열 대통령의 거부권 행사와 국회 재의결 끝에 부결이 반복되면서 두 차례 폐기된 바 있다. 이번 법안에는 명태균 씨의 여론조사 조작 의혹과 이를 통한 김 여사의 대선 경선 여론 조작 의혹 등이 새롭게 추가됐다. 구체적으로 이번 특검법에는 기존 특검법이 담고 있던 ▷도이치모터스·삼부토건 주가조작 ▷코바나컨텐츠 뇌물성 협찬 ▷명품백 수수 ▷임성근 구명로비 ▷양평고속도로 특혜 등 8개 의혹에 ▷대통령 집무실 관저 이전 및 국가 계약 개입 ▷국민의힘 공천개입 ▷대통령 선거 당시 불법 여론조사 등을 더해 총 13개 의혹을 수사 대상으로 규정했다. 아울러 해당 의혹들에 대한 봐주기 수사 및 수사 고의 지연 의혹에 대해서도 조사할 수 있도록 했다.

대한민국 빚, 처음으로 3000조 원 돌파
2년째 세수펑크와 부동산 영끌 여파로 분석

8월 25일 기획재정부와 한국은행에 따르면 올해 2분기 말 국가채무(지방정부 채무 제외)와 가계빚(가계신용)이 총 3042조 1000억 원으로 기록됐다. 정부와 가계빚 합계가 3000조 원을 넘은 것은 이번이 처음이다. 이는 직전 분기(2997조 9000억 원)보다 43조 2000억 원 늘어난 것으로, 코로나19 팬데믹이 있었던 2021년 3분기(63조 4000억 원) 이후 최대 증가 폭이다.

국가채무·가계빚 주요 내용 국가채무는 6월 말 1145조 9000억 원으로 전 분기(1115조 5000억 원)보다 30조 4000억 원 늘었다. 이는 2년째 세수 펑크와 감세 기조가 이어지면서 상반기 재정이 집중적으로 집행되며 국고채 발행이 늘었기 때문이다. 또 올 2분기 기준 가계신용은 2분기에만 13조 8000억 원 증가하며 1896조 2000억 원을 기록했는데, 이는 관련 통계 작성 이후 사상 최대치다. 이러한 가계 빚 급증은 최근 부동산 거래 확대로 주택담보대출을 중심으로

> **국가채무(國家債務)** 국가가 재정적자 등의 이유로 중앙은행이나 민간 또는 해외로부터 돈을 빌려 사용하여, 차후에 갚아야 할 국가의 채무를 이른다. 국가채무는 중앙정부 채무와 지방정부 채무를 합한 것으로, 국제통화기금(IMF) 기준으로는 정부가 직접적인 원리금 상환의무를 지고 있는 채무를 말한다.

가구 빚이 늘어난 데 따른 것으로 분석된다. 이러한 가계 빚의 가파른 증가세는 원리금 상환 부담으로 인한 민간소비 감소로 이어지는데, 실제 통계청에 따르면 소비를 나타내는 소매판매액 지수는 2분기(4~6월) 102(2020년을 100으로 본 상대적 지수)로, 1년 전보다 2.9% 감소했다.

💡 9월 20일 국제결제은행(BIS)에 따르면 올해 1분기(1~3월) 말 국내총생산(GDP) 대비 정부부채 비율이 3월 말 기준 45.4%로 집계, BIS가 관련 통계를 제공하기 시작한 1990년 4분기(10~12월) 말 이후 최고치를 기록했다. BIS 기준 GDP 대비 정부부채 비율은 국제통화기금(IMF)과 경제협력개발기구(OECD) 기준 비영리 공공기관과 비금융 공기업을 제외한 협의의 국가채무 규모를 말한다. BIS는 1분기 말 정부부채 규모를 1119조 2597억 원(약 8234억 300만 달러)으로 추산했는데, 원화나 달러화 기준으로도 역대 최고치다.

올해 세수 펑크 30조 원
2년 연속 대규모 세수 결손

기획재정부가 9월 26일 발표한 「2024년 세수 재추계 결과 및 대응 방향」에 따르면 올해 세수 전망치는 337조 7000억 원으로, 당초 목표치인 세입예산(367조 3000억 원)보다 29조 6000억 원(8.1%) 적다. 이는 역대 최대 세수 펑크가 발생한 지난해 국세 수입(344조 1000억 원)보다 6조 4000억 원 줄어든 규모다. 이에 지난해에 역대 최대 규모인 56조 원대 세수 결손이 발생한 데 이어, 올해도 30조 원에 가까운 세수 펑크가 발생할 가능성이 높아졌다. 또 세수 오차율도 −8.1%로 세수가 부족했을 때만 놓고 보면 2000년대 들어 지난해(14.1%)에 이어 두 번째로 큰 것이다.

최근 5년간 국세 수입 추이

2019년	293조 5000억 원
2020년	285조 5000억 원
2021년	344조 1000억 원
2022년	395조 9000억 원
2023년	344조 1000억 원

2년 연속 세수 펑크, 왜? 2년 연속 대규모 세수 결손이 발생한 가장 큰 이유는 법인세 때문으로, 올해 법인세는 당초 정부 예상치(77조 7000억 원)보다 14조 5000억 원 적은 63조 2000억 원에 그칠 것으로 전망됐다. 이는 전체 세수 부족분(29조 6000억 원)의 49%가 법인세수에서 발생하는 것이다. 자영업자들이 작년 실적에 대해 올해 내는 종합소득세 전망치도 예산보다 4조 1000억 원 줄어든 19조 원에 그쳤으며, 부동산 거래가 줄면서 양도소득세 세수도 16조 6000억 원으로 예산보다 5조 8000억 원 적게 걷힐 것으로 전망됐다. 또 유류세 인하 조치 등으로 교통·에너지·환경세가 4조 1000억 원 덜 걷히는 등 주요 세목(稅目) 가운데 부가가치세를 제외한 모든 세목에서 당초 목표보다 세수가 크게 줄어들 것으로 전망됐다.

> **법인세(法人稅)** 법인의 사업에 의해 발생한 소득을 과세대상으로 해 법인에 부과하는 세금이다. 개인이 소득세를 납부하는 것과 같이 법인은 소득세법의 적용을 받지 않고 법인세법에 의해 법인세를 부담하게 된다. 그리고 법인세 중간예납이란 기업들이 매년 8월에 다음 해에 낼 법인세 일부를 미리 납부하는 제도로, 전년도 법인세 납부액의 절반이나 당해 연도 상반기(1~6월) 실적에 따라 가결산한 세금을 낼 수 있도록 한 것이다. 대부분의 기업들은 둘 중에 금액이 적은 쪽을 선택한다.

정부의 계속되는 세수 오차 정부의 세수 예측은 2021년부터 크게 빗나가고 있는데, 2021년과 2022년에는 예상보다 50조 원 넘게 세금이 더 걷혔고, 지난해와 올해는 정부가 예산을 짤 때 잡았던 것보다 세금이 부족하다. 기재부에 따르면 2020~2023년 한국의 평균 세수 오차율은 12.4%로, 미국(7.8%)·일본(7.3%) 등 세계 주요국보다 높은 수준이다. 이에 대해 정부가 경기를 지나치게 낙관했다는 지적이 나오는데, 대표적으로 지난해 반도체 시장 회복세가 더뎠음에도 정부가 「상저하고(上低下高)」 경기 전망을 고수했다는 것이다. 또 최

최근 5년간 세수 오차 추이
(2020~2023년은 본예산 대비 실적, 2024년은 본예산 대비 재추계 결과)

2020년	− 6조 5000억 원
2021년	+ 61조 4000억 원
2022년	+ 52조 5000억 원
2023년	− 56조 4000억 원
2024년	− 29조 6000억 원

근 내수 부진이 심화됐음에도 정부는 올해 경기 회복을 낙관하면서 내년 법인세가 올해 예산보다 10조 8000억 원 더 걷힐 것으로 봤다. 이와 같은 연속적인 세수 추계 오류는 재정적자를 늘릴 수 있는 데다, 재정의 경기조절능력을 약화시킬 수 있다는 측면에서 우려가 나온다. 이에 정부는 세수를 추계하는 전체 과정에서 예산정책처, 조세재정연구원, 한국개발연구원(KDI)과 정부가 가진 정보를 최대한 공유하고 인공지능(AI) 기술도 활용하는 등 세수 추계 방식을 근본적으로 개선한다는 방침이다.

통계청, 「2022년 연금통계」 발표
65세 이상 월평균 연금액 65만 원

통계청이 8월 22일 발표한 「2022년 연금통계 결과」에 따르면 2022년 65세 이상 연금 수급자의 연금액은 월평균 65만 원 수준이었다. 이는 기초·국민·직역(공무원·군인·사학·별정우체국)·주택연금 등 11종의 공·사적연금 데이터를 연계·분석한 결과다. 이는 국민기초생활보장 생계급여 최대지급액(월 62만 3368원)보다는 조금 많지만 1인 노후 최소 생활비(국민연금연구원, 124만 3000원)에는 크게 미달하는 수준이다.

「2022년 연금통계」 주요 내용 2022년 기초연금·국민연금·직역연금 등 연금을 1개 이상 수급한 65세 이상 인구는 818만 2000명으로 연금 수급률은 90.4%였으며, 월평균 연금 수급액은 전년(60만 원)보다 8.3% 늘어난 65만 원이었다. 연금 수급액은 25만~50만 원대가 40.4%로 가장 높았으며, 이어 50만~100만 원(27.5%), 25만 원 미만(19.9%) 순이었다. 기초연금 수급자는 2016년 458만 8000명에서 지속 증가하면서 2022년 600만 명을 넘겼으며, 국민연금 수급자는 435만 3000명으로 나타났다. 월평균 수급액은 기초연금이 27만 9000원, 국민연금이 41만 3000원으로 나타났으며, 직역연금이 252만 3000원으로 그 수급액이 가장 높았다. 이 밖에 퇴직연금 수급액은 월평균 158만 3000원, 농지연금은 130만 6000원, 주택연금은 121만 6000원으로 나타났다.

실업자 5명 중 1명이 「반년 이상 백수」
장기실업자 2명 중 1명은 2030 청년층

10월 1일 통계청에 따르면 지난 8월 실업자는 56만 4000명으로, 이 중 구직기간 6개월을 넘긴 장기 실업자는 11만 3000명(20.0%)이었다. 이는 외환위기 여파가 있었던 1999년 8월(20.1%) 이후 25년 만에 가장 높은 수준으로, 특히 장기 실업자 2명 중 1명은 2030 청년층이었다. 실제로 구직기간이 6개월 이상인 20·30대 장기 실업자는 5만 7000명으로 전체 장기 실업자의 50.4%를 차지했다. 이처럼 청년층을 중심으로 장기 실업자가 늘고 있는 이유는 양질의 일자리가 부족한 일자리 미스매치 현상 때문인 것으로 분석된다. 실제로 지난 8월 기준 직전 직장에서 1년 미만으로 일한 장기 실업자의 퇴사 사유 중 「시간·보수 등의 작업여건 불만족」은 24.7%에 달했다.

> **실업자(失業者)** 경제활동인구 중 취업자에 속하지 않는 사람으로, 경제활동인구조사 기간 중 ▷수입을 목적으로 일을 하지 않고 ▷적극적으로 일자리를 찾아보았으며 ▷일이 주어졌을 경우 즉시 일할 수 있는 능력과 여건이 구비된 사람을 말한다. 경제활동인구조사는 「만 15세 이상 인구의 매월 15일이 속한 1주간의 활동 상태를 파악」하여 취업자·실업자·비경제활동인구로 분류하고 있다. 만 15세 이상 인구 중 취업자와 실업자를 합해 「경제활동인구」라고 하며, 취업자와 실업자에도 속하지 않는 사람은 「비경제활동인구」로 분류된다.

여성 임금근로자, 1000만 명 첫 돌파
전체 임금근로자 중 46.1%가 여성

10월 14일 통계청에 따르면 올해 여성 임금근로자가 1015만 2000명(1~8월 월평균 기준)으로 1963년 관련 통계 작성 이후 처음으로 1000만 명을 돌파했다. 또 올해 전체 임금근로자(2202만

7000명) 중 여성이 차지하는 비중도 46.1%로 역대 최고를 나타냈다. 여성 임금근로자 중 상용근로자는 696만 2000명으로 68.6%였고, 임시근로자는 290만 7000명으로 28.6%, 일용근로자는 28만 3000명으로 2.8%를 각각 차지했다. 여기에 올해 여성 자영업자도 172만 명으로 전체 자영업자의 30.5%를 차지하면서 역대 최고치를 나타냈다. 다만 여성의 경제활동이 활발해지고 있지만 우리나라의 남녀 임금 격차는 경제협력개발기구(OECD) 회원국 중 가장 높은 것으로 조사됐다. OECD에 따르면 2022년 기준 한국의 남녀 임금 격차는 31.2%로, 관련 수치가 있는 36개 회원국 중 1위이자 OECD 회원국 평균(11.4%)의 2.7배로 나타났다.

삼성전자 브랜드 가치, 5년 연속 세계 5위
현대차는 6계단 뛰어 30위 기록

글로벌 브랜드 컨설팅 전문업체 인터브랜드가 10월 10일 발표한 「글로벌 100대 브랜드」에 따르면 삼성전자의 브랜드 가치가 1008억 달러(약 136조 원)로 글로벌 기업 중 5위를 차지했다. 이는 아시아 기업 중 유일하게 5년 연속 글로벌 5대 브랜드의 위상을 지켜낸 성과다. 삼성전자보다 브랜드 가치가 높은 기업은 ▷애플(4889억 달러) ▷마이크로소프트(3525억 달러) ▷아마존(2981억 달러) ▷구글(2913억 달러) 등으로, 모두 미국 기업들이 1~4위를 차지했다. 현대차는 브랜드 가치 230억 달러(약 31조 원)로 30위를 차지했는데, 2005년 처음으로 글로벌 100대 브랜드에 이름을 올린 현대차는 2011년부터 올해까지 14년 연속 브랜드 가치 평가액이 계속 상승했다. 삼성전자와 현대차 이외에 한국 기업 중에서는 기아가 86위, LG가 97위로 100위 이내에 이름을 올렸다.

삼성전자, 포브스 선정 「세계 최고의 직장」 3위 삼성전자가 미국 경제매체 포브스가 10월 10일 발표한 올해 「세계 최고의 직장」 순위에서 3위를 기록, 1위 자리를 5년 만에 빼앗겼다. 삼성전자는 앞서 2020~2023년 4년 연속 1위에 선정됐으나, 올해는 마이크로소프트(1위)와 구글의 모기업 알파벳(2위)에 밀리며 두 계단 하락했다. 이러한 순위 하락은 최근 반도체 경쟁력 약화를 비롯해 각종 위기론이 반영된 것으로 분석되는데, 삼성전자는 주력인 반도체 사업이 지난해 15조 원에 육박하는 적자를 낸 바 있다. 다만 올해 조사에서 한국 기업은 삼성전자를 비롯해 총 24곳이 선정돼 지난해(23곳)와 비슷한 수준을 유지했다. 특히 KB금융그룹이 지난해 48위에서 올해 11위로 37계단 상승한 가운데, ▷신한금융그룹(92위) ▷기아(108위) ▷IBK기업은행(123위) ▷현대차(137위) ▷네이버(148위) ▷SK그룹(153위) ▷LG(171위) 등이 해당 명단에 포함됐다.

사회시사

〰〰〰〰〰〰〰〰〰〰〰〰〰〰〰〰〰〰〰〰〰

정부, 21년 만의 연금개혁안 발표
보험료율 9→13% 인상·세대별 차등

보건복지부가 9월 4일 현재 소득의 9%인 국민연금 보험료율을 연령대에 따라 매년 0.25%포인트~ 1%포인트씩 단계적으로 올려 최종 13%까지 인상하는 내용의「연금개혁 추진계획」을 심의·확정했다. 또 소득 대비 연금 수령액 비율인 소득대체율은 당초 올해 42%에서 2028년까지 40%로 인하될 예정이었으나 42%로 유지키로 했다. 다만 보험료율은 1998년 9%로 인상된 이후 26년간 그대로라는 점에서 인상이 이뤄질 가능성이 높은 반면, 소득대체율은 공론화위 결론(50%)과 격차가 크고 민주당(44%) 안보다 2%포인트 낮다는 점에서 향후 국회 논의 과정에서 진통이 불가피할 것으로 전망된다. 만약 해당 정부안이 국회에서 받아들여져 내년 시행될 경우 보험료율은 27년 만에 인상되며, 명목 소득대체율은 국민연금 도입 이후 처음으로 하향 조정을 멈추게 된다.

> **보험료율** 국민연금 가입자가 소득 대비 납부하는 보험료의 비율을 말한다. 근로자 1인 이상 고용 사업장의 경우 근로자 월급에서 4.5%가 공제되고 회사 측이 4.5%를 더해 총 9%를 납부한다. 1인 자영업자와 프리랜서 등 지역 가입자의 경우 월소득의 9%를 개인이 모두 부담한다.
>
> **소득대체율** 국민연금 가입자가 보험료를 납부한 기간의 평균소득 대비 연금 수령액의 비율을 말한다. 이는 제도 도입 당시 70%였지만 1998년 첫 개혁으로 60%로 조정됐고, 2007년 2차 개혁을 통해 2028년까지 단계적으로 40%로 하향하기로 결정한 바 있다. 올해 소득대체율은 42%이다.

정부 연금개혁안 주요 내용

보험료율 세대별 차등 인상 정부는 보험료율을 13%로 올리면서 출생연도에 따라 보험료율 인상 속도를 다르게 적용하는 세대별 차등을 두기로 했다. 구체적으로 내년 50대인 가입자는 매년 1%포인트, 40대는 0.5%포인트, 30대는 0.3%포인트, 20대는 0.25%포인트 인상하는 방식이다. 여기에 연금 기금의 지속가능성을 담보하기 위해 기대여명이나 가입자 수 증감을 연금 지급액과 연동해 조정하는「자동조정장치」를 도입하기로 했다. 자동조정장치는 ▷기대수명이 늘어나거나 연금의 부채가 자산보다 커질 경우 ▷출산율이나 경제활동인구가 줄어드는 경우 등에 재정 안정을 위해 자동으로 보험료율을 올리거나 소득대체율을 낮추는 방식으로 이뤄지는데, 현재 경제협력개발기구(OECD) 38개 회원국 중 24개 국가들이 운영 중인 것으로 알려져 있다. 다만 복지부는 도입 시기별로 ▷보험료 수입이 급여 지출을 초과하는 2036년 ▷기금 감소 5년 전인 2049년 ▷기금 감소가 시작되는 2054년 등의 3가지 시나리오를 제시했다.

국민연금 국가지급 보장규정 법에 명시 현재 59세인 국민연금 의무가입기간 상한을 64세로 연장하는 방안도 포함했으며, 국민연금 보험료를 납부해도 기금 고갈로 받을 수 없게 될 수 있다는 청년층의 우려를 없애기 위해 국민연금에 대한 국가 지급 보장규정도 법에 명시하기로 했다. 이 밖에 출산과 군복무 기간만큼 국민연금 가입 기간을 더해주는 크레디트 제도도 강화키로 했다.

기초연금 인상 65세 이상 노인 소득 하위 70%에 월 최대 33만 4810원을 지급하는 기초연금은 2026년 노인 소득 하위 약 40%에게 40만 원으로 인상 지급하고, 윤석열 정부 마지막 임기인 2027년에 전체 노인 40만 원으로 확대한다는 방침이다. 또 노후소득 보장을 위해 국민연금, 기초연금, 개인연금과 함께 한 축을 맡는 퇴직연금 설정을 단계적으로 모든 기업에 의무화하기로 했다.

정부 「연금개혁 추진계획」 주요 내용

지속가능성 확보	•보험료율 9 → 13% 인상 •기금수익률 1%p 이상 제고(4.5% → 5.5%+@)	•소득대체율 40 → 42% 상향 •자동조정장치 도입 검토
세대 형평성 제고	•세대별 보험료율 인상 속도 차등화(50대: 연 1%p/ 40대: 연 0.5%p/ 30대: 연 0.33%p/ 20대: 0.25%p) •국가 지급보장 법률 명문화	
노후소득 보장 강화	•출산(둘째아 → 첫째아), 군(6개월 → 복무기간) 크레디트 확대 •저소득 지역가입자 보험료 지원 강화 •기초연금 40만 원으로 단계적 인상 •개인연금 수익률 개선 및 가입 촉진	•의무 가입 연령 상향(59 → 64세) 논의 •퇴직연금 단계적 의무화, 연금 수령 유도

정부 연금개혁안을 둘러싼 논란은? 정부가 내놓은 이번 연금개혁안 가운데 세대별로 차등 적용하는 방안은 특히 중장년층에게 급격한 부담 증가로 이어질 수 있다는 점에서 사회적 저항이 우려되고 있다. 이번 방안에 따르면 50대는 1%p씩 올라 4년 만에 13%에 도달하는 반면, 20대는 0.25%p씩 16년간 인상해 2040년 13% 보험료를 납부하게 된다. 무엇보다 고작 하루 차이로 보험료 인상 속도 차이가 벌어질 수 있다는 점에서 형평성 논란이 나오는데, 예컨대 내년 만 50세가 되는 1975년 12월 31일생은 1%p씩 보험료가 오르지만, 이보다 1세 어린 1976년 1월 1일생은 0.5%p씩 보험료가 인상되기 때문이다. 또 정부는 소득대체율을 42%로 유지하며 추가적인 하향 조정을 막겠다는 방침을 세웠으나, 일부에서는 이 수치로 유지할 경우 기금 고갈이 앞당겨질 수 있음을 지적하고 있다. 아울러 정부가 제시한 「보험료율 13%, 소득대체율 42%」는 지난 21대 국회에서 시민 다수가 선택한 안(명목 소득대체율 50%·보험료율 13% 인상)과 비교하면 격차가 크다는 점에서 향후 국회 통과 여부도 불투명하다.

여기에 정부가 도입 방침을 밝힌 「자동조정장치」의 경우 수급자들에게 연금 삭감이라는 현실적인 부담을 줄 수 있다는 점에서 논란이 예상되고 있다. 즉 국민연금은 그동안 소비자물가 변동률에 따라 연금액을 매년 조정해왔는데, 자동연금장치가 도입되면 인구구조 변화나 경제 상황 등에 따라 연금액이 조정되기 때문이다. 이는 받는 연금액이 전년보다 늘어나지만 그 상승폭이 줄어들 수 있다는 점에서 일부에서는 사실상 연금 삭감장치라는 비판을 제기하고 있다.

정부, 상급종합병원 구조 전환에 3년간 10조 투입
일반병상 5~15% 감축이 조건

정부가 9월 27일 의료개혁 추진상황 브리핑을 통해 상급종합병원을 중증·응급 및 희귀질환 등 중환자 중심 병원으로 구조 개혁하는 내용 등을 담은 「상급종합병원 구조전환 지원사업 추진방안」을 발표했다. 이를 위해 상급종합병원의 중증진료 비중을 현행 50%에서 70%로 단계적으로 높이고 중증 환자를 더 많이 볼수록 인센티브를 지원한다는 방침이다.

방안 주요 내용　정부는 상급종합병원의 구조개혁을 이끌기 위해 연간 3조 3000억 원씩 3년 동안 총 10조 원의 건강보험을 투입해 지원한다는 방침이다. 대표적으로 두경부암·소화기암과 같은 중증 암 수술과 심·뇌혈관 수술 등 난도가 높은 수술 910개와 이에 따른 마취 수가를 현행 대비 50% 인상해 총 3500억 원을 지원한다. 또 중환자실 수가를 현행 수가의 50% 수준인 일당 30만 원, 2인 실에서 4인실까지의 입원료를 현행 수가의 50%(하루 7만 5000원)를 가산해 총 6700억 원을 지원한다는 방침이다. 상급종합병원이 이러한 인센티브를 받기 위해서는 일반 병상을 지역·규모에 따라 최대 15% 감축해야 하는데, 다만 어린이병상·응급병상 등은 축소되지 않도록 해 경증 진료는 줄이되 필수적인 진료 기능은 유지될 수 있도록 한다. 또 현행 중증 분류 기준의 한계를 고려해 중증으로 간주하는 예외 기준을 신설하는데, 궁극적으로는 중증환자 분류체계를 단순히 상병 기준이 아닌 연령·기저질환 등 환자의 상태를 반영하는 기준으로 근본적으로 개선한다. 아울러 상급종합병원이 진료협력병원과 연계해 시범사업에 참여하도록 하고 권역 내 진료협력을 강화할수록 지원 수준을 확대한다는 방침이다.

상급종합병원 구조 전환 시범사업 주요 내용

수가 인상	뇌출혈 등 910개 중증 수술, 중환자실 입원 수가 50% 인상
병상 감축	지역·병상 규모 따라 일반 병상 5~15% 감축
진료 협력	권역 내 진료협력병원 간 환자 정보 공유, 중증도 따라 진료
인력 개편	전문의·간호사 팀 중심 인력 개편, 전공의 교육 기능 강화
재정 지원	건강보험 재정 3년간 연 3조 3000억 원 투자

정부, 「의학교육 여건 개선을 위한 투자 방안」 발표
2030년까지 5조 원 투자해 의대 증원 뒷받침

교육부와 복지부가 9월 10일 의학교육 여건 개선을 위해 2030년까지 약 5조 원 이상의 투자를 추진해 지역·필수의료 체계 확립을 위한 우수 의료인력을 양성하는 내용 등을 담은 「의학교육 여건 개선을 위한 투자 방안」을 발표했다.

「의학교육 여건 개선을 위한 투자 방안」 주요 내용

3년간 의대 교수 1000명 증원 및 시설 확충　정부는 2025년부터 3년간 국립대 의대 전임교수를 1000명 증원하는데, 이는 신규 우수 인력의 유입을 촉진하고 기존 의사들이 더욱 안정적인 여건에서 근무할 수 있도록 하기 위함이다. 또 근무 경험이 풍부한 은퇴 교수(시니어 의사)가 현장에서 전문성을 지속 발휘할 수 있도록 「명예교수규칙」 등 제도 개선도 추진하기로 했다. 그리고 기존 의학교육 시설을 리모델링하고 대학별로 강의실·실험실 등의 신규시설을 확충할 계획이다. 상당한 시일이 소요되는 건물 신축공사는 관계부처와 협의해 예비타당성조사 면제 등을 시행하며, 원심분리기·시신 냉동고·가상해부 테이블 등의 의학 실험·실습을 위한 기자재도 보충할 방침이다. 아울러 의대별 교육용 시신 기증 구수의 편차 완화를 위해 기증자·유족이 동의한 경우에 한해 허가받은 기관(의과대학 또는 종합병원)에서 기증 시신이 부족한 의대로 시신을 제공할 수 있도록 법률 개정을 추진한다.

내년부터 「계약형 필수의사제」 도입　정부는 2025년부터 전국에서 시행되는 「지역혁신 중심 대학 지원체계(RISE)」를 통해 학생이 지역 의대에 입학해 교육·수련을 받고 졸업 후에도 그 지역 의사로 자리를 잡는 선순환 체계를 확립한다는 방침이다. 이를 위해 비수도권 26개 의대의 「지역인재전형」

선발 비율을 2025학년도 59.7%, 2026학년도 61.8%까지 끌어올리기로 했다. 또 내년부터 전문의를 대상으로 「계약형 필수의사제」를 도입해 4개 지역 8개 진료과목 전문의 96명에게 월 400만 원의 지역 근무수당을 지급한다는 방침인데, 이는 지역의료기관에 장기 근무를 하겠다고 선택한 전문의가 지자체와 계약을 하는 방식이다.

대학병원, 지역·필수의료–의학연구 거점 육성　정부는 대학병원을 지역·필수의료와 의학연구 거점기관으로 만들기 위해 보건의료 및 기초의학 연구개발(R&D)을 지원하고, 2028년까지 모든 국립대병원에 임상교육 훈련센터를 설립한다는 방침이다. 또 국립대병원 관리 부처를 교육부에서 복지부로 이관하기 위한 법률 개정을 추진하며, 국립대병원을 「기타 공공기관」 지정에서 예외로 두는 방안도 추진한다.

비응급·경증 환자 응급실 이용 시
본인부담금 60 → 90%로 인상

비응급·경증 환자가 권역응급의료센터를 방문하면 본인 부담금이 현행 50~60%에서 90%로 인상되는 내용의 「국민건강보험법」 시행규칙 일부개정령이 9월 13일부터 시행됐다. 보건복지부는 앞서 지난 8월 23일 해당 개정령을 입법예고하고 30일까지 의견을 수렴한 바 있다. 권역응급의료센터는 전국의 상급종합병원이나 300병상을 초과하는 대형병원 중 보건복지부가 지정하며 각 지역에서 거점병원 역할을 하는 곳이다.

해당 방침은 비응급환자가 권역응급의료센터 등을 이용할 경우 응급실 진료비의 본인부담을 올려 응급실 과밀화 방지, 중증응급환자의 적시 치료, 응급의료 자원의 효율적 활용을 하겠다는 취지다. 이에 따르면 경증환자가 권역응급의료센터에 가는 경우 13만 원 수준이었던 본인부담금이 9월 13일부터는 22만 원으로 평균 9만 원 오르며, 지역응급의료센터 방문 시 6만 원이었던 부담금은 10만 원 수준으로 약 4만 원 인상된다.

서울대 의대, 의대 중 첫 휴학 승인
정부 「즉시 감사」 강경 대응 예고

정부의 의대 증원 정책에 반발한 의대생들이 지난 2월부터 집단으로 휴학계를 내고 수업을 거부 중인 가운데, 서울대 의대가 9월 30일 의대생들의 올 1학기 휴학 신청을 일괄 승인했다. 교육부가 「동맹 휴학 승인 불가」라는 방침을 정한 뒤 대학들은 휴학계를 처리하지 않는데, 서울대가 전국 의대 40곳 중 의대 증원 반대를 이유로 낸 휴학계를 처음 승인한 것이다. 이에 교육부는 서울대에 대한 현지 감사를 진행하고 중대한 하자가 확인되면 문책하거나 바로잡겠다며 강경 대응을 예고했다.

의대생들은 정부의 의과대학 증원이 발표된 지난 2월부터 무더기로 휴학을 신청하고 수업 참여를 거부해 왔다. 교육부는 의대 증원 정책에 반발하는 동맹휴학이 정당한 휴학 사유가 아니라는 이유로 대학들의 휴학 승인을 막아왔다. 대신 지난 7월 「의대 학사 탄력 운영 가이드라인」을 발표해 교육과정을 학기제에서 학년제로 변경하는 등 유급 방지 대안을 제시했다. 그러나 전국 의대 40곳의 2학기 등록률이 3.4%에 그치는 등 2학기에도 학생들은 돌아오지 않았다. 이에 의료계에서는 사실상 정상적인 교육이 불가능하다고 보고 휴학계를 승인해야 한다고 주장하고 있다.

정부, 의대생 「내년 복귀」 조건으로 휴학 허용　이주호 부총리 겸 교육부 장관이 10월 6일 정부서울청사에서 「의과대학 학사 정상화를 위한 비상 대책(안)」을 발표했다. 이는 동맹휴학 불허라는 기본원칙은 지키되, 미복귀 학생에 대해서는 2025학년도에 복귀하는 것을 조건으로 휴학을 승인한다는 것이 주요 내용이다. 이번 대책은 앞서 9월 서울대 의대가 학생들의 무더기 유급을 막고자 집단 휴학을 승인하며 독자 행동에 나선 여파로 다른 대학들이 동요하는 것을 막기 위한 긴급조치로 분석되고 있다. 다만 정부는 내년에도 복귀하지 않는 학생은 유급·제적 조치를 하겠다는 강경책도 함께 내놨다.

이에 따르면 대학이 2025학년도 복귀를 전제로 휴학을 승인하려면 학생의 휴학 의사를 재확인하고 기존에 제출한 휴학원을 정정하도록 해 동맹휴학의 의사가 없다는 점을 명확히 해야 한다. 여기에 내년에 학생들이 복귀하면 학사 운영에 과부하가 걸릴 것에 대비해 학사 정상화 방안도 추진한다. 우선 2025학년도 신입생에게 수강신청 및 분반 우선권을 부여하고, 집단행동 강요행위 등으로부터 보호하는 조처를 마련하기로 했다. 이와 함께 교육부는 의사인력 양성 공백을 최소화하기 위해 현행 6년제인 의대 교육을 5년으로 단축하는 방안도 검토하는데, 이를 위해 대학과 협의해 교육과정 단축·탄력 운영방안을 마련한다는 계획이다.

「의과대학 학사 정상화 비상 대책안」 주요 내용
- 2025학년도 복귀 조건으로 의대생 휴학 허용(동맹휴학 불허 방침 유지, 미복귀 학생 유급·제적)
- 복귀 학생 학사 적응·의료역량 강화 지원 프로그램 운영 권고
- 2025학년도 신입생 수강 신청·분반 우선권 부여 및 집단행동 강요 등에 보호방안 마련
- 대학본부·의과대학 협력 고충 상담 및 학습지원자료 공유·지원 「의대교육지원센터」(가칭) 운영
- 의료인력 양성 공백 최소화 위해 교육과정 단축·탄력 운영 방안 마련(6년 → 5년 단축 검토)
- 의사 국가시험·전공의 선발 시기 유연화 추진

교육부, 의대 5년 단축 논란 진화 나서　교육부가 의과대학 교육과정을 6년에서 5년으로 단축하는 방안을 검토하겠다고 밝힌 후 논란이 잇따르자 10월 7일 「획일적으로 5년 단축을 의무화하는 것은 아니다」라며 진화에 나섰다. 특히 교육부의 방안이 관계부처인 보건복지부와 사전 협의조차 안 된 사실이 이날 확인되면서 논란은 더욱 거세졌다.

「해직교사 부당채용」 조희연 교육감, 유죄 확정
서울시교육감직 상실

대법원 3부가 해직교사를 부당하게 특별채용하도록 지시한 혐의로 기소된 조희연 서울시교육감에게 징역 1년 6개월에 집행유예 2년을 선고한 원심 판결을 8월 29일 확정했다. 교육자치법과 공직선거법에 따라 교육감은 금고 이상의 형이 확정되면 피선거권을 잃어 퇴직해야 한다. 이에 따라 서울 첫 3선 교육감이었던 조 교육감은 임기를 약 2년 남겨놓고 이날로 직을 상실하게 됐다.

판결 주요 내용　조 전 교육감은 지난 2018년 10~12월 전국교직원노동조합(전교조) 소속 4명을 포함한 해직교사 5명을 임용하기 위해 공개채용 시험을 가장한 특별채용 절차를 진행하도록 한 혐의로 기소됐다. 고위공직자범죄수사처(공수처)는 2021년 4월 「1호 사건」으로 조 전 교육감을 입건해 수사한 뒤 기소 의견으로 검찰에 넘겼으며, 검찰은 그해 12월 직권남용 혐의 등을 적용해 조 전 교육감을 불구속 기소했다. 그리고 1·2심 법원은 조 전 교육감의 혐의를 모두 유죄로 인정하고 징역

1년 6개월에 집행유예 2년을 선고했는데, 대법원이 이날 원심을 확정한 것이다. 이처럼 10년간 서울시 교육감을 맡았던 조 전 교육감이 퇴직함에 따라 그가 추진해 왔던 「혁신학교 확대」 등의 핵심 정책이 차질을 빚을 가능성이 높아졌다는 전망이 나왔다. 특히 그가 주도했다가 서울시의회에 의해 폐지 수순을 밟고 있는 「학생인권조례」도 사라질 가능성이 높아지게 됐다는 평가가 나오기도 했다.

조희연 해직교사 특별채용 사건 일지

2018.	12.	서울시교육청, 해직교사 5명 특별 채용
2021.	4.	공수처, 직권남용 혐의로 입건(공수처 1호 사건)
	8.	공수처 공소심의위원회, 조 전 교육감 기소 의결
	12.	서울중앙지검, 조 전 교육감 불구속 기소
2023.	1. 27.	서울중앙지법, 1심에서 징역 1년 6개월에 집행유예 2년 선고
2024.	1. 18.	서울고등법원, 항소 기각 판결
	8. 29.	대법원, 상소 기각으로 조 전 교육감 교육감직 상실

> **학생인권조례(學生人權條例)** 학생의 존엄과 가치가 학교교육과정에서 보장되고 실현될 수 있도록 각 교육청에서 제정한 조례로, 2010년 10월 경기도교육청이 처음으로 공포한 바 있다. 이는 각 시도 교육청별로 약간씩 차이는 있으나 일반적으로 ▷차별받지 않을 권리 ▷표현의 자유 ▷교육복지에 관한 권리 ▷양심과 종교의 자유 등의 내용을 담고 있다.

💡 10월 16일 치러진 서울시교육감 보궐선거에서 진보 진영의 정근식 후보가 50.17%의 득표율로 당선됐다. 이로써 진보 진영은 조희연 전 교육감이 2014년 선거부터 3선에 성공한 후 이번 보궐선거까지 4연속으로 서울시교육감 선거에서 승리를 거두게 됐다. 정 후보는 10월 17일 바로 임기를 시작해 2026년 6월 30일까지 1년 8개월 동안 조 전 교육감의 잔여 임기를 채우게 된다. 특히 정 후보는 선거 기간 여러 차례 혁신학교와 학생인권조례 등 조 전 교육감의 정책을 계승하겠다고 밝힌 만큼 향후 큰 변화는 없을 것으로 예상된다.

인권위, 「학생 휴대전화 수거 인권침해 아니다」
10년 만에 판단 변경

국가인권위원회가 10월 7일 「고등학교가 학칙을 근거로 일과 시간에 학생 휴대전화를 수거·보관하는 것은 인권침해」라는 진정 사안에 대해 인권침해로 보기 어렵다며 위원 8 대 2의 의견으로 기각했다. 인권위는 2014년 이후로 학생 휴대전화 수거 관련 진정 약 300건에 대해 「인권침해」라고 판단해 왔는데, 이번에는 다른 판단을 내놓은 것이다.
한편, 유엔 교육·과학·문화기구인 유네스코는 지난해 「2023 글로벌 교육 모니터」를 통해 교실 내 혼란과 학습 부진, 사이버 괴롭힘을 막기 위해 스마트폰 사용을 금지해야 한다고 권고한 바 있다. 현재 영국·프랑스 등 세계 각국에서는 교내 스마트폰 사용을 제한하고 있는데, 프랑스의 경우 지난 9월부터 15세 이하 학생을 대상으로 교내에서 휴대전화 사용을 금지하는 디지털 쉼표 조치를 시범 시행 중에 있다. 또 영국은 올해부터 교내 휴대전화 지침을 시행해 초·중·고 전체 학교에서 일과 중 휴대전화 사용을 금지하고 있다.

경찰, 딥페이크 성범죄물 확산 수사 돌입
7개월간 딥페이크 성범죄 관련 특별 집중단속 실시

서울경찰청이 22만 명가량이 참여 중인 한 텔레그램 채널에서 딥페이크 성범죄물이 확산한 혐의를 수사 중이라고 8월 27일 밝혔다. 경찰은 익명성이 상당 부분 보장되는 텔레그램이 딥페이크 성범죄의 온상이라고 보고 수사를 확대 중인 것으로 알려졌는데, 8월 29일부터 7개월간 딥페이크 성범죄 관련 특별 집중단속을 실시한다고 밝혔다. 여기에 경찰은 텔레그램 법인에 대해서도 성폭력처벌법 위반(허위영상물 편집·반포) 방조 혐의로 입건 전 조사(내사)를 진행 중인 것으로 알려졌다.

딥페이크 성범죄는 무엇?　딥페이크(Deep Fake)를 통해 사진을 합성해 성착취물을 제작·유포하는 범죄로, 딥페이크는 인공지능(AI) 기술을 활용해 인물의 얼굴을 다른 사진이나 영상에 실제처럼 조합하는 것을 말한다. 딥페이크 성범죄는 소셜미디어 등에서 내려받은 타인의 얼굴 사진에 음란물의 나체 사진을 합성해 성범죄물로 만든 뒤 유포하는 것으로, 최근 중고등학교는 물론이고 대학·군대에서도 이러한 딥페이크 성범죄물을 텔레그램 단체방(일명 겹지인방) 등에서 공유한 범죄가 드러나며 논란이 되고 있다. 대표적으로 지난 5월 서울대 출신 남성 2명이 서울대 동문 여성 12명을 포함한 60여 명의 사진을 합성해 성착취물을 제작·유포한 「서울대 N번방」 사건이 벌어진 데 이어 8월 중순에는 인하대에서 유사한 사건이 발생했다. 여기에 8월 27일 전국교직원노동조합(전교조)은 전국 초중고교를 점검한 결과 최소 40곳에서 딥페이크 피해가 발생한 것으로 파악됐다고 밝혔다. 이처럼 딥페이크 성범죄에 대한 불안감이 높아지면서 온라인에서는 제보를 바탕으로 제작된 「딥페이크 피해학교」 명단과 지도까지 등장했다.

딥페이크 피해자, 한국인이 53%로 세계 최다　미국 사이버 보안업체 「시큐리티 히어로」가 최근 딥페이크 음란물에 등장하는 개인 중 절반이 한국인이라는 내용의 「2023 딥페이크 현황」 보고서를 내놨다. 이는 지난해 7~8월 2달 동안 딥페이크 음란물 사이트 10곳과 유튜브 등 동영상 공유 플랫폼 85곳에 올라온 영상물 9만 5820건을 분석한 결과다. 시큐리티 히어로의 보고서에 따르면 딥페이크 음란물 대상 중 53%가 한국인으로, 두 번째로 많은 미국(20%)보다도 피해자가 배 이상으로 많았다. 이어 일본 10%, 영국 6%, 중국 3%, 인도 2%, 대만 2%, 이스라엘 1% 순이었다. 이에 《월스트리트저널》은 최근 이 보고서를 인용하며 「가짜 음란물을 생성·유포하는 세계적인 문제의 진앙이 한국이라는 것을 시사한다.」는 보도를 내놓기도 했다.

플랫폼 규제·관리 목소리도 급증　딥페이크의 폐해가 확산되면서 제작·유포자 외에도 이를 확산시키는 텔레그램·유튜브·페이스북 등의 플랫폼을 직접 규제하고 관리해야 한다는 목소리도 높아졌다. 실제로 전 세계적으로도 범죄 콘텐츠 유통과 관련해 플랫폼에 대한 법적 책임을 강화하고 있는데, 프랑스 당국은 지난 8월 24일 미성년자 성착취물 유포와 마약 밀매 등을 방조했다는 이유로 텔레그램 창업자이자 최고경영자(CEO)인 파벨 두로프(※ 시사인물 참조)를 체포하기도 했다. 국내에서도 유해 콘텐츠와 관련해 플랫폼을 강력히 제재하려는 움직임이 본격화되고 있는데, 당정은 8월 29일 성폭력처벌법을 개정해 음란 딥페이크 콘텐츠에 대한 처벌을 강화한다고 밝혔다. 이는 현재 딥페이크 같은 허위 영상물을 유포하면 징역 5년 이하 또는 5000만 원 이하의 벌금에 처하도록 돼 있는데, 이를 불법 촬영물(징역 7년 이하 또는 5000만 원 이하 벌금) 유포 수준으로 강화하겠다는 것이다.

딥페이크 관련 처벌 조항

성폭력처벌특례법 14조	카메라 등으로 신체 촬영하거나 제작, 소지, 반포하면 처벌
성폭력처벌특례법 14조의 2	반포 목적으로 불법 촬영물을 편집·합성(딥페이크)하면 처벌
아동청소년성보호법 11조	아동·청소년 성착취물 제작·판매·소지하면 처벌

딥페이크 성착취물 소지·시청하면 최대 징역 3년　국회가 9월 26일 딥페이크 성착취물을 소지하거나 시청한 사람에 대해 징역형 처벌이 가능해지는 내용의 「성폭력범죄처벌특례법」 개정안을 의결했다.

개정안은 성 착취물을 비롯한 허위영상물 등의 소지·구입·저장·시청죄를 신설해 3년 이하 징역 또는 3000만 원 이하의 벌금에 처하도록 했다. 또한 허위영상물의 유포 목적이 입증되지 않더라도 제작자를 처벌할 수 있게 했으며, 그 형량을 불법 촬영 및 불법촬영물 유포(징역 7년 또는 5000만 원 이하의 벌금)와 동일한 수위로 늘렸다. 아울러 허위영상물을 이용한 협박·강요에 대한 처벌 규정(징역 1년 이상)도 마련했다. 국회는 이와 함께 성 착취물을 이용한 아동·청소년 대상 협박·강요 범죄의 처벌 규정을 신설하고, 필요시 경찰이 「긴급 신분 비공개 수사」를 할 수 있도록 하는 아동·청소년성보호법 개정안을 본회의에서 처리했다. 또 불법 촬영물 삭제와 피해자 일상 회복 지원을 국가 책무로 명시한 「성폭력방지피해자보호법」 개정안도 통과시켰다.

텔레그램, 딥페이크물 바로 삭제 방침　방송통신심의위원회(방심위)가 텔레그램이 한국 정부의 요청이 있을 경우 딥페이크 등을 활용한 불법 정보를 삭제키로 했다고 9월 30일 밝혔다. 이는 최근 딥페이크 음란물이 텔레그램을 통해 광범위하게 유포됐음에도 우리 정부와 텔레그램 간 소통 채널이 없어 삭제에 상당한 시간이 걸려 피해가 커짐에 따라 나온 방안이다. 지난 8월 중고생 사이에서 딥페이크 음란물이 대규모로 유포된 사건이 터진 이후 소셜미디어 불법 콘텐츠에 대한 규제 권한을 가진 방심위는 텔레그램과 대화 채널 구축에 나선 바 있다. 텔레그램은 지난 11년 동안 200여 차례에 달한 경찰의 수사 자료 요청에 단 한 번도 응하지 않을 만큼 비협조적이었으나, 범죄를 사실상 방치하는 거대 플랫폼에 대한 비판이 거세지고 파벨 두로프(※ 시사인물 참조) CEO가 프랑스에서 기소되자 지난 9월 3일 대화 채널 구축에 응한 것으로 알려졌다.

법원, 「이태원 참사는 인재」 국가 책임 인정
전 용산서장 금고 3년-용산구청장은 무죄

서울서부지법 형사합의11부가 9월 30일 이태원 참사 부실 대응 혐의로 재판에 넘겨진 이임재(54) 전 용산경찰서장에게 금고 3년을 선고하는 등 참사 2년 만에 경찰의 업무상 과실을 인정하는 판결을 내렸다. 법원은 이날 업무상 과실치사상 혐의 등으로 기소된 이 전 서장에게 금고 3년을 선고한 것 외에도 송병주 전 용산서 112치안종합상황실장에는 금고 2년, 박인혁 전 112치안종합상황실 상황3팀장에는 금고 1년에 집행유예 2년을 선고했다. 재판부는 이 전 서장 등이 참사를 예견할 수 있었지만 사전에 대비하지 않은 책임이 있다고 봤으며, 사고가 임박한 시점과 발생한 이후 단계에서의 과실도 인정했다. 반면 같은 혐의로 기소된 박희영(63) 용산구청장을 비롯한 용산구청 직원들에 대해서는 「당시 재난안전법령에 주최자가 없는 행사는 (자치구가) 안전관리계획을 수립해야 한다는 의무규정이 없다」는 이유로 모두 무죄를 선고하면서 유족들의 반발을 일으켰다.

10·29 이태원 참사　2022년 10월 29일 오후 10시 15분경 서울특별시 용산구 이태원동 119-3번지 일대 해밀톤호텔 옆 골목에 핼러윈을 즐기려는 다수의 인파가 몰린 가운데, 통제 인력 배치는 물론 현장 통제가 제대로 이뤄지지 않으면서 159명이 사망하는 등 300명이 넘는 압사 사상자가 발생한 대형 참사이다. 참사 당시 이태원에는 2020년 코로나19 확산 이후 3년 만에 사회적 거리두기 없는 핼러윈을 즐기려는 수많은 인파가 몰려들었는데, 특히 사고가 발생한 골목은 보행로 폭이 4m 안팎으로 매우 좁은 구역임에도 현장 통제가 전혀 이뤄지지 않았다. 서울 도심에서 이와 같은 대규모 인명피해가 발생한 것은 502명이 사망했던 1995년 삼풍백화점 사고 이후 처음 있는 일이었으며, 단일사고 인명피해로는 2014년 세월호 참사 이후 최대였다.

이태원 참사 관련 주요 피의자 혐의와 1심 선고

피의자	참사 당시 직책	혐의별 유무죄 판단	검찰 구형	1심 선고
이임재	용산경찰서장	업무상과실치사상 유죄, 허위공문서 작성·행사 무죄, 국회증언감정법상 위증 무죄	징역 7년	금고 3년
송병주	용산경찰서 112 상황실장	업무상과실치사상 유죄	금고 5년	금고 2년
박희영	용산구청장	업무상과실치사상 무죄, 허위공문서 작성·행사 무죄	징역 7년	무죄
최원준	용산구청 안전재난과장	업무상과실치사상 무죄, 직무유기 무죄	징역 3년	무죄

개 사육농가, 폐업 시 마리당 최대 60만 원 지원
개식용종식법 후속 조치

농림축산식품부가 9월 26일 조기 폐업하는 식용 개 사육 농장주에게 마리당 최대 60만 원을 지원하는 등의 내용을 담은 「개 식용 종식 기본계획」을 발표했다. 이는 지난 2월 제정된 「개 식용 목적의 사육·도살 및 유통 등 종식에 관한 특별법」(개식용종식법)에 따른 후속 조치로, 2027년 2월 7일부터는 식용 목적의 개 사육·도살·유통·판매가 전면 금지된다.

한편, 농식품부에 따르면 현재 육견 사육 규모는 46만 6000마리다. 내년 정부 예산안에는 폐업이행촉진금 562억 원, 농장주 시설물 잔존가액 305억 원 등 모두 1095억 원(국비 50%·지방비 50%)이 지원금으로 포함돼 있다.

방안 주요 내용과 향후 논란은? 농식품부는 식용 목적 개 사육 규모를 조기에 감축하기 위해 농장주에게 폐업이행촉진지원금을 지급하는데, 이는 조기에 전·폐업하는 농장주에게 더 많은 지원금을 지급하는 구조다. 농장주는 시군구에 신고한 연평균 사육 마릿수(사육면적 기준 적정 사육마릿수를 상한으로 적용)를 기준으로 마리당 폐업 시기별 최대 60만 원, 최소 22만 5000원을 각각 지원받게 된다. 또 폐업하는 유통 상인과 식당에는 중소벤처기업부의 폐업 소상공인 지원사업과 연계해 점포 철거비(최대 400만 원)와 재취업 성공수당(최대 190만 원)이 지원된다. 아울러 취급 메뉴나 식육 종류를 변경해 전업하는 업자에게는 간판과 메뉴판 교체 비용(최대 250만 원)을 지원할 계획이다.

다만 육견업계의 반발과 잔여견 문제는 향후 관건으로 꼽히는데, 육견협회 등은 그간 폐업한 농장주에게 최소 5년간 손실액을 보상해야 한다며 마리당 1년 소득을 40만 원으로 보고 200만 원을 요구해 왔다. 여기에 동물보호법상 잔여견이 가야 하는 지방자치단체 동물보호센터는 현재 포화 상태로, 2만 마리밖에 수용할 수 없다는 문제도 있다.

통계청, 「장래가구추계(2022~2052년)」 발표
2037년 1인 가구 비중 40% 돌파

통계청이 9월 12일 발표한 「장래가구추계: 2022~2052년」에 따르면 2037년에는 전체 가구 중 1인 가구가 차지하는 비중이 40%를 넘어서며, 가구주가 65세 이상인 고령 가구는 2052년 전체 가구의 절반을 웃돈다. 장래가구추계는 최근의 가구변화 추세를 반영해 향후 30년의 가구 규모, 가구 유형, 가구원 수별 가구 구조를 전망한 자료다. 기존에는 5년 주기로 작성됐으나, 인구추계와 기준 연도 일관성을 유지하고 통계의 시의성을 높이기 위해 이번부터 2~3년 주기로 변경됐다.

「장래가구추계: 2022~2052년」주요 내용   1인 가구 수는 2022년 738만 9000가구에서 2052년 962만 가구까지 늘어나며, 이에 1인 가구가 전체 가구에서 차지하는 비중은 2022년 34.1%에서 2052년 41.3%로 증가한다. 특히 65세 이상 1인 가구는 2022년 192만 3000가구(26.0%)에서 2052년 496만 1000가구(51.5%)로, 2022년에 비해 2.6배 증가할 것으로 전망된다. 반면 4인가구 비중은 2022년 14.1%에

연령별 장래 가구 추계(단위: 가구)

연령	2022년	2052년
20대 이하	184.9만	80.3만
30대	313.8만	194.1만
40대	421.8만	258.6만
50대	483.4만	402만
60대 이상	762.4만	1392.8만

서 2052년 6.7% 수준으로 줄어든다. 이에 가구당 평균 가구원 수는 2022년 2.26명에서 2034년 1.99명으로 줄면서 2.0명선이 처음으로 무너지며, 2052년에는 1.81명까지 줄어들 전망이다.

또한 고령화로 인해 가구주(주민등록상 세대주와 관계없이 실질적으로 가구를 대표하고 생계를 책임지는 개념) 중위연령은 2022년 53.2세에서 2052년 65.4세로 12.2세 높아진다. 2022년에는 40~50대 가구주가 전체의 41.8%로 가장 많았지만 2052년에는 70대 이상이 41.5%로 가장 높은 비중을 차지하게 된다. 특히 가구주가 65세 이상인 고령자 가구는 2022년 522만 5000가구에서 2038년 처음으로 1000만 가구를 넘어선 뒤(1003만 가구) 2052년에는 1178만 8000가구까지 늘어난다. 이에 고령자 가구 비중은 2022년 24.1%에서 2052년 50.6%로 높아지면서 절반을 웃돌 것으로 전망된다.

💡 행정안전부가 8월 27일 발간한 「2024 행정안전통계연보」에 따르면 지난해 주민등록인구는 5132만 5329명으로 전년(5143만 9038명)보다 0.22%(11만 3709명) 줄면서 4년 연속 감소세를 이어갔다. 또 지난해 평균 연령은 전년(44.2세)보다 0.6세가 많은 44.8세로 나타난 가운데, 가장 인구가 많은 연령은 1971년생인 52세(92만 8584명)인 것으로 조사됐다. 반면 1인가구가 급증하며 총 세대수는 증가했는데, 총 주민등록세대는 전년(2370만 5814세대) 대비 0.88% 늘어난 2391만 4851세대로 집계됐다. 이 가운데 1인 세대는 993만 5600세대로 전체의 41.5%를 차지했는데, 이를 연령대별로 살펴보면 ▷70대 이상 19.7%(195만 2911세대) ▷60대 18.4%(183만 2132세대) ▷30대 16.9%(167만 6332세대) 순이었다.

한국, 2027년에는 65세 이상이 48%
세계 두 번째로 늙은 나라 전망

통계청이 9월 23일 발표한 「2022년 기준 장래인구추계를 반영한 세계와 한국의 인구현황 및 전망」에 따르면 48년 뒤인 2027년에 한국은 세계에서 2번째로 늙은 국가가 된다. 이는 지난해 12월 발표한 「장래인구추계: 2022~2072년」과 지난 7월 유엔(UN)이 낸 「세계인구전망 2024」를 종합 분석한 데 따른 것이다.

한국 고령인구 비율, 2027년에 48%   한국의 전체 인구 가운데 고령인구(65세 이상) 구성비는 올해 19.2%에서 2072년 47.7%로 오르는 반면 같은 기간 생산연령인구(15~64세) 구성비는 70.2%에서 45.8%로 줄어든다. 이에 생산연령인구 100명당 고령인구의 비율을 뜻하는 노년부양비도 올해 27.4명에서 2072년 104.2명으로 증가하며, 같은 기간 한국 인구의 중위연령은 46.1세에서 63.4세로 늘어난다. 이에 2072년 한국의 고령인구 구성비(47.7%)는 세계 236개 국가(지역 포함) 가운데 홍콩(58.5%)과 푸에르토리코(50.8%)에 이어 3번째로 높을 전망인데, 국가 기준으로 홍콩을 제외하면 세계 두 번째다.

💡 10월 3일 행정안전부 주민등록인구 통계에 따르면 지난 9월 말 기준 전국의 60~69세 인구는 777만 242명으로 집계, 40~49세(776만 9028명)보다 1214명 많다. 이로써 우리나라 60대 인구수가 처음으로 40대 인구수를 앞질렀는데, 인구수가 가장 많은 연령대는 50대(872만 2766명)로 나타났다. 또 작년 말 44.8세였던 주민등록인구 평균 나이는 올해 말 45세를 넘길 것으로 전망되는데, 이는 평균 연령이 2014년 말 40세를 넘어선 지 10년 만에 5세 늘어난 것이다.

인구 순위, 올해 29위 → 2072년 59위 한국의 전체 인구수는 올해 5200만 명에서 2072년 3600만 명으로 감소할 것으로 전망된다. 이는 같은 기간 세계 인구가 81억 6000만 명에서 102억 2000만 명으로 증가하는 점을 고려할 때 그 축소세가 두드러지는 것이다. 이러한 인구 급감은 심각한 저출산에 따른 것으로, 실제로 지난해 한국의 합계출산율은 0.72명으로 세계 합계출산율(2.25명)보다 낮다. 이에 한국 인구의 세계 순위는 올해 29위에서 2072년 59위로 떨어질 것으로 예측됐다.

7월 출생아, 12년 만에 최대폭 증가
혼인은 역대 최대 증가

통계청이 9월 25일 발표한 「인구동향」에 따르면 올 7월 출생아 수는 2만 601명으로 집계. 지난해 같은 기간보다 7.9%(1516명) 증가했다. 이는 같은 달 기준으로는 2012년 이후 12년 만에 가장 많이 늘어난 것으로, 증가율로 보면 2007년 7월(12.4%) 이후 가장 높다. 아울러 출생아 수가 2만 명을 넘어선 것은 올 1월(2만 1442명) 이후 처음으로, 지난 2월부터 5월까지는 1만 9000명대였고 6월에는 1만 8000명대를 기록한 바 있다. 다만 1~7월 출생아 수는 13만 7913명으로, 지난해 같은 기간(13만 9635명)보다 1.2% 감소했다.

한편, 출산의 선행지표로 꼽히는 혼인 건수는 7월 1만 8811건으로 1년 전보다 32.9% 증가했다. 이는 7월 기준으로는 가장 높은 증가율이고, 모든 달을 통틀어선 1996년 1월(50.6%) 이후 2번째로 높은 것이다. 혼인 건수는 올 1월 2만 건을 돌파한 이후 다소 떨어졌지만 5월에 다시 2만 건을 넘어서는 등 올 4월부터는 1년 전 같은 기간보다 계속 늘어나고 있다.

한국 의사 수 OECD 최하위
인구 1000명당 2.6명

보건복지부가 9월 26일 공개한 「경제협력개발기구(OECD) 보건의료 통계 2024」 요약본에 따르면 2022년 한국의 인구 1000명당 임상(진료) 의사 수는 한의사를 포함해 2.6명으로, 멕시코(2.6명)와 함께 공동 최하위를 기록했다. OECD 회원 30개국 평균은 3.8명으로 집계됐으며, 인구 대비 의사 수가 가장 많은 나라는 오스트리아(5.4명)였다.

한국 의사들의 소득 수준은 네덜란드와 독일에 이어 세 번째로 높았는데, 물가 수준을 고려한 구매력평가환율(PPP) 기준으로 한국 전문의 중 봉직의 소득은 19만 4857달러였다. 이는 OECD 평균(12만 8368달러)보다 51.8% 많은 것으로, 1위인 네덜란드의 의사 소득은 21만 730 달러, 2위인 독일은 20만 7397달러로 나타났다.

주요 국가 임상의사 수
(단위: 명, 인구 1000명당)

국가	임상의사 수
멕시코	2.6
한국	**2.6**
미국	2.7
일본	2.7
오스트리아	5.4
OECD 평균	3.8

복지부, 「2023 노인실태조사」 발표
스마트폰 보유율 급증-소득·자산은 2007년부터 지속 증가

보건복지부가 10월 16일 발표한 「2023년 노인실태조사」에 따르면 지난해 노인 스마트폰 보유율은 76.6%에 달했으며, 독거노인 비율은 2020년(19.8%)보다 증가한 32.8%를 기록했다. 노인실태조사는 노인복지법에 따라 2008년부터 3년마다 실시하고 있는데, 이번 조사는 지난해 9~11월 전국 65세 이상 노인 1만 78명을 대상으로 이뤄진 것이다.

조사 주요 내용

재산 상속 방식 外　재산 상속 방식의 경우 「자신·배우자를 위해 사용하겠다」는 응답이 24.2%로 2020년(17.4%)보다 크게 상승한 반면 「장남에게 많이 상속하겠다」는 응답은 6.5%로 2008년(21.3%)보다 급감했다. 지난해 노인 스마트폰 보유율은 76.6%로 2020년(56.4%)에 비해 급증했으며, 컴퓨터 보유율은 같은 기간 12.9%에서 20.6%로 올랐다. 다만 여전히 노인의 67.2%가 정보화 사회 적응에 어려움을 느끼고 있는 것으로 나타났다. 노인들이 「노인이라고 생각하는 연령」의 기준은 평균 71.6세인 것으로 나타났는데, 이는 2020년(70.5세)보다 1.1세 상승한 수치다. 또 우리나라 노인은 평균 2.2개의 만성질환을 보유하고 있는 것으로 나타났으며, 3개 이상의 만성질환을 가진 노인도 35.9%에 달했다. 지난해 독거노인 비율은 2020년(19.8%)보다 증가한 32.8%를 기록했으며, 이에 따라 평균 가구원 수는 2명에서 1.8명으로 감소했다.

희망하는 재산 상속 방식(2023년 기준)

모든 자녀에게 골고루	51.4%
자신·배우자 위해 사용	24.2%
부양을 많이 한 자녀에게 많이 상속	8.8%
경제적으로 어려운 자녀에게 많이 상속	8.4%
장남에게 전부나 더 많이 상속	6.5%

자산과 경제활동　노인의 소득·자산은 조사를 시작한 2008년부터 꾸준히 늘고 있는데, 지난해 기준 노인 가구의 연간 소득은 3469만 원, 개인 소득은 2164만 원으로 나타났다. 앞서 지난 2020년 조사에서는 각각 3027만 원, 1558만 원으로 조사된 바 있다. 일하는 노인의 경우 2017년 이후로 계속 증가하고 있는데, 2017년 30.9%였던 일하는 노인 비중은 지난해 39%까지 늘었다. 직종별로는 지난해 기준 단순노동이 33%로 가장 많았고, 농림어업 숙련노동(20.3%), 서비스업(14.4%), 판매업(12.5%) 등이 뒤를 이었다.

노인 가구 연간 소득

구분	2020년	2023년
가구소득	3027만 원	3469만 원
개인소득	1558만 원	2164만 원
금융자산	3213만 원	4912만 원

헌재, 탄소중립기본법 8조 1항
헌법불합치 결정-아시아 첫 기후소송 판단

헌법재판소가 8월 29일 청소년·시민단체·영유아 등이 제기한 헌법소원 4건에서 재판관 전원일치 의견으로 탄소중립기본법 8조 1항에 헌법불합치 결정을 내렸다. 해당 조항은 「정부는 국가 온실가스 배출량을 2030년까지 2018년의 국가 온실가스 배출량 대비 35퍼센트 이상의 범위에서 대통령령으로 정하는 비율만큼 감축하는 것을 중장기 국가 온실가스 감축 목표로 한다.」고 명시하고 있다. 헌법불합치 결정은 해당 법률이 사실상 위헌이지만, 즉각적인 무효화에 따른 공백을 막기 위해 한시적으로 법을 존속시키는 결정이다. 헌재의 헌법불합치 결정에 따라 해당 조항은 2026년 2월 28일까지만 효력이 인정되며, 정부와 국회는 개정 시한까지 헌재 취지를 반영해 보다 강화된 기후 대책을 수립해야 한다.

> **탄소중립기본법**　2050 탄소중립이라는 국가목표 달성을 위한 법정 절차와 정책 수단을 규정한 법으로, 2021년 9월 24일 제정 및 공포됐다. 그리고 2022년 3월 25일부터 해당 법안이 시행되면서 우리나라는 2050 탄소중립 비전을 법세화한 14번째 국가가 된 바 있다.

헌재 판결 주요 내용 헌재는 탄소중립기본법 8조 1항이 「2031년부터 2049년까지의 (탄소배출) 감축 목표에 관해 그 정량적 수준을 어떤 형태로도 제시하지 않았다」며 청구인들의 환경권을 침해한다고 판단했다. 헌재의 이번 판결은 한국 정부가 탄소중립기본법과 시행령, 국가 기본계획 등에서 정한 국가 온실가스 배출량 감축 목표치가 적정한지에 대해 이뤄진 것으로, 이는 지난 2020년 청소년 기후활동가 19명의 청구로 시작했다. 이후 2021~2023년 영유아 62명이 낸 헌법소원을 포함해 3건의 헌법소원이 추가로 접수됐는데, 쟁점은 2030년까지 온실가스 배출량을 2018년 대비 35% 감축하도록 한 탄소중립기본법이 위헌인지의 여부였다. 헌재는 2031년 이후 온실가스 감축량을 아예 설정하지 않은 것은 국민의 기본권을 충분히 보호하지 못해 헌법에 어긋난다고 판단했다. 다만 헌재는 국가 온실가스 배출량 목표를 「2030년까지 2018년 대비 40% 감축」으로 정한 탄소중립기본법 시행령 3조 1항이 불충분하다는 청구인들의 헌법소원 제기는 재판관 전원 일치 의견으로 기각 결정을 내렸다.

💡 아시아 지역에서 정부의 기후위기 대응에 관한 판결이 나온 것은 이번이 처음이다. 유럽의 경우 지난 2019년 네덜란드 법원이 정부의 온실가스 감축 정책이 기후위기를 막기 부족하다는 판결을 내렸고, 독일 연방헌법재판소는 2021년 독일 정부의 기후보호법 감축 목표가 헌법에 위반된다는 결정을 내린 바 있다.

기후위기 소송 주요 쟁점과 헌재의 판단은?

조항	주요 내용	헌재 판단
탄소중립기본법 제8조 1항	정부는 국가 온실가스 배출량을 2030년까지 2018년의 국가 온실가스 배출량 대비 35% 이상의 범위에서 대통령령으로 정하는 비율만큼 감축하는 것을 중장기 국가 온실가스 감축 목표로 한다.	헌법불합치
탄소중립기본법 제3조 1항	법 제8조 제1항에서 「대통령령으로 정하는 비율」이란 40%를 말한다.	청구기각

손선풍기·전동킥보드 등 모든 전자제품, 2026년부터 재활용 의무화

환경부가 전기·전자제품 환경성보장제 적용 대상을 중·대형제품 50종에서 산업·대형 기기와 군수품 등 일부를 제외한 전체로 확대하는 「전자제품 등 자원순환법」 하위법령 개정안을 9월 25일부터 40일 동안 입법예고한다고 24일 밝혔다. 전기·전자제품과 자동차 재활용을 촉진하고자 시행 중인 「환경성보장제」는 제조업자와 수입업자에게 출고된 제품 일부를 회수해 재활용하도록 의무를 부과(생산재책임재활용제)하고 납이나 카드뮴 등 유해물질 사용을 금지하는 내용이다. 이번 개정안에 따르면 재활용 의무는 2026년, 유해물질 사용 제한은 2028년부터 시행된다.

개정안 주요 내용 현재 중·대형 전자제품 50종에는 「생산자책임재활용제(EPR)」가 적용되고 있는데, 이는 제품 생산자나 포장재를 이용한 제품의 생산자에게 그 제품이나 포장재의 폐기물에 대해 일정량의 재활용 의무를 부여해 재활용하게 하고, 이를 이행하지 않을 경우 재활용에 소요되는 비용 이상의 재활용 부과금을 부과하는 제도를 말한다. 이번 하위법령이 개정되면 폐전자제품에 대한 생산자의 회수·인계·재활용 의무가 모든 전기·전자제품으로 확대된다. 단 매출 10억 원 미만의 소규모 제조업자와 3억 원 미만의 수입업자는 기존처럼 의무 대상에서 제외된다. 또 산업기기·군수품 등 유럽연합(EU)에서 제외하는 일부 품목도 국제 기준에 부합하도록 기존처럼 의무 대상에서 제외된다. EPR을 의무적으로 따라야 하는 신규업체는 의무대행을 위한 재활용사업공제조합 가입과 분담금 납부가 필요하지만, 환경부는 추가적인 부담이 없도록 현재 전기·전자제품 제조·수입자에게 부과하는 폐기물부담금을 면제할 예정이다. 한편, 유해물질 함유기준 준수 의무 대상 전기·전자제품도 모든 품목으로 확대된다.

세계자연기금, 「2024 지구생명보고서」 발간
반세기 만에 야생동물 4분의 1 급감

세계 최대 규모 비영리 자연보전기관 중 하나인 세계자연기금(WWF)이 10월 10일 전 세계 야생동물 개체군 규모가 지난 50년간 평균 73% 감소했다는 내용이 담긴 「2024 지구생명보고서」를 공개했다. 보고서는 포유류·조류·어류 등 전 세계 척추동물 5495종을 대표하는 약 3만 5000개 개체군을 대상으로, 1970년부터 2020년까지의 추세를 분석해 지구생명지수(LPI)를 도출했다.

> **세계자연기금(WWF·World Wide Fund for nature)** 1961년 설립된 세계 최대의 민간자연보호단체로, 스위스 글랑에 국제사무국이 위치한다. 1960년 유네스코(UNESCO)의 초대 사무총장이었던 영국의 생물학자 줄리언 헉슬리가 《옵서버》지에 아프리카 동부 지역에서의 동물 남획, 서식지 파괴실태 등을 경고하는 글을 기고한 것을 계기로 「세계야생생물기금」이 출범했다가 1981년 포괄적인 생태계 보존과 공해 방지 및 자연자원의 효과적 이용 등으로 활동범위를 확대하며 「세계자연기금」으로 개편됐다. WWF에서는 세계의 멸종위기 동식물을 종합·선정한 보고서를 발표하고 있으며, 매년 150여 국가를 대상으로 「사용 생태량」 보고서를 작성한다. 「생태량(Ecological Footprint)」은 인간이 지구 생태계에 미치는 영향을 식품·자원·에너지의 생산이나 오염물질의 흡수에 필요한 토지 및 해양의 면적 단위(1인당 ha)로 계산한 것을 말한다.

보고서 주요 내용 보고서에 따르면 지구생명지수(LPI)에 포함된 야생동물 개체군 규모는 연 평균 2.6%씩 감소해, 50년간 73%(통계 오차 고려 시 67~78%) 감소한 것으로 확인됐다. 이는 야생동물종 개체군이 50년간 평균 4분의 3 가까이 줄어들었다는 의미로, 특히 담수 생태계가 85%로 감소폭이 가장 컸고, 이어 육상(69%)과 해양(56%) 순이었다. WWF는 이처럼 야생동물이 크게 줄어든 원인으로 식량 시스템으로 인한 서식지 파괴와 황폐화, 자원 남용, 외래종 침입, 질병 등을 꼽았다. 그리고 야생동물 개체군 감소는 생태계 붕괴의 조기 경고 신호라고 설명하며, 티핑 포인트(한계를 넘어 돌이킬 수 없는 변화를 겪는 순간)에 가까워졌다는 점을 강조했다. 아울러 지속 가능한 미래를 만들기 위해서는 보전, 에너지, 식량, 금융 시스템의 전면적 혁신을 통해 기후변화와 생물다양성 손실의 근본적인 원인을 해결해야 한다고 밝혔다.

문화시사

임윤찬, 한국 피아니스트 최초로
영국 그라모폰상 수상

피아니스트 임윤찬(20)이 10월 2일 영국 런던에서 열린 「그라모폰 클래식 뮤직 어워즈」에서 「쇼팽: 에튀드」로 피아노 부문 수상자에 선정된 데 이어 음악적으로 두각을 나타낸 청년 음악가에게 주어지는 특별상인 「올해의 젊은 예술가」도 수상하며 2관왕에 올랐다. 한국 피아니스트가 그라모폰을 수상한 것은 물론, 2개 부문을 동시 수상한 것은 임윤찬이 처음이다.

그라모폰 클래식 뮤직 어워즈 1923년 창간된 영국의 권위 있는 클래식 전문지 《그라모폰》이 1977년 부터 매년 개최하고 있는 시상식이다. 이는 피아노, 피아노 외 기악, 관현악, 오페라 등 11개 부문에 대해 시상하며, 이 가운데 대상에 해당하는 「올해의 음반」이 있다. 1990년대부터는 올해의 예술가, 올해의 젊은 예술가, 평생 공로상 등 개인이나 단체에 대한 시상 부문이 추가됐는데, 여기서 올해의 예술가는 남녀주연상에, 올해의 젊은 예술가는 신인상에 비견된다. 한국 음악가 중에는 임윤찬에 앞서 바이올리니스트 정경화(1990년 실내악·1994년 협주곡 부문)와 첼리스트 장한나(2003년 협주곡 부문)가 수상 기록을 갖고 있으며, 올해의 젊은 예술가 부문은 1993년 한국계 바이올리니스트 사라 장(장영주)이 수상한 바 있다.

> **임윤찬은 누구?** 2007년에 태어난 임윤찬은 7세이던 2012년에 예술의전당 음악영재아카데미 오디션에 합격하면서 재능을 인정받기 시작했다. 이후 2018년 세계적인 주니어 콩쿠르인 클리블랜드 청소년 피아노 국제콩쿠르에서 2위와 쇼팽 특별상을 수상한 데 이어, 2019년 만 15세의 나이로 윤이상국제콩쿠르에서 최연소 1위를 차지하면서 두각을 나타냈다. 그리고 18세이던 2022년 반 클라이번 국제 피아노 콩쿠르에서 이 대회 60년 역사상 최연소 우승 기록을 세운 바 있다. 반 클라이번 콩쿠르는 미국의 피아니스트 반 클라이번을 기리기 위해 창설된 피아노 경연대회로, 세계 3대 콩쿠르(쇼팽, 퀸 엘리자베스, 차이콥스키 콩쿠르)에 버금가는 북미 최고 권위의 피아노 경연대회이다. 이는 1962년부터 4년마다 클라이번의 고향인 미국 텍사스주 포트워스에서 개최되며, 30세 이하 신예 피아니스트만 참가 가능하다는 특징이 있다. 우승자는 3년간 미국 전역 투어와 음반 발매 등의 혜택을 받는다.

페드로 알모도바르의 〈더 룸 넥스트 도어〉,
제81회 베니스 국제영화제 황금사자상 수상

스페인 거장 페드로 알모도바르(75) 감독의 첫 영어 장편영화 〈더 룸 넥스트 도어(The Room Next Door)〉가 9월 7일 폐막한 「제81회 베니스 국제영화제」에서 최고상인 황금사자상(작품상)을 수상했다. 안락사를 소재로 한 이 영화는 말기 암에 걸린 종군 기자 마사(틸다 스윈턴)가 안락사를 결심하고 친구이자 작가인 잉그리드(줄리앤 무어)에게 자신의 죽음을 지켜봐 달라고 부탁하면서 벌어지는 이야기를 담았다.

이 밖에 심사위원대상(은사자상)은 이탈리아 모라 델페로 감독의 영화 〈베르미글리오(Vermiglio)〉가 차지했고, 감독상(은사자상)은 영화 〈더 브루털리스트(The Brutalist)〉를 연출한 미국의 브래디 코베 감독이 수상했다. 이 밖에 심사위원

제81회 베니스 국제영화제 주요 수상 내용

구분	수상자(작)
황금사자상	페드로 알모도바르, 〈더 룸 넥스트 도어〉
은사자상(심사위원대상)	모라 델페로, 〈베르미글리오〉
은사자상(감독상)	브래디 코베, 〈더 브루털리스트〉
심사위원 특별상	디 쿨룸비가쉴리, 〈에이프릴〉
볼피컵 남우주연상	뱅상 랭동, 〈더 콰이어트 선〉
볼피컵 여우주연상	니콜 키드먼, 〈베이비걸〉

특별상은 디 쿨룸비가쉴리 감독의 〈에이프릴(April)〉이 차지했으며, 〈베이비걸(Babygirl)〉의 니콜 키드먼과 〈더 콰이어트 선(The Quiet Son)〉의 뱅상 랭동이 각각 주연상을 수상했다.

> **베니스 국제영화제(Venice the International Film Festival)** 1932년 5월 이탈리아 베니스에서 창설된 세계에서 가장 오랜 역사를 가진 국제영화제이다. 매년 8월 말~9월 초에 개최되며, 베를린 국제영화제(독일)·칸 국제영화제(프랑스)와 함께 「세계 3대 영화제」로 불린다. 베니스 국제영화제는 비상업적 예술영화만 시상하는 전통이 있으며, 최우수작품에는 베니스의 상징인 날개 달린 사자 형상의 산마르코 금사자상(황금사자상)을 수여한다. 이 밖에 주요 수상 부문으로는 심사위원 특별상과 은사자상(심사위원대상·감독상) 등이 있다.

일본 배경 미국 드라마 〈쇼군〉, 美 에미상 18관왕 달성

일본의 17세기 막부 시대를 배경으로 한 미국 드라마 〈쇼군〉이 9월 15일 미국 로스앤젤레스(LA) 피콕 극장에서 열린 「제76회 프라임타임 에미상」 시상식에서 주요 부문인 드라마 시리즈 작품상과 감독상, 남우주연상(사나다 히로유키), 여우주연상(사와이 안나) 등 18개 부문을 석권했다. 이는 단일 작품으로는 역대 최다 수상 기록이다. 여기다 주인공 사나다 히로유키는 2022년 드라마 〈오징어 게임〉으로 같은 부문 남우주연상을 수상한 이정재에 이어 아시아계 배우로는 역대 두 번째로 이 상을 받게 됐다. 또 남녀 주인공 사나다와 사와이 모두 일본 배우로는 최초로 에미상 주연상 수상이라는 기록도 썼다. 한편, 드라마 〈쇼군〉은 17세기 일본 최고 권력자가 되기 위해 막부 지도부 사이에 벌어지는 정치·무력 갈등을 담은 작품이다.

> 💡 이번 시상식에서 한국인이나 한국계 배우가 참여한 작품의 수상이 모두 불발됐다. 박찬욱 감독이 미국에서 처음으로 기획·연출·각본 등 제작을 총괄한 〈동조자〉는 조연배우인 로버트 다우니 주니어가 미니시리즈 남우조연상 후보에 올랐으나 수상에는 실패했다. 또한 탈북 관련 다큐멘터리 〈비욘드 유토피아〉도 다큐멘터리 영화제작 부문 후보에 지명됐으나 수상은 불발됐으며, 한국계 배우 그레타 리는 애플TV+의 드라마 〈더 모닝 쇼〉로 드라마 시리즈 부문 여우조연상 후보에 올랐으나 수상까지는 이어지지 못했다.

> **에미상(Emmy Awards)** 미국 텔레비전 예술·과학아카데미(ATAS)가 주관하는 시상식으로, 1949년 1월 창설됐다. 텔레비전 작품 관계자의 우수한 업적을 평가하는 상이기 때문에 「TV의 아카데미상」이라 평가된다. 에미상에는 본상 격인 프라임타임 에미상을 비롯해 ▷주간(데이타임) 에미상 ▷로스앤젤레스 지역 에미상 ▷국제 에미상 등이 있다. 통상적으로 에미상은 프라임타임 에미상을 가리키는데, 작품상을 비롯한 남우주연상·여우주연상·남우조연상·여우조연상·감독상·각본상 등이 여기에서 수여된다.

제29회 부산국제영화제 폐막
역대 최다 관객 동원

10월 2일 개막된 제29회 부산국제영화제(BIFF)가 11일 부산 영화의전당 야외극장에서 진행된 폐막식을 끝으로 열흘 간의 일정을 마무리했다. 올해 영화제는 개막작인 김상만 감독의 넷플릭스 영화 〈전,란〉을 시작으로 커뮤니티브 상영작 54편을 포함한 63개국 278편의 영화가 상영됐으며, 14만 5000여 명(좌석 점유율 84%)이 영화를 관람해 역대 최대 규모를 기록했다. BIFF의 대표적인 경쟁 부문이자 아시아 신인감독의 작품에 주는 뉴 커런츠상은 박이웅 감독의 〈아침바다 갈매기는〉과 테마우 나잉 감독의 〈침묵의 외침〉이 차지했고, 고(故) 김지석 부산국제영화제 프로그래머를 기리며 만든 지석상은 리마 다스 감독의 〈빌리지 락스타 2〉와 린슈위 감독의 〈옌과 아이리, 모녀 이야기〉에 주어졌다. 또 배우 김선영과 류준열이 심사위원을 맡은 올해의 배우상은 〈3학년 2학기〉의 유이하와 〈허밍〉의 박서윤이 수상했다.

💡 제29회 부산국제영화제 한국영화공로상 수상자로 고(故) 이선균 배우가 선정돼 10월 2일 그 시상이 이뤄졌다. 해당 부문은 한국영화의 위상을 높이고, 세계적 성장에 기여한 영화인에게 수여하는 상이다. 특히 이번 BIFF에서는 고인의 공로를 기리고 추모하고자 특별기획 프로그램 〈고운 사람, 이선균〉이 개최됐으며, 특별전에서는 그의 대표 출연작 6편이 상영됐다.

> **부산국제영화제(Busan International Film Festival·BIFF)** 1996년부터 매년 부산에서 열리는 국제영화제로, 우리나라에서 열린 첫 번째 국제영화제다. 세계 영화계에 한국 영화의 위상을 드높이는 계기를 마련하기 위한 목적으로 시작됐으며, 특히 세계 영화계에서 중요한 위치를 점하게 된 아시아 영화들을 선별해 소개하고 있다. 대표적인 시상 부문으로는 아시아영화 경쟁 부문인 「뉴 커런츠상」이 있는데, 이는 아시아의 재능 있는 신인감독 발굴 및 격려의 의미를 가지고 있다. 한편, 올해 열린 부산국제영화제에서는 다큐멘터리 장르의 대중적 확장을 위해 「다큐멘터리 관객상」과 영화 산업에서 여성의 문화·예술적 기여를 널리 알리기 위해 「까멜리아상」이 신설됐다.

블랙핑크 리사·세븐틴, 美 MTV VMA
각각 베스트 K팝·베스트 그룹 부문 수상

K팝 걸그룹 블랙핑크(BLACKPINK)의 리사가 9월 12일 미국 뉴욕 UBS 아레나에서 열린 「2024 MTV 비디오 뮤직 어워즈(VMA)」에서 솔로곡 〈록스타(Rockstar)〉로 베스트 K팝(Best K-Pop) 부문 수상자로 선정됐다. 1984년부터 시작된 MTV VMA는 그래미 어워즈·빌보드 뮤직 어워즈·아메리칸 뮤직 어워즈와 함께 「미국 4대 대중음악 시상식」으로 꼽힌다. 리사는 앞서 2022년에도 솔로곡 〈라리사(Lalisa)〉로 해당 부문을 수상한 바 있어 K팝 솔로 가수 최초로 이 상을 두 번이나 차지하게 됐다. 한편, 르세라핌은 〈이지(Easy)〉로 올해의 푸시 퍼포먼스(Push Performance of the Year) 부문에 호명되며 MTV VMA에서 첫 트로피를 차지했고, 세븐틴은 베스트 그룹(Best Group)의 주인공이 됐다. 베스트 그룹은 지난해까지 올해의 그룹으로 불렸던 상으로, 방탄소년단(BTS)이 2019년부터 4년 연속으로 수상했고 지난해에는 블랙핑크가 수상한 바 있어 6년 연속 K팝이 차지하게 됐다.

💡 그룹 스트레이 키즈(Stray Kids)가 10월 6일 미국 로스엔젤레스에서 열린 「아메리칸 뮤직 어워즈 50주년 스페셜」에 퍼포머로 참석했다. 미국 4대 대중음악 시상식 중 하나인 아메리칸 뮤직 어워즈(AMAs·American Music Awards)는 올해로 50주년을 맞이해 시상식의 역사를 되짚어보는 시간으로 꾸며졌다. 방탄소년단(BTS)에 이어 K팝 그룹 사상 두 번째로 AMAs 퍼포머로 나선 스트레이 키즈는 뉴 에디션·뉴키즈 온 더 블록·보이즈 투 맨 등 각 시대를 풍미한 보이밴드들의 지난 50년을 기념하는 스테이지 등을 펼쳤다. 스트레이 키즈는 지난해 「2023 빌보드 뮤직 어워즈」에서 톱 K팝 앨범 부문, 「2023 MTV 비디오 뮤직 어워즈」에서 베스트 K팝 부문을 수상한 바 있다.

BTS, 美 빌보드 선정
「21세기 최고 팝스타」 19위

미국 음악 매체 빌보드가 9월 10일 공식 홈페이지를 통해 그룹 방탄소년단(BTS)을 「21세기 최고 팝스타(Billboard's Greatest Pop Stars of the 21st Century)」 19위에 선정했다고 밝혔다. 빌보드에 따르면 BTS는 빌보드 메인 싱글차트 「핫 100」과 메인 앨범차트 「빌보드 200」에서 각각 여섯 차례 1위에 오르는 기념비적인 기록을 세웠으며, 특히 2021년 발표한 싱글 〈버터(Butter)〉는 핫 100 1위를 10주 동안 차지하기도 했다. 또한 미국 최고 권위의 대중음악 시상식인 그래미 어워드 수상 후보에도 5차례 오르는 등 유례없는 성공을 거뒀다고 평가했다.

> **빌보드 차트(Billboard Chart)** 1894년 미국 뉴욕에서 창간된 음악잡지 《빌보드》가 1936년부터 발표하고 있는 대중음악 순위 차트로, 싱글 차트인 「빌보드 핫 100」과 앨범 차트인 「빌보드 200」이 가장 대표적인 차트로 꼽힌다. 1958년부터 매주 발표되고 있는 빌보드 핫 100은 ▷인터넷 음원 다운로드 횟수 ▷미국 내 라디오 방송 청취자 수 ▷온디맨드 음원 다운로드 횟수 ▷유튜브 조회수가 합산돼 순위가 매겨진다. 또 1963년부터 발표되고 있는 빌보드 200은 ▷앨범 판매량 ▷디지털음원 판매량 환산 음반 판매량 ▷스트리밍 횟수 환산 음반 판매량이 합산돼 순위가 매겨진다.

이미경 CJ 부회장, 아시아 여성 기업인
첫 세계시민상 수상

이미경 CJ그룹 부회장이 9월 23일 미국 뉴욕에서 열린 「제13회 세계시민상(Global Citizen Award 2024)」 시상식에서 수상자로 선정됐다. 세계시민상은 글로벌 과제를 해결하고 자유·평화·번영의 가치에 기여한 인사에게 수여되는 최고 권위의 상으로, 이 부회장은 아시아 여성 기업인 중에서는 최초로 이 상을 수상했다. 세계시민상을 운영하는 미국 유력 싱크탱크 「애틀랜틱 카운슬(Atlantic Council)」은 이 부회장에 대해 영화·드라마·음악 등 문화사업에 대한 다양한 비전 제시와 리더십 발휘는 물론, 한국문화의 산업화와 글로벌화에 기여한 공로 등을 선정 이유로 밝혔다.
한편, 이날 시상식에는 글로벌 정치·경제·문화·산업계를 대표하는 주요 인사들이 대거 참석했는데, ▷나나 아쿠포아도 가나 대통령 ▷키리아코스 미초타키스 그리스 총리 ▷조르자 멜로니 이탈리아 총리 등도 세계시민상 수상자로 선정됐다.

한국계 美 작가 김주혜, 러시아 최고 권위
톨스토이 문학상 수상

한국계 미국인 소설가 김주혜(37)가 10월 10일 러시아 모스크바 볼쇼이극장에서 열린 「제22회 러시아 톨스토이 문학상(야스나야 폴랴나상)」에서 장편소설 〈작은 땅의 야수들〉로 해외 문학상을 수상했다. 특히 그는 최종 후보에 오른 10명 가운데 2018년 노벨 문학상 수상자였던 폴란드의 올가 토카르추크 작가를 제치고 수상의 영광을 안았다. 〈작은 땅의 야수들〉은 일제강점기 조선을 배경으로 독립을 위해 투쟁했던 평범한 사람들의 파란만장한 삶을 풀어낸 작품으로, 2021년 발표된 김주혜 작가의 장편소설 데뷔작이다.

한편, 톨스토이 문학상은 러시아의 레프 톨스토이 박물관과 삼성전자 러시아법인이 2003년 세계적인 대문호 레프 톨스토이(1828~1910)의 탄생 175주년을 맞아 그의 휴머니즘과 문학성을 기리기 위해 제정한 상으로, 러시아 최고 권위 문학상으로 꼽힌다. 「야스나야 폴랴나상(Yasnaya Polyana Award)」이라고도 불리는 이 상의 수상 부문으로는 ▷모던 클래식상 ▷21세기 상 ▷아동/청소년/청년상 ▷해외문학상 ▷삼성특별상 등이 있다. 레프 톨스토이는 〈전쟁과 평화〉, 〈안나 카레리나〉, 〈부활〉 등을 남긴 러시아의 대문호이자 사상가로, 19세기 러시아 문학의 거장으로 현재까지 회자되고 있는 인물이다.

주미대한제국공사관, 美 국가사적지 공식 등재

국가유산청과 국외소재문화유산재단이 주미대한제국공사관이 미국 국가사적지로 등재됐다고 9월 11일 밝혔다. 국가사적지는 미국 정부가 보존할 만한 역사적 중요성이나 예술적 가치가 높은 건물·구조물·장소 등을 지정하는 것으로, 한국 정부가 소유한 역사적 장소가 미국 국가사적지로 공식 등재된 것은 이번이 처음이다. 국가유산청에 따르면 주미대한제국공사관은 한미 외교의 현장으로서 미국의 역사에서 매우 중요한 장소이며, 건물 원형을 잘 보존해 재현된 것이 인정됐다.

주미대한제국공사관 1877년에 건립된 공사관으로, 대한제국의 대미 외교활동 중심지였던 곳이다. 주미대한제국공사관은 1889년 2월 13일 박정양 초대 주미공사가 임차해 1905년 을사늑약으로 일본에 외교권을 박탈당할 때까지 16년간 대한제국의 공사관으로 사용됐다. 지하 1층·지상 3층의 벽돌 구조로 된 이 건물은 대한제국이 외국에 설치한 공관들 중 유일하게 원형을 유지하고 있다. 특히 1800년대 워싱턴 D.C.에 있던 외국 공관 가운데 지금까지 내·외부 원래 모습이 보존된 유일한 사례로 알려져 있는데, 이는 워싱턴시가 1972년 로건서클 인근을 역사보존지구로 지정함에 따른 것이다. 이 건물은 1910년 일제에 의해 5달러에 매각됐으나, 이후 정부와 민간의 오랜 노력으로 2012년 350만 달러(약 40억 원)를 들여 되찾았다. 이후 국가유산청 등은 2015년 10월 19일부터 복원 공사를 시작했으며, 공사 6년 만인 2018년 5월 22일 재개관한 바 있다. 공사관은 국내외에서 발견된 19세기 말~20세기 초 각종 문헌과 사진을 바탕으로 재현됐는데, ▷1층에는 접견실과 식당이 ▷2층에는 공사 집무실, 부부 침실, 공관원 집무실, 서재 등이 ▷공관원 숙소였던 3층은 한미관계사 전시실로 재탄생했다.

▲ 주미대한제국공사관(출처: 국가유산청)

법원, 「2인 방통위는 입법 목적 저해」
방통위의 방문진 이사 임명처분 집행정지 신청 인용

서울행정법원 행정12부가 8월 26일 권태선 방송문화진흥회(방문진) 이사장과 김기중·박선아 방문진 이사가 제기한 방송통신위원회(방통위)의 방문진 이사 임명처분 집행정지 신청을 인용했다. 이는 법원이 MBC 대주주인 방문진의 새 이사 6명을 방통위가 선임한 것에 제동을 건 것으로, 방통위가 이른바 「2인 체제」로 새 이사를 임명한 것이 적법한지 법원에서 결론이 날 때까지 새 이사 임명을 보류시킨 것이다.

법원 판결 주요 내용 법원의 이번 판결에 따라 방통위가 여권 추천으로 새로 임명한 이사 6명의 임기는 권 이사장 등이 제기한 이사 선임 취소소송 1심 선고일부터 30일이 되는 날까지 정지된다. 당초 방문진이 새 이사진으로 교체되면 MBC 사장 해임·경영진 교체 수순으로 갈 것이라는 전망이 많았는데, 일단 법원이 효력을 멈추면서 방문진 이사진과 MBC 사장 등 경영진은 당분간 현 구성을 유지할 수 있게 됐다. 또 재판부는 이진숙 방통위원장과 김태규 상임위원의 2인 체제가 방문진 이사 선임안 의결을 강행한 것에 대해서도 법원에서 정당성을 다퉈볼 필요가 있다고 판단했다. 이에 현재 헌법재판소가 심리 중인 이진숙 방통위원장에 대한 탄핵심판에도 영향이 미칠 것으로 전망되고 있는데, 이 위원장은 지난 8월 2일 국회에서 탄핵소추안이 의결돼 헌재의 판단 전까지 직무가 정지된 바 있다.

아울러 이번 판결로 9월 1일부터 임기가 시작되는 KBS 이사진 선임 절차의 정당성 논란도 더욱 불거질 수 있다는 전망이 나왔다. 이는 이 위원장의 방통위가 방문진 이사 임명을 한 같은 날 KBS 이사 11명 중 7명에 대한 추천안을 의결했고, 윤 대통령이 다음 날 이를 재가했기 때문이다.

> **방송문화진흥회(방문진)** 1988년 12월 3일 「방송문화진흥회법」에 의해 설립된 특별법인으로 MBC 문화방송의 대주주이다. 방송통신위원회에서 임명한 이사 9명과 감사 1명으로 구성돼 있으며 ▷MBC 경영의 관리감독 ▷방송문화진흥자금의 운용과 관리 ▷방송문화 발전을 위한 연구 및 학술사업, 공익 목적의 사업 등을 진행하고 있다. 또한 방송문화진흥위원회 산하 이사회를 두고 예산·자금계획과 결산, 정관의 변경, 최다출자자인 방송사업자의 경영평가 및 공표에 관한 사항 등 중요 사항을 심의·의결한다.

북한 여자축구, 일본 꺾고
U-20 월드컵 통산 세 번째 우승

북한이 9월 23일 콜롬비아 보고타의 에스타디오 네메시오 카마초에서 열린 「2024 콜롬비아 국제축구연맹(FIFA) 20세 이하(U-20) 여자 월드컵」 결승전에서 일본을 1-0으로 꺾고 정상에 올랐다. 이로써 북한은 지난 2006년과 2016년 이후 8년 만에 통산 세 번째 우승을 달성한 데 이어 독일·미국과 함께 역대 최다 우승국(3회)에 합류하게 됐다. 특히 북한은 이번 대회 조별리그부터 결승전까지 7경기를 모두 이기며 25골을 득점하고 4골만 실점하는 저력을 과시했다. 여기다 북한의 최일선(17)은 이번 대회에서 통산 6골을 득점하며 골든볼(대회 MVP)과 골든부트(득점왕)를 모두 석권했다. 한편, 일본은 2018년 이후 6년 만의 우승에 도전했으나, 2022년 스페인과의 경기에 이어 준우승에 그쳤다.

> **FIFA U-20 여자 월드컵(FIFA U-20 Women's World Cup)** 2002년부터 2년 주기로 열리고 있는 FIFA 주관 대회이다. 경기는 아프리카와 오세아니아를 제외하고 각 대륙별로 개최되는 20세 이하(또는 19세 이하) 여자부 국가 대항전이 지역예선을 겸한다. 출전국은 성인 남자 월드컵(32개국)과 달리 16개국이기 때문에, 4개조로 치러지는 조별리그를 통과하면 바로 8강에 진출하며 이후 8강부터는 토너먼트로 우승국을 가리게 된다. 우리나라는 2010년 열린 독일대회에서 3위를 기록한 바 있다.

오타니 쇼헤이, 50홈런-50도루 달성
MLB 148년 역사상 첫 대기록

오타니 쇼헤이(30·LA 다저스)가 9월 19일 미국 플로리다주 마이애미 론디포 파크에서 열린 「2024 미국프로야구 메이저리그(MLB)」 마이애미 말린스와의 방문 경기에서 「50홈런-50도루」를 달성했다. 오타니는 이날 경기에서 1번 지명타자로 선발 출전해 홈런 3개와 도루 2개를 포함한 6타수 6안타 10타점 4득점을 획득하며 이번 시즌 51홈런-51도루 고지를 밟았다. 이처럼 MLB에서 한 경기 3홈런·2도루를 달성한 것은 물론, 단일 시즌 50-50 기록이 나온 것은 148년 역사상 처음이다. 여기다 오타니는 앞서 올 시즌 126경기(팀 129경기) 만에 40-40을 이룬 선수라는 기록을 얻기도 했는데, 이는 MLB 역대 6번째이자 최소 경기 기록이었다.

💡 MLB 최초로 한 시즌 50홈런-50도루 기록을 작성한 오타니의 50번째 홈런볼이 9월 27일 50만 달러(약 6억 7000만 원)로 경매에 부쳐졌다. 이 공을 잡은 것으로 알려진 크리스 벨란스키는 LA다저스가 공을 돌려받기 위해 제시한 30만 달러(약 4억 원)를 거절하고 경매에 부친 것으로 알려졌다. 다만 이 공의 소유권을 두고 관중 사이에 분쟁이 일고 있어 수익자가 누가 되느냐를 놓고 논쟁은 더 뜨거워질 전망이다. 한편, 역대 가장 비싸게 낙찰된 야구공은 1998년 마크 맥과이어의 시즌 70호 홈런볼로, 당시 스폰(Spawn) 시리즈로 유명했던 만화가 토드 맥팔레인이 300만 5000달러(약 40억 원)에 구매한 바 있다.

기아, 7년 만에 정규시즌 우승
한국시리즈 직행

프로야구 KIA 타이거즈가 9월 18일 정규시즌 우승을 차지하면서 2017년 이후 7년 만에 한국시리즈에 직행했다. 기아는 SSG와의 이번 시즌 마지막 경기에서 0-2로 패했지만 2위 삼성도 두산에 패하면서 남은 시즌 경기 결과와 관계없이 정규리그 1위를 확정지었다. 기아가 정규시즌에서 우승한 것은 단일리그를 기준으로 전신인 해태 시절을 포함해 1991년, 1993년, 1996~1997년, 2009년, 2017년에 이어 이번이 7번째다. 무엇보다 기아는 한국시리즈에 11번 진출해 11번 모두 우승한 불패 신화와 최다 우승 기록을 보유하고 있다는 점에서 12번째 통합우승에 유리한 고지를 점하게 됐다는 평가다.

삼성, 플레이오프 승리-9년 만에 KS 진출 삼성 라이온즈가 10월 19일 서울 잠실구장에서 열린 LG와의 KBO 포스트시즌 플레이오프 4차전에서 1-0으로 승리하며, 시리즈 전적 3승 1패로 2015년 이후 9년 만에 한국시리즈(KS) 진출에 성공했다. 삼성은 앞서 대구에서 2연승을 거둔 뒤 10월 17일 잠실 3차전에서 0-1로 패했지만, 이날 4차전의 승리로 KS 진출에 성공했다. 이로써 삼성은 기아와 1993년 이후 31년 만에 한국시리즈에서 맞붙게 됐으며, 양팀의 한국시리즈 1차전은 10월 21일 광주에서 시작된다.

2024 프로야구 한국시리즈

구분	KIA	삼성
정규시즌 상대 전적	12승 4패	4승 12패
정규시즌 성적	87승 55패 2무	78승 64패 2무
정규시즌 순위	1위	2위
한국시리즈 우승	11회(해태 포함)	8회

한국시리즈 1차전, 서스펜디드 게임 선언 10월 21일 광주 기아 챔피언스필드에서 2024 KBO 한국시리즈 1차전이 열렸다. 그러나 이날 삼성이 1-0으로 앞선 6회초 무사 1·2루 공격 도중 폭우로 인해 경기가 중단됐으며, 결국 심판진은 「서스펜디드 게임(Suspended Game·일시정지 경기)」을 선언했다. 프로야구 출범 이후 포스트시즌 경기에서 서스펜디드 게임이 선언된 것은 처음 있는 일이다. 이에 중단된 경기는 10월 22일 오후 4시 삼성의 6회 초 공격 상황에서 재개될 예정이었으나, 22일 경기도 그라운드 사정으로 인해 취소됐다. 이에 1차전은 10월 23일 오후 4시 같은 장소에서 재개되며, 2차전은 1차전이 끝나고 1시간 뒤에 시작될 예정이다.

> **KBO 한국시리즈** 한국 프로야구 최종 우승팀을 결정하기 위해 치르는 경기로 1982년부터 시행됐다. KBO 한국시리즈는 포스트시즌의 마지막 단계로, 플레이오프의 승자(준플레이오프의 승자와 정규리그 2위 팀이 5전3선승제)와 정규리그 1위 팀이 7전 4선승제로 치른다.

미국, 프레지던츠컵 10연승 달성
역대 전적은 13승 1무 1패

미국이 9월 30일 캐나다 몬트리올 로열 몬트리올 골프클럽(파70)에서 열린 남자 프로골프 대항전인 「2024 프레지던츠컵」 최종일 싱글매치 플레이에서 세계연합팀을 제치고 6승 3무 3패로 우승했다. 이로써 최종 승점 18.5점을 쌓은 미국은 11.5점에 그친 세계연합팀을 상대로 10연승을 달성하며 역대 전적 13승 1무 1패로 압도적 우위를 이어가게 됐다. 1994년 처음 개최된 프레지던츠컵은 미국과 별도의 대항전인 라이더컵을 치르는 유럽을 제외한 세계연합팀이 미국과 격년제로 맞붙는 대회다. 이 대회에서 세계연합팀이 승리를 거뒀던 1998년 호주 대회와 무승부를 기록했던 2003년 남아프리카공화국 대회를 제외하고는 미국이 모두 우승했다.

> **프레지던츠컵(The Presidents Cup)** 미국과 유럽을 제외한 세계연합팀 간 남자 프로골프 대항전으로, 미국과 유럽의 골프 대항전인 「라이더컵(Ryder Cup)」과 함께 세계 2대 골프 대항전으로 꼽힌다. 미국 PGA 투어의 주도로 1994년 창설된 이후 라이더컵이 개최되지 않는 해에 2년마다 열리며, 「프레지던츠컵」이라는 명칭은 개최국의 대통령이나 총리가 대회의 명예의장을 맡는 전통을 갖고 있는 데서 붙여진 것이다. 출전 선수는 양팀에서 세계랭킹 상위 10명과 단장이 추천한 선수 2명을 포함해 총 12명으로 구성되는데, 경기당 1점, 2인 1조로 펼친 경기에서 비기면 0.5점을 부여하며, 전체 선수 점수 합계로 우열을 가린다.

리디아 고, AIG 여자오픈 우승
파리올림픽 금메달 2주 만에 메이저대회 정상

리디아 고(27·뉴질랜드)가 8월 26일 영국 스코틀랜드 파이프의 세인트앤드루스 올드코스(파72)에서 끝난 LPGA 투어 시즌 마지막 메이저대회인 AIG 여자오픈에서 최종 합계 7언더파 281타로 우승을 차지했다. 이에 리디아 고는 지난 1월 힐튼 그랜드 베케이션스 챔피언스 이후 7개월 만에 우승 트로피를 들어 올리며, LPGA 투어 통산 21승째를 거뒀다. 특히 메이저대회 우승은 2016년 ANA 인스피레이션 이후 8년 만이자 통산 세 번째다. 아울러 리디아 고는 8월 11일 폐막한 파리올림픽에서 금메달을 획득하며 「미국여자프로골프(LPGA) 명예의 전당」에 입성한 바 있어, 올림픽 폐막 2주 만에 메이저대회 우승까지 달성했다.

한편, 2008년과 2012년 이 대회 정상을 차지했던 신지애는 선두로 최종 라운드를 시작했지만 2타를 잃고 공동 2위를 기록했다.

> **AIG 여자오픈(AIG Women's Open)** 미국여자프로골프(LPGA) 투어 5대 메이저대회 중 하나로, 1976년에 유러피언레이디스투어(LET)로 처음 시작했다. 이후 1994년부터 미국 LPGA와 공동개최 대회로 성장한 뒤 2001년부터 메이저대회로 격상됐다. 특히 이 대회는 한국 선수들과도 인연이 깊은데 2001년 박세리, 2005년 장정, 2008·2012년 신지애, 2015년 박인비, 2017년 김인경 등 5명이 6회 우승을 차지하는 등 역대 우승자 중 한국 국적이 가장 많다.

얀니크 신네르·아리나 사발렌카,
US오픈 남녀 단식 우승

남자 테니스 세계랭킹 1위 얀니크 신네르(23·이탈리아)가 9월 9일 미국 뉴욕에서 열린 US오픈 테니스 남자 단식 결승에서 테일러 프리츠(27·미국)를 세트스코어 3-0으로 제압하며 우승했다. 이로써 신네르는 올해 1월 호주오픈에서 생애 첫 메이저 정상에 오른 데 이어 US오픈까지 석권하며 메이저 우승 횟수를 2회로 늘렸는데, 첫 메이저대회에서 한 시즌에 두 차례 우승을 달성한 것은 1977년 기예르모 빌라스(아르헨티나) 이후 47년 만이다.

한편, 여자 단식에서는 아리나 사발렌카(26·벨라루스)가 9월 8일 열린 결승에서 제시카 페굴라(30·미국)를 제치고 세트스코어 2-0으로 우승했다. 올해 호주오픈에서 우승한 사발렌카는 개인 통산 세 번째 메이저 타이틀을 거머쥔 것은 물론, 2016년 안젤리크 케르버(독일) 이후 8년 만에 호주오픈과 US오픈을 한 해에 석권한 선수가 됐다.

💡 이로써 이번 시즌 4대 테니스 메이저대회 남자 단식 우승은 2000년대 생인 얀니크 신네르와 카를로스 알카라스(21·스페인·3위)가 나눠 가지게 됐다. 신네르는 호주오픈과 US오픈, 알카라스는 프랑스오픈과 윔블던에서 정상에 올랐다.

> **US오픈**　세계 4대 테니스 대회(그랜드슬램) 중 하나로, 매년 9월 미국 뉴욕에서 개최되고 있다. 남녀의 상금을 똑같은 액수로 정한 최초의 대회로, 1973년 대회부터 남녀 상금 차별을 철폐했다. 또 1970년 타이브레이크 방식을 최초로 도입한 대회이기도 한데, 현재 4대 그랜드슬램 대회 중 유일하게 마지막 세트에 타이브레이크를 적용하고 있다. 타이브레이크는 테니스경기에서 계속된 게임 듀스로 경기가 오래 지속되는 것을 방지하기 위한 제도로, 게임이 듀스일 경우 12포인트 중 7포인트를 먼저 획득한 사람이 승리하는 경기 방식이다.

US오픈 탈락 조코비치, 22년 만에 빅3 메이저 무관　노바크 조코비치(세계랭킹 2위·세르비아)가 8월 31일 열린 US오픈 3회전에서 알렉세이 포피린(28위·호주)에게 세트스코어 1-3으로 패하며 탈락했다. 이로써 지난해 US오픈, 호주오픈, 프랑스오픈에서 모두 정상에 오르며 역대 메이저 최다 우승(24회)을 기록했던 조코비치는 2017년 이후 7년 만에 메이저대회 무관으로 시즌을 마무리했다. 여기다 조코비치가 조기 탈락하면서 2000년대 테니스를 이끌었던 「빅3(조코비치·페더러·나달)」가 2002년 이후 22년 만에 메이저대회 무관에 그치게 됐다. 메이저 통산 20승을 했던 로저 페더러(스위스)는 2022년 은퇴했으며, 메이저 22승인 라파엘 나달(스페인)은 부상으로 이번 대회에 불참했다.

제17회 파리 패럴림픽 폐막
한국은 종합순위 22위로 대회 마무리

8월 29일 개막한 제17회 파리 패럴림픽이 9월 9일 열린 폐회식을 끝으로 12일간의 열전을 마무리했다. 이번 대회에는 22개 종목·549개의 금메달을 놓고 184개국 4400여 명의 선수들이 치열한 경쟁을 펼쳤다. 우리나라에서는 17개 종목에 선수 83명(남자 46명, 여자 37명)을 포함한 177명의 선수단을 파견했으며,「금 6개·은 10개·동 14개」로 종합순위 22위를 기록했다. 한국은 이번 대회 금메달 5개를 목표로 했으나, 사격(금 3개)과 탁구(금 2개), 보치아(금 1개)에서 성과를 거두며 목표를 초과 달성했다. 우리나라가 금메달 6개 이상을 획득한 것은 2016 리우데자네이루 대회 이후 8년 만이다. 한편, 이번 대회 종합 1위는 중국(금 94·은 76·동 50)이 차지했으며, 영국(금 49·은 44·동 31)이 2위, 미국(금 36·은 42·동 27)이 3위에 올랐다.

> **패럴림픽(Paralympics)**　패럴림픽은 원래 하반신 마비를 뜻하는 패러플레지아(Paraplegia)의 「파라(Para)」와 「올림픽(Olympics)」을 합친 말인데, 1989년 국제패럴림픽위원회가 설립된 이후에는 올림픽과 함께 「평행(Parallel)하게」라는 의미로 쓰이고 있다. 특히 1988년 서울 올림픽 때 사상 처음으로 올림픽과 동일한 장소에서 개최됐으며, 2008년 베이징 올림픽부터는 패럴림픽이 항상 올림픽 직후 개최될 뿐만 아니라 동일한 경기장과 시설 및 선수촌을 활용하고 있다. 한편, 파리 패럴림픽은 비장애인 올림픽과 똑같은 엠블럼을 채택하는 최초 기록을 남겼는데, 엠블럼의 불꽃은 공존·공유의 에너지를 상징한다. 다만 비장애인 올림픽 엠블럼 밑에는 오륜기가 들어간 데 비해 패럴림픽 때는 아지토스(라틴어로 「나는 움직인다」는 뜻)가 자리 잡고 있다. 또 파리 패럴림픽 마스코트는 파리 올림픽 때와 같은 「프리주(Phryge)」인데, 다만 오른발에 의족을 착용한 것이 특징이다.
>
> **파리 패럴림픽 종목(22개)**　골볼, 보치아, 시각장애인 축구, 장애인 배드민턴, 장애인 사격, 장애인 사이클, 장애인 수영, 장애인 승마, 장애인 양궁, 장애인 역도, 장애인 유도, 장애인 육상, 장애인 조정, 장애인 카누, 장애인 탁구, 장애인 태권도, 좌식 배구, 파라 트라이애슬론, 휠체어 농구, 휠체어 럭비, 휠체어 테니스, 휠체어 펜싱

한국, 패럴림픽 「보치아」 10회 연속 금메달　보치아 간판 정호원(38·강원특별자치도장애인체육회)이 9월 3일 치러진 보치아 남자 개인전 BC3(사지마비) 등급 결승전에서 4엔드 합산 점수 5-2로 대니얼 미셸(29·호주)을 꺾고 정상에 올랐다. 정호원의 우승으로 한국은 1988년 서울대회 때부터 이번 대회

까지 보치아 종목에서 10회 연속 금자탑을 쌓는 데 성공했다. 뇌성마비 장애인이 참가하는 보치아는 빨강과 파랑 두 색깔의 공을 6개씩 나눈 뒤 하얀 표적 공에 가장 가까이 던진 공에 1점을 더하는 방식으로 진행되는 경기로, 골볼과 함께 패럴림픽에서만 볼 수 있는 종목이다.

인천 대건고,
전국고등축구리그 왕중왕전 첫 우승

프로축구 K리그1 인천유나이티드 18세(U-18) 팀인 인천 대건고가 8월 27일 경북 안동 안동대 운동장에서 열린 「2024 전국고등축구리그 왕중왕전(겸 제79회 전국고교축구선수권대회)」 결승전에서 평택진위FC U-18을 1-0으로 물리치고 정상에 올랐다. 이로써 대건고는 첫 왕중왕전 우승을 차지했는데, 이전까지는 2015년과 2018년 대회에서 거둔 준우승이 최고 성적이었다. 대회 최우수선수 상은 결승골 도움을 기록한 대건고 주장 황지성이 차지했으며, 대건고의 이재환은 8골을 기록하며 득점상을, 결승골의 주인공 김정연은 베스트 영플레이어상을 수상했다.

한편, 전국고등축구리그 왕중왕전은 K리그 유스팀과 고교, 클럽을 총망라해 각 권역 리그에서 우수한 성적을 거둔 64개 팀이 참가해 고등축구 최강을 가리는 대회다. 제79회 전국고교축구선수권대회를 겸한 이번 대회는 8월 12일부터 이날까지 안동에서 열렸는데, 4팀씩 16개 조로 나뉘어 조별리그를 진행한 뒤 각 조 1·2위(총 32팀)가 단판 승부(토너먼트)로 우승팀을 가리는 방식으로 치러졌다.

김민재, 「2024 추석 장사씨름대회」
개인 통산 12번째 백두장사

김민재(22·영암군민속씨름단)가 9월 18일 경남 고성국민체육센터에서 열린 「2024 추석 장사씨름대회」 백두급(140kg 이하) 결정전에서 서남근(29·수원특례시청)을 3-0으로 제압하며 정상에 올랐다. 이날 결정전에서 김민재는 서남근을 상대로 ▷첫 번째 판 왼덧걸이 ▷두 번째 판 들배치기 ▷세 번째 판 왼덧걸이로 득점에 성공하며 단 한 판도 내주지 않고 완승을 거뒀다. 이로써 김민재는 이번 시즌 지난 4월 문경 대회를 시작으로 6~8월 단오·보은·삼척에 이어 이번 대회까지 제패하며 5관왕에 오른 것은 물론, 개인 통산 13번째 장사 타이틀(백두장사 12회·천하장사 1회)을 차지하게 됐다.

김민재는 누구? 2002년생인 김민재는 울산대 2학년에 재학 중이던 2022년 6월 민속씨름 데뷔전인 단오장사대회에서 백두장사에 올랐다. 그리고 그해 11월 천하장사 씨름대축제에서 천하장사까지 거머쥐며, 1985년 이만기(당시 경남대 4학년) 이후 37년 만에 나온 대학생 천하장사로 크게 화제가 됐다. 이후 영암군민속씨름단에 합류한 지난 시즌에는 9개 대회에 참가해 6개 대회에서 우승했고, 이번 시즌에도 문경장사대회를 시작으로 5개 대회를 석권했다.

씨름 체급 명칭의 유래 한국씨름연맹이 사용하는 「백두」, 「한라」, 「금강」, 「태백」이라는 체급 명칭은 한국씨름연맹이 프로씨름대회의 출범을 앞둔 1983년 3월 19일부터 31일까지 신문과 방송 광고를 통해 전 국민을 대상으로 체급 명칭을 공모한 데 따른 것이다. 당시 전국 각지에서 응모한 응모작 중에 강남구 삼성동에 거주하는 오제하 씨가 응모한 ▷백두장사 ▷한라장사 ▷금강장사 ▷태백장사 라는 명칭이 당선작(당선상금 100만 원)으로 선정되면서 해당 명칭 사용이 시작됐다.

체픈게티, 시카고 마라톤 「2시간 9분 56초」 기록
여자 마라톤 세계 신기록 경신

루스 체픈게티(30·케냐)가 10월 13일 미국 일리노이주 시카고에서 열린 「2024 시카고 마라톤」 42.195km 여자부 경기에서 2시간 9분 56초로 완주하며 세계 최고 기록으로 우승을 차지했다. 체픈게티는 지난해 9월 베를린 마라톤에서 티지스트 아세파(에티오피아)가 기록한 종전 세계 기록(2시간 11분 53초)을 13개월 만에 무려 1분 57초를 앞당겼다. 특히 체픈게티의 이번 기록은 여자 마라톤에서 마의 벽으로 여겨졌던 2분 10초를 넘어선 기록으로, 이번 대회 남자부에서도 체픈게티보다 빠르게 완주한 선수는 단 9명뿐이었다.
한편, 올해 시카고 마라톤에서는 케냐가 남녀부 우승을 모두 차지했는데, 케냐의 존 코리르(28)가 2시간 2분 44초의 기록으로 남자부 1위에 올랐다.

북한, 2028년 아시아탁구선수권대회 유치
49년 만에 메이저대회 개최

대한탁구협회에 따르면 10월 12일 개최된 아시아탁구연합(ATTU) 총회에서 북한 평양이 2026 아시아주니어선수권대회와 2028 아시아선수권대회 개최지로 결정됐다고 밝혔다. 앞서 북한은 대회 유치를 위해 ATTU에 희망의사를 전달하고, AATU가 만장일치로 개최를 승인한 것으로 전해졌다. 북한이 탁구 메이저대회를 개최하는 것은 1976년(아시아선수권)과 1979년(세계선수권) 이후 세 번째이자 49년 만이다. 만약 2028년 아시아선수권대회가 북한에서 예정대로 개최되고 이 대회에 우리나라 탁구대표팀이 참가한다면 한반도에서 열리는 탁구 메이저대회에 남북 선수들이 모두 참가하는 첫 사례가 된다. 1976년 평양 아시아선수권 당시에 우리나라는 ATTU 회원국이 아니어서 대회에 참가할 수 없었고, 1979년 평양 세계선수권 때는 불참한 바 있다.

과학시사

〰️

신한울 원전 3·4호기 건설 허가
3호기는 2032년, 4호기는 2033년 준공 목표

원자력안전위원회(원안위)가 9월 12일 「신한울 원자력발전소 3·4호기 건설 허가안」을 의결했다. 신한울 3·4호기 사업은 문재인 정부에서 추진된 「에너지 전환 로드맵」에 따라 2017년 10월 백지화됐다가 이후 윤석열 정부 들어 재추진돼 2022년 건설사업 재개가 결정된 바 있다. 이번 원안위 의결은 한국수력원자력(한수원)이 2016년 건설 허가를 신청한 지 8년 만으로, 이에 따라 2016년 6월 새울 3·4호기(당시 신고리 5·6호기) 건설 허가 이후 8년 3개월 만에 새 원전이 지어질 전망이다.

신한울 3·4호기 주요 내용 경북 울진에 건설되는 신한울 3·4호기는 전기 출력 1400MW(메가와트) 용량의 가압경수로형 원전(APR1400)으로 현재 운영 중인 새울 1·2호기, 신한울 1·2호기와 기본 설계가 동일한 원전이다. 이는 2032~2033년까지 약 11조 7000억 원의 공사비가 투입돼 건설되는데, 신한울 3호기는 2032년, 신한울 4호기는 2033년 준공 완료 예정이다. 이날 건설 허가에 따라 신한울 원전 3·4호기 사업자인 한수원은 9월 13일부터 본격적인 공사에 돌입했다.

신한울 원자력발전소 3·4호기 개요

위치	경북 울진군 북면 덕천리·고목리
발전 용량 및 원자로 모델	각각 1400MW급 신형 가압경수로 (APR1400)
설계 수명	60년
참여 기관	한국전력기술(종합 설계), 두산에너빌리티(주 기기 공급), 현대건설·두산에너빌리티·포스코이앤씨(시공) 등
준공 예정	2032년(3호기), 2033년(4호기)
사업비	11조 6804억 원

한편, 현재 국내에서 운영 중인 원전은 총 26기로, 건설 중인 새울 3·4호기와 신한울 3·4호기가 가동을 시작하면 총 30기의 원전이 전력을 생산하게 된다. 여기에 정부가 지난 5월 말 2038년까지 최대 3기의 원전을 추가로 건설하겠다는 계획을 발표한 바 있어, 이른바 「탈(脫)원전」 국면으로 접어들었다는 분석이 나온다.

美 웨스팅하우스,
「한수원 신규 원전사업자 선정」 체코에 진정 제기

미국 원자력기업 웨스팅하우스가 8월 26일 체코전력공사(CEZ)가 한국수력원자력(한수원)을 신규 원전사업(원전 2기 건설)의 우선협상대상자로 선정한 것을 두고 기술 이전에 문제가 있을 수 있어 부당하다며 체코 반독점규제기관에 진정을 제기했다.

웨스팅하우스의 진정 제기, 왜? 체코 신규 원전사업은 체코의 두코바니와 테켈린 지역에 1.2GW(기가와트) 이하의 원전 총 4기를 짓는 프로젝트로, 한수원은 지난 7월 17일 두코바니 5·6호기 건설 우선협상대상자로 선정됐다. 당시 웨스팅하우스는 체코 원전 건설사업 수주를 위해 한수원 및 프랑스전력공사(EDF)와 3파전을 벌였지만 가장 먼저 탈락한 바 있다. 웨스팅하우스는 한수원의 원자로 기술인 「APR100」과 「APR1400」이 자사의 원천 기술인 「시스템80+」를 활용한 것이므로, 해당 기술로 원전을 짓기 위해서는 자사의 허가를 받아야 한다고 주장하고 있다.

앞서 웨스팅하우스는 2022년 10월 한국이 체코 등에 수출하려는 원전 기술이 자사 기술이라 미국 수출통제 규정을 적용받는다고 주장하며 소송을 제기

웨스팅하우스와 국내 원전업계의 관계

1969년	웨스팅하우스, 국내 최초 원전 「고리 1호기」 건설사로 선정
1997년	웨스팅하우스와 한국전력공사 간 기술사용협정 체결
2016년	웨스팅하우스, 한국수력원자력과 상호기술협력(BTC) MOU 체결
2022년	웨스팅하우스, 미국 연방법원에 한수원 상대 원전 수출 허가 소송 제기
2023년	웨스팅하우스, 미국 연방법원의 각하 판결(9월)에 항소 (10월)
2022년	체코 정부의 두코바니 5호기 건설사업 입찰에 웨스팅하우스와 한수원 참가
2024년 1월	체코 신규 원전사업에서 웨스팅하우스 제외
7월	체코 신규 원전사업 우선협상대상자로 한수원 선정
8월	웨스팅하우스, 체코 반독점 규제기관에 진정 제기

한 바 있다. 미 연방법원은 지난해 9월 소송 주체가 부적절하다며 각하했으나 웨스팅하우스가 불복해 항소심이 진행 중이다. 이에 한수원은 APR1400 등이 웨스팅하우스의 기술을 참고한 것은 맞지만, 원전 핵심 설비와 설계기술 등은 국산 독자기술을 활용한 것이므로 수출 통제 대상이 아니라는 입장이다.

💡 웨스팅하우스는 국내 최초 원전인 「고리 1호기」의 건설사로, 각종 원전기술을 국내 원전업계에 전수해 왔다. 여기에 1978년 원자력 관련 물품 및 기술의 수출을 통제하기 위해 결성된 「원자력공급국그룹(NSG) 지침」에 따르면, 우리나라가 원전 기술을 해외에 수출하기 위해서는 원천기술을 이전해준 웨스팅하우스가 미국 정부에 허가 신고를 해야 한다. 그러나 웨스팅하우스가 이번 체코 신규 원전 건설과 관련한 신고를 미루고 있어, 내년 3월 체코 정부와 최종 계약을 맺고 2036년까지 원전 건설을 마치겠다는 한수원의 계획에 차질이 빚어지게 됐다.

「폴라리스 던」 프로젝트로
사상 첫 민간인 우주유영 성공

민간인 우주비행 프로젝트 「폴라리스 던(Polaris Dawn)」에 참가한 민간인 우주비행사 4명이 9월 12일 7시 50분경 고도 700km에서 우주 유영을 하는 데 성공했다. 이들은 앞서 지난 9월 10일 미국 우주기업 스페이스X의 유인 우주선 「크루 드래건」을 타고 우주로 출발, 지구 저궤도에서 총 36가지 과학 실험을 성공적으로 수행한 뒤 9월 15일 지구로 귀환했다. 이처럼 전문 우주비행사가 아닌 민간인이 우주를 유영한 것은 이번이 처음으로, 민간 우주관광 시대가 본격적으로 막을 올렸다는 평가가 나오고 있다.

「폴라리스 던」, 어떻게 진행됐나 폴라리스 던은 미국 전자결제업체 「시프트4페이먼트」의 최고경영자(CEO) 재러드 아이잭먼(41)이 이끄는 민간 우주비행 프로젝트로, 아이잭먼 외에도 스콧 키드 포티·세라 길리스·애나 메논 등 4명의 민간인이 참여했다. 이들은 9월 10일 미국 우주기업 스페이스X의 유인 우주선 「크루 드래건」을 타고 우주로 출발, 11일까지 지구를 타원 궤도로 돌며 최대 1400km 고도까지 도달하는 데 성공했다. 이는 국제우주정거장(ISS)보다 3배 이상 높은 고도로, 1972년 미국항공우주국(NASA)의 「아폴로 17호」 우주선 이후 인류가 도달한 가장 높은 고도이기도 하다. 그리

고 9월 12일 아이잭먼과 길리스는 고도 약 730km 지점에서 약 10분씩 우주 유영을 하는 데 성공하면서, 아이잭먼은 264번째, 길리스는 265번째 우주유영 인류로 기록됐다. 특히 이들은 NASA 등 정부 기관에 소속된 전문 우주비행사가 아닌 민간인의 첫 우주 유영이라는 역사적 기록을 남겼다.

스타십 5번째 지구궤도 비행 성공,
「젓가락 팔」 회수 기술 첫선

일론 머스크가 이끄는 미국 민간우주기업 스페이스X가 10월 13일 오전 7시 25분(현지시간) 미국 텍사스주 스타베이스 발사장에서 자사가 개발한 대형 우주선 「스타십」의 5번째 지구궤도 시험비행을 성공적으로 마쳤다. 특히 이번 시험비행에서는 지구로 재진입한 스타십의 1단 「슈퍼헤비」를 발사대의 로봇팔이 공중에서 잡아 회수하는, 이른바 「젓가락 기술」이 처음으로 성공하면서 향후 우주개발에 있어 큰 이정표를 세웠다는 평가가 나오고 있다.

> **스타십(Starship)** 스페이스X가 달과 화성에 사람과 화물을 보낸다는 목표로 개발한 대형 우주선으로, 최종 목표는 「화성 개척」이다. 스타십은 전체 길이가 총 120m에 이르고, 추력은 7590t이다. 이는 인류 역사상 가장 크고 강력한 로켓으로 평가받는데, 「슈퍼헤비(Super Heavy)」로 불리는 1단 로켓 추진체와 2단부 로켓인 「스타십 우주선」으로 구성돼 있다. 특히 스타십은 발사 후 착륙 지점으로 되돌아올 수 있는 능력을 지녔으며, 우주선 내부에 150t까지 화물을 적재할 수 있다. 또 80~120명의 인원이 탑승할 수 있는 것은 물론 식량과 화물 적재도 가능하다.

스타십 발사 주요 내용 스타십은 1단 로켓인 「슈퍼헤비」와 2단 로켓인 「스타십 우주선」으로 이뤄져 있는데, 지금까지 진행된 시험비행에서는 슈퍼헤비를 재사용하기 위해 바다 위 바지선으로 착륙을 유도하는 기술을 사용해 왔다. 그런데 이번 5차 시험비행에서는 슈퍼헤비를 바다 위 바지선이 아니라 발사장 내 발사대로 유도했다. 스페이스X는 공중에서 내려오는 슈퍼헤비를 잡기 위해 「젓가락 팔」로 불리는 신종 장비를 발사대에서 가동했으며, 발사 7분 만에 계획대로 슈퍼헤비를 포획하는 데 성공했다. 이에 스페이스X는 그동안 목표한 슈퍼헤비 로켓 재활용을 실현할 수 있게 되는 성과를 얻었다. 그리고 이날 슈퍼헤비와 분리돼 우주로 향한 2단 로켓인 스타십 우주선도 약 75분간으로 예정됐던 비행을 정상적으로 마친 뒤 별 파손 없이 인도양 해역의 목표 지점에 성공적으로 입수(스플래시 다운)했다.
한편, 스페이스X는 지난해 4월과 11월, 올해 3월과 6월 등 네 차례에 걸쳐 스타십의 지구궤도 시험비행을 시도했으나 모두 완전히 성공하지는 못했다. 가장 최근인 6월에 있었던 4차 비행에서는 예정된 비행에는 성공했지만, 대기권으로 재진입하는 과정에서 기체가 상당한 정도로 파손된 바 있다. 그러나 이번에 행해진 5차 시험비행은 주요 목표를 달성하며 현재까지 가장 성공한 스타십 비행이라는 기록을 남기게 됐다.

인스타그램, 청소년 보호 기능 도입
18세 미만 이용자 계정 「비공개」로 일괄 전환

인스타그램의 모회사 메타가 9월 17일 「청소년 이용자를 위한 안전 사용 강화 방안」을 발표했다. 이에 따르면 인스타그램을 사용하는 18세 미만 청소년 이용자들의 계정은 모두 「10대 계정(Teen

Accounts)」으로 분류, 일괄 「비공개」로 전환돼 팔로어가 아닌 사람과는 상호작용할 수 없게 된다. 또한 메타는 부모의 관리·감독 기능도 대폭 강화시켜, 부모가 자녀의 일일 인스타그램 사용 시간을 제한하고 자녀가 메시지를 보낸 상대를 확인할 수 있도록 했다.

이와 같은 메타의 정책 도입은 소셜미디어가 청소년들의 정신건강에 해롭다는 지적에 대응하기 위한 것으로, 이후 메타가 운영하는 페이스북에도 유사한 정책이 도입될 전망이다. 무엇보다 최근 각국 정부가 소셜미디어를 대상으로 잇따라 강력한 규제 정책을 도입하고 있는 가운데, 메타의 이번 시도 가 유튜브와 틱톡 등 다른 글로벌 플랫폼에도 영향을 줄지 이목이 집중되고 있다.

💡 최근 청소년들의 디지털 중독 비율이 높아지고 소셜미디어를 통한 유해 콘텐츠 확산이 늘어나자, 세계 각국에서는 이를 규제하기 위한 움직임이 일어나고 있다. 지난해 10월 미국 캘리포니아주를 비롯한 41개 주는 메타의 페이스북과 인스타그램이 청소년의 정신건강에 피해를 주고 있다며 소송을 냈고, 유럽연합(EU)은 지난 5월 페이스북과 인스타그램의 미성년자 중독 유발 관련 조사에 착수한 바 있다.

인스타그램 방안 주요 내용 인스타그램이 청소년 이용자의 계정을 비공개로 전환한 것은 범죄자나 불특정 다수가 청소년 이용자의 사진을 무단 도용하거나, 성 착취 등의 목적으로 접근하는 것을 막기 위해서다. 다만 일괄 비공개로 전환된 10대 계정 중 16~17세 청소년은 언제든지 계정을 공개로 바꿀 수 있으며, 16시 미만 청소년의 경우 부모의 허락을 받으면 공개로 전환이 가능하다. 메타는 또한 선정적·폭력적 내용 등을 담은 민감한 콘텐츠가 10대 계정의 알고리즘에 제시되는 것도 제한했다. 여기에 청소년 이용자가 60분 이상 접속하면 애플리케이션(앱)을 종료하라는 알림을 보내고, 오후 10시부터 다음 날 오전 7시까지는 알림이 꺼지고 메시지에 자동응답을 보내는 「수면모드」를 활성화시키기로 했다. 아울러 청소년 이용자와 부모의 인스타그램 계정을 연결할 경우 부모가 특정 시간대에 자녀의 앱 접근을 금지할 수 있는 기능도 추가됐다.

한편, 메타는 이와 같은 정책을 미국·영국·캐나다·호주에서 우선 적용한 후 올해 말 유럽연합(EU)을 거쳐 내년 1월부터 한국을 포함한 모든 국가에 도입하겠다고 밝혔다. 또한 청소년이 나이를 속이는 것을 방지하기 위해 연령을 분석하는 인공지능(AI)도 적용하겠다는 입장이다.

오픈AI, 추론 특화 AI 모델
「오픈AI o1」 공개

챗GPT 개발사인 오픈AI가 9월 12일 추론 특화 인공지능(AI) 모델인 「오픈AI o1」을 출시했다. 추론 능력에 초점을 두고 개발된 이 모델은 기존 모델보다 답변 생성 시간이 더 오래 걸리는 대신, 단계적인 사고 과정을 통해 스스로 문제를 판단하고 해결하는 능력을 갖춘 것이 특징이다. 오픈AI에 따르면 o1은 국제수학올림피아드 예선 시험에서 12% 정답률을 기록한 GPT-4o보다 훨씬 높은 83%의 정답률을 기록했다. 여기에 국제 코딩대회에서도 상위 11% 안에 들었으며, 물리학·화학 등 과학 분야에서도 박사과정 학생과 비슷한 수준을 보였다. 오픈AI는 o1을 기반으로 인간 수준의 AI인 범용인공지능(AGI) 개발에 다가서겠다는 계획이다.

한편, o1은 기본 모델인 「o1-프리뷰」와 소형 모델인 「o1-미니」

> **범용인공지능(AGI·Artificial General Intelligence)** 인간과 유사한 모든 인지작업을 수행할 수 있는 인공지능(AI)으로, 사람이 설정한 조건에 제한된 업무를 수행하는 것이 아닌 스스로 문제점을 파악하고 해결책을 찾는다는 특징이 있다. 「강한 AI」 또는 「완전 AI」라고도 불리나, 아직 실현되지 않은 기술이므로 구체적인 정의는 정립되지 않았다.

두 가지 종류로 출시됐는데, o1-미니의 경우 텍스트로 답을 제공하며 이미지와 영상을 제공하지는 않는다. 그러나 o1-프리뷰에 비해 저렴한 가격으로 빠른 추론을 할 수 있는 것으로 알려졌다. 이 두 모델은 챗GPT 플러스와 챗 팀즈 서비스 가입자 등 오픈AI 유료 고객들을 대상으로 이날부터 제공이 시작됐다.

10년 만에 완성된 초파리 뇌 지도
국제 공동 연구진, 《네이처》에 게재

미국 프린스턴대·영국 케임브리지대 등으로 구성된 국제 공동 연구진이 10월 3일 국제 학술지 《네이처》에 게재한 논문에서 14만 개의 뉴런(신경세포)과 5000만 개 이상의 시냅스(연결부)로 구성된 초파리 신경 구조 전체를 담은 뇌 지도(커넥톰)를 완성했다고 밝혔다. 성체 동물의 뇌 커넥톰이 완성된 것은 1982년 302개의 뉴런으로 이뤄진 예쁜꼬마선충(C. elegans) 이후 처음이다.

초파리는 뇌를 구성하는 신경세포의 수가 800억 개 이상의 신경세포를 가진 인간의 뇌보다 약 100만 배 적지만, 뇌 기능을 활용한 정교한 활동을 수행하며 학습과 생체리듬 유전자 등 인간 유전자의 약 70%를 공유한다. 특히 인간의 질병과 관련된 유전자 중 75%가 초파리에게서도 발견돼 다운증후군과 같은 유전병을 비롯해 각종 암을 유발하는 유전자들도 초파리에게서 나타난다. 이에 과학자들은 초파리 뇌 연구가 사람 뇌에 대한 통찰을 제공할 것으로 기대해 왔으며, 현재까지 초파리 연구로 노벨상을 탄 사례가 총 6회에 달할 정도로 초파리 연구 성과는 인체의 비밀을 밝히는 데 큰 영향을 끼쳐왔다.

「국가전략기술 육성 기본계획」 공개
12대 기술에 5년간 30조 원 투자

국가과학기술자문회의가 8월 26일 제10회 국가과학기술자문회의 심의회의를 열고 「제1차 국가전략기술 육성 기본계획」을 심의·의결했다. 해당 계획은 지난 2022년 10월 국가과학기술자문회의 전원회의에서 발표된 「12대 국가전략기술 육성방안」의 사업 내용과 예산을 구체화한 것으로, 당시 반도체·디스플레이와 인공지능(AI)을 비롯한 12개 기술이 「12대 국가전략기술」로 선정된 바 있다. 기본계획은 12대 국가기술에 5년간 30조 원 이상을 투입, 올해부터 2028년까지 추진된다. 이를 통해 국가전략기술 분야에서 신규 유니콘 기업(기업 가치가 1조 원 이상인 스타트업) 15개를 배출하고 세계 선도급 기술을 6개 확보하겠다는 내용이 담겼다.

> **12대 국가전략기술** 반도체·디스플레이, 이차전지, 차세대 통신, 인공지능(AI), 첨단 바이오, 차세대 원자력, 첨단 모빌리티, 첨단로봇·제조, 사이버 보안, 양자, 우주항공·해양, 수소

「제1차 국가전략기술 육성 기본계획」 주요 내용 기본계획의 목표는 새로운 산업군을 발굴해 과학기술 주권을 확보하는 것으로, 특히 12대 국가전략기술 중 ▷AI·반도체 ▷첨단 바이오 ▷양자산업을 「3대 게임체인저(시장의 흐름을 뒤바꿀 혁신적 기술 또는 제품)」로 선정해 예산을 집중 지원하기로 했다. 또한 각 분야별로 대표 프로젝트를 선정해 본격 추진하고, 첨단 로봇·제조 등 핵심 R&D(연구개발)가 미비한 분야에 대해서는 신규사업을 추가로 발굴하기로 했다. 여기에 산·학·연·관 협력체계를 마련, 12대 국가전략기술 관련 특화 연구소와 교육기관 등 혁신 거점 100곳을 선정해 10년간

연 50억 원 규모의 지원에 나선다. 또 그동안 경제성 검증이 어려워 투자가 유보됐던 양자 분야의 예비타당성조사를 면제해 2025년부터 본격 추진한다는 방침이다.

12대 국가전략기술 주요 지원 내용(대표 프로젝트)

3대 게임 체인저 분야	AI·반도체	• 반도체 첨단 패키징: 2744억 원 • AI 반도체 활용 K클라우드: 4031억 원
	첨단 바이오	바이오 파운드리: 1263억 원
	양자	양자 플래그십 프로젝트: 추후 발표 예정
추격·경쟁 분야	이차전지	차세대 이차전지: 1173억 원
	모빌리티	K-UAM(한국형 도심항공교통) 안전 운용 체계: 1007억 원
	디스플레이	무기 발광 디스플레이: 4840억 원
	차세대 원자력	혁신형 SMR(소형모듈원자로) 핵심 기술: 3992억 원
	차세대 통신	6G 네트워크 산업 기술: 4407억 원
	우주항공·해양	달 탐사 2단계: 5303억 원
미래도전 분야	사이버 보안	추가 발굴 예정
	수소	
	첨단 로봇·제조	

과기부, 「대한민국 스펙트럼 플랜」 발표
주파수 전 산업에 전면 개방

과학기술정보통신부가 9월 1일 정부의 중장기 주파수 공급·활용 전략을 담은 「대한민국 스펙트럼 플랜」을 발표했다. 이는 2019년 수립된 「5G+ 스펙트럼 플랜」 이후 5년 만에 발표된 주파수 계획으로, 올해부터 2027년까지 적용될 방침이다. 특히 이번 계획은 한정 자원인 주파수를 통신사뿐 아니라 전 산업으로 확대 공급해 산업·공공 분야의 디지털 혁신을 가속하겠다는 목표를 담았다. 정부는 향후 관계 부처 및 전문가 의견을 수렴하고, 세계전파통신회의(WRC) 결과 등을 반영해 4년마다 계획을 수정한다는 방침이다.

> **세계전파통신회의(WRC·World Radiocommunication Conference)** 국제연합(UN) 산하 ITU-R(국제전기통신연합 전파통신 부문)의 최고 의사결정기구이다. 1992년 처음 조직돼 3~4년 간격으로 개최되고 있다. 이는 한정 자원인 전파를 세계 각 나라에 지리적·대역별로 적정하게 분배하며, 국제 공통의 주파수대와 기술기준 등 전파 사용에 대한 주요 현안을 논의한다. 특히 WRC의 결정은 국제법적 효력을 가져, 각국의 전파통신·방송 정책과 관련 산업에 직접적인 영향을 미치는 것으로 알려져 있다.

「대한민국 스펙트럼 플랜」 주요 내용 정부는 기존에 이동통신사에만 공급되던 주파수를 모든 산업군에 개방하기로 했다. 기존에 기업들이 자체 네트워크를 구축하기 위해서는 한정된 지역과 주파수(4.7GHz·28GHz)만 사용 가능했으나, 700~800MHz·1.8GHz 등 다양한 대역의 주파수를 할당하겠다는 계획이다. 또한 도심항공교통(UAM)과 자율주행차, 무인운항선박, 위성통신 등 신(新)산업에도 주파수를 확대 공급하겠다고 밝혔다. 아울러 오는 2026년 이용 기간이 만료되는 3세대(3G)·4G(LTE) 서비스용 주파수에 대해서는 내년 6월까지 재할당 세부 방안을 수립하기로 했다. 이와 관련해 정부는 이용자 수가 60만 명대로 떨어진 3G 주파수의 경우 2026년 이전에 조기 종료할 수 있다는 점을 언급하기도 했다. 여기에 통신 서비스 이용 속도를 높이기 위해 5G 이동통신 주파수를 추가 공급하는 방안도 검토하겠다고 밝혔다. 차세대 통신인 6G와 관련해서는 2027년까지 국내 산업 생태계에 유리한 주파수 대역을 발굴한다는 계획이다.

정부, 이공계 석사에 장학금 매년 500만 원 지급 등
「글로벌 인재 유치 전략」 수립

과학기술정보통신부가 9월 27일 열린 제3차 인재양성 전략회의에서 내년부터 이공계 전일제 석박사 대학원생들의 생활장려금(스타이펜드) 월 최저 지급액(석사 80만 원, 박사 110만 원)을 보장하는 등의 내용을 담은 「과학기술인재 성장·발전 전략」을 발표했다. 이번 방안은 과기정통부와 교육부가 지난 3월부터 공동 태스크포스(TF)를 꾸려 마련한 것으로, 3대 추진전략과 9개 추진과제로 구성했다. 이를 통해 학업과 연구에 몰입할 수 있는 환경을 조성함으로써 우수 인재를 이공계로 유입시키는 것을 목표로 한다.

「과학기술인재 성장·발전 전략」 주요 내용 정부는 우선 내년부터 이공계 대학원생에게 한국형 스타이펜드인 연구생활장려금으로 석사 월 80만 원, 박사 월 110만 원을 보장한다. 특히 이공계 대학 석사에게만 지급하는 「석사 특화 장학금」을 내년부터 신설, 1000명을 선발해 연간 500만 원을 지급한다. 또 해외의 최고급 이공계 인재 1000명을 유치하기 위한 「K-테크 패스」 프로그램을 신설하는데, 이는 글로벌 100대 공대 석·박사 출신의 수석 엔지니어급 인재에 대해 파격적인 비자 혜택을 주는 것이다. 대상자는 입국 후 1년이 지나면 장기 체류와 자유로운 이직이 가능한 F-2 비자로의 전환이 허용되며, 배우자·자녀뿐 아니라 부모와 가사도우미도 동반 입국할 수 있게 된다.

또 「사이버전문사관」 제도를 신설해 올해부터 매년 정보보호특성화 대학 5곳에서 재학생 10명을 장교로 선발해 사이버 작전 관련 부대에서 복무와 연구를 병행할 수 있게 한다. 그리고 과학기술 인재를 교육하는 과학영재학교와 과학고 입학생 선발 규모를 점진적으로 확대하기로 했으며, 현재 57개인 마이스터고는 첨단기술 분야를 중심으로 확대해 2027년 65개로 늘린다는 계획이다.

「과학기술인재 성장·발전전략」 주요 내용

대학원생 지원	• 석사 월 80만 원, 박사 월 110만 원 보장 • 석사 1000명에게 연 500만 원 장학금
병역 지원	• 사이버전문사관(연 10명) 신설 • 과학기술전문사관(연 25명) 석사 선발
연구자 글로벌 연수 강화	글로벌연수사업 3000억 원(4000명)으로 확대
공공 연구기관 일자리 확대	2034년까지 박사후연구원 2900명 규모로 확대

넥슨 메이플 피해자 80만 명, 보상금 219억 원 환급
게임 분야 분쟁조정 최초 사례

넥슨코리아가 메이플스토리 게임 유료아이템 이용자 80만 명에게 확률 조작에 따른 피해 보상 명목으로 현금 환급이 가능한 219억 원 상당의 「넥슨캐시」를 지급하는 내용의 소비자분쟁조정위원회의 권고를 받아들였다고 한국소비자원이 9월 22일 밝혔다. 이는 2007년 집단 분쟁조정제도 도입 이래 분쟁조정위 권고에 따라 동일한 피해를 본 소비자 모두에게 보상하는 첫 사례로, 보상금 규모는 역대 최대다. 이에 따라 집단 분쟁조정에 참여하지 않았더라도 2019년 3월 1일부터 2021년 3월 5일까지 확률형 유료 아이템인 레드큐브와 블랙큐브를 사용한 소비자들도 보상을 받을 수 있다. 대상자들은 9월 23일부터 연말까지 넥슨 홈페이지에서 보상 신청을 하면 되는데, 다만 집단분쟁 조정 결정을 수락한 신청인이라면 별도의 보상 신청을 하지 않아도 오는 10월 말에 보상금을 받을 수 있다. 한편, 메이플스토리는 2003년 4월 출시돼 22년째 이어지고 있는 다중접속역할수행게임(MMORPG)으로 누적 이용자 수가 세계 110여 개국, 1억 9000만 명에 이른다.

보상 결정에 이르기까지 공정위는 앞서 1월 넥슨이 확률형 아이템을 판매하면서 상습적으로 거짓·기만 행위를 벌여 전자상거래법을 위반했다며 116억 4200만 원의 과징금을 부과했다. 이에 따르면 넥슨은 유료 아이템 「큐브」의 인기 옵션(조합)이 출현할 확률을 낮추거나 아예 0으로 설정하고도 이용자에게 알리지 않았다. 이 큐브는 2010년 도입된 이후 2021년 3월까지 누적 매출이 5500억 원으로 메이플스토리 전체 매출의 30~40%를 차지한 것으로 알려져 있다. 이후 집단 분쟁조정 절차를 진행한 소비자원 분쟁조정위는 지난 8월 13일 넥슨에 집단 분쟁조정에 참여한 메이플스토리 아이템 구매자 5000여 명에게 레드큐브 사용액의 3.1%와 블랙큐브 사용액의 6.6%를 현금 환급이 가능한 넥슨캐시로 지급하라고 결정했으며, 넥슨은 지난 9월 9일 조정 결정을 수락했다. 조정 신청을 한 5773명의 1인당 평균 보상금액은 약 20만 원, 피해 최고 보상액은 1000만 원가량인데, 다만 조정안을 받아들이기 어려운 신청자는 넥슨을 상대로 소송을 제기할 수 있다.

美 연구팀, 「기대수명 100세 어렵다」
기대수명 증가세 1990년 이후 둔화

미국 시카고 일리노이대 공중보건대학의 제이 올샨스키 전염병학·생물통계학 교수가 이끄는 연구팀이 10월 8일 인간의 기대수명이 늘어나는 것이 한계에 부딪힘에 따라 지금 태어난 아이들도 100세까지 살기는 어려울 것이라는 내용의 논문을 과학저널 《네이처 에이징(Nature Aging)》에 게재했다. 연구팀은 한국, 일본, 호주, 프랑스, 스페인, 스위스, 스웨덴, 이탈리아 등 기대수명이 높은 8개국에 미국과 홍콩을 추가해 총 10개국을 중심으로 1990년부터 2019년까지의 기대수명 추정치를 계산했다.

분석 주요 내용 분석 결과 20세기 내내 이어진 기대수명 증가세는 1990년 이후 전반적으로 둔화했는데, 특히 그 둔화세는 2010년 이후 더욱 뚜렷하게 나타났다. 연구팀은 2019년에 태어난 어린이가 100세까지 살 확률은 여성이 5.1%, 남성의 경우 1.8%라고 밝혔다. 2019년에 태어난 어린이가 100세까지 살 확률이 가장 높은 국가는 홍콩으로, 여성은 12.8%, 남성은 4.4%로 조사됐다. 미국의 경우 2019년생이 100세까지 살 확률이 여성이 3.1%, 남성은 1.3%였다. 연구진은 출생 시 기준으로 앞으로 100세까지의 생존율이 남성은 5%, 여성은 15%를 넘지 않을 것으로 예상된다며, 이는 현대 의료기술이 생물학적 노화를 늦추지 못하는 한 인간의 급격한 수명 연장은 21세기에 어렵다는 것을 시사한다고 설명했다.

> **기대수명(Life expectancy at birth)** 연령별·성별 사망률이 현재 수준으로 유지된다고 가정했을 때 0세 출생자가 향후 몇 년을 더 생존할 것인가를 통계적으로 추정한 기대치로, 「0세에 대한 기대여명」을 뜻한다. 여기서 기대여명(Life expectancy)은 현재 특정 연령에 있는 사람이 향후 얼마나 더 생존할 것인가 기대되는 연수를 뜻한다. 기대여명은 현재 나이가 많을수록 오래 살아남았음을 의미하므로 앞으로 살 가능성도 높다는 것을 뜻하며, 단순히 평균수명에서 현재의 나이를 뺀 수치가 아니다.

AI 디지털교과서
내년 도입,
그 향방은?

Tip

디지털튜터

초·중·고등학교에서 교사를 도와 수업용 디지털 기기와 소프트웨어를 관리하고, 인공지능(AI) 디지털교과서를 활용한 수업 시 학생의 디지털 역량 차이에 따른 디지털교과서 활용 격차를 해소할 수 있도록 돕는 역할을 담당하는 직무를 말한다. 구체적으로 교실에서 학생들이 사용하는 태블릿PC 등 수업용 디지털 기기의 충전이나 설정, 관리 등의 업무를 맡고 수업 보조 역할까지 함께하게 된다.

교육부가 내년부터 학교에 도입될 「AI(인공지능) 디지털교과서」를 한창 개발하고 있는 가운데, 최근 학부모들 사이에서 디지털교과서 도입 반대 분위기가 확산되면서 찬반 양론이 첨예하게 일고 있다. AI 디지털교과서는 학생 개인별 능력과 수준에 맞는 학습이 가능하도록 하는 교과서로, AI 기술을 기반으로 학생별 맞춤 학습자료와 지원이 탑재된다. 교육부는 내년에 초등학교 3·4학년, 중학교 1학년, 고등학교 1학년을 대상으로 「AI 디지털교과서」를 우선 시행한다는 방침인데, 이는 국가 차원에서 전체 학생을 대상으로 AI 디지털교과서를 도입하는 첫 사례다. 교과의 경우 수학, 영어, 정보 교과를 시작으로 오는 2028년까지 국어, 사회, 과학, 역사 등의 교과에 도입된다.

AI 교과서를 사용하게 되면 학생들이 기본적인 개념은 AI 교과서의 수준별 지원을 통해 학습하고, 그 개념에 대한 이해를 바탕으로 수업 설계 전문가인 교사가 설계한 토론·협력·프로젝트 학습 등을 진행하는 방식으로 수업이 이뤄지게 된다. 교육부는 146종의 AI 디지털교과서 심사본을 접수해 9월까지 본심사, 11월까지 수정본 검토를 거쳐 11월 29일에 최종 결과를 발표하는 일정을 내놓기도 했다.

그러나 최근 일부 학부모들을 중심으로 AI 교과서 도입에 반대하는 국회 청원이 제출되는 등 디지털교과서 도입을 우려하는 목소리가 높아지면서 논란이 일고 있다. 실제로 지난 5월 이를 반대하는 청원이 국회에 제출, 한 달 만에 5만 6505명의 동의를 얻어 지난 6월 27일 국회 소관위원회인 교육위원회로 회부됐다. AI 디지털교과서 도입을 반대하는 학부모들은 아이들의 문해력이 떨어지고 스마트 기기 중독 등의 부작용을 우려하고 있으나, 교육부는 AI 교과서를 도입하면 오히려 맞춤형 교육이 가능해져 교육의 질이 높아질 것이라며 올 하반기 설명회·수업 시연 등을 통해 학부모들의 우려를 해소하겠다는 방침이다.

현재 우리나라 외에도 AI 패권을 노리는 글로벌 국가들도 정규과정에 AI 기술을 적용한 디지털 교육을 확대하려는 움직임을 보이고 있는데, 이들 국가 역시 이를 둘러싼 찬반 논쟁이 한창 진행 중에 있다. 이들 역시 AI의 교육적 잠재력에는 공통적 견해를 보이면서도 인지 발달 저해, 디지털 기기 의존성 심화, 경제적 불평등 심화 등 다양한 우려의 목소리를 내고 있다.

AI 디지털교과서 도입, 찬성한다

AI 디지털교과서 도입을 찬성하는 측에서는 AI 디지털교과서가 학생의 학습 데이터를 축적하고 취약점을 반복 분석해 맞춤형 학습을 가능하게 해 준다고 말한다. 특히 학생의 학습 스타일과 속도에 맞춰 개인화된 학습 경로를 제시한다는 점에서 교사에게는 학생을 일대일로 지원할 수 있는 중요한 도구가 된다는 점을 강조한다. 또 AI 교과서는 전통 교과서와 달리 비디오·애니메이션 등 다양한 상호작용 콘텐츠를 제공해 학생의 학습 흥미를 유도하고 이해도를 높이는 데 효과적이라는 주장도 있다.

찬성 측에서는 AI 디지털교과서 도입은 AI 활용이 일상화된 시대에 걸맞는 교육법이라는 주장도 내놓고 있는데, AI를 활용하는 것은 거스를 수 없는 시대적 흐름이라는 것이다. 또 어차피 사용해야 할 디지털 기기를 제대로 알고 잘 사용할 수 있도록 해, 디지털 격차를 줄이는 등 디지털 문해력에 긍정적인 효과를 일으킬 것이라는 목소리도 있다. 찬성 측은 정부에서 교육용으로 노트북을 지원하는 폴란드나 디지털교과서 개발·활용에 적극적인 미국 등의 예시를 들며 미래의 교실 환경에서는 AI 디지털교과서 사용이 필수적이라고 주장한다.

AI 디지털교과서 도입, 반대한다

AI 디지털교과서 도입을 반대하는 측에서는 디지털 기기에 장시간 노출돼 학생의 사고력과 창의력을 저하시킬 수 있다는 점을 우려한다. 이들은 디지털교과서가 정보를 빠르게 제공한다는 장점은 있으나, 종이책과 달리 학생 스스로 텍스트를 이해하는 능력은 길러주지 못한다고 말한다. 또 스마트폰이 일상화되며 관련 기기에 대한 의존이 높은 상황에서 학교에서까지 디지털교과서로 수업하는 것은 아이들에게 악영향을 초래한다는 주장이다. 여기에 AI 디지털교과서는 반복 학습을 주로 하기 때문에 학력 부진 학생에게 본질적으로 도움이 되지 않을 수도 있다는 지적도 있다.

반대 측에서는 해당 방침이 학생들의 디지털 기기 사용을 줄이는 국제적 추세에 역행하는 것이라는 비판도 제기하는데, 대표적으로 디지털 교육을 선제적으로 추진하던 스웨덴의 경우 학생들의 문해력 저하를 우려해 종이교과서 사용을 확대하기로 한 바 있다. 이 밖에 AI 디지털교과서가 가진 장단점을 보기 이전에 국가 수준으로 도입하는 첫 사례이니만큼 보다 신중하게 접근할 필요가 있다는 우려도 나오고 있다.

나의 생각은?

2024 노벨상

124회째를 맞이한 2024년 노벨상이 10월 7일 생리의학상 발표를 시작으로 물리학(8일), 화학(9일), 문학(10일), 평화(11일), 경제학상(14일) 순으로 발표되며 수상자 선정을 마무리했다. 올해 노벨상 수상자들에게는 상금 1100만 크로나(약 13억 5000만 원)와 함께 메달·증서가 수여되며, 시상식은 관례대로 노벨의 기일인 12월 10일을 낀 「노벨 주간」에 스웨덴 스톡홀름과 노르웨이 오슬로(평화상)에서 열리게 된다.

노벨상은 스웨덴의 다이너마이트 발명가이자 화학자인 알프레드 노벨(1833~1896)의 유산을 기금으로 하여 1901년 제정된 상이다. 이는 인류에 공헌을 한 사람(평화상은 단체나 조직에도 수상 가능)에게 수여되는 상으로, 평화·문학·화학·물리학·생리의학·경제학 등의 6개 부문에서 수상이 이뤄지고 있다. 노벨상의 수상 부문은 초기에는 경제학을 제외한 5개 부문에 대해 수여되다가, 1969년부터 경제학상이 추가되면서 현재에 이르고 있다. 경제학의 경우 노벨 경제학상으로 통칭되지만 스웨덴 중앙은행이 창립 300주년을 맞아 제정한 상이어서 정식 명칭은 「알프레드 노벨을 기념하는 경제과학 분야의 스웨덴 중앙은행상」이다. 노벨상 수상자 선정은 ▷물리학·화학·경제학은 스웨덴 학술원 ▷생리의학은 스웨덴 카롤린의학연구소 ▷문학은 스웨덴 한림원 ▷평화상은 노르웨이 국회가 선출한 5인 위원회가 맡고 있다.

특히 올해 노벨상은 소설가 한강이 한국 작가 최초이자 아시아 여성 작가 처음으로 노벨 문학상을 수상해 의미가 컸다. 한국인이 노벨상을 수상한 것은 2000년 고(故) 김대중 대통령이 노벨 평화상을 수상한 데 이어 두 번째다. 아울러 국적 기준으로 노벨상을 받은 아시아 작가는 라빈드라나트 타고르(1913년·인도), 가와바타 야스나리(1968년·일본), 오에 겐자부로(1994년·일본), 모옌(2012년·중국) 등에 이어 한강이 다섯 번째다.

노벨상(Nobel Prize) 개관

개최 원년	1901년(경제학상은 1969년)
개최 시기	매년 12월 10일(노벨 사망일)
개최 장소	스웨덴 스톡홀름(평화상은 노르웨이 오슬로)
시상 분야	평화, 문학, 생리의학, 물리학, 화학, 경제학(6개 부문)
수상자 심사	• 평화상: 노르웨이 노벨위원회 • 문학상: 스웨덴 아카데미(한림원) • 생리의학상: 스웨덴 카롤린스카 의과대학교 노벨총회 • 물리학·화학·경제학상: 스웨덴 왕립 과학아카데미(과학원)
시상식	• 주로 스웨덴 국왕이 시상하며 소개사는 수상자의 모국어로, 추천사는 스웨덴어로 함 • 수상자는 수상 후 6개월 이내에 수상 업적에 대해 강연해야 하며 강연 내용의 저작권은 노벨재단에 귀속됨 • 수상자에게는 금메달과 상금, 상장이 수여되며 상금은 현재 1100만 크로나
특징	• 한 분야 최대 3명까지만 수상이 가능하고, 발표 당시 생존해 있어야 함 • 평화상의 경우 단체에 수여되기도 하고, 기준에 들어맞는 후보가 없을 시 건너뛰고 다음해로 넘어가기도 함 • 노벨상 수상자 최종 결정은 번복되지 않으며 자진 추천도 불가능함

⬛ 노벨 문학상 _ 한강(한국, 소설가)

스웨덴 한림원이 10월 10일 올해 노벨 문학상 수상자로 한국의 소설가 한강(54)을 선정했다고 발표했다. 한림원은 「역사적 트라우마에 맞서고 인간 생의 연약함을 드러낸 강렬한 시적 산문」이라며 선정 이유를 밝혔다. 한국인의 노벨상 수상은 지난 2000년 평화상을 탄 고(故) 김대중 전 대통령에 이어 두 번째이며, 노벨 문학상은 한국인 최초의 수상이다. 또 아시아 작가의 수상은 2012년 중국 작가 모옌 이후 12년 만이며, 아시아 여성 작가로는 처음이다. 아울러 노벨 문학상은 올해까지 121명이 수상했는데, 한강 작가는 18번째 여성 수상자다. 한편, 노벨문학상은 2012년 이후로는 거의 예외 없이 매년 남녀가 번갈아 수상자로 선정되고 있는데, 지난해 남성 작가 욘 포세(노르웨이)에 이어 올해 한강이 수상하면서 그 전통을 이어가게 됐다.

"한강은 그녀의 작품에서 역사적 트라우마와 보이지 않는 규칙들을 직면하며, 각 작품에서 인간 삶의 연약함을 드러냅니다. 그녀는 몸과 영혼, 생명과 죽음 사이의 연결에 대한 독특한 인식을 가지고 있으며, 시적이고 실험적인 스타일로 현대 산문에서 혁신가로 자리 잡았습니다."

– 스웨덴 한림원

> **노벨 문학상(Nobel Prize in Literature)** 1901년 노벨상 제정과 함께 수여되기 시작한 노벨 문학상은 알프레드 노벨의 유언에 따라 인류에 대해 위대한 공헌을 하거나 이상적인 방향으로 가장 탁월한 작품을 발표한 사람에게 수여된다. 일반적으로 작가의 작품 전체에 수여되지만 특정 작품을 지정하는 경우도 있다. 선발 후보자 명단은 비공개가 원칙으로, 시상을 주관하는 스웨덴 한림원은 전 세계 전문가 및 단체로부터 추천된 후보 숫자만 공개한다. 노벨 문학상은 1901년 프랑스 시인인 르네 프랑수아 아르망 프뤼돔을 시작으로, 제1·2차 세계대전 기간과 적절한 작품이 없다는 등의 이유로 총 7차례에 걸쳐 시상이 이뤄지지 않은 경우를 제외하고 올해까지 총 116차례에 걸쳐 121명의 수상자를 배출했다. 2018년에는 노벨 문학상을 수상하는 스웨덴 한림원이 미투(#MeToo) 파문에 휩싸이면서 선정을 2019년으로 연기했는데, 시상이 선정위원회의 불미스러운 일로 취소(연기)된 것은 노벨 문학상 제정 이후 처음 있는 일이었다. 문학상의 추천 및 후보자 목록과 선정 과정은 50년 동안 비밀로 유지되며 50년이 지나면 선정 과정을 공개하고 있다.

소설가 한강의 작품 세계 한강은 서정적인 문체와 독특한 작품 세계로 문단의 주목을 받아온 작가이다. 그는 1993년 《문학과 사회》에 시 「서울의 겨울」, 1994년 서울신문 신춘문예에 단편소설 〈붉은 닻〉이 당선되면서 작가의 삶을 시작했다. 1995년 첫 소설집 〈여수의 사랑〉을 출간한 이후 다양한 소설집과 장편소설을 발표한 그는 소설 외에도 시집 〈서랍에 저녁을 넣어 두었다〉와 동화 〈내 이름은 태양꽃〉, 〈눈물상자〉 등을 펴냈다. 또 2007~2018년까지는 서울예대 미디어창작학과(구 문예창작과)에서 소설 창작론을 가르치기도 했다.

▲ 한강

한강은 2005년 단편소설 〈몽고반점〉으로 이상문학상을 수상했으며, ▷2010년 〈바람이 분다〉로 동리문학상 ▷2015년 〈눈 한 송이가 녹는 동안〉으로 황순원문학상 ▷2018년 〈작별〉로 김유정문학상을 수상하는 등 한국 문학계에서 큰 주목을 받았다. 그는 작품을 통해 인간의 폭력성과 그에 따른 비극을 다뤄오고 있는데, 특히 2016년 〈채식주의자〉로 한국인 최초로 세계 3대 문학상 중 하나인 「부커상」(당시 명칭 맨부커상) 인터내셔널 부문을 수상하면서 세계적인 명성을 얻었다. 〈채식주의자〉는 트라우마를 지닌 한 여자가 폭력을 거부하기 위해 극단적인 채식을 하는 이야기로, 육식으로 대변되는 인간의 잔인함과 가부장제의 폭력성을 담아낸 작품이다. 또 2014년에는 5·18 광주민주화운동을 담아낸 장편 〈소년이 온다〉을 발표했는데, 이는 한강의 문학성과 주제의식이 정점에 이른 작품으로 꼽히며 2017년 이탈리아 말라파르테 문학상을 수상했다. 2021년에는 제주 4·3 사건의 비극을 세 여성의 시선으로 풀어낸 〈작별하지 않는다〉로 한국 현대사의 깊은 어둠과 상처를 소설로 형상화했으며, 이 소설로 프랑스 메디치 외국문학상을 수상했다. 이 밖에 한강의 주요 작품으로는 〈내 여자의 열매〉, 〈그대의 차가운 손〉, 〈희랍어 시간〉, 〈흰〉 등이 있다.

💡 한강이 〈채식주의자〉로 받은 부커상은 영국 최고 권위를 자랑하는 문학상으로, 노벨문학상·공쿠르문학상과 함께 세계 3대 문학상 중 하나로 꼽힌다. 1969년 영국의 부커사가 제정한 이 상은 2005년 비영어권 작가들을 대상으로 하는 인터내셔널 부문(국제상)을 신설했는데, 한강은 2016년 아시아인 최초로 이 상을 수상했다.

◉ 노벨 평화상 _ 일본 원폭피해자단체협의회(日本被團協·니혼 히단쿄)

노르웨이 노벨위원회가 10월 11일 일본 히로시마와 나가사키 원폭 피해자들의 풀뿌리 운동 단체인 니혼 히단쿄(日本被團協)를 올해 노벨 평화상 수상자로 선정했다고 발표했다. 노벨위원회는 「니혼 히단쿄는 핵무기 없는 세상을 만들기 위해 노력하고, (끔찍한 경험의) 증언을 통해 핵무기가 다시는 사용되어선 안 된다는 것을 입증한 공로가 있다」며 선정 이유를 밝혔다. 일본의 노벨 평화상 수상은 1974년 「비핵 3원칙(핵무기를 만들지도, 갖지도, 반입하지도 않는다는 원칙)」을 발표한 사토 에이사쿠(佐藤榮作) 전 총리 이후 50년 만이다.

> **노벨 평화상(Nobel Peace Prize)** 1901년 노벨상 제정과 함께 수여되기 시작한 평화상은 평화 증진에 현저히 기여한 개인이나 단체에 수여되고 있다. 노벨 평화상 수상자 결정에 관한 전권은 노르웨이 노벨위원회가 갖고 있는데, 노르웨이 의회에서 선출된 5명의 위원은 후보자 추천작업과 선별검사, 최종 결정 과정에서 독립적인 의사결정을 보장받는다. 노벨 평화상은 1901년 국제적십자위원회 설립자인 스위스의 장 앙리 뒤낭과 국제평화연맹 설립자인 프랑스의 프레데리크 파시의 공동수상을 시작으로 올해까지 총 105차례에 걸쳐 개인 111명·단체 31곳의 수상자를 배출했다.

니혼 히단쿄(日本被團協)는 어떤 단체? 니혼 히단쿄는 원폭 피해 생존자인 「히바쿠샤(被爆者·피폭자)」를 대표하는 단체로 1956년 설립됐다. 당시 일본 내 피폭자협회와 태평양 지역 핵무기 실험 피해자들이 중심이 돼 결성했으며, 현재 30만 명이 넘는 피폭 생존자를 대변하는 일본에서 가장 크고 영향력 있는 단체다. 결성 이후 피해자 권리구제 활동은 물론, 국제사회에는 핵무기 폐기와 핵무기금지조약 체결 등을 호소하는 활동을 해 오고 있다. 대표적으로 유엔 군축회의·NPT 회의 등에 참가해 원폭 피해 체험 증언, 전시회 개최, 서명 활동 등을 전개해 왔다. 특히 300만 명분의 서명을 모

▲ 니혼 히단쿄의 상징인 종이학

아 핵무기 개발과 보유를 법적으로 금지하는 「핵무기금지조약(TPNW·2021년 발효)」이 채택되도록 지원했으며, 조약 발효 이후에도 많은 나라가 조약에 참여하도록 1370만 명분의 서명을 유엔에 추가 제출하기도 했다.

💡 제2차 세계대전을 일으킨 전범국인 일본은 1945년 8월 히로시마와 나가사키에 투하된 원자폭탄으로 연합국에 항복을 선언했고 이에 전쟁은 끝이 났다. 이로써 일제는 패망하고 우리나라는 광복을 맞았지만, 당시의 원폭 투하로 수십 만명의 일본인과 한국인 원폭 피해자가 발생했다. 특히 당시 히로시마에는 5만 명, 나가사키에는 2만 명의 한국인들이 거주하고 있었는데, 그중 4만여 명이 현장에서 사망한 것으로 알려져 있다. 이후 히로시마와 나가사키의 한국인 생존자 중 약 2만 3000여 명이 해방 후 귀국한 것으로 추정되는데, 대다수 생존자는 원폭 후유증과 빈곤, 사회적 편견에 시달리며 살아야 했다.

◯ 노벨 물리학상 _ 머신러닝의 기초를 세운 과학자들

스웨덴 왕립과학원 노벨위원회가 10월 8일 인공신경망으로 「머신러닝(Machine Learning)」의 기초를 세운 ▷존 홉필드(John Hopfield·91) 미국 프린스턴대 교수 ▷제프리 힌턴(Geoffrey Hinton·77) 캐나다 토론토대 교수 등 2명의 과학자를 노벨 물리학상 수상자로 선정했다고 밝혔다. 노벨위원회는 이들 2명의 과학자가 인공신경망을 이용한 머신러닝을 가능케 하는 기반 발견 및 발명과 관련한 공로를 세운 점을 높이 평가했다고 그 선정 이유를 밝혔다. 특히 순수과학이 아닌 응용과학인 인공지능(AI) 분야에서 노벨상 수상자가 나온 것은 처음이라는 점에서 AI 시대가 본격화되고 있다는 평가가 나오고 있다.

> **노벨 물리학상(Nobel Prize in Physics)** 물리학을 통해 인류 문명 발달에 기여한 사람에게 수여하는 상으로, 1901년부터 올해까지 총 118차례에 걸쳐 227명의 수상자가 배출됐다. 첫 번째 노벨 물리학상은 엑스선을 발견한 독일의 빌헬름 콘라트 뢴트겐이 수상했다. 20세기 전반까지만 해도 노벨 물리학상 수상자는 원자이론, 기본입자, 양자역학 등의 분야에 집중됐지만 후반기부터는 광학, 우주천문학, 소립자 이론 등에서도 수상자가 배출되고 있다. 노벨 물리학상은 그 과학자의 업적의 중요성을 알기까지 시간이 걸리기 때문에 뒤늦게 받는 경우가 많다. 예컨대 1983년 노벨 물리학상 수상자인 수브라마니안 찬드라세카르의 경우 1930년대에 이미 이론을 발표했음에도 뒤늦게 인정을 받아 50여 년이 지나서야 수상한 바 있다.

2인의 수상 업적은? 인공신경망은 뇌의 신경세포(뉴런)가 정보를 처리하는 방식을 본떠 설계된 컴퓨터 구조로, 홉필드와 힌턴 모두 신경망 연구에 획기적인 변화를 만든 학자로 꼽힌다. 홉필드는 머신러닝의 기반이 되는 「홉필드 모델」을 개발하고 최초의 인공신경망을 소개했으며, 힌턴은 이를 기반으로 「볼츠만 머신」을 제안하여 데이터를 통한 학습과 분석 가능성을 연 공로를 인정받았다. 본래 고체물리학자였던 홉필드는 노년에 생물학 분야에 관심을 가지면서 기억의 작동 원리를 집중 탐구했으며, 1982년 원자의 물리적 성질에 착안해 모든 뉴런이 양방향으로 연결된 신경회로망 모형인 「홉필드 네트워크」의 개념을 제안했다.

힌턴은 기존 홉필드 네트워크에 신경망 알고리즘을 결합·개선한 「볼츠만 머신」을 제안했는데, 이는 대규모 병렬처리를 이용해 강력한 계산이 가능하도록 한 것이다. 그는 2006년 볼츠만 머신을 겹겹이 쌓아서 네트워크를 미리 훈련하는 방법(딥러닝)을 개발했으며, 이는 구글과 오픈 AI 등 글로벌 빅테크가 대규모언어모델(LLM)을 개발하는 데 초석이 됐다. 특히 힌턴은 토론토대 교수 시절 창업한 AI업체 DNN리서치가 2013년 구글에 인수된 뒤 구글 소속으로 연구 활동을 계속하다가, 지난해 4월 AI의 위험성을 알리기 위해 사표를 내면서 주목을 받은 바 있다.

▲ 존 홉필드(좌)와 제프리 힌턴(우)

> **머신러닝(Machine Learning)** 인공지능의 한 분야로, 패턴인식과 컴퓨터 학습 이론의 연구로부터 진화한 분야이다. 이는 데이터의 생성 양·주기·형식 등이 방대한 빅데이터들을 분석해 미래를 예측하는 기술을 일컫는다. 데이터를 수집·분석해 미래를 예측한다는 점에서 빅데이터 분석과 유사하지만 컴퓨터 스스로가 방대한 데이터를 수집·학습할 수 있다는 점에서 차이가 있다.
>
> **딥러닝(Deep Learning)** 컴퓨터가 인간처럼 판단하고 학습할 수 있도록 하고 이를 통해 사물이나 데이터를 군집화하거나 분류하는 데 사용하는 기술을 뜻한다. 머신러닝에 인간의 뇌를 모방한 신경망 네트워크를 더한 딥러닝 알고리즘은 인간의 두뇌가 수많은 데이터 속에서 패턴을 발견한 뒤 사물을 구분하는 정보처리 방식을 모방함으로써 기존 머신러닝의 한계를 뛰어넘었다.

● 노벨 화학상 _ 새로운 단백질 설계 및 AI 활용해 단백질 구조 예측에 기여한 과학자들

카롤린스카 의대 노벨위원회가 10월 9일 ▷데이비드 베이커(David Baker·62) 미국 워싱턴대 교수·단백질설계연구소 소장 ▷데미스 하사비스(Demis Hassabis·48) 구글 딥마인드 최고경영자(CEO) ▷존 M. 점퍼(John M. Jumper·39) 구글 딥마인드 수석연구과학자 등 3인을 노벨 화학상 수상자로 선정했다고 발표했다. 노벨위원회는 「올해 화학상은 생명의 독창적인 화학 도구인 단백질에 관한 것」이라며, 베이커는 완전히 새로운 종류의 단백질을 만드는 거의 불가능한 업적에 성공했다고 설명했다. 또 하사비스와 점퍼에 대해서는 복잡한 단백질 구조를 예측하는 50년 된 문제를 해결하기 위한 인공지능(AI) 모델을 개발했다고 밝혔다. 한편, 전날 물리학상에 이어 화학상 수상자에도 AI 분야가 포함되면서 「인공지능의 시대」가 개막됐음을 상징적으로 보여 준다는 평가가 나오기도 했다.

> **노벨 화학상** 화학 분야에서 인류의 발전에 기여한 사람에게 수여되는 상이다. 화학상은 1901년 노벨상 제정 이후 올해까지 총 116차례에 걸쳐 195명의 수상자를 배출했으며, 첫 번째 노벨 화학상은 화학동역학 법칙 및 삼투압 발견의 업적을 세운 네덜란드의 야코뷔스 헨드리퀴스 판트호프가 수상했다. 노벨 화학상도 다른 과학 분야와 마찬가지로 업적의 중요성을 알기까지 시간이 걸리기 때문에 뒤늦게 수여되는 경우가 많다. 지금까지 영국의 생화학자 프레더릭 생어(1958년과 1980년)와 미국의 화학자 배리 샤플리스(2001년과 2022년)는 두 차례 노벨 화학상을 수상했다. 또 역대 수상자 가운데 가장 어린 나이에 노벨 화학상을 받은 사람은 물리학자 마리 퀴리의 사위 프레데릭 졸리오로, 그가 아내 이렌 졸리오 퀴리와 화학상을 공동 수상할 당시 나이는 35세였다.

3인의 수상 업적은? 3인의 수상자 중 베이커는 단백질 설계를, 하사비스와 점퍼는 단백질 구조를 예측한 공로를 인정받았다. 일반적으로 단백질은 서로 다른 아미노산 20개로 구성되며, 생명의 구성 요소라 할 수 있다. 베이커는 2003

▲ (왼쪽부터) 데이비드 베이커, 데미스 하사비스, 존 M. 점퍼

년 이 아미노산을 이용해 기존의 단백질과 완전히 다른 단백질을 설계하는 데 성공했고, 이를 의약품·백신·나노 소재 등 다양한 분야에 응용했다. 특히 2021년에는 단백질 접힘을 예측하는 「로제타폴드」를 개발해 단백질이 잘못 접힌 구조로 생기는 알츠하이머나 파킨슨병 같은 뇌 질환 연구에 진전을 가져왔다.

그리고 또다른 수상자인 하사비스는 2016년 바둑기사 이세돌 9단을 꺾어 전 세계의 주목을 받은 인공지능 「알파고」의 개발자이자 딥마인드의 CEO이며, 점퍼는 딥마인드의 수석연구과학자다. 하사비스와 점퍼는 단백질의 복잡한 구조를 예측하는 문제를 해결하기 위한 AI 모델을 개발한 공로를 인정받았다. 이들은 2020년 「알파폴드2」 AI 모델을 내놓았는데, 이는 지금까지 학계에서 확인된 약 2억 개의 단백질 구조를 대부분 예측해 냈다. 2인의 단백질 구조 논문은 2021년 출판된 뒤 1만 3000회 이상 인용되는 등 학계에서 높은 주목을 받았으며, 지난해에는 미국판 노벨상으로 불리는 「래스커상」을 수상하기도 했다.

> **알파폴드(AlphaFold)** 구글 딥마인드가 개발한 단백질 구조 파악 인공지능(AI)이다. 딥마인드는 아미노산 종류만으로 단백질 구조를 예측할 수 있도록 수천 개의 단백질 구조를 제시했고, 알파폴드는 신경망을 활용해 자기 학습 과정을 거쳐 새로운 단백질이 주어지면 기존 습득한 데이터를 통해 서로 다른 아미노산이 결합하는 각도나 형상 등을 예측한다. 개발 초기에는 예측에 2주가 소요됐으나 진화를 거듭해 2시간 만에 분석을 끝낼 정도로 성능이 향상됐다.

노벨 생리의학상 _ 마이크로 RNA 발견에 기여한 생물학자들

스웨덴 카롤린스카 의대 노벨위원회가 10월 7일 올해 노벨 생리의학상 수상자로 마이크로 RNA 발견에 기여한 미국의 생물학자 빅터 앰브로스(Victor Ambros·70) 미국 매사추세츠대 의대 교수와 게리 러브컨(Gary Ruvkun·72) 미국 하버드 의대 교수를 선정했다고 발표했다. 마이크로 RNA는 생물 유전자 발현을 제어하는 역할을 하는 작은 RNA 분자들의 집단, 리보핵산의 일종이다. 노벨위원회는 「두 사람이 1mm 정도 크기 벌레인 예쁜꼬마선충(C. elegans)에서 이룬 이 획기적인 발견 덕분에 유전자 조절의 완전히 새로운 원칙이 드러났다.」며 이들이 마이크로 RNA를 처음 발견하고 그 역할을 규명한 공로를 평가했다.

> **노벨 생리의학상** 생리학 또는 의학에서 가장 중요한 발견을 한 사람에게 수여되는 상으로, 1901부터 올해까지 총 115차례에 걸쳐 229명의 수상자를 배출했다. 1901년 당시 첫 수상자는 디프테리아의 백신 개발 및 혈청 치료를 연구한 독일의 생리학자 에밀 폰 베링이다. 생리의학상은 인간에 대한 생리학이나 의학뿐 아니라 동물·식물 등 모든 생명체와 관련된 생물학 분야 전반의 연구에 대해 심사를 진행한다. 생리의학상 설립 초기에는 고전 생리학 분야에 집중되는 경향이 있었으나, 1970년대부터는 동물·식물 등에 대한 연구 성과에도 수상이 이뤄지고 있다.

2인의 수상 업적은? 수상자들은 1993년 예쁜꼬마선충 유충의 성장을 조절하는 lin-4 유전자를 연구하던 중 마이크로 RNA를 처음 발견, 마이크로 RNA가 메신저 RNA(mRNA)라는 또 다른 몸속 물질의 작용을 억제하거나 촉진해 세포의 성장과 사멸을 통제한다는 것을 밝혀냈다. 앰브로스는 예쁜꼬마선충에게서 돌연변이가 생겼을 때 마이크로 RNA가 중요한 역할을 한다는 사실을 알아냈으며, 러브컨은 앰브로스가 발견한 마이크로 RNA인 lin-4가 mRNA의 작용을 조절한다는 점을 발

견했다. 이들이 발견한 마이크로 RNA는 20~24개의 염기로 이뤄진 작은 RNA로, 세포 내에서 유전자의 발현을 미세하게 조절하는 중요한 분자다. 이는 단순 RNA와 달리 단백질을 암호화하지 않고 유전자 발현을 조절해 세포의 성장·발달·분화 등의 과정에서 필수적인 역할을 한다. 특히 최근에는 이 마이크로 RNA를 활용해 유전자 발현 이상에 의해 발생하는 다양한 질환에 대한 치료제 연구가 활발히 이뤄지고 있다.

▲ 빅터 앰브로스(좌)와 게리 러브컨(우)

> **마이크로 RNA(microRNA)** 생물 유전자 발현을 제어하는 역할을 하는 작은 RNA 분자들의 집단으로, 단순 RNA와 달리 단백질을 암호화하지 않고 유전자 발현을 조절해 세포의 성장·발달·분화 등의 과정에서 필수적인 역할을 한다. 마이크로 RNA는 이름에서도 알 수 있듯 기존의 RNA보다 크기가 작은데, 보통의 mRNA가 수천 개의 뉴클레오타이드(Nucleotide)로 이뤄진 데 반해 마이크로 RNA는 20~25개의 뉴클레오타이드로 구성돼 있다.
>
> **RNA(Ribo Nucleic Acid)** 핵산의 일종으로, 유전자 본체인 디옥시리보 핵산(DNA)이 가지고 있는 유전정보에 따라 필요한 단백질을 합성할 때 직접적으로 작용하는 고분자 화합물이다. 리보오스·염기·인산 등 세 가지 성분으로 되어 있으며, DNA의 염기인 티민(T) 대신 우라실(U)을 가진다. RNA는 DNA의 정보를 직접적으로 받는 mRNA, mRNA로부터 폴리펩타이드(단백질)를 합성하는 데 작용하는 tRNA, 단백질 합성에 작용하는 리보오스의 작용에 관여하는 rRNA로 구분된다.

💡 한편, 두 수상자는 2009년 톰슨로이터(현 클래리베이트 애널리틱스)에서 노벨 생리의학상 유력 후보로 선정한 이후 노벨상 수상 1순위로 계속 거론돼 왔다. 이들은 래스커상과 함께 예비 노벨상으로 불리는 울프상 의학 부문에서도 마이크로 RNA 분자를 발견한 공로로 2014년 수상자로 선정됐으며, 2015년에는 「실리콘밸리의 노벨상」이라 불리는 「브레이크스루상」 생명과학 부문을 수상한 바 있다.

● 노벨 경제학상 _ 국가 간 부의 차이를 연구한 경제학자들

스웨덴 왕립과학원 노벨위원회가 10월 14일 국가 간 부의 차이를 연구한 ▷대런 애쓰모글루(Daron Acemoglu·57) 미국 메사추세츠공대(MIT) 교수 ▷사이먼 존슨(Simon Johnson·61) 미국 MIT 교수 ▷제임스 A 로빈슨(James A Robinson·64) 미국 시카고대 교수 등 3인을 올해 경제학상 수상자로 발표했다. 노벨위원회는 「세 교수는 경제·사회적 제도가 어떻게 국가 간 번영 수준 격차에 영향을 끼쳤는지를 연구했다」며, 「국가 간 엄청난 소득 격차를 줄이는 것은 우리 시대의 큰 과제 중 하나」라며 그 선정 이유를 밝혔다.

> **노벨 경제학상(Sveriges Riksbank Prize in Economic Sciences in Memory of Alfred Nobel)** 경제학 발전에 큰 업적을 남긴 인물에게 수여하는 상으로, 스웨덴 중앙은행이 은행 설립 300주년 기념으로 제정한 것이다. 이는 1969년부터 시상이 이뤄지고 있는데, 첫 수상자는 경제학에 수학과 통계학을 접목하고 발전시킨 업적을 세운 노르웨이의 경제학자 랑나르 프리슈와 네덜란드의 얀 틴베르헨이다. 이는 통칭으로는 노벨 경제학상으로 불리지만 평화·문학·생리의학·물리·화학상과는 달리 노벨의 유언에서 시작된 상이 아니다. 정확한 명칭은 「알프레드 노벨을 기념하는 경제학상」으로 돼 있고, 상금도 중앙은행의 300주년 기념 기금 중에서 출연되고 있다. 하지만 노벨상이라는 이름하에 다른 심사 부문과 함께 취급되고 시상 심사 등의 절차도 노벨상 규정에 따르고 있다.

3인의 수상 업적은? 올해 경제학상 수상자들은 장기적으로 국가의 경제적 번영에 미치는 요인으로서 정치·사회적 제도의 중요성을 입증하는 연구를 해왔는데, 유럽인들이 전 세계 곳곳을 식민지로 삼은 과정을 조사해 식민지 정책 차이가 아프리카 등의 국가에 미치는 장기적인 영향을 분석했다. 이에 따르면 일부 국가는 식민 통치자에게 이익이 되도록 원주민을 착취하고 자원을 빼앗은 반면, 다른 지역에서는 장기적 이익을 위해 포용적인 정치·경제체제를 도입하기도 했다는 것이다. 애쓰모글루와 로빈슨은 2012년 《국가는 왜 실패하는가》라는 저서에서 정치·경제제도를 「포용적 제도」와 「착취적 제도」로 분류하고, 한 국가가 경제적으로 성공하려면 포용적 제도가 필요하다고 주장했다. 특히 이 책에서는 제도적 차이가 번영 격차를 만든 대표적 사례로 한국과 북한을 제시했는데, 이들

은 같은 민족·문화·지리적 조건을 가진 남북한이 각기 다른 제도(남한은 포용적 제도(사유재산과 민주주의), 북한은 착취적 제도(계획경제와 독재))를 선택한 결과 양국의 발전 경로가 크게 갈라졌다고 분석했다.

또 애쓰모글루는 존슨과 공동으로 펴낸 저서인 《권력과 진보》에서 1000년에 이르는 경제사를 추적해 기술 발전의 혜택이 일부 계층에 돌아간 점을 분석, 기술 발전이 소수 엘리트에 의해 독점될 수 있다는 경고를 내놓기도 했다.

▲ (좌측부터) 대런 애쓰모글루, 사이먼 존슨, 제임스 A 로빈슨

💡 노벨위원회는 지난해 노동시장에서의 불평등 연구 권위자인 클라우디아 골딘(미국 하버드대 교수)을 경제학상 수상자로 선정한 바 있다. 이에 노벨위원회가 2년 연속 불평등 연구자를 수상자로 선정한 점이 주목을 받고 있다.

2024년 노벨상 수상자 개관

구분	수상자	수상 업적
문학상	한강(한국)	역사적 트라우마에 맞서고 인간 생의 연약함을 드러낸 강렬한 시적 산문
평화상	니혼 히단쿄(일본의 반핵 활동 단체)	핵무기 없는 세상을 만들기 위해 노력하고, 증언을 통해 핵무기가 다시는 사용되어선 안 된다는 것을 입증
물리학상	존 홉필드(미국), 제프리 힌턴(영국)	인공신경망으로 머신러닝을 가능하게 하는 기초적인 발견과 발명
화학상	데이비드 베이커(미국), 데미스 하사비스(미국), 존 M. 점퍼(미국)	새로운 단백질 설계 및 AI 활용해 단백질 구조 예측에 기여
생리의학상	빅터 앰브로스(미국), 게리 러브컨(미국)	마이크로 RNA를 처음 발견하고 그 역할을 규명함
경제학상	대런 애쓰모글루(튀르키예·미국), 사이먼 존슨(미국), 제임스 A 로빈슨(영국)	경제·사회적 제도가 국가의 번영에 어떠한 영향을 끼쳤는지를 연구

🔍 그들은 왜 노벨상을 거절했나?

지금까지 노벨상 수상을 포기한 사례는 모두 11건으로 대부분 나치 독일과 소련 등 독재정권의 압박이 원인이었다. 아돌프 히틀러는 1935년 당시 반(反)나치 작가 카를 폰 오시에츠키가 노벨 평화상을 받은 것에 격분해 향후 독일인의 노벨상 수상을 금지했다. 이에 리하르트 쿤(1938년 화학상)과 아돌프 부테난트(1939년 화학상), 게르하르트 도마크(1939년 생리의학상)는 강제로 수상을 거부당했다. 이후 소설 《닥터 지바고》 등으로 잘 알려진 소련의 보리스 파스테크나크는 1958년 노벨 문학상 수상자로 선정됐으나, 정치적인 상황 때문에 노벨상 수상을 거부한 첫 사례가 됐다.

🔍 노벨상 역대 최다관왕은?

노벨상 역대 최다관왕은 개인이 아닌 기구로, 국제적십자위원회가 평화상을 3번 수상했다(1917·1944·1963년). 이 밖에 마리 퀴리(1903년 물리학상, 1911년 화학상), 존 바딘(1956·1972년 물리학상), 프레데릭 생어(1958·1980년 화학상), 라이너스 폴링(1954년 화학상, 1962년 평화상), 유엔 난민고등판무관(1954·1981년 평화상) 등이 2차례 노벨상을 받은 바 있다.

🔍 노벨상 사후 수상자는?

지금까지 사후에 노벨상을 수상한 사람은 단 3명이다. 1974년 사후에 수상하지 않는다는 정관이 마련되기 전에는 다그 함마르셸드 유엔 사무총장(1961년 평화상)과 스웨덴 시인인 에리크 악셀 칼펠트(1931년 문학상)가 사후에 상을 받았다. 정관이 마련된 후에는 2011년 랠프 스타인먼이 노벨 생리의학상을 받았는데, 그는 노벨상 수상자 발표 3일 전 사망했지만 이 사실이 알려지지 않아 수상자 명단에 포함됐다.

🔍 노벨상은 왜 사진 대신 초상화로 수상자를 발표할까?

노벨상 측이 수상자의 실제 사진 대신 초상화를 쓰는 것은 발표 직전이라 할지라도 사진을 미리 촬영하며 발생할 수 있는 수상자 유출을 미연에 방지하기 위해서다. 현재 노벨위원회에서 공개하는 수상자들의 공식 초상화는 스웨덴 출신 화가 니클라스 엘메헤드가 독점 제작하고 있다. 그는 2012년 노벨위원회 소속 미디어 아트 디렉터로 채용된 이후 매년 노벨상 수상자 초상화를 그려왔다. 엘메헤드의 초상화는 2017년 전까지는 노벨상 상징색 중 하나인 파란색을 썼지만, 2017년 노벨상 수상자 발표 공식 색상이 금색으로 정해지면서 금색으로 바꿨다.

시사용어

① 정치·외교·법률

경합범(競合犯) ▼

판결이 확정되지 않은 2개 이상의 죄, 또는 판결이 확정된 죄와 그 판결 확정 전에 범한 죄를 말한다. 경합범은 「상상적 경합범」과 「실체적 경합범」으로 나뉘는데, 상상적 경합법은 1개의 행위가 2개 이상의 죄에 해당되는 경우를 말하며, 실체적 경합범은 한 사람이 2개 이상의 죄를 범하는 경우를 말한다. 예를 들어 전자는 탄환 1개를 발사해 수인을 살해한 것과 같은 경우에 발생하고, 후자는 1월에 절도죄·2월에 횡령죄 등과 같이 각각의 범죄를 3월에 동시에 재판하는 경우가 해당된다. 우리나라 형법은 상상적 경합범의 경우 여러 범죄 중 가벼운 범죄는 흡수해 처벌 형량이 가장 무거운 범죄로만 처벌하는 「흡수주의」를 채택하고 있다. 반면 실체적 경합은 「가중주의」를 채택, 가장 무거운 죄에 대해 정한 형량에 1.5배 가중해 처벌한다.

지난 7월 1일 서울 시청역 역주행 사고로 16명의 사상자를 낸 가해차량 운전자 차모 씨(68)가 8월 20일 구속기소된 가운데, 검찰은 차 씨에게 「상상적 경합」 관계에 따라 교통사고처리 특례법상 업무상과실치사상 혐의를 적용했다.

계엄령(戒嚴令) ▼

"이재명 더불어민주당 대표가 9월 1일 여야 대표회담 모두발언에서 「계엄 준비설」을 언급하면서 논란이 일었다. 이 대표의 해당 발언 이후 대통령실과 여당은 국기문란이라며 반발했고, 민주당 지도부와 소속 국방위원들이 이에 대응하면서 충돌이 격화됐다. 계엄령 논란은 윤석열 대통령이 지난 8월 충암고 선배인 김용현 대통령경호처장을 국방부장관 후보자로 지명한 것에서 시작됐는데, 김 후보자가 국방장관이 되면 윤 대통령의 충암고 선후배들이 군정·군령권은 물론 실병력의 동원과 통제에 필수적인 정보 계통의 요직을 장악하게 된다는 사실 때문인 것으로 알려졌다."

전시, 사변 또는 이에 준하는 국가 비상사태 시에 법률이 정하는 바에 따라 헌법 일부의 효력을 일시 중지하고 군사권을 발동해 치안을 유지할 수 있는 국가긴급권의 하나로, 대통령의 고유 권한이다. 계엄을 선포할 때는 지체 없이 국회에 통보해야 하며, 국회가 국회의원 과반수의 찬성으로 계엄 해제를 요구하면 대통령은 이를 해제해야 한다. 1960년 이승만 정권 이후 ▷4·19 혁명(1960) ▷5·16 군사정변(1961) ▷6·3사태(1964) ▷10월 유신(1972) ▷박정희 대통령 서거(1979) ▷12·12 사태(1979) ▷5·18 민주화운동(1980) 등 7번의 계엄령이 선포됐는데, 박정희 정권 당시 가장 많은 4번의 계엄령이 선포됐다.

계엄령은 「비상계엄」과 「경비계엄」으로 나뉘는데, 비상계엄은 대통령이 전시·사변 또는 이에 준하는 국가비상사태 시 적과 교전 상태에 있거나 사회질서가 극도로 교란돼 행정 및 사법기능의 수행이 현저히 곤란한 경우 군사상 필요에 따르거나 공공의 안녕질서를 유지하기 위해 선포한다. 경비계엄은 전시·사변 또는 이에 준하는 국가비상사태 시 사회질서가 교란돼 일반 행정기관만으로는 치안을 확보할 수 없는 경우에 공공의 안녕질서를 유지하기 위해 선포한다.

더불어민주당이 9월 20일 계엄을 빙자한 친위 쿠데타를 막겠다며 「서울의봄 4법」을 발의했다. 서울의봄 4법은 계엄 선포와 유지 요건을 강화하고 국회의 계엄 해제 의결을 보장하는 것을 핵심으로 한다. 또 국회 동의를 받지 않은 계엄령 집행 과정 혹은 국회의 계엄 해제 권한을 방해하는 과정에서 타인에게 손해를 입힌 경우, 그 손해를 국가와 지방자치단체가 배상하도록 했다.

국가기념일(國家記念日) ▼

"행정안전부가 오는 11월 4일까지 「각종 기념일 등에 관한 규정」 일부 개정령안을 입법예고한다고 29일 밝혔다. 이에 따라 내년부터 5월 15일은 세종대왕 나신 날, 5월 27일은 우주항공의 날로 지정된다."

「각종 기념일 등에 관한 규정」(대통령령)에 따라 정부가 제정·주관하는 기념일로, 「법정기념일」이라고도 한다. 국가기념일은 원래 공휴일이 아니지만, 「관공서의 공휴일에 관한 규정」(대통령령)에 의해 일부 기념일이 공휴일이 되었다. 국가기념일로 지정되면 주관부처가 정해지고, 부처 자체적으로 예산을 확보해 기념식과 그에 부수되는 행사를 전국적인 범위로 행할 수 있다. 국가기념일에 관한 사항은 법령이 아닌 규정으로 돼 있기 때문에 국무회의 의결 등을 거쳐 대통령이 선언만 하면 된다.

한편, 우리나라의 기념일은 크게 세 가지로 구분할 수 있는데, ▷3·1절, 광복절, 개천절, 한글날 등 법률로 지정한 「국경일」 ▷1월 1일, 부처님오신날, 성탄절 등과 같이 관공서의 공휴일에 관한 규정에 의한 「법정 공휴일」 ▷「각종 기념일 등에 관한 규정」에 의해 정부가 제정·주관하는 기념일인 「국가기념일」이 이에 해당한다.

국제원자력기구(IAEA · International Atomic Energy Agency) ▼

"함상욱 주오스트리아 대사 겸 주빈 국제기구대표부 대사가 9월 16~20일까지 오스트리아 빈에서 열리는 제68차 IAEA 총회 의장으로 선출됐다. 한국이 IAEA 총회 의장직을 맡은 것은 1957년 창설 회원국 가입 이후 두 번째로, 지난 1989년 제33차 총회에서 한국과학재단 이사장이었던 정근모 박사가 의장을 맡은 이후 35년 만이다. 한국은 2021~2022년 IAEA 이사회 의장국으로 활동한 바 있다."

원자력의 평화적 이용을 위한 연구와 국제적인 공동관리를 위해 1957년 창설된 국제연합(UN)의 전문기구로, 핵확산금지조약(NPT)의 준수를 감시한다. 한국은 1957년 창설회원국으로 가입했으며, 북한은 1974년 가입했으나 1993년 2월 IAEA가 특별 핵사찰을 요구하자, 1993년 NPT 탈퇴를 선언한 데 이어 1994년 6월 IAEA 탈퇴를 선언했다. IAEA의 집행기관은 35개국으로 구성된 이사회로, 본부는 오스트리아 빈에 있다. 이사회 의장국은 8개 그룹이 돌아가면서 맡는데, 중국·일본·베트남·몽골·필리핀 등과 함께 극동 그룹(6개국)에 속한 한국은 2021년 9월 열린 이사회 총회에서 의장국으로 처음 선출된 바 있다. IAEA는 핵무기 확산 방지와 평화적 이용에 공헌한 공로로 당시 사무총장 모하메드 엘바라데이(Mohamed ElBaradei)와 함께 2005년 노벨 평화상을 수상한 바 있다.

> **핵확산금지조약(NPT · Nuclear non-Proliferation Treaty)** 1968년 7월 국제연합(UN)에서 채택돼 1970년 3월 5일 정식 발효된 조약으로, 정식 명칭은 「핵무기의 불확산에 관한 조약」이다. 이는 비핵보유국의 핵무기 보유와 핵보유국의 핵무기 양여를 금지하는 조약으로, 미국과 구소련 주도로 성립됐다. 협약은 중국·영국·프랑스를 포함한 5개국의 핵무기 독점 보유를 인정하는 대신 여타 가맹국의 핵무기 개발·도입·보유를 금지하고 있다.

국제형사재판소 (ICC · International Criminal Court) ▼

"블라디미르 푸틴 러시아 대통령이 9월 2일부터 몽골을 방문한 가운데, 국제형사재판소(ICC) 당사국 중 하나인 몽골이 ICC가 체포영장을 발부한 푸틴 대통령을 체포하지 않으면서 논란이 일었다. 푸틴 대통령은 2022년 2월 우크라이나를 침공한 뒤 어린이들을 강제로 이주시킨 혐의 등으로 지난해 3월 ICC에 수배된 바 있다. 푸틴의 몽골 방문에 맞춰 우크라이나 등 국제사회는 ICC 회원국인 몽골에 푸틴을 체포해 회원국으로서의 의무를 다하라고 촉구했으나, 몽골은 ICC의 명령에 응하지 않은 것이다."

국제사법재판소(ICJ)가 국가 간 분쟁을 다루는 것과 달리 집단살해죄, 전쟁범죄, 반인도적 범죄를 저지른 개인을 형사처벌하기 위해 2002년 네덜란드 헤이그에 설립된 세계 최초의 상설 전쟁범죄재판소이다. 1998년에 마련된 로마조약에 근거해 발족된 ICC는 임기 9년인 18인의 재판관을 비롯해 소추부·사무국으로 구성돼 있다. 재판관은 각국 최고법원 판사 자격을 갖추고 형사재판 등의 실무경험이 있는 사람 중 선출되며, ICJ와는 달리 단임제다. 3년 임기의 재판소장은 한 차례 재선이 가능하며, 한국 출신 소장으로는 2009~2015년까지 역임한 송상현 소장이 있다. ICC는 해당 국가가 전쟁범죄 등에 대한 재판을 거부하거나 재판할 능력이 없다고 판단될 때 재판절차에 들어가게 된다. ICC의 관할권은 ICC 당사국 영토 안에서 범죄가 발생하거나, 피의자가 당사국 국적자인 경우 적용된다. 다만 2002년 7월 이전에 발생한 행위는 다룰 수 없도록 「불소급 원칙」이 적용되며, 최고 형량은 징역 30년(극단적인 경우 종신형)이다. 2024년 현재 로마조약에 서명한 당사국은 124개국이나 미국·중국·러시아·인도·이스라엘·북한 등 전 세계 약 3분의 1 국가가 참여하지 않고 있다는 한계가 있다.

남중국해(南中國海, South China Sea) ▼

"9월 29일 로이터통신에 따르면 미국과 필리핀, 오스트레일리아, 일본, 뉴질랜드 5개국이 28일 필리핀의 배타적경제수역(EEZ)에서 연합 군사훈련을 시작했다. 해당 훈련에는 중국과 필리핀 등이 영유권 분쟁을 벌이고 있는 스카보러 암초(중국명 황옌다오) 지역이 포함됐다. 이에 중국도 군사훈련으로 맞대응했는데, 관영 신화통신 보도에 따르면 중국 인민해방군 남부전구는 9월 28일 오전 성명을 통해 「공군과 해군이 황옌다오 인근 해상과 영공에서 정찰과 조기 경보, 순찰 등 일상적인 훈련 활동을 실시했다.」고 밝혔다."

중국·필리핀·베트남·말레이시아·인도네시아·브루나이·싱가포르 등에 둘러싸인 바다로, 중국은 「남해」, 베트남은 「동해」, 필리핀은 「서필리핀해」라고 부른다. 태평양의 속해로, 석유 예상 매장량이 280억 배럴에 이를 만큼 자원의 보고라는 점에서 인근 국가들의 분쟁이 심한 지역이다. 남중국해에는 중국·대만·베트남·말레이시아·필리핀·브루나이 등 6개국이 영유권 갈등을 빚고 있는 스프래틀리군도(중국명 난사군도, 베트남명 쯔엉사군도, 필리핀명 칼라얀군도) 외에도 베트남과 중국이 대립하고 있는 파라셀군도(중국명 시사군도, 베트남명 호앙사군도), 중국

과 필리핀이 대립 중인 스카보러군도(중국명 황옌다오) 등이 있다. 특히 중국은 1953년 남중국해 해역과 해저에 대한 영유권을 주장하기 위해 남중국해 주변을 따라 U자 형태의 9개 선인 「남해구단선(南海九段線)」을 설정했는데, 이는 남중국해 전체 해역의 90%를 차지한다. 이 남해구단선은 필리핀과 베트남 등 동남아 국가들의 배타적경제수역(EEZ) 구역과 상당히 겹치는 것은 물론 구단선의 해양상 위치 좌표를 명확히 제시하지 않아 국제법으로 인정하기에는 법적 타당성이 모호하다는 비판이 거세다. 그러나 중국은 이 남해구단선을 근거로 남중국해 영유권을 주장하며 인공섬을 조성해 군사시설화에 나서고, 필리핀과 베트남 어민들의 조업을 단속하고 있다.

네오콘(Neocons) ▼

"미국 네오콘(신보수주의)의 대표 주자 딕 체니(83) 전 부통령이 오는 11월 대통령 선거에서 민주당 후보로 나서는 카멀라 해리스 부통령에게 투표할 예정이라고 9월 6일 밝혔다. 체니는 2001~2009년까지 미국 부통령을 역임한 인물로, 한때 「美 역사상 가장 강력한 부통령」으로 불렸다. 그는 재임 당시 부시 대통령의 전폭적인 신뢰를 받으며 2003년 이라크와의 개전(開戰)을 적극적으로 주장했고, 김정일 당시 북한 국방위원장의 무기 교역과 돈줄을 압박해 북한 내 정권 교체를 촉진시키는 전략을 폈다. 이처럼 오랫동안 강성 공화당을 대표하는 상징적 인물로 여겨진 체니가 민주당 후보를 공개적으로 지지하고 나선 것을 두고 큰 화제가 되고 있다."

「네오 콘서버티브(Neo-conservatives)」의 약칭으로, 공화당을 중심으로 한 미국의 신보수주의자들을 일컫는다. 이들은 미국 우월주의와 종교적 신념을 강조하는 극단적 보수주의 성향을 보이는데, 조지 W. 부시 미국 대통령 집권 시기 이라크 후세인 정권 축출에 성공하면서 그 세력이 급부상한 바 있다. 네오콘의 대표적 인물로는 딕 체니 전 부통령, 도널드 럼스펠드 전 국방장관, 폴 울포위츠 전 국방부 부장관 등이 있다. 네오콘은 「야만인들로부터 민주주의를 지키는 것은 자연의 권리이자 책임」이라고 주장한 미국의 정치철학자 레오 스트라우스(Leo Strauss)

를 사상의 기원으로 삼으며, 힘이 곧 정의라고 믿고 군사력을 바탕으로 미국이 세계의 패권국으로 부상하는 것을 목표로 한다.

다국적 제재 모니터링팀(MSMT·Multilateral Sanction Monitoring Team) ▼

"러시아의 거부권 행사로 활동이 종료된 「유엔 안전보장이사회(안보리) 대북제재위원회 산하 전문가패널」을 대체할 새 대북제재 이행 감시 메커니즘이 10월 16일 출범했다. 김홍균 외교부 1차관은 이날 서울 종로구 외교부 청사에서 「유엔 안보리 대북제재 결의 이행을 위한 MSMT(다국적 제재 모니터링 팀) 설립에 관한 공동성명」을 발표했다."

지난 4월 상임이사국인 러시아의 비토(거부권)로 출범 15년 만에 해체됐던 유엔 안전보장이사회(안보리) 산하 대북제재위원회 전문가패널을 대체할 새로운 모니터링 메커니즘이다. MSMT에는 한국·미국·일본·프랑스·영국·독일·이탈리아·네덜란드·캐나다·호주·뉴질랜드 등 11개국이 참여하며, 북한의 핵·미사일 도발, 러시아와의 무기거래 등 대북제재 이행 감시를 통해 이에 대한 보고서를 발간하는 역할을 담당한다. 과거 유엔 전문가패널은 1년에 2차례 보고서를 발간해 왔으나, MSMT는 정례 보고서와 함께 특정 이슈·분야별로 수시 별도 상세 보고서 발간도 검토 중인 것으로 알려졌다. 특히 발간된 보고서는 대외에 공개하고, 유엔 안보리 내 회람과 안보리 공개 브리핑 실시도 추진한다는 방침이다.

문화교류국 ▼

북한의 대표적인 대남 공작부서로, 군 정찰총국과 함께 대남공작 투톱으로 꼽히는 조직이다. 정찰총국이 요인 암살, 테러, 사이버 공격 등을 주요 임무로 한다면 문화교류국은 남한 내부에 침투한 고정간첩 관리, 반정부 인사를 포섭해 비밀지하조직(지하당)을 구축하는 임무를 핵심으로 한다. 문화교류국은 현재에 이르기까지 문화연락부·대남연락부·사회문화부·대외연락부·225국 등으로 그 명칭이 변경돼 왔는데, 가장 최근인 2015년에 현재의 문화교류국으로 바꾸고 조선노동당 산하로 편입된 바 있다.

북한의 대남사업을 담당하는 조선노동당 산하의 문화교류국이 별도의 조직으로 분리돼 명칭을 바꾸고 규모를 확대한 것으로 알려졌다. 당초 문화교류국은 지휘체계상 노동당 통일전선부 산하 기구였지만 통전부가 올해 「노동당 중앙위 10국」으로 개편됐고 문화교류국도 이름이 바뀌며 따로 분리된 것으로 알려졌다. 이는 북한이 대남 공작에 더욱 적극적으로 나서겠다는 의도를 드러낸 것으로 해석되고 있다.

바이블 벨트(Bible Belt) ▼

전통적으로 보수적 성향의 복음주의 기독교인들이 많이 거주하는 미국 남부 지역을 이르는 말로, 앨라배마주·텍사스주·루이지애나주·미시시피주·아칸소주 등이 해당한다. 이들 지역은 동성애를 비롯해 낙태와 마약 등에 대한 반대 정서가 미국의 다른 지역들에 비해 두드러지게 높다. 그리고 이러한 특성 때문에 정치적으로는 공화당 지지 지역으로 인식되는데, 실제로 이곳에 거주하는 복음주의자들은 미국 사회의 주요 쟁점에 있어 보수 여론 형성에 큰 영향을 미치고 있다. 특히 힐러리 클린턴과 도널드 트럼프가 맞붙었던 2016년 대선에서 이들 복음주의자들은 트럼프에게 몰표에 가까운 표를 던지면서 트럼프의 당선에 큰 영향을 미친 바 있다.

올 미국 대선의 7개 경합주 중 하나인 조지아주는 펜실베이니아주(19명) 다음으로 많은 16명의 선거인단이 걸려있는 곳이다. 바이블 벨트 중 하나인 조지아주는 1992년 빌 클린턴을 선택하기 전까지 공화당의 텃밭이었지만, 2020년 대선에서는 민주당 조 바이든 대통령(49.5%)이 공화당 도널드 트럼프 전 대통령(49.3%)을 0.2%포인트 차로 이긴 바 있다.

밴플리트상(Van Fleet Award) ▼

"「골프 전설」 박세리 바즈인터내셔널 공동대표 겸 박세리희망재단 이사장이 10월 1일 한국 여성 최초로 밴플리트상을 수상했다. 미국의 비영리단체 코리아소사이어티가 주관하는 밴플리트상은 1992년부터 매년 한미 관계 증진에 기여한 인물에게 주는 상으로, 올해는 박 이사장과 휠라홀딩스 윤윤수 회장이 공동 수상했다."

한·미 친선협회인 「코리아 소사이어티」가 1992년 제정해 한·미 관계 발전에 기여한 인물에게 매년 수여하고 있는 상이다. 이 상의 이름을 딴 제임스 밴플리트(James Van Fleet, 1892~1992) 장군은 1950년 8월 미 2군단장으로 6·25전쟁에 참전했고, 1951~53년에는 미 8군 사령관을 지낸 인물이다. 그는 한국의 재건과 부흥을 위해 노력했고 한미 우호협력단체인 「코리아 소사이어티」를 만들어 한미우호 증진사업에 앞장선 것으로 잘 알려져 있다. 이에 「코리아 소사이어티」는 1992년 밴플리트상을 제정했고, 한미관계 증진에 공헌한 양국 국민을 선정해 시상하고 있다. 특히 2020년에는 아이돌 그룹 방탄소년단(BTS)이 밴플리트상을 수상해 화제를 모으기도 했다.

북한 핵실험(北韓 核實驗) ▼

북한은 2006년 10월 9일 1차 핵실험을 시작으로 ▷2009년 5월 2차 ▷2013년 2월 3차 ▷2016년 1월과 9월에 4·5차 ▷2017년 9월 6차 등 총 6차례의 핵실험을 단행했다. 북한이 2006년 처음으로 시행한 1차 핵실험은 플루토늄을 이용한 초보적 실험으로 사실상 핵장치 시험 정도로 평가됐으나, 2009년 실시된 2차 핵실험에서는 지진 규모가 4.5로 늘었고 파괴력도 3~4kt으로 높아졌다. 또 2013년 실시된 3차 핵실험의 지진 규모는 4.9였고, 위력 역시 추정 기관마다 다르지만 6~7kt으로 커졌다. 4차 핵실험은 지진 규모 4.8에 위력 6kt으로 추정됐으나 북한은 첫 수소탄 실험을 성공적으로 실시했다고 주장했다. 그리고 6차 핵실험은 위력 50kt 이상으로 추정되며 역대 북한 핵실험 가운데 최대 규모를 기록, 핵능력을 진전시켰음을 보여줬다.
이처럼 북한은 6차례의 핵실험을 통해 핵능력을 점차 끌어올렸으며, 현재 상당한 수준의 핵 소

형화를 달성한 것으로 추정되고 있다.

북한이 7차 핵실험에 나선다면 함경북도 풍계리 핵실험장 3번 갱도에서 강행할 것이 유력하다는 군 정보당국의 평가가 최근 나왔다. 최근 핵무기에 사용되는 고농축우라늄(HEU) 제조시설을 최초로 공개한 북한은 오는 11월 미 대선을 앞두고 조만간 핵실험까지 나설 것이라는 관측이 나오고 있는데, 만약 김정은 국무위원장이 올해 7차 핵실험을 단행할 경우 2017년 이후 7년 만에 이뤄지는 것이다.

비세그라드 그룹(Visegrad Group) ▼

"윤석열 대통령이 9월 30일 한국을 공식 방문한 로베르트 피초 슬로바키아 총리와 「전략적 동반자 관계」 수립에 합의하고 무역·투자, 국방, 에너지 등 다양한 분야에서 협력을 강화하기로 했다. 이로써 한국은 비세그라드 그룹 4개국 모두와 전략적 동반자 관계를 맺게 됐다."

체코·헝가리·폴란드·슬로바키아 등 4개국으로 구성된 중유럽 지역협력체를 말한다. 이는 1991년 2월 헝가리 수도 부다페스트 인근 비세그라드시에서 체코슬로바키아·헝가리·폴란드 등 3국 정상이 상호우호 증진을 목표로 설립하면서 시작됐다. 그러다 체코와 슬로바키아가 1993년에 분리되면서 회원국은 4개국이 됐다.

선택적 부부별성제(選擇的 夫婦別姓制) ▼

결혼할 때 아내 또는 남편이 상대방 성(姓)을 따를지 자율적으로 선택하도록 하는 제도로, 결혼 후에도 부부가 결혼 전 성을 그대로 쓸 수 있도록 하는 것이다. 현재 일본 법은 결혼하면 부부가 성(姓)씨를 둘 중 하나로 통일하도록 강제하는데, 대부분의 경우 아내가 남편 성을 따르고 있다. 혼인한 여성이 남편 성을 따르는 관행은 세계 여러 나라에 있지만, 부부 간 별성 사용을 법으로 인정하지 않는 나라는 일본이 유일한 것으로 알려져 있다. 선택적 부부별성제는 결혼을 해도 본인이 싫다면 혼인 전의 성씨를 유지하도록 허용하자는 것으로, 그간 일본 내에서 여러 차례 도입 주장이 나왔으나 사회 전반의 보수적 분위기로 인해 좀처럼 변화가 이뤄지지 않은 상

태다. 특히 한국 헌법재판소 격인 일본 최고재판소는 2015년에 이어 2021년 부부동성제도에 대해 합헌 결정을 내린 바 있다.

유엔 여성차별철폐위원회가 일본 정부에 8년 만에 다시 「선택적 부부별성제도 도입」을 권고할 것으로 예상된다고 일본 아사히신문이 10월 14일 보도했다. 일본은 민법상 부부가 같은 성씨를 사용하도록 하는데, 대부분 아내가 남편 성씨를 따르고 있어 여성 차별이라는 지적이 많다. 특히 지난 9월 27일 실시된 자민당 총재 선거 때 선택적 부부별성제가 일본 사회의 주요 이슈로 부상한 바 있어 그 귀추가 주목되고 있다.

세계정치학회(IPSA · International Political Science Association) ▼

"김대중재단이 10월 16일 세계정치학회가 김대중 대통령 탄생 100년을 맞아 김대중상을 제정했다고 밝혔다. 김대중상은 2025년 7월 세계정치학회 서울 세계대회부터 2년마다 세계 평화와 민주주의, 인권 분야에서 큰 업적을 낸 세계적 학자에게 수여된다."

1949년 유네스코 후원으로 설립된 한국·미국·영국·프랑스·독일 등 전 세계 주요 국가의 정치학회가 포함된 정치학회 연합체. 전 세계 50여 개국 4000여 명의 회원을 보유한 세계정치학계 대표 학회로, 매 2년마다 세계대회를 개최하고 있다. 한국은 1997년 17차 세계대회를 아시아 최초로 개최한 바 있으며, 내년 7월에는 서울 코엑스에서 제28차 세계정치학회 세계대회가 열릴 예정이다.

우키시마호 사건(浮島丸 事件) ▼

"외교부가 9월 5일 우키시마호 승선자 명부를 입수하기 위해 일본 정부와 교섭을 거친 결과 일본 측으로부터 승선자 명부 일부를 제공받았다고 밝혔다. 외교부에 따르면 일본 측은 내부 조사를 마친 자료 19건을 한국 측에 우선 제공했으며, 다른 자료에 대해서도 내부조사가 완료되는 대로 제공하기로 했다. 그동안 일본 정부는 승선자 명부가 우키시마호 침몰과 함께 사라졌다고 주장했으나, 올 5월 일본 언론인의 정보공개 청구에 응해 명부 3개를 공개한 바 있다. 이어 미야자키 마사히사 후생노동성 부대신(차관)이 국회에 출석해 「승선자 등의 명부라고 이름 붙은 자료가 70개 정도 있다」고 밝히기도 했다."

1945년 8월 24일 광복 직후 귀국하려는 강제동원 노동자 등 재일 한국인들을 태우고 부산으로 향한 일본 해군 수송선 우키시마호가 폭발로 침몰한 사건을 말한다. 당시 일본은 아오모리현 반도에 이주시켜 강제노역에 동원했던 한국인 징용자와 가족 등을 우키시마호에 태웠고, 이 배는 1945년 8월 22일 일본 최북단의 군항 오미나토(大湊)항을 출발했다. 그러나 우키시마호는 8월 24일 돌연 방향을 돌려 교토 마이즈루항에 기항하려다 갑자기 선체 밑부분이 폭발하며 침몰했다. 당시 일본 정부는 우키시마호가 해저 기뢰를 건드려 폭침했다고 주장하면서 조선인 승선자 3725명 가운데 524명이 사망했다고 발표했다. 하지만 한국인 생환자와 유족들은 일본이 고의로 배를 폭파했고 승선자 7500~8000명 중 한국인 희생자가 수천 명에 이른다며 일본 정부에 진실 규명을 요구해왔다. 그러나 일본은 사고 후 수 년간 선체를 인양하거나 유해를 수습하지 않아 의혹을 키웠다. 이후 일본과 국내에 있는 희생자 유가족, 시민단체 등은 당시 일본이 배에 실어 놓은 폭발물에 의해 사고가 났을 가능성이 높다는 내용의 생존자 증언과 관련 수집자료 등을 근거로 일본 정부에 진상 재조사와 관련자료 공개 등을 지속적으로 요구해 왔다. 이에 당시 승선했던 21명(1명은 소송 제기 뒤 사망)과 희생자 유족 59명 등은 1992년 이후 3차례에 걸쳐 일본 정부를 상대로 공식 사죄와 30여 억엔을 배상하라는 손해배상 청구 소송을 제기했다. 해당 소송은 1심에서는 일부 승소 판결이 내려졌으나, 2004년 항소심에서는 원고 패소 판결이 내려졌다.

워크(Woke) ▼

"영국 경제 전문지 《이코노미스트》가 9월 19일 2010년대 중반부터 미국 사회에 막강한 영향력을 행사했던 「워크(Woke)」 문화가 급격히 힘을 잃으면서 대선 캠페인에도 영향을 미치고 있다고 보도했다. 실제 소수인종과 성소수자의 지지세가 강한 민주당의 경우 과거 선거 때마다 워크를 지지층 결집에 활용했으나, 올해 대선에서는 워크라는 말이 거의 등장하고 있지 않다."

「깨우다」를 뜻하는 영어 단어 「웨이크(Wake)」의 과거분사형을 미국 흑인들이 과거형(Woke)으로 짧게 말하던 것에서 유래된 말이다. 이는 1930년대 미국 인권운동에서 처음 언급되면서 사용되기 시작했는데, 「각성한」·「깨어 있는」이라는 뜻으로 번역된다. 「워크」는 본래 미국 인종차별 반대운동에서 사회적 불의를 인식하고 있다는 긍정적 의미로 사용됐다. 하지만 2020년 미국 미네소타주 미니애폴리스에서 경찰의 과잉 진압으로 흑인남성 조지 플로이드가 사망한 사건을 계기로 그 의미가 확산되기 시작했다. 당시 이 사건으로 「흑인 생명도 소중하다(Black Lives Matter)」 운동이 확산되는 등 미국 사회에서 워크가 거대 담론이 됐는데, 보수층을 중심으로 역차별에 대한 반발이 나오기 시작했다. 여기에 워크가 도덕적 우월성을 내세우는 보여주기식으로 전락해 오히려 사회 분열을 자극하고 있다는 비판까지 제기되면서, 보수 진영 등을 중심으로 과도한 「정치적 올바름(PC·Political Correctness)」에 빠진 사람들을 비꼬는 말로 해당 표현이 사용되기도 했다.

유엔인권이사회 (UNHRC · UN Human Rights Council) ▼

"한국이 10월 9일 3년 임기(2025~2027년)의 유엔인권이사회 이사국에 다시 선출됐다. 이로써 우리나라는 2006년 유엔인권이사회 초대 이사국으로 진출한 이래 6번째로 인권이사회 이사국을 맡게 됐다. 우리나라는 앞서 2006~2008년, 2008~2011년, 2013~2015년, 2016~2018년, 2020~2022년에 이사국을 지낸 바 있다."

유엔의 3대 축(Pillars)인 평화·안보, 개발, 인권 중 인권을 담당하는 유엔의 주요 기관으로 2006년 유엔 경제사회이사회(ECOSOC) 산하 인권위원회가 유엔총회 산하 기구로 격상되면서 출범했다. 국제사회의 인권과 기본적인 자유를 증진하고, 중대하고 조직적인 인권침해에 대처 및 권고하는 역할을 맡고 있다. 이사회는 유엔총회에서 회원국 절대 과반수(97표 이상) 득표 국가 중 다수 득표 국가 순으로 선출되는 임기 3년

의 47개 이사국으로 구성된다. 지역그룹별 이사국 수는 아프리카 및 아주그룹이 13개국, 중남미 8개국, 서유럽그룹 7개국, 동유럽 6개국 등이다. 이들 인권이사국은 193개 유엔 회원국의 무기명 투표로 매년 3분의 1씩 교체되는데, 임기는 3년이고 연임은 2회까지만 가능하다.

일본의 비핵 3원칙 ▼

핵문제에 관한 일본 자민당의 기본 원칙으로, 핵무기를 ① 가지지 않는다(not possessing) ② 만들지 않는다(not producing) ③ 들여놓지 않는다(not permitting the introduction of nuclear weapons into Japan)는 내용이다. 이는 1967년 12월 당시 사토 에이사쿠(佐藤榮作) 총리가 중의원 예산위원회에서 밝혔고, 1976년 5월 21일에는 중의원이 이를 결의함으로써 일본 정부의 비핵 정책 기본원칙으로 자리잡은 바 있다. 이후 일본의 총리들은 일본 핵무장 가능성이 대두될 때마다 비핵 3원칙이 일본 정부의 공식 방침임을 확인해 왔다.

이시바 시게루 자민당 신임 총재가 9월 27일자로 미국 보수성향 「허드슨 연구소」에 게재한 「일본 외교 정책의 장래」라는 기고문에서 아시아판 나토 창설로 중국·러시아·북한에 대한 억제력을 확보해야 한다는 의견을 게재했다. 이는 미국 전술핵의 일본 영토 내 반입을 허용할 수 있다는 입장을 밝힌 것인데, 이는 많은 일본인이 큰 거부감을 가진 이슈라는 점에서 큰 논란이 예상되고 있다. 이러한 논란은 제2차 세계대전 당시 미국이 일본 히로시마·나가사키에 원자폭탄을 투하해 수 십만명이 사망한 비극적 역사 때문이다.

자식 없는 캣레이디(Childless Cat Lady) ▼

"미국의 세계적인 팝스타 테일러 스위프트가 9월 10일 카멀라 해리스 부통령과 공화당 후보인 도널드 트럼프 전 대통령의 첫 TV토론이 종료된 직후 자신의 인스타그램에 해리스 지지 선언을 올리면서 큰 화제를 일으켰다. 특히 스위프트는 고양이를 안고 있는 사진을 함께 올리며 「테일러 스위프트, 자식 없는 캣레이디(Childless Cat Lady)」라고 적었는데, 이는 밴스 공화당 부통령 후보의 과거 캣레이디 발언을 겨냥한 것으로 풀이된다. 스위프트는 「스위프트노믹스(테일러 스위프트가 세계 경제에 미치는 엄청난 영향)」라는 신조어까지 탄생시킬 정도로 엄청난 영향력을 발휘하는 인물인데, 이에

스위프트의 해리스 지지 선언이 초접전 양상을 보이는 2024 미국 대선에 영향을 미칠 것이라는 분석이 나오고 있다."

11월 5일 치러지는 미국 대선의 공화당 부통령 후보인 J D 밴스 상원의원이 지난 2021년 7월 폭스뉴스에 출연해 카멀라 해리스 부통령을 비롯한 몇몇 민주당 인사들을 지칭하면서 논란을 일으킨 용어로, 「캣레이디」는 아이를 낳지 않고 고양이만 키우는 중년 독신 여성을 비하하는 의미로 사용되고 있다. 당시 밴스 의원은 해리스 부통령 등 민주당 인사들을 겨냥해 「자식이 없는 캣레이디들이 사실상 국가를 운영하고 있고, 이들은 미국을 자신의 인생처럼 비참하게 만들려고 한다.」고 주장한 바 있다. 이는 불임·난임으로 임신에 어려움을 겪고 있는 수많은 여성들의 분노를 일으켰는데, 이 발언은 밴스가 올해 미 대선 부통령 후보가 된 뒤 다시금 회자되면서 여론의 비판을 받고 있다.

한편, J D 밴스는 오하이오주에서 성장한 「힐빌리(Hillbilly)」 출신으로, 2016년 자신의 불우한 어린 시절을 회고한 책 〈힐빌리의 노래(Hillbilly Elegy)〉가 베스트셀러에 오르면서 전국적인 인지도를 얻은 바 있다. 그는 2022년 오하이오주 상원의원 선거에서 당선되며 정계에 진출했는데, 정계 입문 전에는 트럼프를 반대하는 입장이었으나 2020년 대선을 앞두고는 지지를 표명한 바 있다.

재·보궐 선거(再·補闕選擧) ▼

"2024 하반기 재·보궐선거가 10월 16일 오전 6시부터 오후 8시까지 치러졌다. 이날 치러진 선거의 선출 대상은 ▷서울특별시교육감 ▷부산 금정구청장 ▷인천 강화군수 ▷전남 영광군수와 곡성군수다. 선거 결과 부산 금정구청장과 인천 강화군수는 국민의힘 후보가 당선됐으며, 전남 곡성과 영광군수는 더불어민주당 후보가 당선되면서 양당이 각각 2곳씩 승리했다. 또 서울시교육감 선거에서는 진보 진영 단일 후보인 정근식 후보가 보수 진영 후보를 제치고 당선됐다."

대통령이나 국회의원 또는 지방자치단체장, 지방의회의원 등에 공석이 생겼을 때 이를 메우기 위해 실시하는 선거이다. 재선거는 공직선거에서

당선됐는데 임기 만료 전에 선거 자체에 무효사유가 발생해 당선이 무효가 된 경우 치르는 선거다. 보궐선거는 당선자의 임기가 시작되고 나서 대통령이나 의원 등이 그 직위를 상실한 경우 치르는 선거다. 선거일은 대통령의 궐위로 인한 선거 또는 재선거의 경우 그 선거의 실시사유가 확정된 때부터 60일 이내에 실시하되, 선거일은 늦어도 선거일 전 50일까지 대통령 또는 대통령권한대행자가 공고해야 한다. 국회의원·지방의회의원 및 지방자치단체의 장의 보궐선거·재선거, 지방의회의원의 증원선거는 4월 중 첫 번째 수요일에 실시하지만, 지방선거가 있는 해의 재보궐선거는 지방선거와 동시에 치러진다.

정의구현사제단(正義具現司祭團) ▼

1974년 9월 원주교구 지학순 주교의 구속을 계기로 이른바 제3세대의 젊은 천주교 사제들이 중심이 돼 결성한 단체이다. 당시 지학순 주교는 「전국민주청년학생총연맹」이라는 단체에 자금을 지원하면서 정권에 대한 불만을 조장하고 정권 타도를 획책했다는 죄목으로 박정희 정권에 의해 구속돼 징역 15년의 중형을 선고받았다. 이에 결성된 사제단은 시국 기도회 등을 통해 사건의 진실을 알리고 박정희 정권의 인권 탄압과 폭압 정치를 고발·규탄했다. 대표적으로 ▷1975년 김지하 시인의 양심선언 공개 ▷1980년 5·18 광주민주항쟁 진상 발표 ▷1981년 부산 미국문화원 방화사건 관련 성명 발표 ▷1987년 박종철 고문치사 조작사건 폭로 ▷1989년 방북한 임수경 씨의 무사귀환을 위한 문규현 신부의 북한 파견 등의 일을 해 왔다. 특히 사제단은 1987년 5월 박종철 고문치사사건의 진상을 파헤치는 데 결정적 역할을 했다. 그리고 이러한 민주화 운동으로 최기식, 함세웅, 문정현, 정호경, 문규현 신부 등 사제단 소속의 신부들이 옥고를 치루기도 했다.

중서부의 친절함(Midwest Nice) ▼

"10월 1일 CBS 주관 아래 열린 미국 부통령 후보 TV토론에서 민주당 팀 월즈와 공화당 J D 밴스 후보가 예상외로 차분한 분위기 속에서 토론을 진행하자 로이터 통신 등은 「중서부의 친절함」이라는 표현을 사용했다. 실제로 월즈는 네브래스카주, 밴스는 오하이오주 출생으로 미국 중서부 지역 출신이다. 두 후보는 이날 토론에서 불법이민과 낙태, 중동전쟁 등 주요 대선 이슈를 놓고 토론을 치렀으며, 토론이 끝난 뒤에도 악수를 나누고 부인을 서로에게 소개하는 등 상대방을 존중하는 모습을 보이면서 주목을 받았다."

미국 중서부 지역의 주민들이 다른 지역에 비해 공격성·호전성이 상대적으로 덜하고, 주변 사람들을 친절하게 대한다는 인식이 크다는 점에서 통용되고 있는 표현이다. 여기서 중서부는 동쪽의 애팔래치아 산맥과 서쪽의 로키산맥 사이 대평원에 자리 잡은 12개 주를 통칭한다.

천궁-II(天弓-II) ▼

"LIG넥스원이 9월 19일 이라크 바그다드에서 이라크 국방부와 3조 7134억 원 규모의 천궁II 공급 계약을 체결했다. 이에 따라 천궁II 도입 국가는 사우디아라비아, 아랍에미리트(UAE)에 이어 이라크 등 중동 3국으로 확대됐다."

천궁을 개량해 대탄도탄 하층방어 능력을 확보한 무기체계로, 북한의 탄도탄 발사와 항공기 공격에 동시 대응하기 위해 국내 기술로 개발된 중거리·중고도 지대공 요격체계이다. 이는 패트리어트미사일(PAC-2, PAC-3)과 더불어 고도 30km 이하 하층방어를 담당하는 무기로, 2012년부터 국방과학연구소 주관으로 개발돼 2018년 양산에 착수했고 2020년 11월 처음으로 포대 물량이 인도된 바 있다. 이후 다수의 시험발사에서 100% 명중률을 기록해 2017년 6월 전투용 적합 판정을 받았으며, 2021년 8월에는 국방기술품질원이 실시한 품질인증 사격시험을 통과해 본격 양산체제에 돌입했다. 천궁-II의 최대 사거리는 50km, 요격 고도는 약 15~40km, 최고속도는 마하 4~5 수준이다. 이는 교전통제소와 3차원 다기능레이더·수직발사대·유도탄으로 구성돼 있으며, 1개 발사대에서 최대 8기의 유도탄을 탑재해 연속 발사할 수 있다.

또 탄도탄 요격을 위해 교전 통제기술과 다기능 레이더의 탄도탄 추적기술이 적용됐으며, 유도탄은 빠른 반응시간 확보를 위해 전방 날개 조종형 형상 설계·제어기술, 연속 추력형 측추력 등의 기술이 적용됐다. 여기에 수직발사를 통한 전방위 사격능력과 고속비행체 대응능력, 고기동성, 정밀유도조종 성능을 갖춰 세계적 수준의 명중률을 보유하고 있다.

카투샤(Katyusha) ▼

"이스라엘군이 8월 25일 헤즈볼라의 공격 조짐을 포착했다며 전투기 100여 대 등을 동원해 레바논 내 헤즈볼라 표적을 선제 타격했다. 이에 헤즈볼라가 이스라엘에 300발이 넘는 로켓을 발사하며 반격을 시작해 양측의 대규모 공습이 이어졌다."

헤즈볼라가 8월 25일 이스라엘에 대한 보복 공격 시 발사한 로켓의 명칭으로, 제2차 세계대전 때 소련이 만든 다연장 로켓포다. 발명 당시에는 기밀 유지를 위해 소련 군사 과학자 안드레이 코스티코프 이름을 따서 「코스티코프」로 불렸다. 이후 로켓 발사대에 생산 공장인 보로네시 코민테른의 각인 K가 새겨진 것을 본 군인들이 당시 전쟁터에서 유행한 노래 제목인 「카튜샤의 노래」 제목을 따서 카튜샤란 별명을 붙였고, 이 별명은 이후 그대로 정식 명칭으로 굳어졌다.

쿼드(Quad) ▼

"미국·일본·호주·인도 4개국 안보협의체인 「쿼드(Quad)」 정상들이 9월 21일 미국에서 정상회의를 갖고 북한의 핵무기 추구와 탄도미사일 발사 도발을 규탄했다. 4개국 정상은 이날 미 델라웨어주 윌밍턴에서 정상회의를 갖고 「윌밍턴 선언」을 발표했는데, 해당 선언에는 북한 관련 핵·미사일 기술 이전 및 확산과 이를 위해 군사 협력을 키워가는 국가들에 대한 우려가 전례 없이 담겼다. 한편, 조 바이든 대통령이 정치적 고향이자 사저가 있는 윌밍턴으로 외국 정상을 초청해 정상회의를 한 것은 이번이 처음이다."

인도·태평양 전략의 당사자인 미국·인도·일본·호주 등 4개국이 참여하고 있는 안보협의체로, 2007년 이들 4개국이 처음 개최한 「4자 안보대화(Quadrilateral security dialogue)」의 앞글자를 딴 명칭이다. 쿼드는 2007년 이후 9년간 중단됐다가 2017년 부활했는데, 특히 2020년 8월 31일 화상으로 열린 「미국·인도 전략적 파트너십 포럼」에서 스티븐 비건 당시 미 국무장관은 쿼드를 나토(NATO, 북대서양조약기구)와 같은 다자 안보동맹으로 공식기구화하겠다는 뜻을 밝히기도 했다. 여기에 한국·베트남·뉴질랜드 등 주변국 참여를 통한 기구 확대·강화 방침(쿼드 플러스)도 내비치면서 주목을 받은 바 있다.

쿼드 4개국 정상 「9·21 윌밍턴 선언」 주요 내용

한반도 비핵화	북한 미사일 도발 규탄, 「완전한 한반도 비핵화」 재확인
해양안보	중국 겨냥 남중국해 공격 규탄, 4개국 해안경비 합동훈련 합의
공중보건	美 암 정복 프로젝트 「캔서 문샷」, 쿼드 파트너십으로 확대
통신망 개선	인도·태평양 지역 해저통신 인프라 투자 4개국 협력
기후변화 대응	청정에너지 인프라 민간투자 촉진 공동 노력
사이버공격 방어	사이버보안 파트너십 강화, 보안사고에 공동 대응

팔랴니치아(Palianytsia) ▼

"볼로디미르 젤렌스키 우크라이나 대통령이 8월 24일 신형 국산 드론으로 러시아를 공격했다고 밝혔다. 젤렌스키 대통령은 33주년 독립기념일인 이날 연설에서 「우리의 새로운 무기 팔랴니치아를 오늘 처음, 그리고 성공적으로 전투에 사용했다.」고 말한 것으로 전해졌다."

우크라이나가 만든 신형 로켓 드론의 이름으로, 겉은 딱딱하고 속은 부드러운 둥근 모양의 우크라이나 전통 빵 이름을 딴 것이다. 이는 드론과 미사일의 기능을 결합한 새로운 종류의 무기로, 드론 기능과 정밀 타격 기능을 통합했다. 아직 구체적인 성능과 제원 등은 알려지지 않았으나 중앙 본체에 날개가 있고 꼬리 부분에 4개의 조종면이 장착된 순항미사일의 전형적인 형태를 갖추고 있는 것으로 알려졌다. 이 미사일은 지상 플랫폼에서 발사되며 터보젯 엔진으로 구동돼 일반 드론에 비해 먼 거리를 타격할 수 있다.

이 신형 무인기에는 제트 엔진이 활용된 것으로 알려졌는데, 제트 엔진은 노즐이나 조리개에서 물·가스 등 유체를 뿜을 때 발생하는 제트 추진력을 사용하는 엔진이다.

한편, 「팔랴니치아」는 러시아인이 발음하기 어려운 우크라이나 단어인데, 우크라이나어로 팔랴니치아(паляниця)의 모음인 и은 러시아어에는 없는 발음이다. 이에 우크라이나 전쟁 발발 이후 우크라이나인들은 이 단어를 검문소에서 아군과 적군을 구별하는 암호로 사용하는 등 우크라이나의 정체성과 저항을 상징하는 의미로 확대됐다.

한미 핵협의그룹 (NCG·Nuclear Consultative Group) ▼

"한미 양국이 9월 5일부터 이틀간 워싱턴에서 제1차 한미 핵협의그룹(NCG) 모의연습(TTS·Table-Top Simulation)을 실시했다고 국방부가 8일 밝혔다. 이는 북한의 단계별 핵도발 시나리오를 상정해 미국의 대북 핵우산(확장억제) 제공을 위한 정책적 조율과 협의 과정을 한미가 NCG 차원에서 처음으로 점검한 것이다. TTS는 한미 군 당국 간 실시하는 핵우산 운용연습(TTX)에 비해 보다 폭넓은 범정부 차원의 핵공격 대응 절차를 토의하고 대응을 시뮬레이션하는 훈련이다."

북한의 핵위협에 대한 한미 공동의 핵전략과 기획을 통해 대북 확장억제를 강화하기 위한 양자 협의체로, 2023년 4월 한미 정상회담에서 채택한 「워싱턴 선언」에 따라 그해 7월 출범했다. 미국이 확장억제 기획 및 실행에 동맹국을 참여시키는 것은 사실상 나토의 핵기획그룹(NPG·Nuclear Planning Group)에 이어 처음인데, 양국은 당시 차관보급 협의체인 NCG를 연 4회 가동한다는 방침을 밝힌 바 있다. 이후 한미는 올 6월까지 3차례의 회의를 통해 대북 핵우산 가이드라인 격인 「한반도 핵억제 핵작전 지침」을 수립했으며, 지난 7월 양국 정상의 공동 승인과 서명 절차를 밟았다.

워싱턴 선언은 윤석열 대통령과 조 바이든 미국 대통령이 2023년 4월 26일 한미 정상회담을 통해 채택한 선언으로, 북한의 핵공격 시 미국 핵무기를 포함해 압도적 대응을 하는 등 미국의 확장억제 강화 방안 등을 담고 있다.

시사상식

핫마이크(Hot Mic)   ▼

"조 바이든 미국 대통령이 9월 21일 쿼드(Quad, 미국·일본·호주·인도의 안보 협의체) 정상회의에서 중국을 언급한 발언이 핫마이크에 노출되면서 논란이 됐다. 이날 바이든 대통령은 마이크가 꺼진 것으로 생각하고 「중국이 계속해서 남중국해, 대만 앞바다 등에서 공격적으로 행동하며 쿼드 국가를 시험하고 있다.」며 맹비난하는 발언을 이어간 것으로 전해졌다."

뜨겁다는 뜻의 영단어 Hot과 마이크(Mic)가 합성된 단어로, 각국 정상·정치인·연예인 등 유명 인사들이 켜진 마이크 앞에서 실수로 욕이나 험담을 하다가 논란을 일으키는 경우를 말한다. 마이크가 아직 뜨거울 때 터진 사고라는 뜻으로, 「오픈 마이크(Open Mic)」 또는 「낀 마이크(Stuck Mic)」라고도 한다.

핵잠수함(核潛水艦)   ▼

"미국 월스트리트저널(WSJ)이 9월 26일, 지난 5월 말 중국 조선소에 정박 중 침몰한 것으로 추정되는 잠수함이 중국이 개발하던 최신형 핵추진잠수함(SSN)으로 확인됐다고 미 당국자를 인용해 보도했다. SSN은 소형 원자로를 동력으로 하는데, 전략핵잠수함(SSBN)과 달리 핵무기 탑재는 불가능하다. 그러나 25노트(시속 46km) 이상의 빠른 속도로 장시간 항해하며 수중 공격을 펼칠 수 있다."

핵에너지에서 추진 동력을 얻는 핵추진 잠수함을 이르는 말로, 핵무기 탑재 여부는 상관 없이 추진 동력이 핵에너지인 잠수함이나 항공모함을 가리킨다. 보통 핵잠수함은 수중에서 35노트(시속 65km)의 속력으로 항해할 수 있으며, 사실상 연료 보급이 필요 없기 때문에 디젤엔진처럼 배터리 충전을 위해 수면 위로 떠오르지 않아도 된다. 평균 수명은 25~30년 정도이다. 핵잠수함은 그 용도에 따라 ▷핵무기를 탑재하지 않은 공격핵추진잠수함(SSN) ▷핵무기를 탑재한 전략핵잠수함(SSBN) ▷순항미사일을 탑재한 잠수함(SSGN)으로 구분하기도 한다.

지난 5월 말 중국 우한의 조선소에서 정박 중 침몰한 것으로 알려진 핵잠수함은 중국이 자체 설정한 해상 방어선인 「1 도련선」을 장악할 목적으로 개발됐다고 알려졌다. 도련선(島鏈線·Island Chain)은 1982년 중국군 해군사령관 류화칭이 설정한 해상 방어선이다. 이는 태평양의 섬(島)을 사슬(鏈)처럼 이은 가상의 선(線)으로, 중국 해군의 작전 반경을 뜻한다. 중국이 계획한 도련선은 총 3개로, ▷제1도련선은 일본과 대만·필리핀을 잇는 중국 본토 근해이며, ▷제2도련선은 서태평양의 오가사와라 제도에서 괌·사이판·파푸아뉴기니로 이어지며 ▷제3도련선은 태평양 한가운데에 있는 알류산열도부터 하와이를 거쳐 뉴질랜드 일대까지를 뜻한다.

현무-5   ▼

"10월 1일 오전 경기도 성남 서울공항에서 열린 건군 76주년 국군의날 기념식에서 현무-5가 처음 공개됐다. 기념식에서는 9축 18륜 이동식 발사차량(TEL) 위 원통형 발사관(캐니스터)이 얹어진 형태의 현무-5 발사차량 2대가 모습을 드러냈다. 해당 차량은 운전석이 전면을 바라본 채로 타이어만을 돌려 대각선으로 이동하는 측면기동능력을 선보였다."

재래식 무기지만 전술핵에 버금가는 파괴력을 갖추고 있어 「괴물 미사일」로 불리는 무기로, 10월 1일 국군의날 기념식에서 처음 공개됐다. 현무-5는 북한 지휘부가 은신한 지하 벙커를 파괴하는 미사일로, 북 핵·대량살상무기를 억제하는 「한국형 3축 체계」 중 하나인 대량응징보복(KMPR) 수단이다. 군에 따르면 탄두 중량 8t(세계 최고 수준)에 달하는 현무-5는 북한 전 지역에 대해 초정밀 초고위력 타격이 가능하다. 한편, 현무는 우리 군이 개발한 탄도미사일 명칭으로, ▷현무-1은 모두 퇴역했고 ▷현무-2 시리즈는 단거리 탄도미사일 ▷현무-3 시리즈는 순항미사일이다. 현무-4 시리즈는 현무-2를 개량한 탄도미사일로 현무-4-1은 지대지 탄도미사일, 현무-4-2는 함대지 탄도미사일, 현무-4-4는 잠수함발사 탄도미사일이다.

> **한국형 3축 체계** 북한의 핵·미사일 발사 움직임에 선제적으로 타격하는 킬체인(Kill Chain), 북한 미사일을 공중에서 탐지·요격하는 한국형 미사일방어(KAMD), 북한 핵·미사일 공격 시 보복하는 대량응징보복(KMPR)을 가리킨다.

② 경영·경제

경업금지의무(競業禁止義務) ▼

특별한 지위에 있는 사람이 그 영업주나 본인의 영업과 경쟁이 되는 행위를 하지 않아야 할 의무로, 「경업피지의무」라고도 한다. 상법은 기업과 특별한 관계를 가진 자로서 상업사용인, 영업양도인, 대리상, 합명회사의 사원, 합자회사의 무한책임사원, 주식회사와 유한회사의 이사 등이 신뢰관계를 남용해 영업주의 이익을 해하는 것을 방지하기 위해 이를 규정하고 있다. 상업사용인은 영업주의 허락 없이 자기 또는 제3자의 계산으로 영업주의 영업부류에 속한 거래를 하거나 회사의 무한책임사원·이사 또는 다른 상인의 사용인이 되지 못한다. 이에 위반해 거래를 한 경우 영업주는 상업사용인의 해임권과 손해배상청구권 및 개입권을 가진다.

미국 법원이 8월 20일 미국 상공회의소와 텍사스 세무회사가 FTC(연방거래위원회)의 경업금지의무 폐지 조치에 대해 제기한 소송에서 원고 승소 판결을 내렸다. 경업금지의무란 기업이 근로자와 근로 계약을 맺을 때, 계약이 종료된 뒤에도 일정 기간 이상 관련된 일을 하지 못하도록 하는 조항이다. FTC는 2023년 1월 근로자의 권리를 빼앗고 경제적 역동성을 저하시킨다는 이유로 해당 조항을 전면 폐지하는 방안을 추진해왔다. 그러나 법원의 이번 판결로 FTC의 결정이 발효되기 불과 2주 전에 뒤집히게 됐는데, 당초 이 조항은 9월 4일부터 모든 기업과 근로자에게 적용될 예정이었다.

공급망 파트너십 약정(SCPA·Supply Chain Partnership Arrangement) ▼

"싱가포르를 국빈 방문한 윤석열 대통령이 10월 8일 로런스 웡 싱가포르 총리와 정상회담을 갖고 공급망 교란에 양국이 공동 대응하는 「공급망 파트너십 약정(SCPA)」을 체결했다. 또 에너지 공급망 안정화를 위해 액화천연가스(LNG) 재고가 부족해지면 상대국에서 빌려주는 LNG 스와프 등의 협력을 추진하기로 했다."

윤석열 정부의 통상정책 중 하나인 「인도태평양경제프레임워크(IPEF) 공급망 협정」을 양자 차원으로 업그레이드한 것으로, 신속한 공급망 위기 대응을 위한 양자 파트너십이다. 우리나라는 싱가포르와 이를 처음으로 체결했으며, 2027년까지 호주와 인도네시아 등 5~6개국으로 확대한다는 방침이다. 우리나라와 싱가포르는 SCPA를 통해 공급망 교란 징후 포착 때 신속 통보하고 긴급회의를 열어 대체 수급처 정보 제공, 신속통관 등 상호지원을 하기로 약속했다.

농업수입안정보험(農業收入安定保險) ▼

"정부가 8월 27일 발표한 「2025년도 예산안」에서 2025년 수입안정보험 예산을 2078억 원으로 편성했는데, 이는 올해(81억 원)보다 약 25배 늘어난 것이다. 이는 올해는 콩·감자·보리 등 9개 품목에 대해 시범사업으로 진행됐으나, 2025년부터는 이들 품목에 전면 도입하면서 예산이 크게 늘어난 데 따른 것이다. 또 지원 대상 면적은 재배 면적의 1% 수준에서 최대 25% 수준으로 늘리고 보험 가입 대상 품목 역시 기존 9개에서 벼·무·배추 등 15개로 확대했다."

보험에 가입한 경작자의 작물 수확량과 가격을 모두 감안해 수입 감소분의 일정액을 보상해주는 제도를 말한다. 즉, 농가가 농작물을 수확해 얻은 수입이 줄었을 때 소득의 최대 85%를 보장해주는 보험으로, 사업 지역에서 보험 대상 농작물을 경작하고 「농어업경영체 육성 및 지원에 관한 법률」에 따라 농업경영체 등록을 한 개인 또는 법인이 대상이다. 단 과거 5개년 중 2년 이상 농작물재해보험 또는 수입안정보험에 가입해 수확량 통계가 확보된 과수원 및 농지에 우선 가입 권한이 있다. 수입안정보험은 2015년 3개 품목에 대한 시범사업으로 시작돼 2025년부터 전국단위 사업으로 전면 확대된다.

다이내믹 프라이싱(Dynamic Pricing) ▼

제품·서비스 가격을 일률적으로 정하지 않고 유동적으로 바꾸는 가격 전략으로, 실시간 수요·공급을 반영한다는 특징이 있다. 즉, 상품의 고정 가격을 정해놓지 않고 시장 상황이나 수요에 따라 가격을 탄력적으로 조정하는 판매 방식을 가리킨다. 예컨대 성수기에 비싸지는 항공권, 이른 아침에 저렴하게 판매하는 조조 영화표, 마트의 영업 마감 전 싸게 파는 상품 등이 이에 해당한다. 이러한 다이내믹 프라이싱은 여행 산업과 같이 수요·공급이 실시간으로 변화하지만 제품·서비스 품질은 크게 변화시키기 어려운 분야에서 주로 활용되고 있다. 예컨대 호텔이나 항공편 예약 시 검색 시점이나 예약하려는 날짜에 따라 가격이 달라지는 것이 이에 해당한다. 그러다 정보통신기술(ICT) 발전으로 실시간 수요·공급 파악이 가능한 데이터를 갖추게 되면서 점차 외식, 유통, 공연업계 등으로 그 적용 분야가 확산되고 있다. 특히 세계 최대 온라인 상거래 업체인 아마존은 「다이내믹 프라이싱」을 적극적으로 시행하고 있는데, 동일 상품에 대한 경쟁사 가격을 실시간으로 모니터링해 판매가를 끊임없이 변경하는 정책을 시행하고 있다. 이는 수요가 높은 제품의 가격은 공격적으로 낮춰 경쟁력을 확보하는 대신, 저관여 상품의 가격은 인상해 이윤을 남기는 것이다.

영국의 전설적 록밴드 오아시스가 15년 만의 재결합과 동시에 내년 7~8월 콘서트 일정을 발표한 가운데, 이들의 콘서트 가격 책정 방식이 논란이 됐다. 문제가 된 방식은 인공지능(AI) 기반 가격 측정 방식인 「다이내믹 프라이싱」으로, 안내 당시 150파운드(약 26만 원)가량이던 스탠딩 좌석 티켓값은 티켓 오픈 불과 몇 시간 만에 355파운드(62만 원) 이상으로 치솟았다. 이에 논란이 거세지자 결국 키어 스타머 영국 총리까지 나서 규제를 예고했으며, 유럽연합(EU)도 가격 급등의 근본 원인인 「다이내믹 프라이싱」에 대한 조사 계획을 밝혔다.

달러라이제이션(Dollarization) ▼

미국이 아닌 다른 국가가 미국 달러화를 자국의 공식 통화로 사용하는 것으로, 주로 미국에 경제적으로 의존하는 정도가 높은 중남미의 신흥국가에서 도입하는 제도이다. 달러화를 공식 화폐로 사용하는 이유는 세계의 기축통화로 인정받고 있는 미국 달러를 자국의 통화로 삼음으로써 외환의 위험을 낮추고, 환율을 안정시켜 경제 위기를 예방하며 교역을 활성화하기 위해서다. 또한 채권 발행 시 유리하고, 환율 변동의 위험이 없어지기 때문에 외국 기업의 투자를 이끌어낼 수 있다는 이점도 있다. 반면 달러라이제이션은 경제 주권을 뺏길 수 있다는 부정적 측면이 있다. 스스로 돈을 찍어낼 수 없기 때문에 중앙은행의 역할이 크게 줄어들어, 은행 등 금융기관이 위기에 빠지더라도 긴급 자금을 수혈할 수 없게 되기 때문이다.

달러 가치와 1 대 1로 연동된 스테이블 코인이 각국의 통화 주권을 위협하고 있다는 목소리가 커지고 있는 가운데, 사실상 각국 통화처럼 쓰이면서 전 세계 달러라이제이션이 심화될 것이라는 주장까지 제기되고 있다. 스테이블 코인은 가격 변동성을 최소화하도록 설계된 가상자산으로, 보통 1코인이 1달러의 가치를 갖도록 설계된다.

대외경제협력기금(EDCF·Economic Development Cooperation Fund) ▼

"윤석열 대통령이 필리핀 방문 이틀 차인 10월 7일 마닐라 말라카냥궁에서 열린 페르디난드 마르코스 필리핀 대통령과의 정상회담에서 수교 75주년을 맞아 「전략적 동반자 관계」를 수립하고 한국 정부의 대외경제협력기금(EDCF) 20억 달러가량을 필리핀 인프라 사업에 지원하는 계획을 발표했다."

개발도상국에 자금을 협력하고 경제개발을 지원하면서, 우리나라의 국제적 지위 향상에 상응하는 역할을 수행하기 위해 1987년 6월 1일 설립된 정부의 개발원조자금이다. EDCF는 우리나라의 제품 및 서비스를 구입할 것을 조건으로 하는 구속성 원조의 형태로 운용한다. 원조자금은 이자와 원금을 돌려받지 않는 무상원조(Grant)와 이자와 원금을 돌려받는 유상원조(Loan)로 구분되는데, EDCF는 유상원조에 해당된다. 우리나라는 EDCF를 원칙적으로 우리나라 제품과 서비스 구입을 조건으로 하는 구속성 원조(tied aid) 형태로 운용하고 있다. 구속성 원조란 차관을 제공하면서 물자, 기자재 및 용역의 구매계약을 반드시 차관공여국가의 기업과 체결하도록 제한하는 것을 말한다. EDCF는 보통 연 1~5%의 저리에 상환기간이 25~30년에 달하며, 이 자금을 지원받는 국가들은 원칙적으로 사업에 필요한 설비 등을 우리나라 기업으로부터 구매해야 한다.

디딤돌 대출 ▼

"정부가 10월 21일부터 시행하기로 했던 디딤돌 대출 한도 축소를 시행 3일을 앞둔 18일 잠정 유예한다고 밝혔다. 이는 잔금을 앞둔 실수요자들이 강하게 반발하는 등 후폭풍이 거세진 데 따른 것으로, 이에 정부의 성급한 정책 발표가 시장의 혼선과 실수요자 피해를 일으킨다는 지적이 나오고 있다."

2014년부터 실시된 정부지원 주택담보대출로, 부부합산 연소득이 6000만 원(단, 생애최초·신혼·2자녀 이상인 경우 7000만 원, 신혼 8500만 원) 이하의 무주택 세대주가 5억 원(신혼·2자녀 이상 6억 원) 이하 가격의 주택을 살 때 빌릴 수 있는 대출 상품이다. 최대 2억 5000만 원(신혼가구 및 2자녀 이상 가구는 4억 원)까지 대출을 받을 수 있는 정책금융 상품으로, 한도 내에서 주택담보대출비율(LTV)의 최대 70%(생애최초 구입은 80%)까지 대출이 가능하도록 설계돼 있다.

디딤돌 소득 ▼

기준소득 대비 부족한 가계 소득의 절반을 1년 동안 매월 현금으로 채워주는 소득보장제도로, 서울시의 대표적 복지정책이다. 이는 서울시에 주소지를 두고 거주하는 가족돌봄청(소)년·저소득 위기 가구로, 소득 기준 중위소득 50%(2단계는 85%) 이하이고 재산이 3억 2600만 원 이하인 가구를 대상으로 한다. 이는 가구 소득에 따라 차등 지원하는 방식으로 이뤄지는데, 서울시는 2022년 7월 1단계에 참여할 484가구(중위소득 50% 이하)를 선정한 데 이어 지난해 2단계로 1100가구(중위소득 85% 이하)를, 올 4월에는 가족돌봄청년과 저소득 위기가구를 중심으로 총 492가구를 추가로 선정한 바 있다.

라임사태 ▼

"대법원 2부가 10월 8일 라임자산운용(라임) 사태의 핵심 인물인 김봉현 전 스타모빌리티 회장으로부터 술접대를 받은 혐의로 기소된 전현직 검사들에 대해 무죄를 선고한 원심을

깨고 유죄 취지로 파기환송했다. 이는 검사의 수수액이 청탁금지법상 기준인 100만 원이 넘을 가능성이 크다는 판단에 따른 것으로, 앞서 1·2심은 100만 원을 넘지 않는다고 보고 피고인 3명에게 무죄를 선고한 바 있다."

국내 최대 헤지펀드인 라임자산운용이 2018년 10월 모펀드 4개·자펀드 173개에 대해 환매중단을 선언한 데 이어 폰지사기, 수익률 조작, 불완전판매 등의 불법행위에 연루됐다는 의혹이 나오면서 일파만파 확산된 사태를 말한다. 라임은 당시 ▷국내 사모채권에 주로 투자하는 플루토 FI D-1호 ▷국내 메자닌에 주로 투자하는 테티스 2호 ▷해외 무역금융 관련 자산에 투자하는 플루토 TF 1호 등 3개 모펀드와 157개 자펀드의 환매 중단을 선언했다. 그리고 2020년 1월에도 무역금융 펀드 크레딧 인슈어드(모펀드)와 16개 자펀드(2949억 원 규모)의 환매를 중단했다. 이로써 환매중단 펀드는 모펀드 4개와 자펀드 173개로 늘어났고 금액 규모도 총 1조 6679억 원으로 확대됐는데, 이는 전체 설정액의 41.4%에 달한 것이었다. 이후 해당 사태가 사모펀드에 대한 느슨한 규제가 원인이라는 지적이 나오면서 금융위원회와 금융감독원은 2020년 2월 14일 비유동성 자산 투자 비중이 50% 이상인 펀드에 대해 개방형 펀드 설정을 금지하는 등의 내용을 담은 「사모펀드 현황 평가 및 제도개선 방향」을 발표한 바 있다. 이 방안에는 공모·사모 구분 없이 비유동성 자산 투자 비중이 50% 이상일 경우 개방형 펀드로 설정하는 것을 금지하는 내용이 담겼으며, 개방형 펀드의 유동성 점검을 위한 스트레스 테스트가 의무화되는 내용도 명시됐다.

미-맥싱(Me-Maxing) ▼

세계 90개국에서 활동하는 글로벌 시장조사 기업 입소스가 〈입소스 마켓 트렌드 2025〉를 통해 내년 한국에서 나타날 주요 흐름 가운데 하나로 꼽은 것이다. 이는 외모·경력·개인의 성장 등 다양한 면에서 자신을 개선해 육체적·정

신적으로 최고로 만들어가는 것으로, 잘파세대가 추구하는 경향이기도 하다. 이 미-맥싱 외에도 ▷인공지능(AI)이 발달하고 매장 무인화가 가속화하면서 나타나는 「호모 아티피쿠스(Homo Artificus·인공적인 인간)」 ▷타인과의 느슨한 연대를 추구하는 「유연한 유대감」 ▷친척 대신 반려동물을 가족으로 인식하는 「공감가족」 ▷부모와 자녀가 같은 취미를 공유하는 「가족덕질」 ▷트렌드의 주역으로 부상하고 있는 1970년 대생을 뜻하는 「뉴렌지(NEWrange)」 등이 내년 한국 사회의 주요 흐름들로 꼽혔다.

숏핑(Short-pping) ▼

숏폼(Short-Form, 짧은 영상)과 쇼핑을 합친 말로, 숏폼을 통해 제품을 소개하고 소비자들의 구매를 유도하는 쇼핑 방식을 말한다. 이는 숏폼이 영상 콘텐츠의 대세를 이루면서 등장한 것으로, 숏폼 플랫폼인 「틱톡」을 비롯해 유튜브 「숏츠」, 인스타그램 「릴스」 등이 큰 인기를 끌고 있다. 이처럼 숏폼을 시청하는 이들이 늘어나면서 숏폼에서의 흥행이 매출로 이어지는 사례가 늘기 시작했다. 숏폼은 짧은 영상이라는 점에서 시간을 절약할 수 있고, 복잡한 설명 없이 제품의 핵심만을 전달해 소비자들이 부담 없이 정보를 얻을 수 있다는 장점을 갖고 있다. 무엇보다 숏폼 콘텐츠는 사용자의 인터넷 이용내역 및 주요 관심사를 바탕으로 한 알고리즘에 따라 시청자 맞춤 콘텐츠를 제공하기 때문에 소비자들의 실제 구매에 큰 영향을 미친다. 이에 기존 이커머스 업계에서도 모바일앱의 주요 쇼핑 콘텐츠를 숏폼 위주로 구성하는 등의 대응에 나서고 있다.

스네이크 센스(Snake Sense) ▼

김난도 서울대 소비자학과 교수가 2025년 트렌드를 전망하며 내놓은 키워드로, 2025년 뱀의 해(을사년, 乙巳年)를 맞아 10대 소비 트렌드의 영어 앞글자를 따 제시한 것이다. 서울대 소비 트렌드분석센터는 2007년 첫 연구를 시작으로 2009년부터 매년 이듬해 분석한 소비 트렌드를 주요 키워드에 담아 《트렌드 코리아》를 출간하고 있다. 스네이크 센스에 포함된 2025년 10대 트렌드에는 ▷여러 분야에 관심을 두는 잡식성 소비자를 이르는 「옴니보어」 ▷평온한 하루를 통해 자신에게 집중하는 태도인 「#아보하」 ▷본체보다 액세서리 같은 토핑이 더욱 주목받는 경향인 「토핑경제」 ▷기술에 인간의 얼굴을 입히기 위한 움직임인 「페이스테크」 ▷작고 귀여운 것들이 사랑받는 「무해력」 ▷국내 체류하는 외국인이 늘면서 점차 다문화 국가로 진화해 간다는 「그라데이션 K」 ▷만질 수 있는 물성을 추구하는 「물성매력」 ▷기후위기에 능동적으로 대응하고 그 해결을 위해 적극적으로 실천하는 「기후 감수성」 ▷적과 나를 가리지 않고 공생하는 비즈니스 전략인 「공진화 전략」 ▷여러 목표보다는 한가지 목표를 세워 실천하는 자기계발 패러다임인 「원포인트업」 등이 포함됐다.

스코프(Scope) ▼

"한국경영자총협회가 8월 28일 정부 계획대로 2026년 스코프3 공시 제도를 도입하면 30대 그룹이 부담해야 할 비용이 향후 4년간 수조 원에 이른다는 분석을 담은 「스코프3 배출량 공시 관련 기업 애로사항」 의견서를 관련 실무를 맡고 있는 한국회계기준원에 제출했다. 금융위원회는 지난 4월 말 「지속가능성 공시기준 초안」을 발표하면서 2026년 이후 스코프3 의무 도입 계획을 내놓은 바 있다."

기업이 제품 생산 과정과 사용·폐기 단계, 협력업체 유통망에서 나오는 온실가스 배출량을 산정해 공시하는 제도를 말한다. 스코프는 배출원에 따라 직접배출(Scope1), 간접배출(Scope2), 기타 간접배출(Scope3)로 나뉜다. 이 가운데 ▷스코프 1은 기업이 소유하고 관리하는 자원에서 직접 발생된 탄소(직접배출)에 해당하며 ▷스코프 2는 사업자가 소비하는 구입 전력으로 인해 발생하는 온실가스 배출(간접배출)을 ▷스코프 3은 사업자가 직접 소유하거나 통제하지 않는 배출원으로부터 발생하는 온실가스 배출(기타 간접배출)을 가리킨다.

> **스코프 4**　세계자원연구소(WRI)가 제시한 개념으로, 「제품의 수명 주기 또는 가치 사슬 외부에서 발생하지만 해당 제품의 사용 결과로 발생하는 배출 감소」라고 정의한다. 이는 「회피된 배출(Avoided Emissions)」이라 불리기도 한다. 스코프 4는 스코프 1~3과 달리 탄소회계보고 의무사항이 아니지만, 해당 배출량을 관리함으로써 제품 사용자의 탄소 배출을 줄일 수 있고 실제 탄소 발자국을 측정하는 데도 도움이 된다. 이러한 의미에서 스코프 4를 「탄소 손자국(Carbon Handprint)」이라고도 하는데, 탄소 손자국은 특정 상품의 소비자가 그 상품을 사용함으로써 감축할 수 있는 온실가스 배출량을 말한다.

스트레스 완충자본(Stress Capital Buffer) ▼

"금융위원회와 금융감독원이 9월 11일 은행 및 은행지주회사에 대한 스트레스 완충자본 도입을 핵심으로 하는 은행업감독규정 및 시행세칙과 금융지주회사 감독규정 및 시행세칙 개정안의 규정변경 예고를 실시했다고 밝혔다. 스트레스 완충자본이 도입되면 은행들은 매년 자체적으로 스트레스 테스트를 실시, 연말 기준으로 적립해야 한다. 다만 산업은행과 수출입은행, 기업은행 등 국책은행은 스트레스 완충자본 적용대상에서 제외되며, 케이뱅크와 카카오뱅크를 포함해 새로 설립되는 인터넷전문은행에 대해서는 은행 설립 후 2년간 유예기간을 부여한다."

은행별 리스크관리 수준과 위기상황분석(스트레스 테스트) 결과 등에 따라 차등적으로 추가 자본 적립의무를 부과하는 제도로, 예기치 못한 금융시장의 불확실성에 대비하기 위한 것이다. 이는 은행들이 위기상황에서도 정상적으로 신용을 창출하고 기능을 유지하기 위해 필요한 자본으로, 각종 위기상황을 가정해 손실흡수능력을 평가하고 은행별로 필요한 자본을 추가로 축적하도록 하는 것이다. 여기서 「스트레스 테스트」는 은행들이 악화된 경제 상황(스트레스)을 견딜 수 있을지를 보기 위해 경제가 지금보다 나빠질 것이라는 가정 아래 은행들이 입게 될 손실을 추산하고 은행의 위기관리 능력을 평가하는 것이다.

식품사막(Food Desert) ▼

저렴하고 영양가 있는 음식을 구하는 것에 제한이 있는 지역을 뜻하는 말로, 특히 저소득층 주민이 사는 곳과 일치하는 경향이 있다. 식품사막에는 과일·채소·무첨가 식품을 제공하는 식료품점이 부족하거나 멀리 떨어져 있다. 이러한 식품사막에 놓인 주민들은 「쇼핑 난민」이라고 불리는데, 이들은 차가 없어 이동성이 떨어지는 데다 빈곤이 겹쳐 건강한 음식에 접근하지 못한다. 이에 결국 저렴한 가공식품을 주로 이용하게 돼 비만이나 질병에 더 쉽게 노출된다. 미국에서는 시 정부로서는 처음으로 볼티모어에서 「식품사막」 개념을 규정하고 그 실태를 조사한 바 있다. 2015년 시 식품정책국과 존스홉킨스대 연구소가 발표한 보고서에 따르면 인종적으로는 흑인들이, 세대별로는 어린이나 노인 등 취약계층이 식품사막에 더 많이 노출돼 있다.

10호 예타 면제 ▼

국가재정법 제38조 제2항 제10호에 따라 예비타당성조사(예타)를 면제해 주는 것을 뜻한다. 예타는 정부의 재정이 대규모로 투입되는 사업의 정책적·경제적 타당성을 사전에 면밀하게 검증·평가하는 제도로, 1999년 김대중 정부 때 도입됐다. 이는 이전의 부실한 타당성 조사로 무리한 사업들이 다수 추진됐던 사례들이 발생하지 않도록 하기 위해 시행됐다. 예타 대상은 국가재정법상 총사업비가 500억 원 이상이고, 국가의 재정지원 규모가 300억 원 이상인 각종 분야의 사업이다. 하지만 제10호에서 지역 균형발전, 긴급한 경제·사회적 상황 대응 등을 위한 국가 정책적 추진 사업은 예타를 면제할 수 있도록 했다.

10월 7일 기획재정부가 국민의힘 구자근 의원실에 제출한 자료에 따르면 정부가 2017년부터 올 9월까지 국가재정법 제32조 제2항 제10호에 따라 예타를 면제해준 사업은 총 76건으로 집계됐다. 이는 사업비로 따지면 88조 8651억 원 규모로, 이에 재정사업이 부실하게 추진될 우려가 커지고 있다는 지적이 나온다.

M커브(M-Curve)　▼

"10월 16일 통계청에 따르면 경력 단절로 20대나 40·50대보다 낮았던 30대 여성의 고용률(인구 중 취업자 비율)이 사상 처음으로 70%를 넘었다. 이는 관련 통계가 작성된 2000년 이후 처음이다. 전통적으로 우리나라의 연령대별 여성 고용률은 10대 후반보다 20대가 높고, 출산과 육아 부담이 큰 30대에 낮아졌다가 40·50대에 다시 높아지고 60세 이후 꺾이는 패턴을 보였다. 그러나 일·가정 양립 문화가 확산되면서 여성 경력 단절의 상징인 M커브가 사라졌다는 분석이다."

여성의 경력이 단절되는 사회적인 현상을 이르는 말로, 20대 초반에 노동시장에서 활발히 활동하다가 추후 임신·출산·육아 등으로 퇴사하면서 경력 단절을 겪은 뒤 재취업을 하는 현상을 가리키는 말이다. 실제로 여성들은 결혼과 출산 이후 육아 문제 등으로 퇴사하는 경우가 많고, 어느 정도 아이들이 크고 나면 다시 취업 전선에 나서게 된다. 이와 같은 취업률의 변화 추이가 영문 M자를 닮아서 「엠커브」라는 명칭이 붙었다. 엠커브 현상은 여성의 경력단절 현상이 고착되는 사회구조의 현실을 반영한다. 이에 결혼과 육아로 직장 경력이 단절된 여성을 가리키는 「경단녀(경력 단절 여성)」라는 신조어가 등장하기도 했다.

여신거래 안심차단(與信去來 安心遮斷)　▼

본인도 모르는 사이 실행된 대출에서 발생하는 금전피해를 예방할 수 있는 서비스로, 8월 23일부터 본격 시행됐다. 이는 이용자가 스스로 사전에 대출 차단을 신청하고, 신청한 내역이 모든 금융기관에 공유되는 것이 특징이다. 해당 서비스 사용을 위해서는 본인이 현재 거래 중인 은행, 저축은행, 농협, 수협, 신협, 새마을금고, 산림조합, 우체국 영업점 등에 직접 방문해 본인 확인을 거친 후 신청하면 된다. 이 경우 가입 즉시 한국신용정보원에 안심차단 정보가 등록되고 금융권의 신규 여신거래도 실시간 차단돼 보이스피싱, 명의도용 등 민생침해 금융범죄에 따른 불법대출 피해를 예방할 수 있다.

요노족(YONO族)　▼

「필요한 것은 하나뿐(You Only Need One)」이라는 영어 문장의 약자로, 꼭 필요한 것만 사고 불필요한 물건 구매는 최대한 줄이는 소비자들을 가리킨다. 이는 고물가·고금리가 지속되는 상황에서 자신의 경제적 형편에 맞는 실용적 소비를 추구하는 이들이 늘어나면서 등장한 말이다. 요노족은 불필요한 물건 구입은 줄이고 품질 좋은 하나의 물건을 구입해 이를 오래 사용하는 경향이 있으며, 물질적인 것보다 경험과 가치를 중시한다는 특징이 있다. 즉, 물품 소유에 중점을 두지 않기 때문에 구입이 아닌 빌려쓰는 경우도 많으며, 자신이 구입한 물건도 사용성이 줄어들면 중고로 재판매하기도 한다. 이러한 요노족은 현재 자신의 행복을 가장 중시하고 소비하는 「욜로족(YOLO)」과 상반되는 개념이라 할 수 있다.

요소수(尿素水)　▼

디젤 차량에서 발생하는 질소산화물(NOx)을 정화시키기 위해 디젤 차량에 탑재된 SCR(Selective Catalyst Reduction, 선택적 촉매 감소기술)에 사용되는 물질을 말한다. 질소와 산소가 결합된 화합물인 NOx는 미세먼지를 유발하고 비에 섞여 내리면 토양을 오염시킨다. 따라서 촉매를 통해 질소산화물을 화학 분해하는 SCR이 반드시 필요한데, 이 SCR의 핵심이 요소수이다. 요소수는 물에 요소 성분을 혼합한 것으로, 배기가스가 통과하는 곳에 요소수를 분사하면 질소산화물이 물(H_2O)과 질소(N_2)로 환원된다. 요소수는 2015년 유럽의 최신 배출가스 규제인 「유로6」가 국내에 도입되면서 디젤차의 필수 항목이 된 바 있다. 만약 요소수가 떨어졌는데도 보충하지 않으면, 요소수 분사 장치가 열에 노출돼 변형이 일어날 수 있고 질소산화물도 제대로 없앨 수 없다. 또 후처리 장치가 고장날 가능성이 매우 높아 요소수 보충 신호가 들어오면 바로 보충을 해야 한다.

한국과 미국, 일본을 비롯한 14개 인도태평양경제프레임워크(IPEF) 참여국 대표들이 9월 13일 미국 워싱턴에 모여 요소수 공급망 대란에 대비한 모의훈련을 진행했다. IPEF 회원국들이 실제로 모여 공급망 모의훈련에 나선 것은 이번이 처음으로, 모의훈련은 실제로 회원국에서 공급망 문제가 생겼다고 가정한 뒤 국가별로 어떻게 도와 위기를 극복할지 시뮬레이션을 해보는 사실상 워게임 수준으로 진행된다. 이번 모의훈련은 IPEF의 3대 이행기구인 CRN 프로그램의 일환으로 시행된 것이다. IPEF 14개 회원국 모두 CRN에 참여하고 있는데, 지난 7월 회원국 만장일치로 한국이 의장국을 맡은 바 있다.

> **인도태평양경제프레임워크(IPEF·Indo-Pacific Economic Framework)** 인도태평양 지역에서 중국의 경제적 영향력 확대를 억제하기 위해 미국이 주도하는 다자 경제협력체로, 2022년 5월 23일 공식 출범했다. IPEF는 조 바이든 미국 대통령이 2021년 10월 처음 제안한 것으로, 관세 철폐 및 인하를 목적으로 하는 전통적인 자유무역협정(FTA)과는 다르게 ▷디지털 경제 및 기술표준 ▷공급망 회복 ▷탈탄소·청정에너지 ▷사회간접자본 ▷노동 기준 등 신(新)통상의제에 공동 대응하기 위한 목표를 갖고 있다. IPEF 참가국은 미국, 한국, 일본, 호주, 인도, 브루나이, 인도네시아, 말레이시아, 뉴질랜드, 필리핀, 싱가포르, 태국, 베트남, 피지 등 14개국이다. 이 IPEF 참여국의 국내총생산(GDP)을 합치면 전 세계의 40%를 차지한다.

유산취득세(遺産取得稅, Inheritance Tax) ▼

"최상목 부총리 겸 기획재정부 장관이 9월 9일 기자간담회에서 빠르면 내년 상반기 중 유산취득세 법률안을 국회에 제출하겠다고 밝혔다. 현재는 사망자의 유산 총액에 상속세를 매기는데, 이를 상속인 1인당 물려받은 유산취득분에 매기는 방식으로 바꾼다는 것이다."

피상속인이 아닌 상속인의 입장에서 과세하는 것으로, 상속자산 전체가 아니라 각 상속인이 실제 상속받는 유산에 대해 취득세를 부과하는 방식이다. 현행 유산세는 피상속인이 남긴 상속재산 총액을 기준으로 세금을 매긴 후 각 상속인별로 재산을 분할하고, 상속인들이 상속받은 비율에 따라 상속세를 나눠서 내도록 하고 있다. 이는 상속 유산의 총액이 많을수록 세율이 높아 납부해야 하는 세금도 많아지는 형태다. 한국의 상속세 최고세율은 50%이며, 최대주주는 상속평가액에 20%를 가산해 최고 60%의

상속세율을 적용받게 된다. 반면 유산취득세 제도에서는 총 유산을 상속인별로 나눈 뒤 세금을 매기기 때문에 총 유산 규모가 같아도 적용되는 세율이 유산세보다 낮다. 예를 들어 44억 원을 자녀 4명에게 균등 상속할 경우 현행 유산세 방식에 따르면 30억 원 초과로 50%의 최고세율이 적용되는 반면, 유산취득세를 적용하면 11억 원에 대해 40%의 세율을 적용받게 된다.

현재 경제협력개발기구(OECD) 회원국 중 상속세가 있는 24개국 가운데 한국·미국·영국·덴마크를 제외한 20개 국가에서 유산취득세를 채택하고 있다. 유산취득세를 도입하면 상속인 각자가 물려받은 재산만큼 세액이 결정되기에 상속인의 담세력을 고려할 수 있다는 장점이 있다. 하지만 유산취득세 전환 시 과표구간이나 공제제도를 세수 중립적으로 개편하지 않으면 부자 감세가 될 수 있다는 것이 단점으로 꼽힌다. 일반적으로 유산세보다 유산취득세에서 세수가 줄어드는데, 이는 누진세율을 적용받는 상속인이 줄어들기 때문이다.

유산세와 유산취득세 차이 비교

구분	유산세	유산취득세
과세 방식	유산 총액을 기준으로 과세	상속인이 취득한 유산에 대해 상속인별로 과세
부의 재분배 효과	낮음(유산 분할을 촉진할 유인이 없음)	높음(누진세율의 경우 유산을 다수의 상속인에게 균등하게 분할하면 할수록 세부담이 줄어 유산 분할을 촉진시킴)
세수와의 관계	유산 분할이 어떻게 되든 세액은 변화 없음	유산 분할이 많을수록 세수 감소(실제보다 많이 분할된 것처럼 허위 신고하는 등 조세회피 행위 발생 가능)
예시(3형제가 30억 원을 똑같이 나눠 상속받을 경우)	물려주는 30억 원에 과세 - 1인 세 부담: 2억 7160만 원 - 총 세액: 8억 1480만 원	물려받는 10억 원에 과세 - 1인 세 부담: 1억 8430만 원 - 총세액: 5억 5290만 원

육각형 아파트 ▼

부동산 시장에서 완성형 아파트를 이르는 말로, 주택 수요자들이 선호하는 아파트의 기준을 대부분 충족하고 있는 단지를 가리킨다. 예컨대 입지와 인프라는 물론 브랜드와 상품성 측면에서도 만족할 만한 기준을 지니고 있어 실거주는 물론 투자 안정성까지 보유하고 있는 곳을 지칭하는 것이다. 여기서 「육각형」이라는 말은 서울대 소비트렌드분석센터가 발간한 《트렌드 코리아 2024》에서 소개된 신조어인 「육각형 인간」에서 확장된 표현이다. 육각형 인간은 외모·학력·자산·직업·집안·성격 등 모든 것에서 빠짐이 없는 사람을 뜻하는 말로 사용되는데, 여기서 나온 「육각형 아파트」 역시 수요자들이 선호하는 아파트의 기준을 모두 갖췄다고 해서 붙은 명칭이다.

이동평균선(移動平均線) ▼

특정 기간 주가의 평균값을 계산해 선으로 그린 그래프로, 주가의 전반적인 방향성이나 흐름이 바뀌는 변곡점 등의 추이를 쉽게 파악하기 위해 고안된 것이다. 이동평균선의 가장 보편적인 유형은 5일선·20일선·60일선·120일선 등으로, 해당 숫자는 평균치를 낸 날짜의 수를 뜻한다. 주식은 주중(5일)에만 장이 열려 거래가 이뤄지기 때문에 5일선이 최근 1주일간의 주가 평균이라고 보면 된다. 같은 셈법으로 20일선은 한 달, 60일선은 한 분기(세 달), 120일선은 반기(여섯 달)의 평균가격 추이를 나타낸 셈이다. 한편, 이동평균선을 그려나가다 보면 단기선이 장기선을 뚫고 오르거나 내리는 등 서로 교차하게 된다. 이는 교차로처럼 평균선들이 만난다는 점에서 「크로스(Cross)」라고 한다.

EMP 펀드(ETF Management Portfolio Fund) ▼

전체 자산의 50% 이상을 상장지수펀드(ETF)나 상장지수증권(ETN)에 투자하는 펀드를 일컫는다. 이미 종목이 분산된 ETF, ETN을 다시 배분한다는 점에서 「초분산투자펀드」라고도 부른다. 국내 ETF 시장의 급격한 성장으로 관련 테마 종목 수가 세분화되면서 개인이 일일이 상품을 선별해 ETF에 투자하기 어려워지자 전문적 운용에 대한 수요가 증가했고, 이러한 시장 추세에 대응하기 위해 자산운용사들은 EMP 펀드를 출시하고 있다. EMP 펀드는 변동성이 높을 때 비교적 안정적인 수익을 기대할 수 있는데, 펀드에 담긴 자산에 따라 위험성 수익률 차이가 나기 때문에 투자 시 EMP 펀드의 포트폴리오를 확인하는 것이 필요하다.

저고도 경제(Low-Altitude Economy) ▼

중국에서 처음 제시된 개념으로, 높은 상공에서 이뤄지는 우주 경제와 대비되는 고도 1000m 아래 공역을 이용한 경제 활동을 이르는 말이다. 대표적으로 드론택시, 드론택배, 도심항공교통(UAM), 전동수직이착륙기(eVTOL) 등 저고도 공역에서의 유·무인 항공기를 중심으로 한 여객·화물운송 등과 같은 산업을 가리킨다. 중국은 지난해 12월 다음해의 경제정책 방향을 결정하는 중앙경제업무회의에서 바이오제조, 항공우주, 저고도 경제를 전략적 신흥산업에 포함시켰다. 특히 올해 3월 리창 총리가 「정부업무보고」에서 저고도 경제를 새로운 성장 동력으로 육성하자고 밝히면서 주목을 받았는데, 이를 2030년까지 약 380조 원(2조 위안) 규모의 거대 시장으로 키운다는 구상이다.

> **도심항공교통(UAM·Urban Air Mobility)** 전동수직이착륙기(eVTOL)를 활용해 지상에서 450m 정도의 저고도 공중에서 이동하는 도심 교통 시스템으로 기체, 운항, 서비스 등을 총칭하는 개념이다. 도심의 교통체증이 한계에 다다르면서 이를 극복하기 위해 상용화가 추진되고 있다. 이는 활주로 없이 수직 이착륙을 할 수 있고 배터리와 모터를 활용해 친환경적이라는 점에서 탄소중립시대의 새로운 교통 방식으로 주목받고 있다.

지속가능항공유
(SAF·Sustainable Aviation Fuel) ▼

"산업통상자원부와 국토교통부가 8월 30일, 2027년부터 국내에서 출발하는 국제선 모든 항공편에 지속가능항공유(SAF) 혼합 사용을 의무화하는 내용의 「SAF 확산 전략」을 공동 발표했다. 이에 따라 2027년부터 국내에서 출발하는 국제선의 모든 항공편은 기존 항공유에 SAF 1%를 의무적으로 혼합해 사용해야 한다. 특히 대한항공은 이날 국내 최초로 에쓰오일과 SK에너지가 생산한 SAF를 사용(1% 혼합·주 1회 급유)해 인천과 하네다 상용 운항을 시작했다. 국제민간항공기구(ICAO)가 인증한 국산 SAF를 급유한 만큼 우리나라는 ICAO 홈페이지에 전 세계 20번째 SAF 급유 국가로 등재됐다."

석탄이나 석유 대신 폐식용유, 사탕수수, 동식물성기름, 옥수수 등 바이오 대체 연료로 생산한 친환경 항공유이다. 기존 항공유보다 탄소 배출을 80% 줄일 수 있어 탄소중립 시대의 대체 연료로 주목받고 있다. 그러나 기존 항공유보다 2~5배 비싸다는 점에서 경제성에 대한 논란도 있다. 항공 분야에 탄소중립 추진 움직임이 거세지면서 유럽연합(EU)은 2025년부터 유럽 내 공항에서 급유하는 항공기는 전체 연료의 최소 2%를 지속가능항공유(SAF)로 대체해야 한다는 의무 규정을 시행할 예정이다. 이 비율은 2030년 6%, 2035년 20%, 2050년 70%로 단계적으로 높아진다. 또 미국은 「인플레이션감축법(IRA)」에 따라 2023~2024년까지 자국 내 바이오매스를 통해 생산 및 판매된 SAF에 세액공제 혜택을 부여한다. 일본은 2030년부터 석유원매회사에 자국 공항에서 항공기에 급유하는 연료의 10%를 SAF로 대체하도록 의무화하는 방안을 검토 중이다.

하지만 이러한 추세에도 SAF는 전 세계적으로 개발 초기 단계인 상태로, 국내에도 기반 시설이 부족한 실정이다. 다만 우리 정부는 이를 극복하기 위해 2026년 SAF 도입을 위한 로드맵을 2022년 발표한 바 있으며, 최근에는 2027년부터 국내에서 출발하는 국제선 모든 항공편에 SAF 혼합(1% 내외) 사용을 의무화하는 내용의 「SAF 확산전략」을 발표했다.

국제항공탄소상쇄·감축제도(CORSIA) 국제민간항공기구(ICAO) 결의에 따라 국제항공 온실가스 배출량을 2019년 수준으로 동결하고 초과량은 배출권을 구매·상쇄하도록 하는 제도를 말한다. 여기서 국제항공은 최대 이륙중량 5700kg 이상, 연평균 배출량 1만 톤 이상의 국제선 항공기를 말한다. CORSIA는 시범운영단계(2021~2023년), 제1단계(2024~2026년) 및 제2단계(2027~2035년)로 구분·운영되며, 시범운영단계와 1단계에서는 자발적으로 참여하고 2단계부터는 의무적으로 참여해야 한다. CORSIA에 참여하고 있는 국내 9개 항공사(대한, 아시아나, 이스타, 에어부산, 제주, 진에어, 티웨이, 에어서울, 에어인천)의 경우 매년 검증기관으로부터 국제선 운항에 따른 온실가스 배출량을 검증받은 후 배출량보고서와 검증보고서를 국토교통부에 제출하며, 기준량을 초과한 항공사의 경우 배출권을 구매·상쇄하고 있다.

7광구(한·일공동개발구역, JDZ·Joint Development Zone) ▼

"한국과 일본이 9월 27일 「양국에 인접한 대륙붕 남부구역 공동개발에 관한 협정(JDZ)」에 따른 제6차 한일공동위원회를 개최했다고 밝혔다. 이는 1985년 5차 회의 이후 39년 만에 개최된 것으로, 7광구 한·일 공동개발의 근거가 되는 공동개발협정의 효력 만료 시기가 다가오는 가운데 열려 더욱 관심을 모았다. JDZ는 50년의 유효기간이 끝나는 2028년 6월의 3년 전인 2025년 6월부터 일방이 협정 종료를 선언할 수 있도록 규정하고 있기 때문이다. 여기에 중국도 최근 7광구에 적극적인 관심을 보이고 있어 JDZ 연장 협상이 결렬되면 한·중·일 3국의 자원 전쟁이 이곳에서 벌어질 수 있다는 우려까지 나온다."

제주도 동남쪽과 일본의 규슈 서쪽 사이 해역에 위치한 한·일 공동개발해역(JDZ·Joint Development Zone)을 말한다. 면적은 8만 2000km²로 서울의 124배에 이르는데, 특히 석유와 가스 매장량이 흑해 유전과 비슷한 수준인 72억t이 매장돼 있을 것으로 추정된다. 1969년 유엔 아시아극동경제개발위원회는 한국의 서해와 동중국해 대륙붕에 세계 최대 석유가 매장돼 있을 수 있다는 내용의 보고서를 발표했고, 이에 우리 정부는 1970년 7광구를 설정하며 단독 개발에 나섰다. 그러나 이는 일본의 반발에 부딪혔고, 당시 탐사기술과 자본이 없었던 정부는 1974년 일본과 이곳을 공동으로 개발하자는 한·일대륙붕협정을 맺게 됐다. 협정에 따르면 이 지역의 탐사 또는 개발과 관련해서는 한·일 양국이 공동으로 진행하며, 어느 한쪽이라도 자원탐사 및 채취에 동의하지 않으면 안 된다. 이 협정은 1978년 발효됐으며, 50년간 유효함에 따라 2028년 만료될 예정이다. 협정 이후 한국 정부의 적극적인 요청으로 1980년 5월에서야 공동개발이 시작됐으나, 1982년 연안국으로부터 200해리(370.4km)까지의 모든 자원에 대한 독점적 권리를 인정하는 「배타적경제수역(EEZ)」 제도를 포함한 국제해양법이 등장했다. 그러자 일본은 이 해역의 자원 탐사 및 개발에 소극적·미온적인 태도를 나타냈고, 이에 한일 공동개발이 시작된 지 8년 만에 탐사작업은 중단됐다. 이후 한국 정부의 요청으로 2002년 다시 공동탐사가 진행되기도 했으나, 일본은 경제성이 없다는 이유를 들어 다시 일방적으로 공동탐사 중단을 선언했다.

1970년대 협정이 체결될 당시만 해도 대륙붕 연장론이 인정되는 추세였으나, 1980년대 들어 거리를 기준으로 삼는 것이 추세로 자리잡기 시작했다. 특히 영해기선에서 200해리를 배타적경제수역(EEZ)으로 정한 유엔 해양법협약도 1982년 등장했다. 이에 일본 입장에서는 협정을 깨는 것이 유리하다는 판단이 우세한 것으로 분석되는데, 이는 한일 공동협정이 종료될 경우 7광구의 약 90%가 일본 소유로 바뀔 수 있기 때문이다. 이 협정은 2028년 6월 22일 끝나지만 3년 전인 내년 6월 22일부터는 두 나라 가운데 어느 한쪽이 일방적 종료를 통보할 수 있다.

> **배타적 경제수역(EEZ·Exclusive Economic Zone)** 자국 연안으로부터 200해리(370.4km)까지의 모든 자원에 대해 독점적 권리를 행사할 수 있는 유엔 국제해양법상의 수역을 말한다. 1994년 12월에 발효돼 1995년 12월 정기국회에서 비준된 유엔 해양법협약은 연안국의 EEZ 권리를 인정하고 있다.

카멀라노믹스(Kamalanomics)　▼

11월 5일 치러지는 미국 대선의 민주당 대선후보인 카멀라 해리스 부통령의 이름과 경제(이코노믹스)를 합친 말로, 해리스가 향후 추진할 경제 정책을 뜻하는 말이다. 「카멀라노믹스」는 ▷서민 경제 회복을 위한 물가 안정 ▷중산층의 경제적 안정 ▷친환경 에너지산업 육성 ▷법인세 인상 등을 핵심으로 하는데, 이는 조 바이든 행정부의 「바이드노믹스」와 비슷하다. 특히 해리스 부통령은 법인세를 현행 21%에서 28%로 인상해 부족한 세수를 확보한다는 방침인데, 이는 법인세를 20%까지 인하하고 전기차 보조금 정책 폐지를 추진하는 트럼프노믹스(도널드 트럼프 전 대통령의 경제정책)와 대조되는 지점이어서 많은 주목을 받고 있다.

해리스 부통령이 8월 16일 노스캐롤라이나주에서 취임 100일 경제 구상을 발표하면서 서민 경제 회복을 위한 물가 안정에 가장 큰 중점을 둘 계획이라고 밝히며, 이를 「기회의 경제」라고 이름 붙였다. 그는 중산층 강화와 생활비 절감을 핵심 목표로 내세우며, 법인세 인상과 부유층 증세, 아동복지 확대 등을 주요 정책으로 제시했다.

해리스 vs 트럼프 주요 경제정책

카멀라 해리스	구분	도널드 트럼프
3개의 기둥: 생활비 억제, 기업가 지원, 차세대 산업 촉진으로 중산층 제고	주요 정책	신(新) 미국 산업주의: 생산거점과 고용 국내 회귀로 제조대국 도약
•중산층 감세, 아동 세액공제 확대, 주택 취득 보조 •창업 시 세금혜택 확대, 창업자원 지원 •인공지능(AI), 바이오 등 차세대 산업 거점 조성 추진하는 「미국 포워드 세제」 신설	구체적 내용	•국내 생산 기업에 법인세 감세 •자동차 100% 관세 등 해외 수입품에 대한 대폭적인 관세 인상 •국내 회귀 기업 대상 「특구」 신설

코리아 밸류업 지수(Korea Value-up Index) ▼

정부의 「기업 밸류업 지원방안」(2024년 2월 26일 발표) 일환으로 기업가치 우수기업에 대한 시장평가 및 투자유도를 위해 개발돼 9월 24일 발표된 지수이다. 기준시점은 기업 밸류업 지원방안의 원년 초일인 2024년 1월 2일이고, 기준지수는 1000이다. 편입 종목은 시가총액과 거래

대금 등 규모 요건 이외에 수익성, 주주환원, 시장평가, 자본효율성 등을 고려해 정해졌다. 한국거래소가 발표한 「코리아 밸류업 지수」의 구성종목은 100종목으로 코스피 67종목, 코스닥 33종목이다. 한국거래소는 시총 상위 400위 종목 중에서 최근 2년 연속 적자(2년 합산 손익 적자 포함)가 아닌 기업을 추린 뒤 ▷2년 연속 배당 또는 자사주 소각(주주환원) ▷PBR(주가순자산비율) 순위 해당 산업군 내 50% 이내(시장 관심도) 조건을 모두 충족하는 기업 중에서 ROE(자기자본이익율)가 우수한 순서로 100곳을 선정했다. 이처럼 코리아 밸류업 지수는 시가총액 등 계량적 지표만 사용하는 코스피200과 달리 PBR과 ROE 등 다양한 지표가 적용된 것이 특징이다. 이는 전산테스트가 완료되는 9월 30일부터 1초 단위로 국내외 투자자들에게 실시간 지수가 제공되고 있다.

코리아 밸류업 지수 개요

기준시점 / 기준지수	2024년 1월 2일 / 1,000p *기업 밸류업 프로그램의 원년 초일을 기준시점으로 설정(다만 지수 상품화 지원을 위해 2019년 6월부터 5년치 소급지수 제공 예정)
구성종목	100종목
정기변경	연 1회(매년 6월 선물만기일 다음 거래일)
가중방식	유동시가총액 가중방식(非유동주식수는 지수 산출 시 제외)
비중상한	15%(개별종목의 지수 내 비중을 15%로 제한)

토핑경제(Topping Economy) ▼

상품과 서비스의 부수적 요소인 「토핑」(Topping, 요리나 과자의 끝마무리에 재료를 올리거나 장식하는 것)이 핵심 경제 요소로 부상한 현상을 지칭한다. 이는 김난도 서울대 소비자학과 교수가 2025년 트렌드를 전망하며 내놓은 10개의 소비 키워드 중 하나이기도 한데, 본품보다 토핑에 더 큰 돈을 쓰거나 개인 취향에 맞춰 물건을 커스터마이징(Customizing)하는 소비 형태를 뜻한다. 즉, 소비자들이 자신만의 창의성을 발휘

해 같은 물건이라도 개성 있게 바꿔 자신만의 물건으로 만드는 것이다. 대표적으로 토핑경제가 활성화되고 있는 분야로는 식음료(F&B) 시장을 들 수 있는데, 올 상반기 개인의 취향대로 다양한 토핑을 고를 수 있는 한 요거트 아이스크림 브랜드가 선풍적 인기를 끌었다. 또 음료시장에서는 여러 종류의 음료를 섞어 새로운 맛을 만드는 메뉴가 인기를 얻고 있는데, 대표적으로 ▷아이스티에 에스프레소샷을 추가한 「아샷추」 ▷오렌지주스에 샷을 추가한 「오샷추」 등을 들 수 있다.

패밀리오피스(Family Office) ▼

초고액 자산가와 가족, 가문의 지속적인 성장을 위해 금융 자산, 부동산, 세무, 상속·증여 등의 금융 서비스는 물론 후계자의 유학이나 결혼 등에 대한 서비스까지 제공하는 것을 가리킨다. 이는 19세기 유럽의 로스차일드 가문이 집사에게 체계적으로 자산을 관리하도록 한 것에서 시작된 것으로, 패밀리오피스라는 용어를 처음 사용한 것은 미국 석유왕인 록펠러(John Rockefeller, 1839~1937)이다. 운용 형태는 초기 가문의 자산을 운용하기 위해 개인 자산 100% 지분으로 설립한 개인형(싱글형)에서 여러 가문의 자산을 운용하는 다중형으로 발전했다. 이는 최소 1000억 원 이상의 규모를 운용하며 자산운용사, 헤지펀드, 자선재단 등의 형태를 가진다. 다만 자산관리뿐만 아니라 노블레스 오블리주를 실현시킬 수 있는 사회공헌 활동 및 가문의 뜻과 전통을 중시한다는 점에서 단순히 자산관리만 하는 프라이빗뱅킹(PB)과는 차이가 있다.

최근 증권사들의 패밀리오피스 사업이 커지고 있는데, 이는 젊은 부자들이 늘어나고 있는 데 따른 것이다. 실제로 KB금융경영연구소의 「2023 한국 부자 보고서」에 따르면, 우리나라에서 금융 자산 10억 원 이상을 보유한 부자는 2023년 45만 6000명으로 전년보다 7.5%(3만 2000명) 늘었다.

프래킹(Fracking) ▼

암반에 액체를 고압으로 주입해 가스를 분리해 내는 방식으로, 땅에서 수직으로 수천m 깊이로 구멍을 판 뒤 물과 모래, 화학약품을 섞은 혼합액을 고압으로 분사해 셰일가스와 오일을 추출하는 공법을 말한다. 이는 「수압 파쇄법(Hydraulic Fracturing)」이라고도 불리는데, 2010년대 들어 셰일오일 혁명을 이끌면서 미국이 사우디아라비아를 제치고 세계 최대 산유국이 될 수 있도록 만든 기술이다. 셰일가스의 경우 기존의 천연가스와 같은 수직시추는 불가능하고 수평시추를 통해서만 채굴할 수 있다. 이로 인해 1800년대에 발견됐음에도 기술적 제약과 상대적으로 높은 생산비용으로 오랫동안 채굴이 이뤄지지 못하다가 2010년대에 들어서야 본격적인 생산이 이뤄진 바 있다. 그러나 고압의 물과 화학약품을 섞어서 암반 속 화석연료를 추출할 때 사용되는 엄청난 물의 양과 이 과정에서 주변 지하수 오염 문제가 심각해 환경오염을 둘러싼 반대 여론도 거세다. 또 암반에 액체를 고압으로 주입하는 과정에서 대량의 온실가스가 배출되며, 지반 침식에 따른 지반 침하나 싱크홀 발생 우려도 높다.

프래킹이 카멀라 해리스와 도널드 트럼프가 맞붙는 2024년 미국 대선에서 중요 쟁점으로 부상하면서 화제가 되고 있다. 트럼프 전 대통령의 경우 줄곧 프래킹을 찬성해 왔으나, 해리스 부통령의 경우 프래킹 반대 입장을 표명하다가 2020년 경선 당시 부통령 후보가 된 후로는 찬성 입장으로 돌아선 바 있다. 이러한 해리스의 입장 변화에 대해서는 2024년 대선의 최고 경합주로 꼽히는 펜실베이니아가 프래킹을 활용한 셰일가스 추출이 주요 수입원인 데다 프래킹을 지지하는 유권자가 많기 때문이라는 분석이다. 앞서 2016년과 2020년 대선 당시 펜실베이니아주에서 1위와 2위 후보 간 격차는 불과 1%포인트 안팎을 기록한 바 있다.

핑티 소비(平替 消費) ▼

최근 중국의 젊은 세대들 사이에서 유행하는 소비 트렌드 중 하나로, 비싼 가격의 명품 대신 가성비 대체품을 뜻하는 「핑티(平替)」를 구매하는 것을 말한다. 여기서 핑티는 명품과 비슷한 수준의 품질을 갖고 있으면서도 가격은 저렴한 제품을 일컫는 신조어다. 핑티는 유명 브랜드의 로고나 제품 디자인 등을 그대로 따라 만든 일반 모조품과는 달리, 특정 브랜드를 모방하지 않으면서도 비슷한 재료를 사용해 동일한 사용감이나 만족감을 제공하는 것이 특징이다. 핑티 소비가 부상한 데에는 고용 불안 심화 등 최근 중국의 경기침체가 길어진 영향이 크다. 여기에 온라인 쇼핑몰을 통해 다양한 제품을 비교하는 것이 쉬워지면서 젊은 층의 소비관이 가성비와 실용성에 집중하게 된 것도 영향이 있다. 실제로 핑티 소비를 실천하는 소비자들이 많아지면서, 중국 내 글로벌 명품 브랜드의 매출은 감소한 반면 현지 핑티 브랜드들의 매출은 늘어나는 양상을 보이고 있다.

헤어컷 감염(Haircut Contagion) ▼

자산가치의 연쇄 하락을 뜻하는 말로, 머리카락 정리를 위해 일부분을 조금씩 자르다가 결국에는 전체를 다 깎게 되는 상황에 비유하며 나온 말이다. 금융시장에서의 헤어컷은 시간이 경과하면서 발생한 손실로 가격이 하락한 금융자산을 현재가치로 현실화하는 것이며, 헤어컷 감염은 이 과정에서 금융시장 전반의 자산가치 하락과 유동성 위기가 벌어지는 현상을 말한다. 예컨대 어떤 국가가 재정위기로 인해 자산가치 하락과 채무불이행을 겪게 될 경우 그 국가의 채권을 보유한 다른 국가나 금융기관들도 손실을 보게 되며, 이러한 손실은 금융시장 전반으로 확대될 위험을 높이게 된다. 실제로 우리나라가 IMF 외환위기 사태를 겪었던 1997~1998년과 글로벌 금융위기가 벌어진 2008년에 전 세계 경제 분야에서는 「헤어컷 감염」이라는 용어가 자주 등장했다.

③ 사회·노동·환경

갯생 ▼

영단어 「겟(Get·얻다)」과 한자 「생(生·삶)」을 합친 신조어로, 생산적인 일상과 충분한 휴식의 조화를 추구하는 삶을 뜻한다. 이는 「갓생」에서 파생된 말로, 치열한 갓생 살기로 인해 피로감을 느낀 MZ세대를 중심으로 휴식의 중요성이 대두되면서 등장했다. 갯생은 특정한 목표를 정하고 이를 성취하기 위한 삶을 살아가는 갓생에서 더 나아가 나를 위한 휴식까지 포기하지 않는다는 점에서 차이가 있다. 이러한 갯생을 추구하는 사람들이 많아지면서 관련 여행 트렌드로 「낫싱케이션(Nothingcation)」도 주목받고 있다. 낫싱케이션은 낫싱(Nothing)과 베케이션(Vacation)을 합친 말로, 아무것도 하지 않고 오로지 쉼에만 몰두한다는 뜻이다.

계속고용제도(繼續雇傭制度) ▼

정년을 채운 뒤에도 계속 일할 수 있도록 하는 것으로 ▷퇴직 후 재고용 ▷법적 정년 연장 ▷정년 폐지 등이 이에 해당한다. 즉, 60세 정년 제도를 둔 기업이 정년을 연장 또는 폐지하거나 정년을 맞은 근로자를 재고용하는 등의 방식으로 계속 고용하는 것이다. 이러한 계속고용제도는 저출생·고령화에 따른 노동 공급 부족에 대응하기 위해 그 필요성이 대두되고 있다. 계속고용제도를 시행할 경우 근로자들은 정년 후에도 현재 일자리에서 계속 근무할 수 있어 국민연금 수령까지의 소득 공백이 해소될 수 있으며, 기업은 업무 경험이 풍부하고 숙련도가 검증된 근로자를 계속 고용하면서 생산성 향상은 물론 인력 채용 비용을 절감하는 효과를 누릴 수 있다.

통계청에 따르면 8월 전체 취업자는 1년 전보다 12만 3000명 늘었는데, 60대 이상에서만 23만 1000명이 증가해 전 연령대 가운데 가장 증가 폭이 컸다. 이처럼 65세 이상 고령층 취업자 수가 큰 폭으로 불어난 가장 큰 이유로는 고령화가 꼽히며, 또 평균수명 증가로 노후 기간은 길어졌는데 노후 준비는 제대로 안 된 고령층이 돈을 벌어야 할 필요성이 커진 것도 주원인으로 거론된다. 특히 우리나라의 65세 이상 경제활동 참가율은 지난 2022년 들어 37.3%로 집계돼 OECD 38개국 가운데 1위를 기록했는데, 지난 8월에는 40%까지 올라간 바 있다.

공구벨트 세대(Tool Belt Generation) ▼

고임금의 생산·기능직군에 몰리는 세대를 이르는 말로, 미국 월스트리트저널이 만든 신조어이다. 월스트리트저널은 지난 4월 〈Z세대는 어떻게 공구벨트 세대가 되고 있는가〉라는 기사에서 대학 진학 대신 기술직을 선택하는 젊은 층이 늘고 있다고 보도했다. 그리고 이런 이들을 가리켜 각종 공구를 달 수 있는 허리띠를 뜻하는 「공구벨트 세대」라 지칭한 바 있다. 공구벨트 세대들은 대학교 졸업장이 더 이상 스펙에 영향을 미치지 못한다고 판단하고, 경력을 쌓을수록 직접적으로 돈이 되는 제조업·공업 분야로 진출한다. 이는 기술직에 대한 인식 개선과 함께 이들 직종의 임금 상승과 신기술 도입이 영향을 미친 것인데, 이 때문에 기존에 3D 직업으로 여겨졌던 용접공·배관공 등의 인기가 높아지고 있다. 또 인공지능(AI) 발전에 따라 화이트칼라와 같은 사무직이 대체될 수 있다는 우려가 높아진 것도 기술직 진출이 늘어나는 요인으로 작용하고 있다.

글로벌녹색성장기구
(GGGI·Global Green Growth Institute) ▼

"글로벌녹색성장기구(GGGI)가 대통령 직속 2050 탄소중립녹색성장위원회의 김상협 민간공동위원장을 신임 사무총장으로 임명했다고 8월 22일 밝혔다. GGGI 사무총장에 한국인이 임명된 것은 이번이 처음으로, 김 사무총장의 임기는 2025년 1월 1일부터 4년이다."

우리나라가 주도해 2010년 설립한 기구로, 2012년 6월 20일 개막한 유엔 지속가능발전 정상회의(리우+20)를 통해 국제기구로 공인됐다. GGGI는 2010년 6월 서울에 설립된 개발도상국의 저탄소 녹색성장 전략을 지원하기 위한 싱크탱크 및 행동지향기구로, 우리나라가 주도한 첫 번째 국제기구이기도 하다. GGGI는 개발도상국의 녹색성장·탄소중립 정책 개발, 녹색금융 및 재원 조달 등을 지원한다. 한국 외에도 노르웨이와 뉴질랜드, 덴마크, 룩셈부르크, 아랍에미리트(UAE), 카타르 등이 재정을 지원하고 있으며 빌&멀린다게이츠재단 등 민간과도 적극 협력하고 있다.

디지털튜터(Digital Tutor) ▼

"교육부가 8월 26일 전국 5개 권역에서 「디지털튜터 양성 과정」을 수강할 교육생 800명을 모집한다고 밝혔다. 디지털튜터 양성 과정은 디지털 기기 활용에 능숙하고 디지털튜터 활동에 관심 있는 일반인 누구나 지원해 교육받을 수 있으며, 이 과정을 이수한 사람은 추후 각 학교에서 디지털튜터를 채용할 때 우대를 받을 수 있다."

초·중·고등학교에서 교사를 도와 수업용 디지털 기기와 소프트웨어를 관리하고, 인공지능(AI) 디지털교과서를 활용한 수업 때 학생의 디지털 역량 차이에 따른 디지털교과서 활용 격차를 해소할 수 있도록 돕는 직무이다. 이들은 교실에서 학생들이 사용하는 태블릿PC 등 수업용 디지털 기기의 충전이나 설정, 관리 등의 업무 등을 맡고 수업 보조 역할까지 함께하게 된다. 한편, 교육부는 2025년 초등학교 3·4학년, 중학교 1학년, 고등학교 1학년을 대상으로 수학·영어 과목에 AI 디지털 교과서를 도입하는데, 이는 국가 차원에서 전체 학생을 대상으로 AI 디지털 교과서를 도입하는 첫 사례다.

란웨이와(爛尾娃) ▼

"로이터통신이 8월 21일 중국의 실업률 증가로 대학 졸업자 수백만 명이 힘든 처지에 놓이게 되면서 올해 중국 소셜미디어에서는 「란웨이와」라는 신조어가 유행어가 됐다고 보도했다."

최악의 청년 실업률을 기록 중인 중국에서 올해 등장한 신조어로, 고학력을 가진 백수 또는 저임금 노동자를 뜻하는 말이다. 이는 자금난으로 건설이 중단된 아파트를 지칭하는 「란웨이러우

(爛尾樓)」에서 따온 말로, 직역하면 「썩은 꼬리를 가진 아이」라는 말이다. 란웨이와는 고등교육을 받았음에도 일자리를 얻지 못하거나 아예 구직 자체를 포기하고 부모의 경제력에 기대 살아간다. 이는 결혼과 취업, 내 집 마련 등을 포기한 중국 청년들을 일컫는 「탕핑(躺平)족」과 비슷하지만, 고학력 백수라는 점에서는 차이가 있다. 실제로 중국 정부는 2023년 6월 청년(16~24세) 실업률이 21.3%를 기록하자 관련 통계 발표를 중단한 바 있다. 특히 중국 교육부 산하 학술지 《중국고등교육연구》의 지난 6월 발표에 따르면 2024년부터 2037년까지 대학생 공급이 수요를 초과하고, 특히 2034년 대학 졸업생 수는 약 1800만 명으로 정점을 찍게 된다.

리와일딩(Rewilding) ▼

다시라는 뜻의 영단어 Re와 「야생의」라는 뜻의 영단어 Wilding이 합쳐진 신조어로, 다시 야생으로 돌린다는 의미를 갖고 있다. 이는 국제사회에서는 활발히 논의되고 있는 개념이지만, 국내에서는 아직 생소하고 학계에서 정식으로 정해진 우리말도 없다. 다만 전통적인 생태 복원이 자연을 과거의 어느 시점으로 온전히 돌려놓고자 하는 데 목표를 두고 있다면, 리와일딩은 자연이 힘을 회복하고 스스로 미래로 움직일 수 있도록 하는 것을 목표로 해 인간의 관리를 최소화하는 개념이다. 대표적인 리와일딩 사례로는 미국 와이오밍주 옐로스톤 국립공원에 1995년 회색늑대가 재도입되고 난 뒤 지역 생태계가 회복된 것이 꼽힌다.

베드로팅(Bed Rotting) ▼

Z세대를 대변하는 트렌드 키워드 중 하나로 부상한 신조어로, 직역하면 「침대에서 썩기」라는 뜻이다. 이는 하루종일 침대에 누워 휴식을 취하는 것으로, 틱톡 등 SNS에서 화제를 일으키

면서 확산된 라이프 스타일이다. 베드 로팅을 즐기는 이들은 야외활동을 하거나 사람들과의 만남을 가지는 대신, 침대에 누워 아무것도 하지 않거나 책을 읽고 영화를 보는 등의 간단한 활동을 한다. 이러한 베드로팅은 되도록이면 스트레스를 받지 않는 삶을 살고자 하는 Z세대의 취향이 반영된 개념으로, 특히 올해 들어 틱톡에서 이와 관련된 영상이 6000개가 넘게 올라오자 미국 뉴욕타임스 등은 해당 현상을 분석하는 기사를 게재하기도 했다. 또 미국 MZ세대들 사이에서는 베드로팅을 SNS로 인증하는 것이 유행이 되기도 했다.

한편, 베드로팅을 즐기는 사람들은 이를 통해 스트레스를 줄이고 신체적·정신적 기력을 회복할 수 있다고 주장한다. 하지만 전문가들은 세상과 단절된 채 침대에 누워 지내는 것은 회피를 유도해 우울한 감정과 증상을 증폭시킬 수 있다는 점을 우려하고 있다. 또 베드로팅이 에너지 충전보다는 스마트폰에 과도하게 의존해 SNS에 할애하는 시간만 늘린다는 지적도 있다.

붐메이트(Boom-mate)　　　　　▼

베이비붐과 룸메이트의 합성어로, 미국에서 월세와 생활비 급등으로 베이비붐 세대(1946~1964년생)와 청년층이 함께 사는 것을 말한다. 실제 하버드대 공동주택연구센터에 따르면 65세 이상 미국인 100만 명이 현재 혈연관계가 없는 룸메이트와 동거 중이다. 이처럼 붐메이트가 증가한 데에는 주택 임대료 등 각종 비용이 크게 올랐기 때문으로, 비싼 임대료 부담을 덜길 원하는 세입자(청년층)와 빈방을 세놓아 돈을 벌길 원하는 집주인(고령층)의 수요가 맞아떨어진 데 따른 것이다.

비혼 출생(非婚 出生)　　　　　▼

"통계청이 8월 28일 발표한 「6월 인구동향」과 「2023년 출생통계(확정치)」에 따르면 2분기 출생아 수는 5만 6838명으로 지난해 같은 기간과 비교해 691명 늘었다. 출생아 수가 전년 동기 대비 늘어난 것은 2015년 4분기(0.6%) 이후 8년

여 만이다. 이에 대해서는 코로나19 당시 미뤄졌던 혼인건수가 늘어난 것이 주된 배경으로 분석되는데, 특히 지난해 출생아 23만 명 가운데 법적 비혼 관계에서 태어난 아기(혼인 외 출생아)는 1만 900명으로 나타났다. 이는 한해 전에 견줘 1100명 늘어난 것으로, 전체 출생아에서 혼인 외 출생아가 차지하는 비중 역시 4.7%로 1981년 관련 통계 작성 이래 최대 비중을 나타냈다."

법률상 부부 사이가 아닌 이들 사이에서 이뤄진 출생으로, ▷동거·사실혼 관계의 커플 사이에 이뤄진 출생 ▷싱글 여성에 의한 출생 등을 포괄한다. 사회 변화와 함께 전통적인 가족의 개념이 진화되면서 미국이나 유럽 등에서 비혼 출생이 늘어나고 있다. 경제협력개발기구(OECD)에 따르면 2020년 기준 비혼 출생 비율은 프랑스 62.2%, 영국 49.0%, 미국 41.2%, 호주 36.5% 등이다. 프랑스·영국 등은 동거 커플과 자녀가 혼인 가족과 같은 복지 혜택을 받도록 가족의 정의를 바꿨으며, 미국·호주 등은 결혼하지 않은 여성이 체외수정을 통해 출산할 길을 넓혀 싱글 여성에게도 비혼 출생의 기회를 늘려주고 있다. 특히 프랑스는 1999년 PACS(팍스)라고 불리는 「시민연대계약」 제도를 도입해 결혼하지 않은 동거 커플에게도 결혼과 유사한 법적 권리와 의무를 부여하고 있는데, 프랑스 비혼 출생 비율은 팍스 도입 전인 1998년 41.7%였다가 2020년 62.2%로 빠르게 상승한 바 있다.

한편, 비혼(非婚)은 결혼 상태에 있지 않은 사람을 가리키는 말로, 「미혼(未婚)」이라는 단어가 「혼인은 반드시 해야 하는 것이나 아직 하지 않은 상태」라는 의미를 담고 있다는 생각에 기반, 혼인 상태가 아님을 보다 주체적으로 가리키는 의미로 여성학계에서 사용하기 시작한 말이다.

초이스맘(Choice Mom) 영어권에서 자발적 비혼모를 뜻하는 「선택에 의한 한부모(Single mother by choice)」를 줄여 부르는 말이다. 결혼하지 않고 본인의 의지로 아이를 낳거나 입양해 키우는 비혼모를 뜻하며, 이들은 아이를 직접 낳을 경우 정자 기증 등을 통해 출산한다. 이는 스스로 선택한 결과라는 점을 강조해 「자발적」이란 표현이 들어간 것으로, 1980년대 인공수정·입양 등을 통해 아이를 갖는 여성이 증가하면서 그 사용이 확산된 바 있다.

사르코(Sarco) ▼

"조력 사망 기계인 「사르코(Sarco)」의 판매와 운영을 맡은 조력 사망 옹호단체 「더 라스트 리조트」가 10월 6일 신규 신청자 모집은 물론 대기 명단자 371명에 대한 조력자살도 모두 중단한다고 밝혔다. 지난 7월 처음 공개된 사르코는 9월 23일, 면역 질환을 앓던 64세 미국인 여성이 처음으로 사용해 사망하면서 전 세계적인 논란이 된 바 있다."

호주 출신의 의사이자 조력자살 옹호자인 필립 니슈케 박사가 개발한 조력사 기기이다. 사르코는 고대 그리스어에서 유래한 영단어 「Sarcophagus」의 줄임말로 「관(棺)」을 뜻하는데, 이는 해당 기기가 석관과 비슷한 데서 붙여진 것이다. 사르코는 사람 한 명이 누울 정도의 작은 캡슐로, 뚜껑을 닫고 버튼을 누르면 질소가 뿜어져 나와 몇 분 내로 사망에 이르게 돼 남용 위험이 크다는 비판을 받아왔다. 기기 한 대당 가격은 1만 5000스위스프랑이며, 개발에 60만 스위스프랑이 투입된 것으로 알려졌다. 스위스는 1942년부터 조력자살 제도를 운영하고 있지만, 불치병을 앓는 사람만 대상이 되고 의사와 2차례 상담하며 숙려기간을 거쳐야 한다. 그러나 사르코는 50세 이상이 정신건강 진단서만 있으면 사용 신청이 가능하다는 점에서 스위스 정부는 이를 비합법적이라며 허용에 반대해왔다.

> **조력자살** 환자가 의료진으로부터 약물을 처방 받아 스스로 삶을 끝맺는 것을 말한다. 이는 환자가 스스로 약물을 투약한다는 점에서 의사가 직접 환자에게 약물을 투약하는 전통적 의미의 안락사와는 차이가 있으나, 환자 자신의 의지로 삶을 끝맺는다는 점에서는 안락사와 본질적으로 같다.

서태평양 건강도시연맹
(AFHC·Alliance for Healthy Cities) ▼

"서울시가 서태평양 건강도시연맹(AFHC) 의장도시 역할을 맡아 9월 25~27일 총회를 개최한 가운데, 이번 총회는 세계보건기구(WHO) AFHC 창립 20주년을 기념한 행사이자 2018년 말레이시아에서 열린 제8차 총회 이후 6년 만에 열리는 대규모 대면회의라는 점에서 많은 주목을 받았다. 서울 총회의 주제는 「스마트 건강도시, 새로운 도시의 미래」로, ▷감염병으로부터 안전한 도시 조성 ▷도시 간 건강 정책 파트너십 구축 등을 주제로 한 총 10개의 전문가 세션 등이 진행됐다."

도시 거주자의 건강을 보호하고 향상시키는 것을 목표로 하는 국제 네트워크로, 2003년 10월 17일 필리핀 마닐라에서 열린 WHO 서태평양 지역 사무소 창립회의에서 설립됐다. AFHC는 「건강한 도시」라는 방침 아래 도시 거주민의 건강 보호 및 증진을 위해 도시 간 네트워크를 구축하고, 추진 사례를 공유하며 상호 협력을 통해 목표를 달성하고자 하는 취지를 갖고 있다. 여기서 「건강도시」란 도시의 물리적·사회적·환경적 여건을 창의적이고 지속적으로 개발해가는 가운데, 지역사회 참여 주체들이 상호협력해 시민의 건강과 삶의 질을 향상시키기 위해 노력하는 도시를 말한다. AFHC는 아시아 및 호주 지역의 건강도시를 중심으로 구성돼 있으며, 일본 도쿄의 사무국을 비롯해 운영·집행·수상·과학위원회 등으로 이뤄져 있다. 특히 건강도시연맹은 회원국들을 비롯한 각종 기관들이 모이는 세계총회를 개최해 오고 있는데, 이는 ▷AFHC 회원도시 ▷세계보건기구(WHO) 관계자 ▷NGO·기관 ▷친선우호도시 시장단 및 유관 학계 등에서 참여하는 국제행사다.

에코사이드(Ecocide) ▼

"국제 환경단체 스톱 에코사이드 인터내셔널(SEI)은 태평양에 위치한 세 섬나라인 바누아투·피지·사모아가 9월 9일 미국 뉴욕에서 열린 국제형사재판소(ICC) 회의에서 대규모 생태계 파괴 행위인 「에코사이드」를 전쟁범죄처럼 국제형사재판소가 단죄할 수 있는 범죄에 포함하자고 제안했다고 밝혔다. 태평양 세 섬나라가 이러한 주장을 한 배경에는 이들 국가의 전 세계 탄소 배출 비중이 미미함에도 기후변화로 인해 가장 심각한 타격을 받고 있기 때문이다."

대량 학살을 뜻하는 「제노사이드(Genocide)」와 「환경(Eco)」을 합친 조어로 지구 생태계에 광범위하고 지속적인 악영향을 불러오는 파괴행위를 가리킨다. 지구에 살고 있는 생물이나 해양, 대기 등의 자연환경을 비롯한 생태계를 해치는 환경 범죄로 취급된다. 에코사이드는 1970년 베트남전쟁 당시 미군이 제초제인 고엽제를 대량 살포한 후 베트남 전체 삼림의 5분의 1 이상이 사라지고 약 40만 명이 사망하는 등의 피해가 발생한 것을 계기로 미국의 생물학자 아더 갈스톤(Arthur Galston)이 명명한 용어다. 이 때문에 전쟁으로 인한 고의적 환경파괴라는 의미로 사용되다가 훗날 대규모 환경파괴를 일컫는 말로 의미가 확대됐다. 예컨대 기업 등에서 오존층 파괴를 유발하는 유해물질을 대규모로 배출하거나 유전자를 교란시키는 제품을 생산하는 것 등이 에코사이드에 해당한다.

한편, 2017년 영국의 환경운동 변호사 폴리 히긴스에 의해 에코사이드 국제범죄 규정운동캠페인이 시작된 바 있다. 그러다 2018~2019년 유럽을 중심으로 기후운동이 활발해지면서 세계 각국에서 주목을 받게 됐는데, 벨기에의 경우 최근 에코사이드를 범죄로 규정했고 유럽연합(EU)은 국제 범죄에 에코사이드를 포함하기 위해 일부 지침을 변경했다.

웨이팅게일(Waitingale)　　　　▼

신규 간호사로 뽑히고도 병원 사정 때문에 발령 대기 상태로 계속 기다리는 이들을 가리키는 간호계 은어로, 의료현장에서는 흔히 「대기 간호사」라 불린다. 이는 기다리다는 뜻의 영단어 「웨이팅(Waiting)」과 「백의의 천사」로 불린 영국 간호사 「플로렌스 나이팅게일(Florence Nightingale)」을 합성한 말이다. 이러한 웨이팅게일은 대학병원 등에서 간호사의 갑작스러운 사직 등에 대비해 즉시 인력을 충원한다는 이유로 필요 인원보다 훨씬 더 많은 인력을 선발하는 데 따른 것이다. 웨이팅 순서는 신규 간호사들의 의견을 수렴해 신청을 받거나 성적과 채용점수를 합산해 선정하는 등 각 병원마다 다른 기준으로 이뤄지고 있다. 특히 웨이팅게일은 지난 2

월 정부의 의대정원 확대 발표와 이에 따른 전공의 집단 이탈 이후 더욱 심화됐다. 즉, 전공의 이탈에 따른 인력 부족으로 입원·수술 등이 대폭 줄어들고 이에 대형병원들이 경영난에 직면하면서 웨이팅게일이 더욱 늘어나게 된 것이다.

전국해녀협회　　　　　　　▼

전국 1만 여명 해녀의 권익 향상과 해녀문화 보존을 위한 협회로, 9월 20일 공식 출범했다. 전국해녀협회 설립은 해녀 수의 급격한 감소와 고령화 문제에 대응하기 위함으로, 협회는 제주·강원·경북·울산·부산·경남·전남·충남 등 전국 8개 연안 시·도에 있는 해녀어업인들의 권익 대변과 해녀어업유산 보존·전승·세계화에 앞장서는 임무를 담당한다. 현재 국내 해녀는 1만 여명으로 추산되는데, 이 중 제주해녀들은 2023년에 2839명으로 3000명 선이 붕괴됐으며, 해녀 중 70세 이상이 60.3%, 60세 이상이 90.3%로 고령화가 심각한 상황이다.

해녀는 2017년 전통문화 가치를 인정받아 국가무형유산으로 지정됐으나, 지자체별 조례로 해녀 보존정책을 만들어 전국 단위의 전승 노력이 부족하다는 평가를 받아 왔다. 이에 제주도와 제주도의회는 2023년부터 해녀 전승·지원 정책의 지역적 한계를 극복하고 정부 차원의 해녀 관련 정책 수립을 이끌어내기 위해 전국 해녀들과 함께 전국해녀협회 설립을 추진해 왔다.

> **해녀[海女]** 산소 공급 장치 없이 바다에 들어가 각종 해산물을 채취하는 여성으로, 해녀문화는 바닷속에 들어가 해산물을 채취하는 여성 및 한국의 전통적 해양·어로문화를 지켜온 해녀들이 쌓은 기술, 의식, 지식 등의 문화를 총칭한다. 제주도·경상도·강원특별자치도·전라도·부산·울산 등 한반도 해안가에서 활동하는 해녀를 모두 포함하는데, 1500여 년 전인 삼국시대부터 제주도 해녀들이 「물질(잠수)」을 했다고 전해진다. 특히 제주해녀는 2015년 제1호 국가중요어업유산 지정에 이어 ▷2016년 유네스코 인류무형문화유산 ▷2017년 국가무형문화유산 ▷2023년 세계중요농업유산에 등재된 바 있다.

중증질환 산정특례(重症疾患 算定特例) ▼

중증 질환자에 대해 환자가 부담하는 진료비를 경감해 주는 제도로, 정식 명칭은 「본인일부부담금 산정특례제도」이다. 이는 소득에 관계 없이 중증질환자와 희귀질환자, 중증난치질환자에 대해 적용되는 것으로, 대상이 되는 중증질환은 ▷암 ▷심장 및 뇌혈관질환 ▷희귀질환 ▷중증난치질환 ▷중증화상 ▷중증외상 ▷중증치매 ▷결핵 ▷잠복결핵 감염 등이다. 산정특례는 병원에서 검사를 통해 대상 질환으로 판정을 받은 이후 소정의 양식에 따라 별도의 등록 창구나 건강보험공단 지사 등을 통해 신청할 수 있다. 대상자로 선정된 중증 질환자는 해당 질환으로 인한 입원, 검사, 기타 외래진료를 할 때 질환에 따라 병원비의 90~100%를 지원받게 된다. 산정특례 적용시작일은 등록신청서 상의 진단확진일로부터 30일 이내 신청한 경우 「진단확진일」부터, 등록 신청서상의 진단확진일부터 30일 경과 후 신청한 경우에는 「신청일」부터 적용된다.

중증질환 산정특례 개요

본인부담률	•암, 심·뇌혈관질환, 중증화상, 중증외상: 5% •희귀질환 및 중증난치질환, 중증치매: 10% •결핵: 0%
적용 절차	산정특례 질환 확진(의료기관 방문) → 등록 신청(의료기관 신청 대행 또는 공단에 직접 제출) → 등록 결과 통보(메일, 알림톡) → 진료 시 특례 적용
적용 시기	•확진일로부터 30일 이내 신청 → 확진일부터 적용 •확진일로부터 30일 이후 신청 → 신청일부터 적용 (※ 심·뇌혈관질환 및 중증 외상은 등록 절차 없이 상황 발생 시 적용 가능)

지역특화형 비자 ▼

지역의 특성과 요구를 반영하는 비자로 지역인재 확보와 국가 균형발전을 도모하기 위해 신설된 제도이다. 일정한 요건을 갖춘 우수 인재 외국인에게 인구감소지역에 의무 거주하거나 취·창업하는 조건으로 비자 혜택을 제공, 정착을 장려하기 위해 도입된 것이다. 이는 2022년 10월 시범사업으로 시작돼 올해부터 인구감소지역을 대상으로 본격 시행에 들어갔다. 발급 대상은 국내 대학 전문학사 학위 이상을 소지하거나 국민총소득의 70% 이상인 연간 소득 3083만 원 이상, 한국어능력시험 토픽(TOPIK) 3급 등 법무부가 정한 요건을 갖춘 외국인으로, 2년간 의무체류도 해야 한다.

출생통보제(出生報制度) ▼

의료기관이 신생아의 출생 정보(아동의 출생 사실, 생모의 성명, 출생 연월일시 등)를 건강보험심사평가원(심평원)에 전달하고 심평원에서 이를 지방자치단체에 통보하는 제도를 말한다. 이는 7월 18일 보호출산제(아이를 키우기 힘든 임산부가 가명으로 아이를 낳을 수 있도록 지원하는 제도)와 함께 동시 시행됐다. 출생통보제는 부모에게만 있던 출생신고 의무를 의료기관에도 부과하는 것이 핵심으로, 부모가 고의로 출생신고를 누락해 유령 아동이 생기는 것을 방지하기 위해 추진됐다. 특히 2023년 6월 21일 경기도 수원의 한 아파트 냉장고에서 영아 시신 2구가 발견된 사건 등 출생신고가 되지 않은 영아가 살해·유기되는 사건이 잇따라 발생하면서 급물살을 탄 바 있다.

필리핀 가사관리사 시범사업 ▼

서울시가 9월부터 본격 시작한 사업으로, 정부 인증기관이 고용허가제(E-9)를 통해 만 24~38세 필리핀 가사관리사를 고용하고 해당 가사관리사가 이용계약을 체결한 가정에 출퇴근하며 서비스를 제공하는 형태다. 이는 양육가정의 가사·돌봄 부담을 덜고 육아로 인한 경력단절을 예방하기 위한 지원책으로, 서비스 이용은 세대 구성원 중 12세 이하 자녀가 있거나 출산 예정인 가정으로 소득 기준에 상관없이 신청할 수 있다. 선발은 한부모, 다자녀, 맞벌이, 임신부가 있는 가정 순으로 이뤄지되 자녀 연령, 이용기간 등도 고려해 선정한다. 서비스를 제공할 필리핀 가사관리사 100명은 한국산업인력공단과 고용노동부 주관으로 선발을 마쳤는데, 이들은 필리핀 정부가 공인한 관련 자격증 소지자 중 영어·한국어 등 어학능력 평가, 건강검진, 범죄이력 등 신원 검증을 거쳐 선발됐다. 시범사업은 심층 모니터링을 위해 소규모인 100명으로 서울시에서 시작하며, 서비스 이용기간은 2024년 9월 초부터 2월 말까지 6개월간이다. 서비스는 전일제(8시간)·시간제(6·4시간)로 선택할 수 있고, 월~금요일 중 이용할 수 있는 시간은 아침 8시부터 저녁 8시까지다. 단주 근로시간은 52시간을 초과할 수 없다. 이용가정의 부담액은 시간당 최저임금과 4대 사회보험(고용보험·국민연금·국민건강보험·산재보험) 등 최소한의 간접비용을 반영한 금액으로 결정된다.

헬스디깅족(Healthdigging族) ▼

건강을 뜻하는 영단어 「헬스(Health)」와 채굴하다는 뜻의 「디깅(Digging)」의 합성어로 다양한 건강 정보를 습득해 자신만의 건강 관리법을 찾는 이들을 가리키는 신조어이다. 이는 건강과 즐거움을 동시에 추구하는 「헬시플레저(Healthy Pleasure)」의 개념을 넘은 것으로, 헬스디깅족들은 스스로 건강 관련 요소들을 찾아내 지속 가능한 건강관리를 추구하는 특징을 보인다. 특히 과거 건강관리가 중장년층의 주 관심사였다면 최근에는 젊은층까지 건강에 관심을 보이면서 나이를 불문하는 추세다. 헬스디깅족들은 적극적으로 건강관리를 하는 만큼 스스로 건강 상태를 파악해 그에 맞는 음식 섭취는 물론 다양한 운동을 행한다. 이러한 헬스디깅족의 증가는 건강보조식품, 저당·저칼로리·무당 음식, 고단백질 음식, 각종 운동용품과 애슬레져룩 판매 증가 등으로 이어지고 있다. 이를 가리켜 「디깅소비」라 하는데, 이는 소비자가 선호하는 품목이나 영역에 깊게 파고드는 행위가 관련 제품의 소비로 이어지는 것을 뜻한다.

④ 문화·스포츠

궁케팅 ▼

「궁궐」과 「티케팅」을 합친 말로, 경복궁·창덕궁·창경궁 등 조선시대 궁궐에서 열리는 프로그램에 참여하기 위해 벌어지는 치열한 예약 경쟁을 뜻하는 신조어이다. 현재 서울 시내에 남아 있는 조선시대 궁궐은 5곳인데, 국가유산진흥원(구 한국문화재단)은 국가유산청 궁능유적본부가 관리하는 경복궁·창덕궁·창경궁·덕수궁 등 4대 궁궐(서울시 관할 경희궁 제외)의 활용 프로그램을 2010년대 이후 꾸준히 만들어왔다. 그런데 이들 프로그램들이 MZ세대들을 중심으로 큰 인기를 끌면서 「궁케팅」이라는 신조어가 탄생한 것이다. 특히 주목받는 궁궐 프로그램으로는 ▷별빛야행(경복궁) ▷달빛기행(창덕궁) ▷밤의 석조전(덕수궁) ▷창경궁 야연(창경궁) 등 야간 프로그램들을 꼽을 수 있다. 또 다과 체험 프로그램을 제공하는 「경복궁 생과방」도 매번 매진 행렬을 기록할 정도로 인기를 끌고 있는데, 생과방(生果房)은 조선시대 왕과 왕비의 후식·별식을 준비하던 주방을 말한다. 해당 프로그램에서는 《조선왕조실록》을 고증한 주악, 약과, 매작 등 6가지 병과와 약차를 맛볼 수 있는 데다 궁궐에서 나인 역할을 맡은 직원이 제공하는 이색 서비스를 체험할 수 있다.

> **뮷즈** 박물관을 뜻하는 영어 단어인 「뮤지엄(Museum)」과 상품을 뜻하는 영어 단어인 「굿즈(Goods)」를 합친 말로, 박물관에 소장 중인 작품을 모티프로 한 박물관 굿즈를 이르는 말이다. 또 국립박물관문화재단이 국립중앙박물관 상품이라는 브랜드 정체성을 보다 강화시키기 위해 2022년 1월 론칭시킨 브랜드명이기도 하다. 이러한 뮷즈는 전통문화를 젊은 층의 감성에 맞게 재해석하는 힙트레디션 열풍이 불면서 확산됐는데, 실제로 국립박물관문화재단에 따르면 2023년 전국 국립박물관에서 판매된 굿즈 매출액은 149억 원으로 역대 최고치를 기록했다. 이러한 인기는 사극이나 유물 전시 등을 통해 전통문화를 접했던 기성세대와는 달리 실생활에서 쉽게 접할 수 있는 콘텐츠를 바탕으로 전통문화를 수용하는 MZ세대의 특징과 관련이 있다.

그린카드(Green Card) ▼

국제배구연맹(FIVB)이 지난해부터 VNL(발리볼 네이션스리그)·올림픽 등 국제 대회에 도입한 제도로, 주심 혹은 팀의 비디오 판독 요청이 있을 때 선수가 먼저 반칙을 인정하고 손을 들 경우 해당 선수에게 주어지는 것이다. 이는 공이 자기 몸을 맞고 나갔는지(터치아웃), 자기 몸이 네트를 건드렸는지(네트터치) 등을 자수하라고 독려하는 제도다. 그린카드는 페어플레이 정신을 높이고, 불필요한 비디오 판독시간을 줄여 경기 시간을 단축하는 것을 목표로 한다. VNL에서는 가장 많은 그린카드를 받은 팀에게 팀 상금 3만 달러(약 4000만 원)를 지급하는데, 이는 금전 보상으로 페어플레이를 유도하자는 의도를 담은 것이다. 한국배구연맹(KOVO)도 올 시즌부터 그린카드를 도입하는데, V리그 정규리그 개막 전 열린 KOVO컵에서 시범 운용했다. KOVO는 10월 19일 대장정을 시작하는 「2024~2025 V리그」에 그린카드 제도를 적용, 그린카드의 누적 점수를 정규리그 시상 부분 내 페어플레이상의 선정 기준으로 활용한다는 계획이다.

네포 베이비(Nepobaby) ▼

「가족주의」, 「족벌주의」를 뜻하는 네포티즘(nepotism)과 아기(baby)의 합성어로, 별다른 재능이나 노력 없이도 부유하고 명망 있는 부모 덕분에 성공을 누리는 자녀를 비꼬는 말이다. 이는 영미권에서 주로 사용하며 우리나라에서는 「금수저」라는 용어와 유사하다. 2020년대 초 할리우드 스타나 스포츠 스타들의 자녀가 특별한 노력 없이 명성을 얻는 현상을 비판하면서 등장한 용어다. 우리나라에서도 대중문화의 영향력이 급격히 늘어난 2010년대 이후부터 유명 배우의 자녀들이 별다른 경력 없이 모델로 데뷔하거나 손쉽게 배역을 따내는 것을 비판하며 「금수저」라는 용어가 자주 사용된 바 있다.

대한극장(Daehan Cinema) ▼

"충무로에 유일하게 남아있던 대한극장이 9월 30일 영업 중단을 알리며 66년 역사의 막을 내렸다. 이로써 ▷2008년 폐업한 단성사와 명보극장 ▷2015년 CGV에 인수된 피카디리극장 ▷코로나19에 따른 경영난으로 문을 닫은 서울극장에 이어 대한극장까지 역사의 뒤안길로 사라지게 됐다. 이는 대형 멀티플렉스 극장과 온라인동영상서비스(OTT)의 등장으로 인한 적자가 지속된 데 따른 것이다. 한편, 대한극장 건물은 미국과 영국에서 흥행한 논버벌 이머시브 공연(관객 참여형)인 〈슬립 노 모어〉를 선보이는 것을 목표로 내부 개조 공사를 진행 중에 있다."

1958년 서울 중구 충무로에서 1900여 개 좌석을 갖추며 개관했던 국내 최대 규모의 극장으로, 개관 당시 미국 영화사 20세기 폭스의 설계에 따라 건축됐다. 종로 서울극장(2021년 8월 폐관)과 더불어 한국 영화산업의 상징 중 하나였던 곳으로, 개관 이후 〈벤허〉(1959), 〈아라비아의 로렌스〉(1962), 〈사운드 오브 뮤직〉(1969) 등 대작 중심으로 상영하면서 충무로의 간판 극장으로 자리 잡았다. 대한극장은 국내 최초 70mm 초대형 스크린에 웅장한 사운드를 지닌 국내 유일의 극장으로 많은 인기를 누렸는데, 특히 1962년 2월 개봉한 〈벤허〉는 연일 만원 사례를 이어가며 무려 6개월간 상영됐다. 이처럼 극장 호황기를 이끈 대한극장은 1980년대에는 연간 관객 수 146만 명을 기록하기도 했다. 그러다 2001년 5월 국내 극장의 멀티플렉스 전환에 발맞춰 〈징기스칸〉 상영을 끝으로 휴관에 들어가 이듬해인 2002년 12월 11개 상영관을 갖춘 영화관으로 재개관했다. 하지만 국내 영화산업이 멀티플렉스 3사(CJ CGV, 롯데시네마, 메가박스) 체계로 공고해지면서 운영에 어려움을 겪어왔으며, 대한극장을 운영하는 세기상사는 전자공시를 통해 극장사업부(대한극장) 영업을 2024년 9월 30일 종료할 계획이라고 밝혔던 바 있다.

드뮤어룩(Demure Look) ▼

과도하게 화려하거나 과시적이지 않고 깔끔하고 절제된 클래식한 스타일을 가리킨다. 여기서 드뮤어(Demure)는 프랑스어로 「차분하다」, 「조용하다」는 뜻으로, 보통 여성의 차림새나 태도를 표현할 때 사용된다. 이러한 드뮤어룩의 인기는 동영상 플랫폼 틱톡 콘텐츠 크리에이터인 줄스 레브론이 게시한 영상에서 시작된 것으로 알려져 있다. 레브론은 자신의 출근룩을 설명하며 「Very demure, Very mindful(매우 얌전하고, 매우 신중하게)」이라고 밝혔는데, 이 영상이 젊은 세대를 중심으로 일종의 밈(Meme·인터넷에서 모방 또는 파생 현상)으로 유행되며 트렌드로 확산된 것이다. 드뮤어는 본래 전통적인 여성성에 대한 고정관념을 상징하는 단어로 통용됐으나, 이 영상에서 해당 용어는 기존의 개념이 아닌 자신만의 방식으로 여성성을 표현하는 단어로 사용되면서 인기를 끌었다. 또한 드뮤어룩의 인기는 화려한 스타일에 피로감을 느낀 소비자들이 유행을 타지 않는 클래식한 디자인을 선호하게 된 것도 그 요인으로 꼽고 있다. 드뮤어룩은 유행을 타지 않는 은은한 멋에 주목한다는 점에서 「올드머니룩」과 비슷한 점이 있다. 하지만 올드머니룩은 클래식하지만 디테일에서는 럭셔리한 스타일을 지향하는 반면 드뮤어룩은 깔끔하면서도 차분·편안한 스타일을 지향한다는 점에서 차이가 있다.

밴드 오아시스(Oasis) ▼

"브릿팝을 이끌었던 밴드 오아시스가 해체한 지 15년 만인 8월 27일 공식 엑스(X·옛 트위터)를 통해 재결합 소식과 함께 2025년 7~8월에 열릴 투어 일정을 공개했다. 투어는 2025년 7월 4~5일 웨일스를 시작으로 맨체스터와 런던에서 각 4일, 에든버러와 아일랜드 더블린에서 각 2일을 거쳐 8월 17일 마무리된다. 한편, 오아시스의 재결합 소식에 콘서트 티켓 100만 장이 하루 만에 매진되면서 1000만 원짜리 암표가 등장하는 등 티켓 전쟁이 과열되기도 했다."

1991년 결성된 록밴드로, 앨범 〈Definitely Maybe〉을 1994년 발매하며 데뷔했다. 데뷔 이듬해인 1995년 발표한 두 번째 앨범 〈What's the Story Morning Glory〉의 수록곡 〈Wonderwall〉과 〈Don't Look Back in Anger〉 등이 전 세계적으로 인기를 끌면서 「제2의 비틀스」라는 칭호를 얻었다. 오아시스는 활동 기간 ▷MTV 유럽 뮤직어워드 최고 노래상 ▷브릿 어워드 최고 밴드·뮤직비디오·앨범상 ▷NME어워드 최고 그룹상 ▷Q어워드 세계 최고의 활동 등을 수상했고, 그래미상에도 세 차례 후보에 오르며 1990~2000년대 영국 브릿팝의 전성기를 이끌었다. 아울러 오아시스가 발매한 정규앨범 7장 모두 영국 차트 1위에 올랐고, 지금까지 기록한 음반 판매량만 9000만여 장에 달한다. 그러나 오아시스는 밴드의 주축인 노엘·리암 갤러거 형제 사이의 불화가 심해지면서 2009년 영국 스태퍼드셔 V페스티벌 무대를 끝으로 해체한 바 있다.

BMW 레이디스 챔피언십 (BMW Ladies Championship) ▼

"해나 그린(호주)이 10월 20일 경기도 파주 서원밸리 컨트리클럽 서원힐스 코스(파72)에서 폐막한 LPGA 투어 BMW 레이디스 챔피언십에서 최종 합계 19언더파(269타)로 비한국계 선수로는 처음으로 이 대회 우승을 차지했다. 2019년부터 시작한 이 대회에서는 앞서 장하나(2019년), 고진영(2021년), 리디아 고(뉴질랜드, 2022년), 이민지(호주, 2023년)가 우승한 바 있다. 그린은 이번 우승으로 시즌 3승이자 투어 통산 6승을 기록했다."

국내에서 유일하게 열리는 미국여자프로골프(LPGA) 투어로, 경기도 파주시 서원밸리 컨트리클럽에서 열리는 대회다. 2015년에 KLPGA 투어로 시작했다가 2019년부터 LPGA 투어와 KLPGA 투어 공동 주관대회로 전향했으며, 2022년부터는 LPGA 단독 투어로 진행되고 있다. 올해로 6년째를 맞는 대회로, 중국과 한국·말레이시아·일본으로 이어지는 LPGA 투어 아시안 스윙의 일환으로 펼쳐졌다.

서울드라마어워즈 (SDA·Seoul Drama Awards) ▼

"서울드라마어워즈 조직위원회가 9월 9일 발표한 올해의 서울드라마어워즈 수상작에 따르면 〈동조자〉를 총괄한 박찬욱 감독이 국제초청 부문 최고상인 골든버그상을 수상했다. 〈동조자〉는 베트남 전쟁 전후 스파이 이야기를 다룬 작품이다. 한편, 국가와 상관없이 모든 작품을 심사하는 국제경쟁 부문과 국제초청 부문에는 올해 48개 국가·346편 등 역대 가장 많은 작품이 출품됐다."

드라마를 통한 문화 교류와 인류 화합을 위해 한국방송협회와 서울드라마어워즈 조직위원회가 주최하는 국제 드라마 시상식으로, 매년 서울에서 개최한다. 2005년 처음 시작된 SDA에는 40~60개국이 참여해 그해 최고의 드라마 자리를 놓고 경쟁을 펼치는데, ▷대형 드라마부터 저예산 드라마 ▷SF 드라마부터 다큐 드라마 ▷대서사극부터 단편 드라마까지 장르를 불문하고 전 대륙의 드라마를 발굴해 소개한다. 서울드라마어워즈는 국제경쟁 부문·국제초청 부문·K-드라마 부문으로 시상 부문을 나눠 상을 수여하고 있는데, 국제경쟁 부문과 국제초청 부문은 국가와 상관없이 모든 작품을 심사한다.

슈퍼챗(Super Chat) ▼

유튜브(Youtube)가 2017년 도입한 콘텐츠 구매 플랫폼으로, 라이브 방송 시청자가 일정 금액을 지불해 유튜버를 실시간으로 후원하는 기능을 말한다. 구글은 2017년부터 「재능 있는 크리에이터와 팬들의 친밀한 소통」을 취지로 슈퍼챗을 도입했는데, 시청자가 슈퍼챗을 보내면 금액과 해당 시청자의 아이디가 실시간으로 채팅창에 표시된다. 이때 금액에 따라 보낼 수 있는 문자의 길이, 채팅창 최상단에 노출되는 시간 등에서 차이가 있다. 다만 슈퍼챗은 구독자를 1000명 이상 보유한 18세 이상의 유튜버만 이용할 수 있으며, 시청자당 1회 1000원에서 최대 50만 원까지 후원이 가능하다. 시청자가 결제한 슈퍼챗 수익은 달러로 환전돼 미국 구글 본사로 모이게 되며, 이후 구글은 수수료를 차감한 뒤 나머지 금액을 유튜버에게 정산한다. 수수료는 슈퍼챗 수익의 30%로 모든 유튜버에게 동일하게 적용되며, 나머지 70%는 유튜버가 가져가게 된다. 한편, 일각에서는 많은 유튜버들이 슈퍼챗을 통한 후원 수익을 얻기 위한 결과 자극적인 콘텐츠가 난무하고 있으며, 유튜브는 슈퍼챗으로 받는 수수료 때문에 이를 방치한다는 지적을 내놓고 있다.

알페스(RPS·Real Person Slash) ▼

영문 RPS(리얼 퍼슨 슬래쉬, Real Person Slash)를 한국어로 줄여 발음한 말로, 보통 팬들이 좋아하는 연예인이나 아이돌들을 주인공으로 삼아 만든 팬픽션을 말한다. 주로 K-pop 남성 아이돌그룹 멤버 등 실존인물을 등장시킨 동성애·BL 소설이나 만화 등이 이에 해당한다. RPS는 1990년대 1세대 아이돌을 상대로 한 팬픽(Fan Fic, 팬이 좋아하는 스타를 주인공으로 쓰는 소설)을 연원으로 하는데, 현재는 그림이나 영상 등 2차 콘텐츠로까지 그 정의가 확장되는 등 아이돌 팬들의 하위문화로 활발히 기능하고 있다. 그러나 일부 콘텐츠에 수위가 높은 성적 묘사가 포함되면서 논란이 일어난 바 있는데, 알페스를 반대하는 측에서는 아무리 허구의 소설이라도 공개된 공간에서 실존 인물을 성적인 묘사에 사용하는 것을 표현의 자유로 용인하는 것은 불합리하며 나아가서는 성범죄와 다를 바 없다고 말한다. 반면 알페스를 찬성하는 측에서는 알페스는 팬들의 판타지를 소비하기 위한 공간이므로 해당 공간에서 표현의 자유는 존중받아야 한다고 주장한다.

앙코르(Encore) ▼

「다시 한 번」이라는 뜻의 프랑스어에서 유래된 말로, 정규 프로그램 공연을 끝낸 연주자가 청중의 박수갈채에 보답해 동일 곡이나 다른 곡을 추가해 선보이거나 또는 그것을 요청하는 일을 뜻한다. 이는 17세기 이탈리아에서 오페라의 명가수가 등장한 무렵부터 생겨난 것으로 알려졌다. 앙코르는 연주자의 성향이나 무대 및 작품의 성격 등에 따라 다르게 이뤄지는데, 예컨대 연주자에 따라 1~2곡가량 추가로 들려주거나 1시간 넘게 새로운 곡을 들려주기도 하지만 아예 앙코르를 생략하는 연주자도 있다.

9월 8일 세종문화회관 대극장에서 열린 오페라 〈토스카〉 공연 중 테너 김재형이 앙코르곡을 부르자 세계적인 소프라노 안젤라 게오르규(59)가 무대로 들어와 불만을 제기하며 공연을 중단시키고 마지막 커튼콜 무대에도 오르지 않은 사태가 벌어졌다. 당시 김재형은 〈토스카〉의 유명 아리아 「별은 빛나건만(E lucevan le stelle)」을 마친 뒤 관객들의 환호와 박수가 끊이지 않자 앙코르곡을 부르는 상황이었다. 게오르규에 따르면 앙코르는 오페라의 서사 흐름을 방해해 공연의 완성도를 해친다는 입장이지만, 세종문화회관 서울시오페라단은 이번 사태와 관련해 안젤라 게오르규에 강력 대응하고 관객의 관람권 훼손에 대한 사과를 요구할 계획이라고 밝혔다.

엔터테크(Entertech) ▼

엔터테인먼트(Entertainment)와 ICT(Information and Communication Technology)의 합성어로, 문화 콘텐츠와 정보통신기술의 결합을 말한다. 이는 대규모 팬덤 문화가 자리 잡은 케이팝의 글로벌화로 등장한 것으로, 해외 팬들이 많이 유입된 만큼 이들이 시간과 공간의 제약 없이 케이팝 문화를 즐기기 위한 기술이 필요해진 데 따른 것이다. 이에 따라 최근 엔터테인먼트 업계는 인공지능(AI), 메타버스, 모션캡처 등 다양한 ICT 기술을 각종 콘텐츠에 접목한 형태로 제작·제공하고 있다. 예컨대 가상현실(AR) 콘서트를 제작하거나 메타버스 공간에서 팬미팅을 개최해 해외 팬들에게 실제 현장에 있는 듯한 몰입감을 제공하기도 하고, 영상 자막 번역에 AI를 도입해 다양한 언어를 실시간으로 서비스하기도 한다.

윌리엄 사로얀 국제문학상(William Saroyan International Prize for Writing) ▼

"장편소설 《이름 없는 여자의 여덟 가지 인생》을 쓴 신인 작가 이미리내(41)가 한국 작가로는 처음으로 미국 윌리엄 사로얀 국제문학상을 수상했다. 수상작은 일제강점기에서부터 광복, 6·25전쟁, 분단 등의 격동기를 살아낸 여성의 이야기를 담아낸 작가의 데뷔작이다."

미국의 소설가이자 극작가인 윌리엄 사로얀(1908~1981)을 기리기 위해 2003년 제정된 문학상이다. 이 상은 사로얀 재단과 미국 스탠퍼드대 도서관이 공동으로 주최하며, 2년마다 소설과 논픽션 부문에서 가장 주목받는 신진 작가의 작품을 선정한다. 수상자에게는 각 5000달러의 상금이 지급된다. 역대 소설 부문 수상작으로 니콜 크라우스의 〈사랑의 역사〉, 지난해 퓰리처상 수상자인 에르난 디아스의 〈먼 곳에서〉 등이 있다. 한편 윌리엄 사로얀은 미국의 작가로, 독학으로 문학 공부를 해 26세 때 첫 단편집 〈공중그네를 탄 용감한 젊은이〉로 등단했다. 특히 1940년에는 〈너의 인생의 한때〉로 퓰리처상 수상자로 결정됐으나 수상을 거부한 바 있다.

유네스코 세계지질공원 (UNESCO Global Geoparks) ▼

"경북 동해안 유네스코 세계지질공원 지정안이 9월 8일 유네스코 세계지질공원 이사회 심의를 통과했다. 이에 따라 2025년 프랑스 파리에서 개최되는 정기총회에서 집행이사회 승인만 받으면 경북 동해안이 유네스코 세계지질공원으로 지정된다. 경북 동해안 지질공원은 포항·경주·영덕·울진 일대를 망라한다. 유네스코 세계지질공원 이사회에 따르면 경북 동해안 지질공원은 학술 가치가 높은 한반도 최대 신생대 화석 산지를 보유하고 있으며, 강력한 관리 운영구조와 관련 기관과의 우수한 협력이 높은 평가를 받았다."

유네스코가 인증하는 지질공원으로, 미적 가치와 과학적 중요성 및 고고학적·문화적·생태학·역사적 가치를 지니고 있는 곳을 말한다. 이는 세계유산(World Heritage), 생물권보전지역(Biosphere Reserve)과 함께 「유네스코 3대 보호제도」에 해당한다. 그러나 세계유산이나 생물권보전지역과 달리 행위 제한이 적고 보호는 물론, 관광자원으로서의 활용을 통해 지역 경제 활성화에 이바지하는 것을 주요 목표로 한다. 이는 세계지질공원 운영위원회가 심사·선정하는데, 국가지질공원으로 인정받은 곳만 지원이 가능하다. 세계지질공원으로 인증되면 세계지질공원망(Global Network of National Geoparks) 회원으로 등록되고 4년마다 재지정 심사를 받게 된다. 이때 심사 결과 지적된 사항이 2년 내에 시정되지 않을 경우 세계지질공원 자격이 박탈된다.

한편, 우리나라에서는 2010년 10월 제주도 전체가 세계지질공원으로 지정되면서 첫 번째 인증을 받았으며, 뒤이어 ▷경북 청송군(2017년 5월) ▷무등산권 지질공원(2018년 4월) ▷강원특별자치도·경기도의 한탄강 일대(2020년 6월) ▷전북특별자치도 서해안 일대(2023년 5월) 등 5곳이 유네스코 세계지질공원에 이름을 올린 바 있다.

유설경학대장(類說經學隊仗) ▼

"국가유산청이 과거시험에 출제되는 경학의 주요 항목 148개 내용을 요점 정리한 책인 《유설경학대장(類說經學隊仗)》 등 4건을 보물로 지정했다고 8월 22일 밝혔다. 유설경학대장과 함께 보물로 지정된 「권상하 초상」은 조선시대 평양 출신 화가 김진여(1675~1760)가 그린 것으로, 현재 충북 제천 황강영당에 봉안돼 있다."

경학의 내용을 종목별로 기록한 유학서로 과거시험에 출제될 148항목의 내용을 요점 정리한 책이다. 이 책은 중국 명(明)의 주경원(朱景元)이 편찬했으며, 상·중·하 3권으로 구성돼 있다. 구체적으로 ▷권상의 50항목은 실천적 도학사상 등에 관한 내용을 ▷권중의 47항목은 어진 이를 등용하는 방법 등을 ▷권하의 51항목은 왕도와 패도, 재정과 조세법 등에 관한 내용을 담고 있다. 《유설경학대장》은 조선 초기의 금속활자인 경자자(庚子字) 가운데 소자(小字)로 인출된 판본이라는 특징을 갖고 있다. 경자자는 1420년(세종 2) 주자소에서 만들어진 동(銅)활자로 1413년(태종 13)에 만들어진 최초의 동활자인 계미자(癸未字)의 단점을 보완한 것이다. 따라서 이 책은 조선 초기의 인쇄사 및 서지학 연구를 위한 중요한 자료로 여겨지며, 조선 초기의 금속활자본으로 인출된 책으로 당대의 역사

상을 반영하고 있다는 점에서 의미가 있다. 또한 경자자 인본은 제법 전하나 경자자 소자로 본문 전체를 인쇄한 것으로는 이 판본이 유일할 만큼 희귀본이라는 점에서도 그 가치가 있다.

응씨배(應氏杯) ▼

"일본 바둑 최강자 이치리키 료(27) 9단이 9월 8일 중국 상하이에서 열린 중국의 셰커(24) 9단과의 「제10회 응씨배 세계프로바둑선수권대회」 결승 5번기 3국에서 237수 만에 흑 불계승을 거두며 종합전적 3-0으로 우승을 차지했다. 이날 우승으로 2011년 입단한 이치리키는 생애 첫 메이저 세계기전 타이틀을 거머쥐게 됐다. 또 일본이 응씨배에서 우승한 것은 이번이 처음인데, 앞선 9번의 대회에서는 한국이 6번, 중국이 3번 우승한 바 있다."

대만 재벌 故 잉창치(應昌期, 1914~2017) 선생이 1988년 창설한 바둑 대회로, 4년 주기로 개최되는 유일한 국제 기전이어서 흔히 「바둑 올림픽」이라고도 불린다. 우승 상금 40만 달러(약 5억 5000만 원)도 단일 바둑 대회 상금 중 최고 액수다. 응씨배는 대회 창시자인 잉창치 선생이 고안한 응씨 룰을 사용하는데, 집이 아닌 「점(點)」으로 승부를 가리며 덤은 8점(7집 반)인 것이 특징이다. 특히 응씨배는 한국과 인연이 깊은 대회로, 「한국 바둑 사천왕」이라 불렸던 조훈현·서봉수·유창혁·이창호가 1회 대회부터 4회 대회까지 차례로 우승을 차지한 바 있다. 이후 최철한 9단이 2009년 6회 대회에서 우승했으며, 14년 만인 2023년 9회 대회에서 신진서 9단이 우승하면서 우리나라는 통산 6승째를 거둔 최다 우승국이 됐다.

조선어사전(朝鮮語辭典) ▼

"경상국립대학교 박물관은 경남 하동군 옥종면의 고(故) 정찬화 선생이 소장해 온 우리나라 최초의 국어사전인 〈조선어사전〉 1점을 최근 기증 받아 11월 공개할 예정이라고 10월 7일 밝혔다. 이 사전은 1938년 12월 재판본 2000권 중 한 권으로 추정된다."

일제강점기인 1938년 청람 문세영 선생(1895~1952)이 편찬해 발간한 우리나라 최초의 국어사

전으로, 1946년 조선어학회가 선정한 일제강점기 우리말 관련 3대 저술이자 해방 이전 유일한 우리말 사전이다. 사전은 지은이 말씀 3쪽, 일러두기 5쪽, ㄱ~ㅎ 2634쪽, 음 찾기 26쪽, 이두 찾기 21쪽 등 모두 2689쪽으로 되어 있으며, 크기는 가로 15.5cm·세로 22.7cm·두께 6.4cm이다. 이 사전은 1933년 조선어학회에서 제정한 「한글 맞춤법 통일안」에 의해 표기된 최초의 국어사전으로, 당시 표준어 보급에 기여했다는 평가를 받는다. 특히 초판 기준 8만 개, 개·수정 증보판 기준 9만 개라는 방대한 규모의 어휘를 수록했으며, 표준말뿐만 아니라 방언·옛말·이두·학술어·속담·관용구 등 다양한 우리말을 수록했다. 아울러 이 사전 안에서 「독」은 「돌」의 사투리라고 명시돼 있고 「석(石)」이라는 한자어까지 함께 적고 있는데, 대한제국 칙령에 나오는 「석도」가 「독도」임을 뒷받침하는 근거자료가 된다. 이 사전은 1957년 한글학회의 〈큰사전〉 완간 이전까지 대표적인 사전으로 기능했다.

코리아둘레길 ▼

"정부가 9월 23일 강원도 고성군 통일전망대에서 코리아둘레길 전 구간 개통식을 개최했다. 이는 2009년 조성을 시작해 마지막 구간인 비무장지대(DMZ) 평화의 길이 2024년 완공될 때까지 15년이 걸렸다. 문화체육관광부와 한국관광공사에 따르면 10월 13일까지 걷기와 자전거, 캠핑 등 친환경 여행 활성화를 위한 저탄소 여행주간을 운영하는데, 이 기간에는 코리아둘레길 국토 종주 도전과 추천코스 45선 인증캠페인, 저탄소열차 연계 걷기·자전거 여행 등 다양한 행사가 진행된다."

문화체육관광부 등 7개 관련부처가 「대한민국을 재발견하며 함께 걷는 길」이라는 목표로, ▷동해안의 해파랑길 ▷남해안의 남파랑길 ▷서해안의 서해랑길 ▷비무장지대(DMZ)의 평화의 길 등 총 4530km을 연결한 초장거리 걷기 여행길이다. 동해안의 해파랑길은 부산 오륙도 해맞이공원에서 고성 통일전망대까지 750km를 이어 조성한 걷기 여행길로, 50개 코스로 구성돼 2016년 가장 먼저 완공됐다. 남해안의 남파랑길은 부산 오륙도 해맞이공원에서 전남 해남 땅끝마을까지 이어지는 1470km의 탐방로로, 90개 코스로 구성되며 2020년 개통됐다. 서해안의 서해랑길은 전라남도 해남군 땅끝마을부터 인천 강화까지 109개 코스를 포함한 1800km의 길로, 2022년 개통됐다. 마지막으로 비무장지대(DMZ)의 평화의 길은 한반도 마지막 청정 자연환경을 자랑하는 비무장지대 일대를 따라 조성된 35개 코스를 포함한 510km 길이의 여행길로, 올해 개통됐다. 한편, 정부는 코리아둘레길과 전통시장, 관광명소 등을 연계해 장기간 머물면서 여행길을 즐길 수 있도록 체류형 관광을 유도, 지역 경제 활성화를 도모한다는 계획이다.

테이트 모던 미술관
(Tate Modern Collection) ▼

"현대자동차가 영국 테이트 모던 미술관에서 이미래 작가의 「Open Wound」 전시를 개막한다고 10월 9일 밝혔다. 10월 8일부터 내년 3월 16일까지 테이트 모던의 터바인(turbine) 홀에서 진행되는 이번 전시는 현대차가 테이트 모던과 장기 후원 파트너십을 맺고 2015년부터 선보인 현대미술 전시 프로젝트 「현대 커미션」의 일환으로, 이미래는 현대 커미션에 아홉 번째로 참여하는 작가다. 서울과 네덜란드 암스테르담을 기반으로 활동하는 이미래는 2022년 베네치아 비엔날레 본전시에 참여했으며, 지난해에는 미국 뉴욕의 뉴뮤지엄에서 개인전을 여는 등 미술계의 주목을 받고 있다."

영국 런던 템스강 남쪽에 방치돼 있던 뱅크사이드 화력발전소(Bankside Power Station) 건물을 개조해 2000년 5월 12일 개관한 미술관이다. 미국 뉴욕 현대미술관(MoMa, 모마)과 함께 세계 최고 권위를 지닌 현대미술관으로 꼽는다. 높이 99m의 직육면체 외형을 갖고 있는 테이트 모던은 모두 7층으로 구성돼 있는데, 건물 한가운데에는 원래 발전소용으로 사용하던 높이 99m의 굴뚝이 그대로 솟아 있다. 건물의 2층부터 4층까지는 1900년대부터 현재에 이르는 현대미술과 실험미술의 작품이 전시돼 국제 현대미술의 흐름을 한눈에 파악하기에 훌륭하다는 평가를 받고 있다. 특히 피카소·모네·마티스·앤디 워홀 등 유명 작가의 작품을 현대미술과 실험미술 등으로 나눠 전시하고 있으며, 각층마다 어린이를 동반한 가족들이 함께할 수 있는 미술 체험장소가 마련돼 있다.

패스트무비(Fast Movie) ▼

긴 분량의 영화나 드라마를 짧은 시간 동안 소비할 수 있도록 요약해서 편집한 콘텐츠이다. 보편적으로 러닝타임이 2시간 이상 소요되는 영화는 10~30분, 10부작 내외로 제작된 드라마는 2시간 이내로 편집해 자막을 넣고 장면에 대한 해석까지 덧붙여 제공한다. 패스트무비는 콘텐츠의 결말을 포함하지 않고 줄거리만 간략히 설명하는 방식으로 전개돼 본편을 다 시청하지 않아도 전반적인 내용을 파악할 수 있다는 점에서 인기를 끌고 있다. 이는 효율적인 소비를 중시하는 세대가 콘텐츠 주소비자로 자리 잡은 데 따른 것으로, 이들은 요약본을 통해 취향에 맞는 작품인지를 먼저 확인한다. 또 일과 여가생활이 다양해지면서 시간적 여유가 없어진 많은 이들이 짧은 길이의 영상에 익숙해진 것도 패스트무비의 인기 요인이 됐다. 그러나 최근 들어 저작권자의 허가 없이 원작의 주요 장면을 과도하게 노출하거나 결말을 포함한 채 콘텐츠를 업로드하는 경우가 늘고 있어 논란도 일고 있다.

펀러닝족(Fun running族) ▼

러닝(달리기)을 즐기는 이들이 늘어나면서 등장한 신조어로, 펀러닝족은 기록 향상보다는 달리는 행위 자체를 즐긴다는 것이 특징이다. 이들은 기록에 얽매이지 않고 러닝 자체의 즐거움을 추구하는데, 이처럼 러닝이 인기를 끄는 것은 특별한 장비가 필요 없어 진입 장벽이 낮다는 점 등이 꼽힌다. 또 SNS를 통해 다른 사람들과 자신의 러닝 기록이나 추억을 공유하고, 이를 통해 경쟁하거나 응원을 주고 받는 즐거움을 느낄 수 있다는 점도 펀러닝족 증가의 요인이다. 이처럼 펀러닝족이 늘어나자 기업들은 펀러닝족을 겨냥한 이색 마케팅을 펼치고 있는데, 대표적으로 러닝코어룩(Runningcore, 러닝복을 일상복처럼 입는 것)이나 러닝을 위한 운동화 등이 이에 속한다.

러닝의 인기와 함께 여러 명이 함께 무리 지어 달릴 수 있는 달리기 모임, 이른바 「러닝크루」의 인기도 높아졌는데, 이에 대해서는 논란이 있다. 이는 일부 러닝크루들이 길을 막고 인증샷을 찍거나 좁은 주로를 점령하고 달리면서 소음을 발생시키는 등의 행위로 민폐 논란을 일으키고 있는 데 따른 것이다. 이에 일부 지방자치단체들은 러닝크루들에 대한 제재에 나섰는데, 대표적으로 서울 서초구는 10월 1일 반포종합운동장 러닝 트랙에서 5인 이상 단체 달리기를 제한하는 새로운 이용 규칙을 시행했다.

프리 철수 리(Free Chol Soo Lee) ▼

"재미교포 줄리 하·유진 이 감독의 다큐멘터리 영화 〈프리 철수 리〉가 9월 26일 미국 뉴욕 타임스퀘어 팔라디움에서 열린 「제45회 뉴스&다큐멘터리 에미상」 시상식에서 최우수 역사다큐멘터리상을 수상했다. 이 영화는 다수의 백인 용의자들 가운데 한인 이민자가 억울하게 범인으로 지목되는 과정의 허술함을 통해 인종차별과 혐오 범죄에 대한 공동체 풀뿌리 운동의 중요성을 시사하고 있는 작품이다."

한국계 미국인인 줄리 하와 유진 이 감독의 다큐멘터리 영화로, 1973년 샌프란시스코 차이나타운에서 일어난 중국인 갱단 총기 사건에서 억울하게 살인 누명을 쓴 한인 이민자 고(故) 이철수 씨의 10년간의 옥살이를 다룬 작품이다. 이 영화는 2022년 미국 최대 독립영화제인 선댄스 영화제에 초청돼 호평받았으며 2023년에는 미 방송사 PBS에서 방영됐다. 또 국내에도 2023년 10월 개봉한 바 있다. 이철수 씨는 사건 당시 21세였는데, 소년원 수감 전력이 있던 데다 동양인 외모 구별을 못하는 백인 목격자의 허술한 증언이 더해지면서 살인 혐의를 받고 종신형을 선고받았다. 그러나 1978년 탐사저널리스트 이경원 기자가 이 사건에 의문을 품게 됐는데, 그는 백인 목격자가 짧은 순간에 아시아인의 특징을 명확하게 구별할 수 있는지에 대한 의문을 제기한 기사를 썼고 이를 계기로 「이철수 구명위원회」가 조직됐다. 이와 같은 사람들의 관심은 변호사 선임 비용을 충당할 수 있는 모금으로 이어졌고, 이철수 씨는 1982년 열린 재심에서 무죄를 선고받고 복역 약 10년 만에 석방됐다. 석방된 이 씨는 이후 청소년 선도 등의 강연 활동 등을 펼치다가 2014년 혈관폐색으로 62세를 일기로 세상을 떠났다.

호크아이(Hawk-Eye) ▼

"AP통신 등은 윔블던 테니스 대회를 개최하는 올잉글랜드클럽이 내년부터 선심을 없애고 전자 라인 판정을 시행한다고 10월 10일 보도했다. 이는 2000년 등장한 판독 시스템 「호크아이」로 판정을 대신하겠다는 것이다. 2025년 예선 경기장부터 본선이 열리는 18개 코트에 모두 라인 콜링시스템이 도입되면서 1877년 창설된 윔블던 테니스 대회는 147년 만에 선심이 사라지게 됐다. 한편, 테니스 4대 메이저대회 중 호주오픈(2021년)과 US오픈(2022년)은 이미 선심을 없앤 바 있다."

테니스, 축구, 크리켓 등 구기 종목에서 사용되는 비디오 판독 시스템으로, 구기 종목의 경우 공이 떨어진 위치에 따라 득점이 갈리기 때문에 이를 정확히 확인하기 위해 2001년 영국의 로크 메이너 리서치사에서 개발했다. 경기장 내 여러 곳에 위치한 10~14대의 초고속 카메라가 초당 340프레임으로 공의 움직임을 포착해 3차원 영상으로 재구성하면 이것을 보고 심판이 최종 판정을 내린다. 2006년 US오픈에서 처음 도입된 이후 다른 종목으로까지 확산됐다. 테니스 경기에서 선수가 호크아이 판독을 요청하는 것을 「챌린지(Challenge)」라고 하는데, 챌린지는 세트당 3번까지 사용할 수 있고 실패할 때만 그 횟수가 줄어든다.

⑤ 일반과학·첨단과학

검은신화: 오공 ▼

중국 게임 개발사 게임사이언스(Game Science)가 개발한 트리플A(AAA)급 콘솔 게임으로, 오공의 중국어 발음을 그대로 음차한 영문 표현인 「우콩(WUKONG)」으로도 불린다. 트리플A급 게임은 글로벌 시장을 겨냥해 많은 제작비와 인력을 투입하고 장기간 개발 기간을 거쳐 제작된 게임으로, 「검은신화: 오공」은 중국의 고전소설 〈서유기〉를 배경으로 중국 내 개발사가 선보인 첫 트리플A급 게임으로 주목받았다. 이 게임은 지난 8월 출시 이후 사흘 만에 1000만 장 판매고를 기록한 데 이어 한 달여 만에 2000만 장을 돌파하는 등 흥행가도를 달리고 있다. 특히 해당 게임의 성공은 그동안 모바일 게임을 중심으로 성장해온 중국 게임 사업이 콘솔 패키지 게임 분야에서도 위협적인 경쟁력을 갖추고 있음을 보여준다는 데에서 많은 과제를 시사하고 있다는 평가다. 다만 「검은신화: 오공」의 전체 판매량 중 90% 가까운 비중을 중국 시장이 차지한 데다, 게임이 지닌 완성도 등과는 별개로 중국 애국주의 소비 성향이 일정 부분 영향을 미쳤다는 분석도 제기되고 있다.

국가AI위원회 ▼

"정부가 9월 26일 대통령 직속 국가AI위원회를 출범하고 AI 컴퓨팅센터 구축 등의 내용을 담은 「4대 AI 플래그십 프로젝트」를 발표했다. 정부는 이날 ▷2조 원 규모의 국가 AI 컴퓨팅센터 구축 ▷최신 GPU 규모를 현재보다 15배인 2EF(엑사플롭스) 이상 확충 ▷민간부문은 올해부터 17년까지 총 65조 원 규모 투자 ▷정부는 민간투자 활성화 위해 조세특례 등 적극 지원 등 4가지 플래그십 프로젝트를 발표했다."

인공지능(AI)과 반도체 생태계를 포괄하는 대통령 직속 기구로, 9월 26일 공식 출범했다. 국가 AI위원회는 법적으로는 자문기구이지만 실질적으로는 AI 관련 모든 정책들을 심의·의결하는 역할을 맡는다. 위원회는 윤석열 대통령이 직접

위원장을 맡으며, 인공지능 분야 전문가로 구성된 30명의 민간위원과 주요 부처의 장관급 정부위원 10명, 대통령실 과학기술수석(간사) 및 국가안보실 제3차장 등으로 구성된다. 부위원장으로는 염재호 태재대학교 총장이 위촉됐는데, 태재대는 우리나라에서 처음으로 온라인과 오프라인 캠퍼스를 활용하는 「하이브리드형 오픈캠퍼스」를 표방해 한국형 미네르바 대학으로 불려왔다.

국제사이버보안지수
(Global Cybersecurity Index) ▼

"과학기술정보통신부가 국제전기통신연합(ITU)이 9월 12일 스위스 제네바에서 발표한 「제5차 국제사이버보안지수」 평가에서 조사 대상 194개국 중 한국이 최상위 1등급을 달성했다고 밝혔다. 한국은 5개의 평가 영역에서 모두 만점을 획득하며 최상위 1등급을 달성했으며, 특히 「역량」과 「협력」 영역에서 우수한 평가를 얻은 것으로 전해졌다."

국제전기통신연합에서 진행하는 국가별 사이버보안 수준 측정 프로젝트로, 국가 간 사이버보안 역량과 성숙도를 객관적으로 비교·분석하는 데 활용되고 있다. 법률·기술·조직·역량·협력의 총 5개 영역으로 구성되며, 영역별 문항(총 83개)에 대해 각국이 제출한 답변과 증빙 자료를 바탕으로 평가를 진행한다. 구체적으로 ▷법률 분야는 사이버범죄 관련 실체법, 사이버보안 관련 규제 구축 여부를 ▷기술은 침해사고 대응 기관의 역량, 사이버훈련참여, 사이버보안 인식 제고 활동 등을 ▷조직은 사이버보안 책임 기관의 역할, 국가 사이버보안 전략 수립 등을 ▷역량은 사이버보안 R&D 활동 및 산업지원 등을 ▷협력은 국가 간 사이버보안 협력, 사이버보안 국제기구(OECD, ITU 등) 참여 등을 평가한다.

글루카곤 유사 펩타이드-1
(Glucagon Like Peptide-1) ▼

"미국의 노벨 생리의학상이라고 불리는 래스커상을 수여하는 래스커 재단이 9월 19일 비만 치료에 혁명을 불러온 ▷조엘 하베너 미 매사추세츠 종합병원 교수 ▷스베틀라나 모이

소브미 록펠러대 교수 ▷로테 비에레 크누센 노보노디스크 최고과학고문을 래스커상 임상 부문 수상자로 선정했다고 밝혔다. 이들은 세계적으로 선풍적인 인기를 끌고 있는 비만치료제 위고비·젭바운드 등의 기반이 되는 「글루카곤 유사 펩타이드(GLP)-1」을 발견하고 개발한 공로를 인정받았다. 한편, 래스커상은 1945년부터 기초의학·임상·공중보건 부문에 기여한 의학자들에게 매년 시상되는 권위 있는 상으로, 수상자 중 상당수가 노벨 생리의학상을 차지해 왔다."

인간의 장에서 음식을 소화시킬 때 분비되는 호르몬으로, 장 내분비세포인 L세포와 뇌의 솔방울샘 핵에 있는 특정 뉴런에서 생성된다. GLP-1은 장관 내 포도당 농도에 자극을 받아 분비돼 인슐린 분비를 자극하는 반면, 혈당을 높이는 글루카곤의 분비는 억제해 체내 혈당 조절에 도움을 준다. 또한 뇌의 식욕중추에 작용해 식욕을 떨어뜨리거나 포만감을 유발하기도 한다. 이처럼 GLP-1은 혈당을 조절하고 식욕을 줄여 체중을 감량하는 효과가 있지만, 체내 반감기(물질의 양이 절반으로 줄어드는 데 걸리는 시간)가 3분 정도로 짧다. 그러나 최근 이러한 GLP-1을 화학적으로 변형한 「GLP-1 유사체」가 당뇨와 비만을 포함한 여러 질병의 치료제로 활용되고 있다. 대표적으로 GLP-1을 모방해 반감기를 대폭 늘려 체내에서 오래 효과를 내도록 한 것이 위고비나 젭바운드 같은 GLP-1 계열 비만치료제이다. 위고비의 주요 성분인 「세마글루타이드」는 식사 후 나오는 인슐린 분비를 촉진하는 호르몬인 GLP-1를 모방한 GLP-1 유사체이며, 젭바운드는 GLP-1과 「포도당 의존성 인슐린 분비 촉진 폴리펩타이드(GIP)」라는 두 종류의 호르몬 수용체를 활성화한 것이다.

문건 79호(Document 79) ▼

중국 국영기업을 감독하는 국유자산관리위원회(SASAC)가 2022년 9월 발행한 문건으로, 2027년까지 중국 국영기업에서 사용하는 해외 하드웨어·소프트웨어를 자국 제품으로 교체하라는 지시를 담고 있다. 중국 내 미국 기업에 대한 의존도를 낮추는 것을 목표로 한다는 점에서 미국을

삭제한다는 뜻을 담은 「Delete America」의 약자인 「딜리트 A」라는 프로젝트명으로도 알려져 있다. 문건 79호는 지난 3월 미국 월스트리트저널(WSJ)의 보도로 그 존재가 처음 보도됐는데, 사본 작성조차 허용되지 않는 극비 서류로 알려져 있다. 여기에는 해외 제품을 중국 업체의 것으로 교체한 뒤 관련 내용을 분기별로 중국 당국에 보고하도록 하는 내용도 담겼다.

미국과 중국 간 무역분쟁은 2018년 3월 도널드 트럼프 미국 대통령이 중국 제품에 고율 관세를 부과할 수 있다는 내용의 행정명령에 서명하면서 시작돼 현재까지도 이어지고 있다. 앞서 2020년 1월 15일 양국이 무역 합의에 최종 합의하면서 휴전 상태로 접어든 듯 했으나, 최근 틱톡을 비롯한 플랫폼이나 반도체 수출을 비롯한 타 분야까지 갈등이 확산되면서 쉬이 끝날 기미를 보이지 않고 있다.

바이오디젤(Bio-Diesel) ▼

"8월 22일 인도네시아 정부가 내년 1월 1일부터 바이오디젤에 들어가는 팜유의 비율을 35%에서 40%로 올릴 계획이라고 밝혔다. 이는 자국 내 팜유 소비량을 늘리기 위함으로, 인도네시아는 2018년부터 모든 경유 차량과 기계류에 팜유를 20% 섞은 바이오디젤 B20을 사용하도록 의무화한 후 현재는 팜유를 35% 섞은 B35를 사용 중에 있다. 그러나 일각에서는 팜유의 생산량은 그대로인 채 소비량만을 늘리는 것은 팜유의 국제 가격 불안을 일으킬 수 있다는 우려를 제기하고 있다."

팜유 등의 식물성 기름이나 소·돼지 등의 동물성 지방을 가공해 만든 바이오연료를 말한다. 이는 경유와 유사한 성질을 가져 대부분의 경유 차량이나 기계에 쓸 수 있는데, 단독으로도 쓰일 수 있으나 흔히 경유와 혼합해 사용된다. 이때 바이오디젤과 경유의 혼합 비율에 따라 바이오디젤을 5% 혼합했을 경우 「BD5」, 20% 혼합했을 경우 「BD20」, 100% 바이오디젤일 경우 「BD100」 등으로 부른다. 바이오디젤은 화석연료와 달리 대기 중 이산화탄소 농도를 높이지 않아 신재생에너지로 각광받고 있다. 그러나 바이오연료용 농작물 재배를 위해 삼림 파괴가 이뤄지고 있으며, 바이오디젤에 투입되는 농작물 가격의 상승을 일으킬 수 있다는 것이 문제점으로 지적되고 있다.

우리나라는 2006년 바이오디젤을 도입한 이후 2011년부터 경유에 의무적으로 바이오디젤을 혼합하는 의무혼합제도를 시행하고 있다. 이에 따라 현재 경유 속 바이오디젤 혼합비는 4%까지 올라온 상태인데, 정부는 이 비율을 2030년까지 최대 8%로 높이겠다는 계획이다. 이를 위해 동·식물성 기름에 수소를 첨가한 3세대 바이오디젤을 만들어 2026년부터 상용화하기 위한 연구를 진행 중에 있다.

방사성의약품 (RPT·Radiopharmaceutical Therapy) ▼

방사선을 방출하는 물질인 방사성 동위원소를 활용해 질병을 진단하거나 치료하는 데 사용되는 의약품으로, 암세포만 피폭시켜 암을 치료한다고 해 「방사성 미사일 치료제」로도 불린다. 특히 미량을 체내에 주입해도 암세포를 죽일 수 있다는 점에서 차세대 항암치료 신기술로 꼽힌다. 전통적 방사선 치료요법은 신체 외부에서 암세포 부위에 방사선을 쏴 암세포를 죽이는 방식인 반면, 방사성의약품은 방사성 물질을 체내에 직접 투입해 암세포에서 발현하는 특정 단백질을 표적한다. 이에 체내 피폭량이 적으면서도 정상세포에 영향을 주지 않고 암세포를 선택적으로 사멸할 수 있어 치료 효과가 훨씬 좋다. 또한 임상 단계에서 동위원소를 통해 부작용 및 약효 예측이 어느 정도 가능한 것은 물론, 다른 치료제 대비 반복 복용으로 약효가 떨어지는 약물 내성도 낮다.

글로벌 시장조사기관 이밸류에이트파마에 따르면 방사성의약품 치료제 시장은 2023년 19억 달러로 연평균 19.2% 성장해 2030년 65억 달러로 전망된다. 또 방사성의약품 진단제 시장도 2023년 4억 달러로 연평균 20.1% 성장해 2030년에는 15억 달러로 성장할 것으로 예상되고 있다.

배터리관리시스템(BMS·Battery Management System) ▼

"정부가 9월 6일 발표한 「전기차 화재 안전관리 대책」에 따르면 실시간 전기차 배터리 상태를 감지하고 경고하는 「배터리 관리시스템(BMS)」의 기능을 개선하며, BMS 안전기능이 없는 구형 전기차에는 무료 설치를 추진하고 올해 안에

BMS의 배터리 위험도 표준을 마련한다. 또 충전량을 제어해 BMS와 함께 이중 안전장치 구실을 하는 스마트 제어 충전기 보급을 올해 2만 대에서 내년 7만 1000대로 확대한다는 계획이다."

배터리 전압 변화와 과열 여부를 감지하는 시스템으로, 배터리 전압과 온도를 모니터링하고 충전 상태를 감지해 과열이나 과충전을 예방한다. 배터리 셀 간의 전압 편차를 줄여 내구성을 유지하고 배터리의 에너지 효율을 높이는 것 또한 BMS의 역할 중 하나다. 이는 특히 배터리 사용 과정에서 전압 하락 등 문제가 발생할 경우 이상 신호를 경고등으로 띄우거나 차주 및 차량 제조사에 데이터를 전송, 안전사고를 예방할 수 있어 전기차 안전성의 핵심으로 꼽힌다. 여기에 배터리의 잔여량을 계산해 주행 가능 거리를 확인할 수 있는 BMS의 특성을 자율주행차에도 적용할 수 있어 자동차 시장에서 그 중요성이 더욱 커질 것으로 전망된다.

배틀패스(Battle Pass) ▼

한 번 구입하면 일정 기간 동안 게임 진척도에 따라 무기 같은 게임 아이템을 받을 수 있는 일종의 구독형 요금제를 말한다. 배틀패스는 사용 기간이 정해져 있기 때문에 이용자 입장에서는 게임을 더 많이 할수록 이득이 되고, 더 좋은 게임 아이템을 얻기 위해 계속해서 돈을 지출할 필요가 없다. 즉, 이용자는 게임 경쟁을 위해 돈을 더 쓸 필요가 없고, 게임사는 이용자가 게임에 더 자주 접속하도록 유도할 수 있다. 또 기존 확률형 아이템 방식과 비교해 규제에서 자유로운 것도 배틀패스의 강점이다. 엔씨소프트가 지난 8월 자사 게임 중 처음으로 신작 「쓰론 앤 리버티(TL)」에 배틀패스를 적용하는 등 최근 넥슨과 넷마블 등 대부분의 국내 게임사들이 기존 확률형 아이템 중심의 수익 구조에서 벗어나 배틀패스로 전환하는 움직임을 보이고 있다. 이러한 움직임은 지난 3월부터 확률형 아이템의 정보 공개를 의무화하는 법이 시행되면서 규제

가 강해진 데 따른 것이다. 다만 배틀패스는 일정 수 이상의 이용자 수를 확보해야 수익을 얻을 수 있다는 한계가 있으며, 배틀패스를 통한 수익은 확률형 아이템으로 얻을 수 있는 것보다 낮은 것으로 알려져 있다.

> **확률형 아이템** 게임 아이템의 일종으로, 게임 회사가 정한 확률에 따라 게임 이용자가 투입한 가치보다 더 높거나 낮은 가치의 게임 아이템이 나올 수 있다. 확률형 아이템은 원하는 게임 아이템이 나올 때까지 반복해서 구매하기 쉽고, 사행성을 조장한다는 문제점을 갖고 있다.

사이버위기경보 ▼

"국정원 산하 국가사이버안보센터가 9월 23일 0시부로 사이버위기 경보를 「주의」에서 「관심」으로 하향했다. 이는 지난 2022년 3월 21일 주의 경보가 발령된 지 917일 만으로, 센터는 최근 국내 사이버 위협이 감소한 추세를 반영했다며 하향 조정 배경에 대해 설명했다."

사이버안보업무규정에 따라 각종 사이버공격에 체계적으로 대응하기 위해 파급영향, 피해규모 등을 고려해 관심-주의-경계-심각 4단계로 나눠 발령하는 경보를 말한다. 국가사이버안보센터는 모든 사이버위기 정보를 시간별로 정상 상태와 비교해 정보통신망의 위험도를 판단하는데, 사이버위기경보는 국가 사이버안보에 심각한 영향을 초래할 수 있는 상황에 대해 미리 예측하여 경보하는 표시등급이다. 「관심」 단계는 해외 사이버공격 피해가 확산하고 국내 유입이 우려되거나 정보유출 등 사이버공격 시도를 탐지할 경우 발령한다. 나아가 다수 기관의 정보유출 등 침해사고 확산 가능성이 증가하거나 국내외 정치·군사적 위기발생 등 사이버 안보 위해 가능성이 고조되면 「주의」 단계로 격상된다. 이후 대규모 피해로 발전될 가능성이 증가하거나 다수 기관의 공조 대응이 필요해지면 「경계」로 격상되며, 국가적 차원에서 네트워크 및 정보시스템 사용이 불가능해 국가적 차원에서 공동 대처가 필요해질 경우에는 「심각」이 발령된다.

사이버캡(Cyber Cap) ▼

"일론 머스크 테슬라 최고경영자(CEO)가 10월 10일 미국 로스엔젤레스(LA)에서 열린 「위, 로봇(We, Robot)」 행사에서 핸들과 페달이 없는 무인 자율주행 차량인 「사이버캡」의 시제품을 처음 공개했다."

테슬라가 10월 10일 처음으로 시제품을 공개한 로보(무인) 택시로, 운전대와 페달 없이 완전 자율주행 기술로 운행되는 것이 특징이다. 이 차량은 양쪽에 문이 하나씩만 달린 2도어로, 이 문은 나비 날개처럼 위로 열리는 것이 특징이다. 머스크는 사이버캡의 가격이 3만 달러(약 4000만 원) 미만이 될 것으로 예상되며, 2027년 이전에 양산할 수 있을 것이라고 설명했다. 또 사이버캡 양산을 시작하기 전에 완전자율주행(FSD·Full Self-Driving) 소프트웨어의 운전자 개입이 필요 없는 업그레이드 버전을 모델3·모델Y를 통해 배포한다는 계획이다.

로보택시 분야는 테슬라의 사이버캡뿐만 아니라 알파벳(구글 모회사)의 웨이모, 제너럴모터스(GM)의 크루즈도 진출해 경쟁을 벌이고 있다. 특히 알파벳은 지난 7월 웨이모에 수년간 50억 달러(약 7조 원)를 추가 투자할 계획이라고 밝히기도 했다.

상업적 감시 생태계
(Commercial Surveillance Ecosystem) ▼

미국 연방거래위원회(FTC)가 9월 19일 글로벌 거대 플랫폼들의 무차별적인 개인 정보 수집 실태를 담은 〈스크린 뒤를 엿보다(A Look Behind the Screens)〉라는 제목의 보고서를 내놓으면서 언급한 개념이다. 해당 보고서는 FTC가 메타(페이스북 모회사), 유튜브, 틱톡, 아마존 등 주요 소셜미디어와 아마존 같은 동영상 스트리밍 서비스 업체(SMVSS) 9곳이 제출한 2019~2020년 2년간의 개인 정보 수집·활용 자료 등을 분석해 작성한 것이다. FTC는 129쪽 분량의 해당 보고서를 통해 사용자가 동의하지 않은 개인정보들을 수집하고, 이를 광고 등에 활용하는 유튜브·메타 등 거대 플랫폼의 행태들을 명시했다. 특히 FTC는 빅테크 기업들이 개인정보를 공유하며 이익을 극대화하는 상황을 「상업적 감시 생태계」라고 명명, 이에 따라 시장 경쟁이 저해되는 폐해가 크다고 지적했다.

소버린 AI(Sovereign AI) ▼

국가나 기업이 자체 인프라 및 데이터를 활용해 독자적으로 개발한 인공지능(AI)으로, 국가 차원에서 데이터·인프라·AI 모델 등을 직접 통제하고 관리할 수 있는 기술을 가리킨다. 이는 데이터 주권보다 넓은 개념이라고 할 수 있는데, 단순히 데이터를 수동적으로 보호하는 것을 넘어 외국에서 만들어진 AI 서비스의 과도한 영향력을 견제하겠다는 의도를 담고 있기 때문이다. 현재 전 세계 주요 국가들은 AI 기술 개발에 적극적인 투자를 하고 있는데, 미국의 경우 칩스법을 통해 인텔과 TSMC에 수십억 달러의 보조금을 지원했고, 일본은 AI 생태계 확장을 위해 소프트뱅크에 대규모 자금을 지원했다. 우리나라 역시 「국가 AI 컴퓨팅센터」를 설립하고 AI 컴퓨팅 파워를 2030년까지 15배 이상 확충할 계획을 세워두고 있다.

스리마일섬(TMI) 원전사고 ▼

"미국 펜실베이니아주의 스리마일섬 원전을 소유하고 있는 콘스텔레이션에너지가 9월 20일 1979년 원전 사고가 일어났던 스리마일섬의 원전 1호기를 2028년 재가동하기로 했다. 스리마일섬 원전 1호기는 사고 피해를 보지 않아 지속 운영되다가 2019년 경제성이 떨어진다는 이유로 가동이 중단된 바 있는데, 9년 만에 다시 가동 결정이 내려진 것이다."

미국 펜실베이니아주 해리스버그에 있는 스리마일섬의 원자력발전소 2호기에서 냉각장치가 파열돼 노심용융이 일어나 핵연료가 외부로 누출된 사고로, 1986년 체르노빌 원전사고·2011년 일본 후쿠시마 원전사고와 함께 세계 3대 원자력발전 사고로 꼽는다. 스리마일 원전은 1978년 4월 전기 생산을 처음 시작했는데, 해당 사고는 생산이 시작된 지 1년이 채 지나지 않은 1979년 3월 28일 발생했다. 사고는 이 발전소의 제2호 가압수형 경수로가 전기출력 95만 5000kW로 운전 중 증기발생기 2차계에 물을 공급하는 주급수 펌프계통이 고장을 일으키면서 시작됐다. 이후 경수로 내부를 냉각하는 긴급노심냉각장치(ECCS)가 작동했음에도 계량을 오판한 운전원이 냉각장치의 작동을 멈추게 했고, 이후로도 여러 겹의 방호시스템이 제대로 작동하지 못하면서 냉각장치가 파열돼 노심의 절반 이상이 녹아내리는 노심용융 상태가 발생했다. 이에 대량의 핵연료가 외부로 누출되면서 주변 8km 이내 주민들의 일시 피난이 이뤄지기도 했다. 이 사고는 미국 원전 역사상 최악의 사고였지만 다행히 원자로 격납용기가 붕괴되지 않아 피폭량은 미량이었고 외부 인명 피해는 발생하지 않았다. 하지만 원자로 사용 불능과 약 10억 달러의 경제적 손실 등은 물론, 미국의 원자력산업에 대한 안전성 논란과 반핵운동이 확산되는 계기가 됐다.

신경망처리장치
(NPU·Neural Processing Unit) ▼

인간 뇌의 신경망을 모방해 수천 개의 연산을 동시에 할 수 있는 인공지능(AI) 반도체를 말한다. 딥러닝 알고리즘 연산에 최적화된 프로세서로, 뇌처럼 정보를 스스로 학습하고 처리할 수 있어 「AI칩」이라고도 부른다. 기존의 중앙처리장치(CPU)가 한 개의 연산을 빠르게 순차적으로 처리했다면, NPU는 한꺼번에 수천 개의 연산을 동시다발적으로 처리할 수 있다. 따라서 스마트폰뿐만 아니라 데이터센터, 자율주행차, 클라우드 등의 분야에 NPU를 활용하면 대용량 데이터의 실시간 처리가 가능해져 해당 분야의 고성장을 이룰 수 있을 것으로 전망된다. 나아가 NPU 기술을 발전시키면 인간 두뇌 수준의 정보처리와 인식을 가능케 하는 뉴로모픽 반도체 기술을 상용화할 수도 있다.

최근 AI 반도체 시장에서 추론에 특화된 반도체가 본격적으로 등장하고 있는데, 대표적인 제품이 신경망처리장치(NPU) 반도체다. 5~6년 전부터 개발이 시작된 NPU는 현재 본격적인 양산 단계에 돌입했는데, 이와 같은 추론 반도체가 주목받는 데에는 엔비디아의 AI 반도체가 너무 비싼 것이 가장 큰 원인으로 꼽힌다. AI 반도체는 성능과 용도에 따라 학습용과 추론용으로 나뉘는데, 학습용 반도체는 GPT나 제미나이 같은 거대언어모델(LLM)을 학습시키고 개발할 때 주로 사용되는 반면, 추론용은 기존에 개발된 AI 모델을 바탕으로 챗봇이나 이미지 생성 등 실제 서비스나 앱을 구동할 때 사용된다.

액시온(Axion) ▼

"기초과학연구원(IBS) 액시온 및 극한상호작용 연구단 연구진이 8월 12일 액시온의 검출 방법과 관련한 연구 결과를 국제학술지 《피지컬 리뷰 X》에 공개했다. 이들은 초전도체로 12T(테슬라)의 자석을 구현, 이를 활용해 1.025~1.185GHz(기가헤르츠) 주파수 범위에서 질량이 4.24~4.91μeV(마이크로전자볼트)인 액시온을 세계 최고 감도로 검출하는 데 성공했다. 1GHz 이상 주파수에서 고감도로 액시온 검출에 성공한 것은 이번이 첫 사례로 알려졌다."

입자만으로 구성된 물질에 대응해 반입자만으로 구성된 반물질을 설명하고자 고안된 가상의 입자를 말한다. 다른 입자와 상호작용을 거의 하지 않으며, 매우 작은 질량을 지닌 것으로 알려졌으나 정확한 질량은 아직 밝혀지지 않았다. 이는 우주의 약 26.8%를 구성하는 암흑물질의 유력한 후보 중 하나로, 여기서 암흑물질은 눈에 보이지 않는 미지의 우주 구성 성분을 말한다. 암흑물질에 대해서는 밝혀진 바가 없기 때문에, 액시온을 발견할 경우 우주 연구에도 매우 큰 영향을 미칠 것으로 기대를 모으고 있다. 현재는 액시온이 자기장과 만나면 질량에 따른 주파수를 갖는 광자로 변환된다는 점을 이용, 주파수를 증폭하고 검출하는 방식으로 액시온의 존재 여부를 파악하고 있다.

AI-RAN(Artificial Intelligence-Radio Access Network) ▼

"엔비디아가 9월 20일 AI-RAN을 설계·시뮬레이션·훈련·배포하기 위한 AI-RAN 플랫폼인 「AI 에리얼(AI Aerial)」을 공개했다. 이는 생성형 AI와 RAN 트래픽을 호스팅해 무선 네트워크를 최적화하는 역할을 수행하는데, 엔비디아에 따르면 통신사업자는 AI 에리얼을 통해 차세대 무선 네트워크를 개발·배포함으로써 총 소유비용을 줄이고 새로운 수익을 창출할 수 있다는 설명이다."

무선접속망(RAN)에 인공지능(AI)을 접목해 무선통신 네트워크의 효율성과 안전성을 높이는 기술을 말한다. 현재의 무선통신 네트워크 환경은 자원 할당 시 기지국마다 다른 주파수와 전력 이용 상황을 반영하지 못한다는 단점이 있다. 그런데 AI-RAN을 활용하면 실시간으로 트래픽을 분석할 수 있어 기지국마다 무선 자원을 효율적으로 배치하는 것이 가능하다. 예를 들어 이용자가 적은 새벽 시간에는 최소한의 자원만 투입하고, 이용자가 많은 시간에는 가용 자원을 극대화하는 식이다. 이처럼 AI-RAN은 전력소비를 줄이고 통신 인프라를 지능적으로 운영할 수 있어 최근 통신업계에서는 이를 상용화하기 위한 시도가 이어지고 있다.

AI-RAN 기술을 상용화하기 위해 글로벌 빅테크들은 「AI 얼라이언스」를 결성해 관련 연구를 수행하고 있다. 이는 지난 2월 열린 세계 최대 모바일 전시회 「MWC 2024」에서 출범한 단체로, ▷삼성전자 ▷엔비디아 ▷마이크로소프트(MS) ▷소프트뱅크 ▷일본 도쿄대 등이 참여하고 있다. 이들은 AI를 활용한 무선통신 최적화 기술을 연구하고, AI와 무선망 융합기술을 개발·검증하는 등의 활동을 진행한다.

오라이언(Orion) ▼

"메타가 9월 25일 미국 캘리포니아주에서 연례 개발자 콘퍼런스 「커넥트 2024」를 열고 새로운 제품과 서비스를 선보인 가운데, 새로운 혼합현실(MR) 스마트 안경 시제품인 「오라이언」을 공개했다."

메타가 9월 25일 공개한 혼합현실(MR) 스마트 안경 시제품이다. 오라이언은 검은색의 두꺼운 뿔테 안경 외양을 지니고 있는데, 여기에는 사용자의 시야에 표시할 수 있는 마이크로 렌즈가 장착돼 있다. 또 안경에 장착된 마이크로 발광다이오드(LED) 프로젝터가 렌즈에 3차원(3D) 홀로그램 이미지를 투사시켜 증강현실(AR)을 구현한다. 사용자는 안경처럼 쓰면서 문자 메시지를 비롯해 화상 통화, 유튜브 동영상까지 볼 수 있는데, 스마트 워치와 같은 손목밴드와 눈의 운동을 추적하는 내장된 카메라를 통해 손으로 디스플레이를 클릭하거나 스크롤할 수 있다. 메타에 따르면 오라이언은 지금까지 나온 스마트 안경 중 가장 큰 70도의 시야각을 제공하는 것이 특징으로, 메타 인공지능(AI)을 탑재해 AI 비서와도 호환된다.

월드코인(WLD)   ▼

생성형 인공지능(AI) 챗GPT를 개발한 오픈AI 창업자 샘 올트먼이 2023년 7월 출시한 가상자산이다. 「오브」라는 기기를 통해 홍채 정보를 등록한 이용자의 신원을 검증하고, 해당 절차를 거친 이들에게 가상자산 지갑(월드앱)과 소량의 월드코인을 지급한다. 월드코인은 AI 시대가 도래하면 홍채 정보를 통해 인간임을 인증한 이들에게 기본소득을 지급하겠다는 구상으로 출시됐다. 월드코인의 특징은 생체 데이터를 기반으로 지급된다는 점으로, 오브(Orb)라는 홍채 인식 기구를 통해 개인의 홍채를 데이터화해 블록체인에 연결하고 실제 사람인지 확인되면 가상자산 지갑(월드앱)에 바로 10WLD가 지급된다. 그러나 민감한 개인 생체정보를 수집한다는 점 때문에 미국에서는 월드코인 발급이 금지됐고, 영국·프랑스·독일 정부도 개인정보보호법 위반 여부를 조사 중이다. 또 올트먼은 AI 기술 발전으로 일자리를 잃은 사람이나 취약계층의 기본소득 지급을 위해 월드코인을 개발했다고 밝혔는데, 기본소득에 활용되는 천문학적인 재원 마련 방안이 불확실해 사기성 코인이라는 비판도 제기된다. 아울러 결제 기능을 갖춘 비트코인이나 계약서 등을 투명하게 운영하도록 돕는 이더리움 등과 달리 효용성이 떨어진다는 비판도 있다. 한편, 월드코인은 지난해 7월 출시된 후 지금까지 696만 명이 홍채 정보를 등록한 것으로 알려졌다.

위고비(Wegovy)   ▼

"비만 치료제 위고비의 국내 판매가 10월 15일부터 시작됐다. 국내 출시 가격은 4회 투약분이 37만 2000원(병원 및 약국 공급 가격)인데, 소비자 가격은 삭센다보다 높은 70만 원대에 형성될 것으로 보인다. 다만 비급여 항목이라 병원 및 약국마다 가격이 다를 수 있다. 식약처에 따르면 위고비는 초기 체질량지수(BMI) 30 이상인 성인 비만 환자와 BMI 27~30이면서 고혈압 등 동반 질환이 1개 이상인 성인 비만 환자에게만 처방할 수 있다. 위고비 용량은 0.25mg부터 2.4mg까지 5종인데 매달 조금씩 용량을 높이며 투약하면 된다. 다만 두통, 구토, 설사 등의 부작용도 보고되고 있기 때문에 투약 시 의사 처방이 꼭 필요하다."

덴마크 제약사 노보 노디스크가 2021년 출시한 성인용 비만치료제로, 주 1회 투약하는 주사 약물이다. 위고비는 당초 제2형 당뇨병 치료를 위해 「오젬픽」이라는 이름의 제품으로 개발됐으나, 이후 체중 감량 효과가 확인되면서 2021년 비만치료제로 미국식품의약국(FDA)의 승인을 받았다. 약물의 주요 성분인 「세마글루타이드」는 식사 후 나오는 인슐린 분비를 촉진하는 호르몬인 GLP-1(글루카곤 유사 펩타이드-1)을 모방한 「GLP-1 유사체」로, 뇌의 포만감 중추에 작용해 식욕을 억제한다. 위고비는 주1회만 주사해도 효과가 나타나 「꿈의 비만 치료제」로 불리고 있다. 그러나 위고비 치료가 끝난 후 식단 관리와 규칙적인 운동을 하지 않으면 체중이 다시 늘어나는 것으로 알려졌다.

유로파 클리퍼(Europa Clipper)   ▼

"미 항공우주국(NASA)의 무인 탐사선 유로파 클리퍼가 10월 14일 낮 12시 6분(미 동부시간, 한국시간 15일 오전 1시 6분) 플로리다주 케네디 우주센터에서 스페이스X의 팰컨 헤비 로켓에 실려 발사됐다. 이 탐사선은 목성의 위성 유로파가 생명체가 살기에 적합한 조건을 갖췄는지 정밀 탐사를 할 예정이다."

미 항공우주국(NASA)의 무인 탐사선으로, 목성의 위성 「유로파」에 생명체가 살 수 있는지 조사하는 임무를 갖고 있다. 행성 탐사 임무를 맡은 역대 우주선 중 가장 큰 우주선으로, 태양에서 지구까지 거리의 5배 이상 먼 목성계에서 비행해야 한다는 점에서 대규모 태양광 충전 패널이 장착됐다. NASA에 따르면 목성과 지구 사이의 거리는 평균적으로 약 4억 8000만 마일(7억 7248만 5120km) 떨어져 있는데, 이는 지구와 태양 사이 거리(약 1억 5000만km)의 5배가 넘는 거리다. 우주선 높이는 5m·전체 길이는 30.5m로 농구 코트 길이(28m)보다 더 길다. 또 목성까지 가는 데 필요한 2750kg 이상의 추진제와 자력계와 중력 측정기, 열 측정기, 고해상도 카메라와 분광기, 얼음 투과 레이더 등 9개의 탐사 장비가 탑재됐다. 10월 14일 발사된 탐사선은 지구를 떠난 이후 5년 반 동안 약 29억km를 이동해 2030년 4월 목성 궤도에 진입한 뒤 유로파 주변을 근접 비행하며 유로파의 환경을 조사하는 것을 목표로 한다. 이는 유로파에 가장 가까이 갈 수 있는 거리인 표면 위 25km 고도에서 50회 가까이 주위를 돌며 계속 다른 위치로 날아가 위성의 거의 전체를 스캔할 계획으로, 2034년까지 탐사가 이뤄질 예정이다. 한편, 목성의 위성인 「유로파」는 적도 지름이 3100km, 달의 90% 크기로 태양계에서 여섯 번째로 큰 위성이다. 과학자들은 유로파 표면의 15~25km에 달하는 얼음층 아래에 염도가 있는 바다가 존재해 생명체가 서식할 만한 이상적인 환경을 갖췄을 수 있다고 추정하고 있다.

이그 노벨상(Ig Nobel Prize) ▼

"9월 12일 미국 메사추세츠공대에서 제34회 이그 노벨상 시상식이 열렸다. 올해 생리학상은 포유류가 항문을 통해 호흡할 수 있다는 사실을 발견한 일본 도쿄 치의학대 연구팀에게, 화학상은 술에 취한 벌레와 그렇지 않은 벌레를 분리하는 기술을 개발한 네덜란드 연구팀에게, 평화상은 비둘기를 사용한 유도 미사일을 개발한 미국의 심리학자 버러스 스키너가 수상했다."

미국 하버드대가 발간하는 유머 과학잡지 《AIR》에서 과학에 대한 관심 제고를 위해 1991년 제정한 상이다. 이는 현실적 쓸모에 상관없이 발상 전환을 돕는 이색적인 연구나 획기적인 사건에 수상하는 노벨상의 패러디 격으로, 「괴짜들의 노벨상」으로도 불린다. 주최 측은 알프레드 노벨의 먼 친척이자 소다수를 발명한 이그나시우스 노벨이라는 가상인물의 유산으로 상을 만들었다고 주장하는데, 여기서 「이그노벨(Ig Nobel)」은 「고상한」을 뜻하는 영단어 「노블(Noble)」의 반대말인 「이그노블(Ignoble, 품위 없는)」과 통한다. 이그 노벨상은 황당하고 웃기지만 학술적

의미가 있는 연구에 수여된다는 특징이 있다. 수상 부문은 물리학·화학·의학·평화상 등으로, 매년 연구 성과에 따라 부문을 정해 총 10개 분야에서 시상이 이뤄지고 있다. 이 상은 상금이 없는 것은 물론 시상식 참가비도 각자 내야 하고, 수상소감 발표도 60초로 제한된다. 하지만 실제 노벨상 수상자들이 직접 상을 수여하며, 수상자들도 전원이 참석할 정도로 그 권위를 인정받고 있다.

우리나라에서는 ▷1992년 이장림 다미선교회 목사가 세계 종말을 예측해 수학상을 ▷1999년 권혁호 씨가 향기 나는 정장을 개발한 공로로 환경보호상을 ▷2000년 문선명 통일교 교주가 1960년 36쌍에서 1997년 3600만 쌍까지 합동 결혼시킨 공로로 경제학상을 ▷2017년 한지원 씨가 걸을 때 커피가 쏟아지는 이유에 대해 규명해 유체역학상을 ▷2023년 박승민 씨가 스마트 변기를 개발해 공중보건상을 수상한 바 있다.

이차전지 (二次電池, Secondary Cell Battery) ▼

외부 전원으로 공급받은 전류가 양극과 음극 사이에서 물질의 산화·환원 반응을 일으키는 과정에서 생성된 전기를 충전하는 방식으로, 반영구적 사용이 가능한 전지를 말한다. 이는 분리막, 양극재, 음극재, 전해질 등 4대 핵심소재로 구성된다. 한 번 쓰고 버리는 1차전지(일반 건전지)가 재사용이 불가능하고 전지의 수거나 재활용 등에 드는 비용이 많다는 단점이 있는 반면, 2차전지는 여러 번 충전해 사용할 수 있다는 장점을 가지고 있다. 2차전지는 충전물질로 무엇을 쓰느냐에 따라 니켈전지, 이온전지, 리튬이온전지, 폴리머전지, 리튬폴리머전지, 리튬설파전지 등으로 나뉜다. 리튬이온전지는 현재 2차전지 시장의 대부분을 차지하고 있는 것으로, 양극과 음극 사이에 유기전해질을 넣어 충전과 방전을 반복하게 하는 특징을 갖고 있다. 리튬폴리머전지는 리튬이온전지에서 한 단계 발전한 전지로, 양극과 음극 사이에 고체나 겔 형태의 폴리머 재료로 된 전해질을 사용해 전기를 발생시킨다.

이차전지 폐수 처리를 둘러싼 갈등이 전국의 특화단지에서 일고 있다. 이는 이차전지 폐수의 주요 성분인 황산염이 통상적인 방법으로 처리하기가 어려운 데다 생태계에 미치는 영향이 명확하게 확인되지 않은 데 따른 것이다. 이차전지 폐수는 이차전지에 들어가는 양극재, 음극재, 분리막, 전해액 등을 생산하는 과정에서 나오는 유독성 물질로 발생하는 폐수를 말한다. 이는 리튬, 코발트, 니켈, 망간 등 중금속과 함께 고농도 황산염 성분이 포함돼 있다. 이에 정부가 계획대로 국가첨단전략산업을 육성하기 위해서는 이차전지 폐수 처리와 관련한 적절한 법적 기준을 신속히 마련해야 한다는 지적이 나오고 있다.

인앱결제(In-app Purchase) ▼

애플리케이션 유료 콘텐츠 결제 시 앱마켓 운영업체가 자체 개발한 시스템을 활용해 결제하는 방식을 말한다. 전 세계 앱마켓의 90%를 점유한 구글과 애플은 앱마켓에 게재한 모든 앱에 대해 인앱결제를 강제하며 이에 대한 대가로 매출의 30%를 수수료로 가져가고 있다. 이를 막기 위해 한국 규제 당국은 2021년 9월 세계 최초로 「인앱결제 강제 금지법」을 제정했으며, 이후 구글·애플은 다른 결제 시스템(제3자 시스템)도 이용할 수 있도록 허용했다. 하지만 이 경우 개인정보 보호 등을 명목으로 최대 26%가량의 수수료를 부과하고 있다. 이에 방송통신위원회는 지난해 10월 구글·애플이 인앱결제 강제 금지법을 위반했다고 보고 각각 475억 원과 205억 원 등 총 680억 원의 과징금을 부과하기로 했으나, 두 회사가 반발하면서 1년 넘게 과징금 규모를 확정하지 못하고 있다. 반면 미국과 유럽에서는 독점력을 앞세워 30%의 수수료를 받는 것이 불공정 행위에 해당한다며 구글·애플에 거액의 과징금을 부과했다. 이에 따라 구글·애플은 유럽에서의 수수료율을 17% 수준으로 낮췄고 미국에서는 앱 개발사들과 소비자에게 약 1조 1000억 원을 배상하기도 했다.

자율주행차(自律走行車) ▼

운전자가 브레이크, 핸들, 가속 페달 등을 제어하지 않아도 도로의 상황을 파악해 자동으로 주행하는 자동차이다. 자동차관리법 제2조제1호의3에 따르면 「자율주행자동차」란 운전자 또는 승객의 조작 없이 자동차 스스로 운행이 가능한 자동차를 말한다. 우리나라에서는 2016년 2월 12일 자동차관리법 개정안이 시행되면서 자율주행차의 실제 도로주행이 가능해졌는데, 실제 도로주행을 허가받은 제1호차는 현대자동차의 제네시스이다. 자율주행 기술은 시스템이 운전에 관여하는 정도와 운전자가 차를 제어하는 방법에 따라 비자동화부터 완전 자동화까지 점진적인 단계로 구분된다. 2016년 국제자동차기술자협회(SAE International)가 분류한 레벨 0~5(총 6단계)가 글로벌 기준으로 통하고 있으며, ▷레벨 0은 비자동화 ▷레벨 1은 운전자 보조 ▷레벨 2는 부분 자동화 ▷레벨 3은 조건부 자동화 ▷레벨 4는 고도 자동화 ▷레벨 5는 완전 자동화 단계이다.

자율주행 단계

레벨 0 (비자동화)	운전자가 차량의 운전 및 속도 제어를 모두 담당해야 하는 단계로, 자율주행 기술이 없는 단계이다. 다만 비상시에 도움을 주는 차선이탈경고, 사물 감지 등은 자율주행 기능에 포함되지 않는다.
레벨 1 (운전자 보조)	자율주행 기술이 조금씩 사용되는 단계로, 운전자가 핸들에 손을 대고 있는 것을 전제로 하여 자율주행 시스템이 특정 주행 모드에서 조향 또는 감·가속 중 하나를 수행한다. 시스템이 차량의 속도·제동을 제어하고 일정 속도를 유지하는 기능 등이 레벨 1에 해당한다.
레벨 2 (부분 자동화)	보다 완전한 자율주행 자동차에 가까워지는 단계로, 운전자가 개입하지 않아도 시스템이 자동차의 속도와 방향을 동시에 제어한다. 다만 조종의 주체는 여전히 운전자에게 있다. 레벨 2에서는 특정한 상황에서 자동차가 스스로 방향을 바꾸거나 간격 유지를 위해 속도를 제어할 수 있다.
레벨 3 (조건부 자동화)	이때부터는 운전자의 개입이 더욱 줄어들어, 돌발 상황이 발생해 자율주행 모드의 해제가 예상되는 경우에만 시스템이 운전자의 운전을 요청한다. 레벨 2까지는 운전자가 전방을 주시하고 운행 방향을 바꾸는 등 개입해야 하나, 레벨 3부터는 시스템이 스스로 앞차를 추월하거나 장애물을 감지하고 피할 수 있다. 또한 시스템이 사고나 교통 혼잡을 감지해 피할 수도 있다.

레벨 4 (고도 자동화)	레벨 4는 레벨 3과 마찬가지로 시스템이 전체 주행을 수행하나, 위험 상황이 발생했을 때에도 시스템이 안전하게 대응해야 한다. 시스템은 운행 구간 전체를 모니터링하며 안전 관련 기능들을 스스로 제어한다. 운전자는 출발 전에 목적지와 이동 경로만 입력하면 되며, 수동 운전으로 복귀하지 못할 때에도 시스템이 안전하게 자율주행을 해야 한다.
레벨 5 (완전 자동화)	레벨 5는 운전자가 필요 없는 무인 자동차 단계로, 탑승자가 목적지를 말하면 사람의 개입 없이 시스템이 판단해 스스로 운전하게 된다. 이 단계에서는 운전석이나 엑셀, 브레이크, 스티어링휠 등 조작장치가 필요하지 않게 된다.

전고체 배터리(SSB·Solid State Battery) ▼

"삼성전기가 「꿈의 배터리」로 불리는 웨어러블 디바이스용 초소형 전고체 배터리를 세계 최초로 개발했다. 9월 22일 업계에 따르면 삼성전기가 이번에 개발한 웨어러블용 전고체 배터리는 에너지 밀도가 업계 최고 수준인 200Wh/L(와트시/리터)급이다. 이번에 개발을 완료한 웨어러블용 소형 전고체 배터리는 크기의 한계를 극복했다는 점에서 높은 평가를 받고 있다."

배터리 양극과 음극 사이의 전해질이 고체로 된 2차전지로, 에너지 밀도가 높으며 대용량 구현이 가능하다. 또 전해질이 불연성 고체이기 때문에 발화 가능성이 낮아 리튬이온 배터리를 대체할 차세대 배터리로 꼽힌다. 현재 가장 많이 사용되는 2차전지인 리튬이온 배터리의 경우 액체 전해질로 에너지 효율이 좋지만, 수명이 상대적으로 짧고 전해질이 가연성 액체여서 고열에 폭발할 위험이 높다. 반면 전고체 배터리는 전해질이 고체이기 때문에 충격에 의한 누액 위험이 없고, 인화성 물질이 포함되지 않아 발화 가능성이 낮아 상대적으로 안전하다. 또 액체 전해질보다 에너지 밀도가 높으며 충전 시간도 리튬이온 배터리보다 짧다. 여기다 대용량 구현이 가능해 완전 충전할 경우 전기차의 최대 주행거리를 800km로 늘릴 수 있다. 특히 전고체 배터리는 확장성이 높아 플렉서블(Flexible) 배터리로 활용할 수 있어 리튬이온 배터리를 대체할 기술로 주목받고 있다. 그러나 고체 전해질의 경우 액체 전해질보다 전도성이 낮아 효율이 떨어진다는 문제가 있다.

종단 간 암호화 (E2EE·End-to-End Encryption) ▼

수신자와 발신자만 대화 내용을 알 수 있도록 설계된 암호 기술을 말한다. 대화의 중간에 개입하는 제3자가 아닌, 대화의 종단에 위치한 참여자들만 메시지를 전달받을 수 있다는 점에서 붙은 명칭이다. 이는 메시지를 해독할 수 있는 키를 서버가 아닌 수신자 장치에 저장하므로 해킹 위험을 줄일 수 있고 사용자 정보를 강력하게 보호할 수 있다. 또 메시지를 주고받는 모든 과정이 자동으로 암호화되기 때문에 서버에도 대화 내용이 남지 않는다는 특징이 있다. 이러한 이점으로 와츠앱, 카카오톡, 텔레그램 등 주요 빅테크들의 메신저에 적용돼 왔다. 그러나 이 기술로 전달된 메시지는 복구하기가 어렵고, 범죄에 악용될 경우 수사에 난항을 겪을 수 있어 최근 이에 대한 규제 필요성이 제기되고 있다.

종단 간 암호화 기술을 범죄에 악용하는 사례가 늘어나자, 각국 정부와 수사 당국에서는 이를 무력화하는 데 힘쓰고 있다. 대표적으로 프랑스 검찰은 8월 28일 글로벌 메신저 프로그램 텔레그램의 창업자 파벨 두로프를 기소한 이유 중 하나로 허가 없는 종단 간 암호화 서비스 제공을 들기도 했다. 이에 해당 기술을 활용하고 있는 다른 메신저 서비스들과 암호화 수준의 완화를 요구하는 다수 국가의 정부들 간 긴장이 증폭되고 있는 상황이다.

천범성좌 프로젝트(千帆星座 Project) ▼

중국 상하이 위안신 위성기술공사(SSST)가 추진하는 저궤도 위성통신망 구축 프로젝트로, 「천개의 돛 별자리」라는 의미를 담고 있다. 지난 8월 6일 우주발사체 「창정(長征) 6A호」 발사를 시작으로 올해 108개, 2025년 말까지 648개, 2030년까지 총 1만 5000여 개의 위성을 궤도로 올리는 것을 목표로 한다. 이는 대표적인 저궤도 위성통신 프로젝트인 스페이스X의 「스타링크 프로젝트」에 대적한다는 의미에서 「G60 스타링크」로도 불린다. 2025년까지 저궤도 위성을 활용해 중국 지역 통신망을 완성하고, 2030

년에는 휴대전화 네트워크 서비스 등 다중 통합 서비스를 제공한다는 계획이다.

한편, 스타링크 프로젝트(Starlink Project)는 미국의 민간우주업체 스페이스X가 2015년부터 추진 중인 인터넷망 구축 사업으로, 2027년까지 4만 2000여 기의 위성을 쏘아 올려 지구 전역에 초고속 인터넷 서비스망을 구축하는 것을 목표로 한다. 2019년 첫 발사를 시작으로 현재까지 6000개가 넘는 스타링크 위성이 550km 상공의 저궤도에서 지구를 돌고 있는 것으로 알려졌다.

저궤도 위성은 고도 1000km 이하에서 지구를 돌기 때문에 정지궤도(고도 3만 6000km)를 이용하는 기존 통신위성보다 지연 속도가 짧다는 장점이 있다. 또 지상망이 닿지 않는 남극, 사막 등 지구 어디서나 초고속 인터넷 서비스를 제공할 수 있어 차세대 이동통신 분야의 핵심 기술로 꼽힌다. 우리나라는 내년부터 2030년까지 약 3200억 원을 투입해 저궤도 통신위성 2기를 발사하는 것을 목표로 연구·개발을 진행 중이다.

천범성좌 vs 스타링크

천범성좌	구분	스타링크
상하이 위안신 위성기술공사(중국)	개발(국가)	스페이스X(미국)
창정6A	발사체	팰컨9
2024년 8월 6일	첫 발사	2019년 5월 23일
18개	현재 운용 위성 수	6000개 이상
1만 5000여 개	목표 위성 수 (2030년 기준)	4만 2000여 개

첸런계획(千人計劃) ▼

중국 공산당이 주도한 해외 인재 영입 프로그램으로, 2009년부터 2018년까지 10년간 과학기술 분야의 인재 1000명을 중국에 유치한다는 계획으로 이뤄진 것이다. 영입된 인재는 1인당 100만 위안(약 2억 원)의 보조금과 각종 연구 활동비, 비자 특혜 등 다양한 인센티브를 받는데, 이러한 대가로 자신의 연구 성과를 중국 정부와 공유해야 한다. 이 첸런계획은 미국을 비롯한 해외의 중국계 석학들을 중국으로 모여들

게 했으며, 이러한 영입인재들이 공유한 첨단기술과 지식을 기반으로 중국은 반도체, 로봇, 인공지능(AI) 등 주요 산업을 성공적으로 발전시켰다. 중국 정부는 2018년에는 외부 비판을 의식해 첸런계획을 폐기하고 이듬해부터 더 광범위한 「고급 외국인 전문가 유치계획」을 추진 중에 있다.

> **하이구이[海歸]** 해외에서 공부하거나 전문직에 종사하다가 중국으로 돌아오는 인재를 이르는 말이다. 중국 개혁개방을 주도했던 덩샤오핑은 1966년 발생한 문화대혁명으로 인해 인재교육이 외면받자, 1980년대 중반부터 젊은이들에게 외국 유학을 대대적으로 허용하면서 이들에 대한 투자를 시작했다. 그리고 매년 100명 이상의 해외유학파가 다시 고국으로 돌아오게 한다는 「백인(百人)계획」을 수립해 과학자들에게 막대한 지원금을 지급했다. 중국 정부는 이 백인계획을 통해 괄목할 만한 성과를 거두자, 2008년부터 공산당 주도 아래 좀 더 강력한 「천인(千人)계획」을 진행한 바 있다.

칩렛(Chiplet) ▼

단일칩(SoC)과 달리 각각의 기능을 수행하는 작은 면적의 칩 조각(칩렛)을 따로 만든 뒤, 패키징을 통해 마치 레고(덴마크의 블록 장난감 브랜드)처럼 조립하는 기술이다. 즉, 칩렛은 반도체를 레고 블록처럼 연산·저장·통신 같은 기능별로 쪼개 제작한 다음 다시 조립하는 방식이다. 이는 수율(합격품 비율)이 높고, 다양한 기능과 성능을 갖는 제품을 생산 효율성이 높게 조립해 생산할 수 있다는 점에서 각광을 받고 있다.

캐즘(Chasm) ▼

새롭게 개발된 제품이 시장 진입 초기에서 대중화돼 시장에 보급되기 전까지 일시적으로 수요가 정체되는 현상을 말한다. 이 용어는 미국 실리콘밸리의 첨단기술 컨설턴트인 제프리 A. 무어가 1991년 미국 벤처업계의 성장과정을 설명하는 데 차용하면서 마케팅 이론으로 확립됐다.

구체적으로 첨단기술이나 어떤 상품이 개발되면 초기 시장과 주류 시장으로 진입하기까지 일시적으로 수요가 정체되거나 후퇴하는 단절현상을 거치게 된다는 것을 뜻한다. 특히 첨단기술 제품의 경우 혁신성을 중시하는 소비자(얼리어답터)가 주도하는 초기 시장과, 실용성을 중시하는 일반 소비자가 주도하는 주류 시장으로 진입하기 전까지의 기간 동안 일시적으로 수요가 정체된다. 실제 시장에서도 첨단기술로 성장성을 보였던 일부 벤처기업들이 시간이 지남에 따라 쇠퇴하는 경우를 볼 수 있는데, 이는 캐즘을 극복하지 못했기 때문이라는 것이다. 이에 따르면 캐즘을 넘어서야 기술 범용화를 거쳐 일반 대중에게 확산되고, 시장 전체를 아우르는 파급효과를 내는 단계로 돌입할 수 있다.

국내 배터리 시장은 전례 없는 전기차 시장 급성장 시기 배터리 3사를 중심으로 대거 투자를 늘려왔다. 그러나 최근 전기차 화재 사고를 계기로 캐즘(일시적 수요 정체)과 전기차 포비아 등으로 타격을 입고 있다. 특히 이러한 상황에서 경쟁국인 중국은 대규모 내수 시장을 넘어 북미·유럽 등 K배터리의 주요 시장 공략을 강화하고 있고, 일본은 전고체 배터리 등 차세대 배터리 개발로 매섭게 추격하고 있어 국내 배터리 시장에 빨간불이 켜졌다는 분석이다.

퀸사(QuINSA) ▼

8월 13일 과학기술정보통신부와 한국정보통신기술협회(TTA) 주도로 출범한 양자정보기술 분야 국제 사실표준화 기구를 말한다. 양자정보기술은 양자중첩과 양자얽힘 등 양자역학적 원리를 토대로 디지털 정보를 처리하는 과학기술로, 이동통신이나 빅데이터·인공지능(AI) 등 다양한 산업 분야에서 활용될 수 있을 것으로 기대를 모으고 있다. 그러나 아직 산업화 초기 단계에 있어 국제표준화가 이뤄지지 않았는데, 이에 앞장서 국제표준화 논의를 주도하고 관련 산업 생태계를 활성화하는 것이 퀸사의 목표다. 이는 민간을 중심으로 양자통신, 양자컴퓨팅, 양자센싱을 비롯한 양자정보기술 산업의 세부 기술별 국제표준안을 개발하고 양자정보기술 산업화를 촉진하는 등 다양한 역할을 수행한다. 이를 위해 SK텔레콤과 LG전자를 비롯한 국내 107개 기업과 정부출연기관 23곳, IBM 등 8개국 양자정보기술 관련 첨단기업 18개사가 퀸사에 가입했다.

패스키(Passkey) ▼

비밀번호 대신 공개키 암호화 알고리즘을 통해 인증과 로그인을 가능케 하는 글로벌 표준기술(W3C, Fido Alliance)이다. 현재 온라인 서비스에서 가장 흔하게 활용하는 로그인 방법은 아이디와 패스워드인데, 이 방식은 패스워드가 유출될 경우 곧바로 계정을 탈취당할 위험이 있다. 패스키는 이 같은 단점을 해소하기 위해 개발한 기술로, 비밀번호 대신 공개키 암호화 알고리즘을 통해 인증과 로그인을 수행한다. 이는 우선 기기 자체로 이용자를 인증하고, 얼굴·지문 인식과 같은 인증 방식을 통해 한 번 더 확인하는 과정을 거친다. 패스키는 사용자의 기기를 활용해 패스키를 사용하는 웹사이트나 서비스에 대해 비대칭 암호키를 생성하며, 생성된 공개키는 서버, 개인키는 사용자 단말에 각각 저장된다. 웹사이트가 해킹되더라도 단말기에서 소유기반 인증을 거쳐야 하므로 이용자의 개인키를 알 수 없어 패스워드가 탈취되는 일이 없다. 또 스마트폰을 탈취당해도 잠금을 해제하지 않는 한 다른 사람이 로그인할 수 없도록 돼 있다.

최근 패스워드 유출과 이로 인한 해킹 사고가 늘어나면서 패스키가 대안으로 부상 중인데, 실제 구글·애플·마이크로소프트(MS) 등 주요 글로벌 기업들은 패스키 인증을 자사 운영체제(OS)의 기본 인증 수단으로 채택하고 있다. 국내에서도 SK텔레콤을 비롯해 삼성전자, KT, LG 유플러스 등이 자사 서비스에 패스키를 탑재하면서 시장이 확대되고 있다. 이와 관련해 시장조사기관 리서치앤드마케츠에 따르면 해당 분야 시장은 2024년 200억 7000만 달러(약 26조 8000억 원)에서 연평균 17.5%씩 성장해 2028년 383억 달러(약 51조 원)로 확대될 전망이다.

플러그인 하이브리드카
(Plug-in Hybrid Car) ▼

차량 추진 에너지를 공급하기 위해 외부 전원으로부터 에너지를 끌어와서 저장하는 하이브리드차를 말한다. 내연기관의 엔진과 전기차의 모터·배터리가 모두 장착돼 있는 것으로, 하이브리드 자동차와 전기차의 장점을 결합한 것이다. 플러그인 하이브리드카는 외부 전원을 사용한다는 점에서 자체 엔진과 발전기에서 생산한 전기만을 저장하여 활용하는 하이브리드차와 차이가 있다. 특히 외부 전원을 이용하기 때문에 하이브리드차보다 긴 구간을 모터만으로 주행이 가능하다는 특징이 있다. 이는 모터만으로 최대 100km 안팎을 달리고, 그 이후에는 엔진으로 1000km 안팎을 더 달릴 수 있다. 플러그인 하이브리드카는 가정용 전기나 외부 전기콘센트에 플러그를 꽂아 충전한 전기로 주행하다가 충전한 전기가 모두 소모되면 가솔린 엔진으로 움직인다. 즉, 내연기관 엔진과 배터리의 전기동력을 동시에 이용하는 자동차로, 하이브리드카보다 진일보한 방식이다.

9월 22일 한국자동차모빌리티산업협회(KAMA)에 따르면 올 상반기(1~6월) PHEV는 글로벌 시장에서 약 259만 대 판매되면서 작년 동기(약 165만 대) 대비 57% 안팎 급증했다. 반면 순수 전기차와 하이브리드차 판매 증가율은 각각 8%, 17% 수준에 그쳤다. 2022년 상반기만 해도 PHEV 판매량은 순수 전기차의 3분에 1에 그쳤는데, 올 상반기에는 절반 수준에 달한 것이다.

합성생물학
(合成生物學, Synthetic Biology) ▼

생물학에 표준화·부품화 등의 공학적 개념을 도입한 것으로, 표준화된 생명 구성요소를 설계대로 조합해 새로운 생명 구성요소와 생물 시스템을 만들어내는 기술이다. 생명체의 유전정보를 담고 있는 DNA의 염기서열을 분석·해독하는 것이 가능해지면서 나타난 개념으로, 이후 DNA를 재조합하는 등 유전공학기술이 발전하면서 그 연구영역이 확대되고 있다. 합성생물학이 발전하면 미생물의 특정 기능을 향상시켜 바이오연료나 다양한 화학물질을 생산할 수 있으며, 특정 유전정보를 활용해 백신이나 치료제를 개발할 수도 있다. 나아가 새로운 생명체를 설계하거나 합성할 수도 있어 활용 분야가 넓다. 그러나 생물학 무기를 개발하는 데 악용될 수 있고, 생명 구성요소를 부품화한다는 점에서 윤리 문제를 일으킬 수 있어 활용에 대한 충분한 논의가 필요하다.

우리나라는 합성생물학 육성을 위해 2022년 12월 「국가 합성생물학 육성 전략」을 수립, 2025년부터 2029년까지 총 1263억 원을 투입해 국가 바이오파운드리 인프라를 구축할 계획이다. 여기서 바이오파운드리는 인공지능(AI) 및 로봇을 활용해 합성생물학의 전 과정을 자동화하는 인프라를 말한다. 과학기술정보통신부와 산업부의 주도 아래 공공 바이오파운드리를 구축함으로써 국내 합성생물학 분야 산학연 연구자들을 대상으로 관련 서비스를 제공한다는 방침이다.

헤라(Hera) ▼

유럽우주국(ESA)의 무인 탐사선으로, 2022년 인류 역사상 처음으로 시도된 소행성 궤도 변경 실험(DART) 이후 경과와 현재의 상태 등을 조사하기 위해 10월 7일 오전 10시 52분(미 동부시간) 미국 플로리다의 케네디 우주센터에서 스페이스X의 팰컨9 로켓에 실려 성공적으로 발사됐다. 이 탐사선은 2년 여간 우주를 비행하며 화성을 지나친 뒤 2026년 10월 지구에서 약 1억 9500만km 떨어진 다이모르포스와 디디모스 소행성 궤도에 도달할 예정이다. 다이모르포스는 그리스어로 쌍둥이를 뜻하는 소행성 디디모스 주위를 도는 소행성으로, 앞서 미 항공우주국(NASA)은 「쌍(雙) 소행성 궤도수정 실험(DART)」이라는 이름으로 2022년 9월 26일 우주선을 다이모르포스에 시속 2만 2530km(초속 6.25km) 속도로 충돌시키는 실험을 진행한 바 있다. 이 실험은 계획대로 성공해 당시 우주선 충돌 후 다이모르포스의 궤도 변경이 이뤄졌으며, 이 소행성의 공전 주기가 11시간 55분에서 11시간 23분으로 32분가량 단축된 것을 확인했다고 NASA는 밝힌 바 있다. 이후 약 2년 만에 발사된 이번 ESA의 탐사선 헤라는 다이모르포스의 「충돌 현장 조사」 임무를 맡았다. 헤라는 목적지인 최종 궤도에 도달한 뒤 6주 동안 두 소행성의 모양과 질량, 열, 동적 비행 상태 등에 대한 자세한 정보를 확인하고, 우주선에 탑재된 초소형 인공위성(큐브샛) 2개를 발사해 정밀 관측 후 위성 통신으로 지구에 정보를 전송할 예정이다.

> **DART(Double Asteroid Redirection Test)** 미국 항공우주국(NASA)이 주도하는, 소행성에 우주선을 통한 물리적인 충격을 가해 인위적으로 궤도를 바꾸는 프로젝트를 말한다. 이는 미래에 혹시 있을지 모를 소행성의 지구 충돌에 대비하기 위한 것으로, NASA는 2022년 9월 26일 자판기 크기의 우주선을 소행성 다이모르포스에 시속 2만 2530km(초속 6.25km) 속도로 충돌시키는 실험을 진행한 바 있다. 당시 이 우주선은 9월 27일 오전 8시 14분 지구에서 1100만km 떨어진 작은 소행성에 충돌했다. 이 실험은 계획대로 성공해 당시 우주선 충돌 후 다이모르포스의 궤도 변경이 이뤄졌으며, 이 소행성의 공전 주기가 11시간 55분에서 11시간 23분으로 32분가량 단축된 것을 확인했다고 NASA는 밝힌 바 있다. 이 DART 프로젝트의 실험은 향후 실제 지구와 충돌할 가능성이 높은 소행성의 궤도를 바꾸는 데 활용될 예정이다.

홈투카(Home to car) ▼

"삼성전자와 현대자동차·기아가 9월 25일 삼성전자 서울 R&D캠퍼스에서 업무협약(MOU)을 맺고 삼성전자의 가전 연결 플랫폼인 「스마트싱스」를 현대차·기아의 자동차로 확대하기로 했다. 이는 차 안에서도 가전을 제어하고 집에서도 가전과 스마트폰을 통해 자동차 일부 기능을 제어할 수 있게 하겠다는 것이다."

차량을 집 안이나 차량 밖에서 원격 제어하는 서비스를 말한다. 차량과 연결된 인공지능(AI) 스피커를 통해 사용자가 음성으로 명령을 하거나 스마트폰 애플리케이션을 통해 조작하면 차량용 통신 네트워크가 이를 인식하고 수행하는 방식이다. 이를 통해 집 안에서 차 시동을 걸거나 문을 열고 잠글 수 있으며 에어컨이나 히터를 미리 켜둘 수도 있다. 이 밖에도 경적을 울리거나 비상등을 켜고 끄는 등 대부분의 차량 관련 조작을 원격으로 할 수 있다. 하지만 차량은 생명과 직결된다는 점에서 홈투카 서비스의 활성화를 위해서는 해킹 등의 보안 위험성을 차단할 수 있는 기술 개발이 요구되고 있다. 한편, 차량에서 집 안의 가전기기를 조작하는 서비스는 「카투홈(Car to home)」이라고 한다.

휴머노이드 로봇(Humanoid Robot) ▼

인간과 닮은 모습을 한 로봇을 가리키는 용어로, 인간형 로봇이라는 뜻에서 「안드로이드(Android)」로도 불린다. 머리·팔·손·다리 등 인간의 신체와 비슷한 골격 구조나 인간과 비슷한 지능을 갖춰, 인간을 대신하거나 인간과 협력할 수 있다. 기존의 휴머노이드 로봇은 단순히 인간 신체부위의 일부를 본뜨거나 단순 작업을 수행하는 데 그쳤다. 그러나 최근 인공지능(AI) 기술의 발달로 거대언어모델(LLM) 등을 휴머노이드 로봇에 탑재하기 시작하면서, 인간과 소통하거나 로봇 스스로 상황을 판단해 작업을 수행하는 것이 가능해졌다. 이는 제조업이나 가사 노동 외에도 재난 구조, 노인 돌봄 서비스 등 다양한 분야에서 활용될 수 있을 것으로 전망된다.

시사인물

1970. 11. 출생
1993. 시 〈얼음꽃〉 발표·등단
1994. 서울신문 〈붉은 닻〉 당선
2005. 〈몽고반점〉으로 이상문학상 수상
2010. 〈바람이 분다〉로 동리문학상 수상
2016. 〈채식주의자〉로 부커상 인터내셔널 부문 수상
2017. 〈소년이 온다〉로 이탈리아 말라파르테 문학상 수상
2018. 〈작별〉로 김유정문학상 수상
2023. 〈작별하지 않는다〉로 메디치 외국문학상 수상
2024. 10. 10. 노벨 문학상 수상

(♠ 사진 출처: 연합뉴스)

"하나의 작품을 쓸 때마다 '작품을 완성할 수 있을까?'라는 게 가장 큰 문제이기에 아마 이런 상을 받은 것도 곧 잊어야 할 것이고, 곧 잊게 될 것이다."

♠ 2016년 한국인 최초로 부커상을 수상한 이후

한강(韓江)

〈채식주의자〉, 〈소년이 온다〉, 〈작별하지 않는다〉 등을 쓴 소설가(54)로, 10월 10일 한국인 최초의 노벨 문학상 수상자가 됐다. 스웨덴 한림원은 이날 한강을 수상자로 선정하면서 「역사적 트라우마에 맞서고 인간 생의 연약함을 드러낸 강렬한 시적 산문」이라며 선정 이유를 밝혔다.

1970년 11월 27일 전남 광주에서 「한국 문학계의 거장」 소설가 한승원의 딸로 태어났다. 1993년 연세대 국문학과를 졸업한 뒤 잡지 《샘터》에서 일하다가 그해 11월 계간지 《문학과 사회》에 시 「서울의 겨울」 외 네 편을 발표하면서 시인으로 먼저 등단했다. 그리고 이듬해인 1994년 서울신문 신춘문예에 단편 〈붉은 닻〉이 당선되면서 소설가로서의 본격적인 활동을 시작했다. 그는 1995년 첫 소설집 〈여수의 사랑〉을 출간한 이후 〈그대의 차가운 손〉(2002), 〈희랍어 시간〉(2011), 〈소년이 온다〉(2014), 〈흰〉(2016), 〈작별하지 않는다〉(2021) 등 다양한 소설집과 장편소설을 발표하면서 한국 문단의 큰 주목을 받았다. 2005년 단편 〈몽고반점〉으로 당시까지 최연소 나이(첫 1970년대생 작가)로 이상문학상을 수상했는데, 이로써 부녀 모두가 이상문학상을 수상하는 진기록을 세웠다. 그리고 2016년 5월 장편 〈채식주의자〉(2007)가 부커상(당시 맨부커상) 인터내셔널 부문을 수상하면서 세계적으로 명성을 얻었는데, 이 소설은 가부장제의 폭력과 이에 대항하는 차원으로서의 금식을 식물적 상상력으로 그려낸 작품이다. 2017년에는 5·18 광주민주화운동의 상처를 담은 〈소년이 온다〉(2014)로 이탈리아 말라파르테 문학상을 수상했는데, 이 소설은 1980년 5월 광주의 비극과 당시 상황을 겪은 사람들의 이야기를 담은 작품이다. 이후 2021년에는 제주 4·3을 다룬 장편 〈작별하지 않는다〉를 출간했는데, 이 작품은 2023년 프랑스 메디치 외국문학상을 한국인 최초로 수상하는 기록을 쓴 바 있다.

🔵 이시바 시게루(石破茂, Ishiba Shigeru)

일본 자민당 총재이자 총리(67). 일본 집권 자민당이 9월 27일 도쿄 당 본부에서 개최한 총재 선거를 통해 이시바 전 간사장을 28대 총재로 선출했다. 이에 이시바 총재는 10월 1일 열린 임시국회를 통해 기시다 후미오(岸田文雄) 총리의 뒤를 이어 일본의 제102대 총리로 취임했다. 이는 의원내각제인 일본에서는 집권 여당 대표가 총리를 맡는 데 따른 것이다.

1957년 2월 일본 도쿄에서 태어났으며, 이후 돗토리(鳥取)현 지사가 된 부친(이시바 지로, 石破二朗)을 따라 유년 시절을 돗토리현에서 보냈다. 이후 게이오대 법학부를 졸업했으며, 미쓰이은행에서 근무하던 중 아버지의 친구인 다나카 가쿠에이 전 총리의 권유로 정계에 입문했다. 그는 1986년 당시 최연소인 29세의 나이에 돗토리현 지역구 중의원에 당선되며 정계에 입문했고, 이후 내리 12선에 성공했다. 그러다 2002년 당시 고이즈미 내각에서 방위청 장관(차관급)으로 처음 입각했으며, 차기 후쿠다 내각에서는 2007년 방위대신에 올랐다. 이후 농림수산대신, 자민당 정무조사회장, 자민당 간사장 등을 거친 그는 국방 분야에서 전문성을 갖춰 「자민당 내 안보통」으로 불리며, 《국방》, 《국방 입문》 등의 관련 저서를 내기도 했다. 이번 자민당 총재 선거에서도 아시아판 북대서양조약기구(나토) 창설, 미일 지위협정 개정, 자위대의 처우 개선 등의 공약을 내세웠다. 그는 자민당 내 소장파 의원 모임인 「창생일본」의 대표로 활동하며 자민당 개혁을 이끌어왔는데, 직언을 서슴지 않아 의원들의 지지 기반은 약한 편이지만 국민들의 지지율은 높은 것으로 알려져 있다. 1993년 미야자와 기이치 총리 시절 여당 의원으로서는 이례적으로 내각 불신임 결의안에 찬성해 당에서 비판의 대상이 됐으며, 아베 1기 내각 때인 2007년에는 자민당이 참의원 선거에서 패배하자 아베 퇴진을 주장했다. 2009년 아소 다로 내각 때는 총리 퇴진을 요구하면서 그와 정치적 정적이 됐으며, 2020년에는 아베 당시 총리의 코로나19 부실 대응 문제를 비판하는 등 당내 비주류의 길을 걸어왔다. 그는 2008년부터 2012년, 2018년, 2020년까지 4차례나 자민당 총재 선거에 출마했다 고배를 마셨으나, 이번에는 결선 투표까지 가는 접전 끝에 총재에 선출됐다.

자민당 비주류인 이시바 총리는 아베 신조(安倍晋三) 전 총리가 주도한 보수 강경파와 줄곧 다른 목소리를 내 왔으나 강제징용 피해자 배상 문제, 독도 영유권 등 민감한 사안에 대해서는 일본 정부의 기존 입장을 견지하고 있어 한일 관계에 있어 획기적 변화는 어려울 것이라는 전망이 많다. 특히 방위상을 지낸 안보 전문가로서 자위대 헌법 명기, 아시아판 북대서양조약기구 추진 등의 주장은 향후 한일 갈등 요소가 될 수 있다는 분석이 나온다.

🔵 하산 나스랄라(Hassan Nasrallah)

1960~2024. 레바논 무장단체 헤즈볼라를 32년간 지휘하며 반(反)이스라엘 세력의 상징이었던 인물로, 9월 27일 이스라엘의 레바논 공습으로 64세를 일기로 사망했다.

1960년 8월 31일 레바논 베이루트 동쪽 부르즈 하무드의 난민촌에서 태어났으며, 남부 항구도시 수르에서 교육을 마친 뒤 15세 때 시아파 정당인 아말 운동에 가입했다. 이후 이라크 나자프의 신학교에서 유학을 하던 중 헤즈볼라 공동 창립자인 압바스 알 무사위를 만났고, 그 영향으로 1982년 헤즈볼라에 합류했다. 나스랄라는 1992년 무사위가 이스라엘의 암살로 사망한 이후 헤즈볼라 사무총장직에 올랐는데, 헤즈볼라는 나스랄라의 지도하에 막강한 화력을 지닌 군사조직으로 규모가 확대됐다. 이렇게 커진 헤즈볼라의 병력 규모는 2024년 현재 3만~5만 명에 달하며, 12만~20만 발의 미사일과 로켓도 보유해 레바논 정부군보다도 우세한 것으로 알려져 있다. 헤즈볼라는 이러한 막강한 군사력을 바탕으로 2000년 이스라엘군의 레바논 철군을 이뤄냈고, 2006년에는 34일 동안 이스라엘과 「2차 레바논 전쟁」을 치르기도 했다. 특히 이 기간 헤즈볼라는 레바논 제도권 정당이 되면서 정치세력으로 안착하는 등 정치적 기반도 다졌다. 나스랄라는 2006년 이스라엘과의 전쟁 이후에는 암살을 우려해 공개석상에 나서지 않았고, 주로 TV 연설이나 화상회의 등을 통해서만 얼굴을 드러냈다. 특히 지난 9월 17~18일 이스라엘이 배후로 추정되는 레바논 무선호출기 대량폭발사건 발생 후에는 TV 생중계 연설에 나서 이스라엘에 강력한 보복을 예고하기도 했다. 나스랄라가 이끄는 헤즈볼라는 지난해 10월 7일 발발한 가자전쟁 이후 팔레스타인 무장정파 하마스에 대한 연대와 지지를 표명하면서 이스라엘과 무력 대치를 해 왔다. 이러한 가운데 이스라엘은 9월 23일 「북쪽의 화살 작전」을 선포하고 레바논 각지에 고강도 폭격을 가하며, 레바논 헤즈볼라로 전선을 확대했다. 여기에 헤즈볼라 수뇌부를 향한 표적 공습을 지속적으로 전개했는데, 9월 27일에는 레바논 베이루트 남부 헤즈볼라 본부를 공습했다. 이 과정에서 나스랄라는 연락이 두절됐는데, 이스라엘은 9월 28일 해당 공습으로 나스랄라를 제거했다고 발표했다.

◉ 클라우디아 셰인바움
(Claudia Sheinbaum)

멕시코 대통령(62). 멕시코에서 1824년 연방정부 수립을 규정한 헌법 제정 후 200년 만에 처음으로 여성 대통령에 당선된 클라우디아 셰인바움 대통령이 10월 1일 취임식을 갖고 6년 임기를 시작했다.
1962년 멕시코시티의 유대계 과학자 집안에서 태어났으며, 멕시코국립자치대(UNAM·우남)에서 물리학과 공학을 공부했다. 1995년에는 우남 에너지공학 박사과정에 입학해 학위를 받은 첫 여성으로 기록되기도 했다. 에너지 산업 및 기후 분야 전공인 그는 2000년 안드레스 마누엘 로페스 오브라도르 전 대통령에 의해 멕시

코시티 환경부 장관으로 임명되면서 정치권에 처음 입문했다. 그는 2006년까지 시 장관을 지내며 이름을 알린 데 이어 2011년 오브라도르 전 대통령이 모레나를 창당할 때 합류했다. 이후 2018년 여성으로는 처음으로 멕시코시티 시장에 당선돼 지난해까지 재임한 바 있다. 셰인바움은 대선 후보 시절 친환경 에너지 전환 가속, 정부 부채 축소 등 오브라도르 정부의 정책을 대부분 계승한다는 공약을 내건 바 있다. 그가 당면한 가장 큰 과제로는 치안 안정이 꼽히는데, 치안이 불안한 멕시코에서는 대선·총선·지방선거가 동시에 치러진 올해 선거 기간 동안에도 고질적인 갱단 폭력사건이 계속되고 있다.

◉ 알베르토 후지모리(Alberto Fujimori)

1938~2024. 1990년부터 2000년까지 재임한 페루 전 대통령으로, 9월 11일 암 투병 끝에 타계했다. 향년 86세.
1938년 7월 페루의 일본계 이민자 출신 가정에서 태어났으며, 수도 리마의 라모리나 국립농업대학을 수석으로 졸업한 뒤 미국과 프랑스에서 유학했다. 귀국 후 모교인 라모리나대학에서 교수생활을 시작한 그는 1984년 대학 총장을 역임했으며, 1987~89년에는 환경문제를 전문적으로 다루는 국영TV 프로그램을 진행하면서 인기를 누렸다. 그러다 1989년 「캄비오90」이라는 신당을 창당한 뒤 1990년 실시된 대선에서 페루 출신의 유명 작가이자 노벨문학상 수상자인 마리오 바르가스 요사를 누르고 대통령에 당선, 남아메리카 최초의 동양계 출신 대통령이 됐다. 그는 집권 이후 신자유주의적 경제정책을 추진해 국영기업을 민영화하고 공공요금을 대폭 인상하는 등의 과감한 개혁을 실시했고, 그 결과 7000%에 이르던 물가상승률을 1년 만에 140%로 낮추는 성과를 거두기도 했다. 하지만 재임 시기 의회를 해산하고 인권

을 탄압함으로써 독재자라는 비난을 받았고, 1993년에는 재선을 금지한 페루 헌법을 개정하면서 장기집권의 길까지 닦았다. 이후 1995년 대선에서 재선된 그는 헌법해석법을 통해 대통령의 3선을 막는 제도적 장치를 제거하는 등 많은 부정을 저질렀는데, 1996년 12월 「투팍아마루 혁명운동(MRTA)」이 페루 주재 일본대사관 관저에서 인질극을 벌였을 때 5개월 만에 이를 해결하며 전 세계의 주목을 받기도 했다. 이후 2000년 5월 3선에 성공했으나 부정선거 시비로 야당의 사임 압력을 받았고, 결국 2000년 10월 일본으로 도피한 뒤 11월 팩스로 본국에 사직서를 제출한 뒤 의회 탄핵으로 해임됐다. 그러다 2006년 대선에 출마해 재기하겠다며 페루로 돌아가던 중이던 2005년 11월 칠레에서 체포됐으나 보석으로 풀려났다. 그리고 2010년 대통령 재임기간 동안 부패와 민간인 학살 및 인권침해, 반군세력 살인 및 납치 등의 혐의로 징역 25년형을 선고받고 수감 생활을 했다. 그러나 8년 뒤인 2017년 12월 건강 악화를 이유로 사면됐고, 2018년 10월 페루 법원이 후지모리 전 대통령에 대한 사면을 취소했지만 헌법재판소는 2022년 3월 사면 결정을 되살리라고 결정했다. 이러한 상황에서 고령의 나이와 질환까지 겪은 그는 헌법소원 심판청구 등 법정 투쟁 끝에 2023년 12월 결국 석방된 바 있다.

◑ 장기표(張琪杓)

1945~2024. 「영원한 재야」로 불린 시민운동가이자 정치인으로, 9월 22일 별세했다. 향년 78세.
1945년 12월 27일 경남 밀양에서 태어났으며, 마산공고를 졸업하고 1966년 서울대 법학과에 입학했다. 그러다 1970년 전태일 열사의 분신 소식을 접한 뒤 학생운동과 노동운동에 투신하게 된다. 그는 서울대생 내란음모사건(1971), 민청학련 사건(1974) 등으로 9년간 수감 생활

과 12년간 수배 생활을 하는 등 1970~80년대 수차례 투옥과 석방을 거듭했다. 1970년 전태일 사후에는 전태일 열사의 어머니인 이소선 여사와 만나 「서울대 학생장」을 제의하고 실행했으며, 이후에는 전태일에 대한 자료를 수집해 《전태일 평전》을 만드는 데 기여했다. 수배와 투옥 생활을 반복한 그는 1984년 10월 문익환 목사를 의장으로 종교인, 변호사, 퇴직 언론인 등이 참여하는 「민주통일국민회의(국민회의)」를 창립하는 데 기여했다. 이후 국민회의와 민중민주운동협의회(민민협)의 통합을 이끌며 「민주통일민중운동연합(민통련)」을 창립했다. 그리고 1990년에는 재야운동 또한 제도권 내 활동이 필요하다고 판단해 민중당 창당에 앞장서면서 진보정당 운동을 시작했으며, 이후 개혁신당·한국사회민주당·녹색사민당·새정치연대 등을 창당했다. 하지만 1992년 제14대 국회의원 선거를 시작으로 15·16대 총선, 2002년 재보궐, 이어 17·19·21대까지 7차례의 선거에서 모두 떨어졌다. 이처럼 재야운동권의 상징적 인물이면서도, 제도권 정치 진출에는 성공하지 못해 「영원한 재야」라는 별명을 얻었다. 그는 또한 「신문명정책연구원」을 만들어 저술과 국회의원 특권 폐지 운동 등에 집중했는데, 특히 2023년부터는 특권폐지국민운동본부 상임공동대표로 활동하며 국회의원의 면책·불체포특권 폐지, 정당 국고보조금 폐지, 국민소환제 도입 등을 주장한 바 있다.

◑ 남재희(南載熙)

1934~2024. 언론인을 거쳐 국회의원과 노동부 장관을 역임한 정치인으로, 9월 16일 별세했다. 향년 90세.
1934년 1월 18일 충북 청주에서 태어났으며, 청주고와 서울대 법대를 졸업한 뒤 1958년 한국일보 기자로 언론계에 입문했다. 이후 1962~1972년 조선일보 기자와 정치부장, 편집부

국장을 지낸 그는 1972년 서울신문 편집국장, 1977년 서울신문 주필을 지냈다. 이후 1979년 민주공화당 후보로 서울 강서구에서 제10대 국회의원이 된 것을 시작으로 13대까지 4선 의원을 역임했다. 1980년에는 민주정의당 창당에 참여하고 정책위의장을 지내는 등 5공 정권에서 핵심으로 활약했으며, 1993~1994년 김영삼 정부 시기에는 노동부 장관을 지냈다. 그는 전두환 정권에서 여당의 핵심 정치인으로 활동했지만 진보 진영과 꾸준히 교류했으며, 이에 「체제 내 리버럴」이라는 평가를 받았다. 그는 노동부 장관 재직 시에는 현대중공업 파업 현장에 공권력을 투입하지 말 것을 김영삼 대통령에게 건의한 것으로 알려져 있다. 1996년 정계에서 은퇴한 뒤에는 진보 정치에 관한 책을 쓰고, 문재인 정부 국정기획자문위원회에 참여하기도 했다. 그는 생전 《모래 위에 쓰는 글》, 《정치인을 위한 변명》, 《양파와 연꽃: 체제 내 리버럴의 기록》, 《일하는 사람들과 정책: 문민정부 노동부 장관 시절의 기록들》, 《시대의 조정자》 등 정치와 관련된 수많은 저서를 남겼으며, 새마을훈장 근면장과 청조근정훈장을 받았다.

◉ 박동선(朴東宣)

1935~2024. 1970년대 중반 미국에서 불거진 이른바 「코리아게이트」의 핵심 인물로, 9월 19일 별세했다. 향년 89세.
1935년 평남 순천에서 태어났으며, 17세 때 미국으로 건너가 조지타운대학을 졸업했다. 1960년에는 워싱턴에서 한선기업을 창업했고, 워싱턴 내에 「조지타운클럽」이라는 사교클럽을 만들어 현지 정계 인사들과의 인맥을 쌓았다. 이후 1975년에는 뉴욕의 한남체인을 인수 합병하면서 한남체인그룹 회장으로 취임했다. 그러다 1976년 10월 24일 《워싱턴포스트》지가 그가 1970년대 중반 32명의 미국 전·현직 의원에게 85만 달러를 제공한 사실을 보도했다. 당시 이 사건은 「코리아게이트」로 불리며 미 의회에서 관련 청문회인 「프레이저위원회」가 열리는 등의 파장이 일어났고, 특히 미 의회가 요구한 박씨의 소환을 박정희 정권이 거부하면서 한미관계가 한때 최악으로 치닫기도 했다. 이 사건은 박동선이 미국 측으로부터 면책특권을 받는 조건으로 1978년 열린 공개청문회에서 미 전·현직 의원에게 85만 달러의 선거자금을 제공한 사실을 인정하면서 일단락됐다. 그러나 이 사건으로 그는 오히려 워싱턴 로비계에서 명성을 더 얻으며 로비스트로서의 활동을 이어갔는데, 2006년 1월에는 이라크 사담 후세인 정권의 자금을 받아 유엔을 상대로 불법 로비를 벌였다는 혐의로 미국 검찰에 체포되기도 했다. 당시 혐의는 이라크 후세인 시절 유엔을 상대로 한 「석유−식량(Oil for Food)」 프로그램 추진 과정에서 그가 250만 달러의 로비자금을 이라크로부터 제공받았고, 이 로비 자금의 일부가 한 유엔 관리에게 사용됐다는 것이었다. 이에 그는 5년형을 선고받아 복역했으나 2008년 9월 조기석방돼 귀국했다. 다만 그는 해당 사건에 대해 본인은 로비스트가 아니며, 인맥을 통한 민간외교를 한 것이라고 일축한 바 있다.

◉ 파벨 두로프(Pavel Durov)

온라인 메신저 「텔레그램」의 공동 창업자 겸 최고경영자(CEO)로, 8월 24일 프랑스 파리 외곽의 부르제 공항에서 긴급 체포됐다. 당국은 텔레그램이 마약 밀매, 사이버 폭력, 테러 조장, 아동 성범죄 등의 온상이 됐는데도 CEO인 그가 이를 방치하고 있음을 문제 삼은 것으로 알려졌다. 이후 두로프는 보석금 500만 유로(약 74억 원)를 내는 조건으로 석방됐지만 출국은 금지된 상태다.
1984년 10월 10일 러시아 상트페테르부르크에서 태어났으며, 2006년 상트페테르부르크대 철학과를 졸업한 뒤 형 니콜라이와 함께 소셜미디어 「브이콘닥테(VK·VKontakte)」를 출시했다. VK는 2007년 2월 그 이용자가 10만 명에 이르면서 러시아에서 2번째로 큰 SNS로 자리 잡는 등 큰 성공을 거두게 된다. 이러한 VK의 성공으로 그는 「러시아의 마크 주커버그」라 불리게 됐으며, VK는 러시아를 비롯해 우크라이나·벨라루스 등 동유럽 국가를 중심으로 빠르게 확산되며 막강한 영향력을 지니게 됐다. 그러다 2011년을 기점으로 블라디미르 푸틴 러시아 대통령을 규탄하는 「반푸틴 시위」가 급속히 확산되는 가운데, 러시아 정부는 최대 소셜 네트워크 서비스인 VK에 시위대의 개인정보와 반정부 인사들의 VK페이지 삭제를 요청했다. 하지만 그는 이를 단호히 거부했고, 2013년 니콜라이와 텔레그램을 출시한 뒤 2014년 독일로 이주했다. 그는 이후 아랍에미리트(UAE)·프랑스·카리브해 세인트키츠네비스 등의 시민권을 얻었는데, 현재 텔레그램 본사는 UAE 두바이에 있는 것으로 알려져 있다. 그는 2018년에는 텔레그램 사용자들의 암호화된 메시지에 대한 국가 보안기관의 접근을 허용하라는 법원 명령을 거부했고, 이에 러시아 정부는 텔레그램을 차단하기 시작했다. 텔레그램은 보안 기능이 뛰어나 2024년 현재 전 세계 사용자가 최소 9억 명이 넘는 것으로 추정되는데, 이와 같은 보안성은 메시지를 주고받는 두 사람 외에는 암호화된 메시지를 풀 수 없는 보안 기술 때문이다. 텔레그램은 강력한 보안 기능과 당국에 대한 비협조로 전 세계에서 사생활 및 통신자유 보호를 위한 대표적인 소셜미디어라는 평가를 받고 있는 반면, 각종 범죄활동의 온상이라는 비난도 받고 있다. 대표적으로 우리나라에서도 텔레그램을 이용한 성범죄인 이른바 「엔(N)번방」 사건이 2019년 한국 사회에 큰 파문을 일으킨 바 있다.

파벨 두로프 텔레그램 CEO가 9월 23일 자신의 텔레그램 채널을 통해 「범죄자들이 텔레그램을 악용하지 못하도록 플랫폼 서비스 약관과 개인정보보호 정책을 갱신했다」고 밝혔다. 이는 각국 수사기관의 적법한 요청이 있을 경우 불법행위에 연루된 사용자 정보를 제공한다는 것이다. 이와 같은 텔레그램의 방침 변화는 두로프가 직면한 법적 문제를 해결하기 위한 목적으로 보인다.

> **텔레그램(Telegram)** 러시아 출신의 파벨 두로프, 니콜라이 두로프 형제가 러시아 상트페테르부르크에서 2013년 8월에 개발 출시한 메시지 앱이다. 텔레그램은 보안에 강력하다는 점이 알려지면서 사용자가 폭발적으로 늘었으나, 이러한 강력한 보안 때문에 마약과 무기 거래, 음란물 유포 등 범죄의 온상이 되고 있다는 목소리도 높다. 이처럼 텔레그램이 범죄의 온상이 된 것은 채널과 슈퍼그룹이라는 기능 때문인데, 텔레그램의 채널은 일반 대화방과 달리 최대 20만 명까지 수용이 가능한 데다 한 번에 보낼 수 있는 메시지 크기가 2기가바이트로 일반 대화방(1.5기가바이트)에 비해 크다. 또 이후 추가된 슈퍼그룹 기능은 관리자가 채팅방을 폭파하면 모든 사용자에게서 모든 내용이 삭제돼, 범죄 집단이나 극단주의자들이 활동한 이후 증거를 없애는 데 활용되고 있다.

◉ 미야자키 하야오
(宮崎駿, Miyazaki Hayao)

일본 애니메이션 감독(83). 미야자키 하야오 감독이 9월 31일 아시아의 노벨상이라 불리는 막사이사이상 수상자로 선정됐다. 재단 측에 따르면 작품의 상업적 성공은 물론, 작품을 통해 인간에 대한 깊은 이해 및 환경보호와 평화, 여성권리 등의 성찰을 촉구한다며 그의 수상 이유를 밝혔다.

1941년 1월 5일 일본 도쿄에서 태어났으며, 1979년 첫 극장용 〈루팡 3세 카리오스트로성〉으로 애니메이션 감독으로 데뷔했다. 1984년에는 본래 만화로 연재했던 〈바람 계곡의 나우시카〉를 영화화해 상업적으로 대흥행을 기록했다. 그는 이를 기반으로 애니메이션 제작소인 「스튜디오 지브리」를 설립했는데, 지브리가 내놓은 첫 작품 〈천공의 성 라퓨타〉는 당시 일본에서 80만 관객을 동원했다. 특히 〈천공의 성 라퓨타〉는 실사에서 표현할 수 없는 카메라 기법과 리얼한 배경 등이 돋보이는 작품으로, 그가 일본 애니메이션계의 대부에 오르는 데 큰 기여를 했다. 이후 1988년 개봉한 〈이웃집의 토토로〉는 애니메이션 최초로 일본의 모든 극영화를 제치고 국내 모든 영화제의 상을 휩쓸었으며, 이후 〈반딧불의 묘〉가 흥행한 데 이어 〈마녀 배달부 키키〉도 당시 일본 박스 오피스 1위를 차지했다. 이 작품은 그해 일본의 키네마 준보가 집계한 연간 흥행 순위에서 300만 명의 관객을 기록했고, 〈은하철도 999〉(1979)의 극장판 이후 20년 만에 만화영화가 연간 흥행 순위 1위에 오르는 기록을 썼다. 또 이어 발표한 〈추억은 방울방울〉이 다시 해당 기록을 갱신했으며, 1992년 7월 개봉한 〈붉은 돼지〉는 기존 기록을 갱신한 것 외에도 1993년 앙시 애니메이션 페스티벌에서 대상을 수상하며 국제적으로도 인정받았다. 1994년 개봉한 〈헤이세이 너구리 대전쟁〉은 애니메이션 최초로 아카데미 외국어영화상 부문에 일본 대표로 출품되기도 했다. 1997년 7월에는 〈원령공주〉가 관객 1400만 명을, 2001년 개봉한 〈센과 치히로의 행방불명〉도 2400만 명의 관객을 동원해 역대 미국 흥행작들의 기록을 경신했다. 특히 애니메이션으로는 처음으로 베를린영화제 최우수작품상과 아카데미영화제 최우수 장편애니메이션 대상까지 수상하는 쾌거를 이뤘다. 이후 2002년 〈고양이의 보은〉, 2004년 〈하울의 움직이는 성〉이 개봉했고, 2005년에는 베니스영화제에서 명작을 지속적으로 발표하는 거장에게 수여되는 공로상인 명예 황금사자상을 수상하기도 했다. 그 이후로도 2008년 〈벼랑 위의 포뇨〉, 2010년 〈마루 밑 아리에티〉가 개봉했다. 그는 2013년 영화 〈바람이 분다〉를 끝으로 은퇴를 선언했다가 2023년 〈그대들은 어떻게 살 것인가〉로 10년 만에 복귀했다. 특히 〈그대들은 어떻게 살 것인가〉는 올해 3월 열린 제96회 아카데미 시상식에서 장편 애니메이션 부문 최우수작품상을 수상하며, 〈센과 치히로의 행방불명〉에 이어 오스카 2관왕에 등극한 바 있다.

> **막사이사이상(The Ramon Magsaysay Award)** 비행기 추락 사고로 숨진 라몬 막사이사이 전 필리핀 대통령의 공적을 기리기 위해 1957년 제정된 국제적인 상으로, 「아시아의 노벨상」으로 알려져 있다. 이는 미국 록펠러 재단이 기부한 50만 달러를 기금으로 하고 있으며, 매년 막사이사이의 생일인 8월 31일에 종교, 국가, 인종, 계급 등의 차별 없이 아시아 사회에 공헌한 개인 및 단체에 주어진다. 우리나라에서는 1962년 민주주의 운동가 장준하 선생이 처음으로 수상한 데 이어 장기려 박사와 법륜 스님 등이 수상한 바 있다.

세르지우 멘지스(Sérgio Mendes)

1941~2024. 「보사노바의 전설」로 불리는 브라질 출신의 음악가로, 9월 5일 별세했다. 향년 83세.

1941년 2월 11일 브라질 리우데자네이루주 니테로이에서 태어났으며, 클래식 음악을 전공한 뒤 재즈 음악에 입문했다. 1950년대 말부터 안토니오 카를로스 조빔, 주앙 지우베르투 등과 함께 보사노바를 연주하기 시작했는데, 「보사노바」는 브라질 삼바 리듬에 모던 재즈를 결합해 만든 장르를 말한다. 1966년부터는 밴드 「브라질 66」의 멤버로 활약하며 앨범 〈세르지우 멘지스 앤드 브라질 66〉을 빌보드 앨범 차트 7위에 진입시키는 등 대중적 인지도를 쌓았다. 이 과정에서 〈마스 키 나다(Mas Que Nada)〉가 히트를 기록했는데, 특히 이 곡은 2006년 미국 힙합그룹 「블랙 아이드 피스」가 피처링으로 참여한 〈마스 키 나다〉를 다시 발매해 큰 호응을 얻기도 했다. 그는 2006년 존 레전드, 저스틴 팀버레이크, 블랙 아이드 피스 등 후배 음악인들과 함께 앨범 〈타임리스(Timeless)〉를 발표하고, 2014년에는 브라질 월드컵 공식 응원가 〈원 네이션(One Nation)〉을 발표하는 등 노년에도 왕성하게 활동했다. 그는 1993년 미국 그래미상의 「베스트 월드뮤직 앨범」 부문 수상을 비롯해 라틴 그래미 어워즈(2회) 등 수많은 상을 받았으며, 2012년에는 애니메이션 〈리우〉 OST 작업으로 미국 아카데미상 후보에 오르기도 했다. 고인은 생전 한국에도 여러 차례 방문했는데, 2006년 첫 내한공연을 시작으로 2012년 단독 콘서트, 2015년 서울재즈페스티벌 등을 통해 한국 관객과 만난 바 있다.

⬭ 제임스 얼 존스(James Earl Jones)

1931~2024. 영화 〈스타워즈〉의 악당 다스 베이더, 디즈니 애니메이션 〈라이언킹〉에서 정글의 왕 「무파사」의 목소리를 연기한 미국의 배우로, 9월 9일 별세했다. 향년 93세.

1931년 1월 미국 미시시피주에서 태어났으며, 미시간대에서 연극을 전공한 이후 1955년 뉴욕으로 거처를 옮겼다. 1960년대부터 뉴욕의 작은 연극 무대에 서기 시작한 그는 1970~80년대 브로드웨이와 할리우드, TV를 오가며 수많은 영화·연극·드라마 작품에 출연했다. 특히 1965년에는 TV 드라마 시리즈 〈가이딩 라이트〉에서 의사 역을 맡아 당시 미국 주간연속극에 고정 출연한 최초의 흑인 배우 중 한 명으로 기록되기도 했다. 그는 스타워즈 오리지널 3부작의 두 번째 편인 〈제국의 역습〉(1980)에서 악당 다스 베이더의 목소리 연기를 맡은 것으로 유명한데, 다스 베이더가 주인공 루크 스카이워커와 광선검 결투를 벌이던 중 「내가 너의 아버지다(I am your father)」라고 고백하는 장면은 할리우드 영화 역사상 가장 충격적인 반전 중 하나로 꼽히고 있다. 또 1994년에는 디즈니 애니메이션 〈라이온킹〉에서 정글의 왕이자 주인공 심바의 아버지인 무파사의 목소리를 연기하는 등 특유의 카리스마 넘치는 중저음의 목소리로 많은 사랑을 받았으며, 이후 2019년 개봉한 동명의 실사영화에서도 같은 역을 맡아 연기했다. 80대 후반의 나이에도 왕성한 활동을 이어간 그는 토니상과 골든글로브, 에미상 시상식에서 연기상을 각각 2차례씩 차지했고, 1992년에는 당시 조지 H.W. 부시 대통령으로부터 「국가예술훈장(National Medal of the Arts)」을 받기도 했다.

⬭ 매기 스미스(Maggie Smith)

1934~2024. 영화 〈해리 포터〉 시리즈의 맥고나걸 교수로 잘 알려진 영국 출신의 명배우로, 9월 27일 별세했다. 향년 89세.

1934년 12월 28일 잉글랜드 에섹스에서 태어났으며, 17세 때 유명극장 옥스퍼드 플레이하우스에서 연기를 시작하며 데뷔했다. 그러다 1957년 뮤지컬 코미디 〈Share My Lettuce〉 등의 작품에 출연하면서 영화에도 진출했으며, 1958년에는 영화 〈어디에도 갈 수 없어(Nowhere to Go)〉로 영국 아카데미 영화상(BAFTA) 후보에 처음으로 지명되며 이름을 알렸다. 1963년에는 로렌스 올리비에가 연출하는 〈오델로〉에서 데스데모나 역을 맡아 국립극장에서 공연했고, 1969년 〈미스 진 브로디의 전성기〉에서 주연을 맡아 이듬해인 1970년 미국 아카데미상 여우주연상을 수상했다. 또 1978년에는 〈캘리포니아의 다섯 부부〉로 아카데미 여우조연상을 수상했다. 그는 평생 연극(70편 이상)과 영화(60편 이상), TV 드라마 등 매체와 장르를 넘나들며 활발히 활동했는데, 특히 미국 아카데미상 2차례와 에미상 4차례, 토니상, 골든글로브상 등을 석권하며 전설적인 배우 반열에 올랐다. 그리고 1990년에는 당시 엘리자베스 2세 여왕으로부터 경(Sir)의 여성형 훈작인 「데임(Dame)」 칭호를 받기도 했다.

⬭ 삼중

1942~2024. 60년 가까이 재소자 교화 활동을 펼치며 「사형수들의 대부」로 불린 인물로, 9월 20일 입적했다. 세수 82세, 법랍 66년.

1942년 9월 25일 서울에서 태어나 16세 때 해인사에서 경산 스님을 은사로 출가했고 화엄사, 용연사, 자비사 주지 등을 역임했다. 스님은 소외된 이들의 생활 현장에서 함께하는 「사섭(同事攝)」 수행을 실천했으며, 특히 60년 가까이 무기수와 사형수들의 교화 활동에 힘썼다. 1968년에는 재일동포 차별에 항의하며 일본 야쿠자 단원을 총기로 살해한 뒤 무기수로 복역하던 재일동포 권희로 씨 석방운동을 펼쳐 그의 석방과 귀국에 기여한 것으로도 잘 알려져 있다. 또 일본에서 교화 활동을 하는 스님들과 교류하면서 200여 차례 일본을 오가며 한일 관계의 가교 역할을 하기도 했다. 생전 사형제 폐지를 주장해온 스님은 약자를 보살피는 활동 등으로 대한불교조계종 종정표창, 대한적십자사 박애상 금상, 대통령 표창, 국민훈장 목련장 등을 수상했다. 이 밖에 《가난이 죄는 아닐진대 나에게 죄가 되어 죽습니다》, 《사형수 어머니들의 통곡》, 《사형수들이 보내온 편지》 등 사형수들의 이야기를 담은 여러 저서를 남기기도 했다.

◉ 이불(李昢)

한국의 설치미술가(60). 이불 작가가 9월 12일부터 내년 5월 27일까지 미국 최대 규모이자 세계 5대 미술관에 속하는 뉴욕 메트미술관에 설치미술 작품 4점을 선보일 예정이다. 메트미술관은 매년 세계적인 현대미술 작가들의 조각 작품으로 건물 외관을 장식하는 것으로 유명한데, 이 작가는 구상적 요소와 추상적 요소를 결합한 4개의 대형 조형물로 구상했다고 전했다. 1964년 강원특별자치도 영월에서 태어났으며, 1982년 홍익대학교 조소과를 졸업한 후 동료 작가들과 소그룹 「뮤지엄」을 결성해 본격적인 활동을 시작했다. 그는 전위 계열의 행위예술가들과 함께 전시장과 극장 거리 등에서 퍼포먼스를 벌이는 등 기존 미술 범주에 속하지 않는 작가로 이름을 알렸다. 특히 1997년 뉴욕 현대미술관(MOMA) 전시에 초대돼 「화엄」이라는 작품을 전시했을 당시 날생선을 사용, 시간의 경과에 따라 썩어가는 냄새의 감각마저 전시에 끌어들이는 등 다양하고 파격적인 시도로 전 세계 미술계의 주목을 받았다. 이후 1997년 뉴욕 현대미술관을 시작으로 구겐하임 미술관, 파리 퐁피두센터, 일본 모리미술관, 영국 헤이워드 갤러리 등 세계 최정상급 미술기관에서 개인전을 열었다. 이불은 1999년 베네치아 비엔날레 특별상과 2016년 프랑스 문화예술공로훈장을 수훈했으며, 한국 작가로는 유일하게 이탈리아 베네치아 비엔날레 본 전시에 두 차례(1999, 2019년) 초청되기도 했다.

◉ 박승일(朴勝一)

1971~2024. 프로 농구코치로 지내다가 근위축성측색경화증(ALS·루게릭병) 판정을 받은 이후 루게릭병을 알리고 루게릭 요양병원 건립을 위해 힘쓴 인물로, 9월 25일 타계했다. 향년 53세.
1971년 5월 30일 대전에서 태어났으며, 1994년 기아자동차 실업팀에 입단해 프로 농구선수로 활동하다 지도자의 꿈을 안고 미국 브리검영대학교로 유학을 떠났다. 그리고 31세이던 2002년 최연소의 나이로 프로농구 울산 모비스 코치로 발탁됐으나 4개월 만에 루게릭병 판정을 받았다. 그는 힘겨운 투병생활 중에도 자신과 같은 루게릭병 환우와 가족을 접하고 이들을 위한 각종 언론과 방송 출연은 물론, 2009년에는 눈으로 움직이는 마우스를 이용해 집필한 《눈으로 희망을 쓰다》라는 책을 출간하기도 했다. 또 2011년에는 가수 션과 함께 비영리재단 「승일희망재단」을 설립해 아이스버킷챌린지 등을 진행하며 국내에 루게릭병을 알리고 루게릭 요양병원 건립을 위한 모금 활동을 위해 힘써왔다. 고인의 이러한 노력의 산물인 국내 최초의 루게릭 요양병원은 오는 12월 준공을 앞두고 있다.

● 김동완(金東完)

1935~2024. 우리나라 제1호 기상캐스터인 전 기상청 기상통보관으로, 9월 15일 노환으로 별세했다. 향년 89세.

1935년 2월에 태어난 고인은 1959년 기상청 전신인 국립중앙관상대에 들어가 1965년부터 기상예보 담당 사무관을 맡았으며, 1981년까지 중앙기상대 예고관을 담당했다. 그는 1970년대 동양방송(TBC) 등에서 날씨를 전하는 역할을 맡았는데, 기상캐스터의 개념이 없던 당시 「여우가 시집가는 날」, 「파리가 조는 듯한 더위」 등의 문구를 활용하는 등 일기예보의 대중화에 앞장섰다. 특히 1982년부터는 MBC 보도국 보도위원으로 초빙돼 1996년까지 MBC 뉴스데스크와 아침뉴스 프로그램에서 일기예보를 담당했다. 그는 일기도를 직접 그려가면서 기상예보를 설명하는 등 딱딱했던 예보 방송을 대중성있게 풀이하는 것으로 유명했다. 1996년 방송에서 은퇴한 뒤에는 민간 기상정보업체의 이사로 활동했으며, 일기예보에 대한 공로를 인정받아 2010년 세계 기상의 날에 국민훈장 동백장을 수훈한 바 있다.

● 야히아 신와르(Yahya Sinwar)

1962~2024. 팔레스타인 무장단체 하마스의 수장이었던 인물로, 이스라엘군이 10월 17일 성명을 통해 가자지구 남부에서 야히야 신와르를 16일 제거했다고 발표했다. 이에 1년 넘게 이어지고 있는 가자전쟁 종전에 귀추가 주목되고 있다.

1962년 10월 29일 가자지구 남부 칸유니스의 한 난민 캠프에서 태어났으며, 1980년대 초 가자지구 이슬람대학교에서 공부하던 중 이슬람주의 운동에 입문했다. 19세였던 1982년 이슬람주의 활동 혐의로 이스라엘 당국에 처음 체포됐으며, 1987년 1차 인티파다(팔레스타인의 반이스라엘 투쟁) 이후 설립된 하마스의 창립

멤버로 합류했다. 이후 이스라엘에 협력한 변절자를 색출하는 「마즈드(영광)」의 수장을 맡아 「칸유니스의 도살자」로 악명을 떨쳤다. 그러다 1988년 이스라엘 스파이로 의심되던 팔레스타인인 4명과 이스라엘 군인 2명을 살해한 혐의로 종신형을 선고받고 23년을 감옥에서 보냈다. 이후 2011년 하마스에 억류돼 있던 이스라엘 군인 길라드 샬리트를 풀어주는 대가로 1000명 이상의 팔레스타인·아랍인 수감자들을 석방하는 포로 교환으로 석방됐다. 가자지구로 돌아온 신와르는 하마스 정치국 일원으로 자리 잡았고, 2017년에는 하마스 최고지도자에 오른 데 이어 2021년 재선됐다. 특히 그는 2023년 10월 7일 이스라엘을 기습 공격하고 240여 명을 인질로 끌고 오는 계획을 설계했으며, 이에 이스라엘군은 1년 넘게 신와르를 사살목표 1순위로 꼽고 추적해 왔다. 신와르는 지난 7월 31일 이란 수도 테헤란에서 이스마일 하니예가 암살된 이후에는 그의 뒤를 이어 하마스 수장인 정치국장 자리에 오른 바 있다.

TEST ZONE ···

최신시사상식 230집

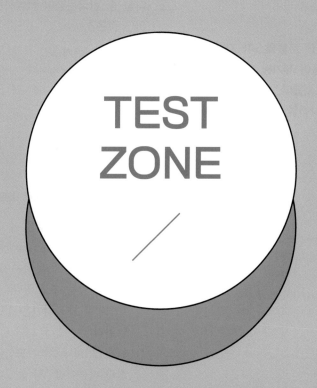

TEST
ZONE

최신 기출문제(SBS) / 실전테스트 100

한국사능력테스트 / 국어능력테스트

SBS

2024. 7. 20

🔘 다음 물음에 알맞은 답을 고르시오. [1~33]

01 메타버스 게임 플랫폼 로블록스가 지난 5월 역사왜곡 논란 등이 제기된 게임 〈그날의 광주〉를 삭제 조치했다. 이와 관련, 이 게임의 배경이 된 사건을 소재로 한 영화를 고르면?

① 택시운전사
② 1987
③ 남산의 부장들
④ 서울의 봄

02 다음 중 폭염주의보가 발령되는 경우를 고르면?

① 일 최고 체감온도 32℃ 이상인 상태가 2일 이상 지속될 것으로 예상될 때
② 일 최고 체감온도 33℃ 이상인 상태가 2일 이상 지속될 것으로 예상될 때
③ 일 최고 체감온도 34℃ 이상인 상태가 2일 이상 지속될 것으로 예상될 때
④ 일 최고 체감온도 35℃ 이상인 상태가 2일 이상 지속될 것으로 예상될 때

03 다음 중 한국은행이 작성하는 물가지수가 아닌 것은?

① 생산자물가지수
② 소비자물가지수
③ 수출물가지수
④ 수입물가지수

04 교섭단체에 대한 설명으로 바르지 못한 것은?

① 국회에 20인 이상의 소속의원을 가진 정당은 하나의 교섭단체를 구성한다.
② 복수의 정당과 무소속이 연합해 교섭단체를 만들 수도 있다.
③ 교섭단체 대표의원은 정당의 당대표를 말한다.
④ 현재 22대 국회의 교섭단체는 국민의힘과 더불어민주당 등 2개가 있다.

05 다음 중 바른 내용은?

① 현행 헌법은 10차 개정 헌법이다.
② 국회의원의 임기는 4년이다.
③ 지자체장의 임기는 5년이다.
④ 대통령의 법률안 거부권 행사 시 국회 재의결에 필요한 정족수는 재적의원 과반수 출석과 출석의원 과반수 찬성이다.

06 우리나라의 피아니스트 임윤찬이 2022년 이 콩쿠르에서 우승, 이 대회 60년 역사상 최연소 우승 기록을 세운 바 있다. 이 콩쿠르는?

① 쇼팽 콩쿠르

② 퀸 엘리자베스 콩쿠르

③ 차이콥스키 콩쿠르

④ 반 클라이번 콩쿠르

07 심리학에서 특정 감각의 자극으로 깊숙한 곳에 묻혀 있던 기억이 되살아나는 것을 무엇이라 하는가?

① 프루스트 효과

② 피그말리온 효과

③ 디드로 효과

④ 노시보 효과

01 로블록스의 〈그날의 광주〉는 5·18 민주화운동을 배경으로 한 가상현실 게임으로, 시민과 계엄군이 전투를 벌인 비극적 참상을 이용자들이 게임으로 재현한다는 설정 자체에 문제가 제기됐다. 여기에 게임에 대표적인 5·18 역사 왜곡 주제인 「북한군 침투설」을 차용하면서 논란을 가중시켰다.

① 5·18 광주민주화운동을 다룬 2017년 개봉작이다.

② 1987년 1월 「박종철 고문치사사건」을 다룬 2017년 개봉작이다.

③ 박정희 전 대통령이 암살된 「10·26 사건」을 다룬 2020년 개봉작이다.

④ 1979년 12·12 사태를 다룬 2023년 개봉작이다.

02 폭염주의보는 ▷일 최고 체감온도 33℃ 이상인 상태가 2일 이상 지속될 것으로 예상될 때 ▷급격한 체감온도 상승 또는 폭염 장기화 등으로 중대한 피해발생이 예상될 때 중 어느 하나에 해당하는 경우에 발령한다. 그리고 폭염경보는 ▷일 최고 체감온도 35℃ 이상인 상태가 2일 이상 지속될 것으로 예상될 때 ▷급격한 체감온도 상승 또는 폭염 장기화 등으로 광범위한 지역에서 중대한 피해발생이 예상될 때 중 어느 하나에 해당하는 경우 발령한다.

03 ② 소비자물가지수는 일반 도시 가계가 소비생활을 영위하기 위해 구입하는 소비재와 서비스의 가격변동을 나타내는 것으로, 통계청이 매월 작성해 발표한다.

04 ③ 교섭단체 대표의원은 정당의 원내대표를 뜻한다.

05 ① 현행 헌법은 9차 개정 헌법이다.

③ 지자체장의 임기는 4년이다.

④ 대통령의 법률안 거부권 행사 시 국회 재의결에 필요한 정족수는 재적의원 과반수 출석과 출석의원 3분의 2 찬성이다.

06 ④ 미국의 피아니스트 반 클라이번을 기리기 위해 창설된 피아노 경연대회로, 세계 3대 콩쿠르(쇼팽, 퀸 엘리자베스, 차이콥스키 콩쿠르)에 버금가는 북미 최고 권위의 피아노 경연대회이다.

07 ② 타인의 기대나 관심 때문에 능률이 오르거나 결과가 좋아지는 현상

③ 하나의 물건을 사고 나서 그에 어울릴 만한 물건을 계속 구매하며 또 다른 소비로 이어지는 현상

④ 약을 올바로 처방했는데도 환자가 의심을 품으면 약효가 나타나지 않는 현상

1. ① 2. ② 3. ② 4. ③ 5. ② 6. ④ 7. ①

08 새롭게 개발된 제품이 시장 진입 초기에서 대중화로 시장에 보급되기 전까지 일시적으로 수요가 정체되는 현상을 무엇이라 하는가?

① 티핑 포인트
② 캐시버닝
③ 캐즘
④ 죽음의 계곡

09 다음 중 「다크 패턴」을 바르게 설명한 것은?

① 기업이 이익을 취하기 위해 소비자가 비합리적인 소비를 하도록 유도하는 행태
② 사람을 속이기 위해 디자인(설계)된 사용자 인터페이스(UI)
③ 금융기관 등의 웹사이트나 해당 기관에서 보내온 메일로 위장해 개인정보를 불법적으로 알아내 이를 이용하는 사기 수법
④ 인증되지 않은 사용자에 의해 컴퓨터의 기능이 무단으로 사용될 수 있도록 컴퓨터에 몰래 설치된 통신 연결 기능

10 우리나라 오디컴퍼니가 제작한 창작 뮤지컬 〈위대한 개츠비〉가 지난 6월 열린 이 시상식에서 의상상을 수상했다. 미국 브로드웨이에서 수여하는 연극상으로, 미국 공연계 아카데미상으로 불릴 만큼 최고 권위를 자랑하는 이 상은?

① 그래미상
② 로런스 올리비에상
③ 에미상
④ 토니상

11 미국 연방준비제도이사회(Fed)가 발표하는 경제 동향 보고서를 (㉠), 우리나라의 기획재정부가 국내외 경기 흐름을 분석한 경제동향 보고서를 (㉡)이라 한다. ㉠, ㉡에 들어갈 단어가 바르게 짝지어진 것은?

	㉠	㉡
①	그린북	베이지북
②	옐로우북	베이지북
③	베이지북	그린북
④	레드북	그린북

12 필리핀 가사관리사 시범사업이 9월부터 서울에서 본격 시행됨에 따라 필리핀 가사관리사 100명이 8월 6일 국내에 입국했다. 이와 관련, 필리핀에 대한 설명으로 바른 것을 고르면?

① 6·25전쟁 참전국이다.
② 현 대통령은 로드리고 두테르테이다.
③ 포르투갈과 미국의 식민지배를 받은 바 있다.
④ 디즈니플러스에서 방영된 드라마 〈카지노〉의 배경이다.

13 다음 제시된 내용과 관련된 인물은?

- 아침이슬
- 괴테 메달 수상
- SBS 〈학전 그리고 뒷것 OOO〉

① 김민기　　② 양희은
③ 이민기　　④ 안치환

14 국가유산청이 7월 3일 약 1500년 전 대가야의 정치·문화 중심지였던 「이곳」을 신규 고도(古都)로 지정, 이곳이 20년 만에 지정된 다섯 번째 고도가 됐다. 어디인가?

① 경주　　　　② 부여
③ 고령　　　　④ 익산

15 다음 중 메모리 크기가 작은 것부터 배열한 것은?

① 페타-테라-제타-엑사
② 엑사-테라-페타-제타
③ 제타-테라-페타-엑사
④ 테라-페타-엑사-제타

16 ㉠, ㉡에 들어갈 단어가 바르게 배열된 것은?

> 축구 경기에서 한 시즌 동안 자국 정규리그, 컵대회, 대륙별 챔피언스리그 등 3개의 대회에서 우승하는 것을 (㉠)(이)라 한다. 잉글랜드프리미어리그(EPL)의 (㉡)이/가 2022~23시즌 (㉠) 우승을 달성한 뒤 관련 다큐가 넷플릭스를 통해 제작·방영되기도 했다.

	㉠	㉡
①	트레블	맨체스터시티
②	트레블	첼시
③	트리플	맨체스터유나이티드
④	트리플	리버풀

08 ① 어떤 상품이나 아이디어가 마치 전염되는 것처럼 폭발적으로 번지는 순간을 가리키는 말
② 스타트업들이 적자 구조에서도 투자금을 통해 사업을 키우면서 돈줄이 마르는 것
④ 초기 창업 벤처기업이 기술개발에 성공했더라도 사업화 단계에 이르기 전까지 넘어야 할 어려움을 나타내는 용어

09 ① 다크 넛지 ③ 피싱 ④ 백도어에 대한 설명이다.

10 ① 미국의 음악상 중 제일의 규모와 권위를 가진 상
② 영국 런던에서 상연되는 연극, 뮤지컬, 오페라, 무용 등의 공연을 대상으로 가장 뛰어난 배우와 작품에 수여되는 상
③ 미국에서 한 해 동안 TV를 통해 방송된 모든 프로그램을 대상으로 수여하는 상

12 ② 필리핀의 현 대통령은 페르디난드 마르코스 주니어이다.

13 ① 싱어송라이터·뮤지컬 연출가·극단 학전 대표 등을 지낸 인물로, 1970년 음악 활동을 시작해 〈아침이슬〉, 〈상록수〉 등 당시 민주화 운동권과 대학가에서 가장 널리 불려졌던 곡들을 남겼다. 또 1991년에는 서울 대학로에 소극장 학전과 극단 학전을 설립해 라이브 콘서트 문화를 태동시키는 데 기여했다.

14 ③ 경주·부여·공주·익산 4개의 도시가 지난 2004년 고도로 지정됐던 바 있어 고령은 20년 만에 지정되는 다섯 번째 고도가 됐다. 고도는 「고도 보존 및 육성에 관한 특별법」에 따라 과거 우리 민족의 정치·문화의 중심지로서 역사적으로 중요한 의미를 지닌 곳으로, 고도로 지정되면 주거환경이나 가로경관의 개선과 유적을 활용한 역사 문화공간 조성 등의 지원을 받을 수 있다.

15 저장 용량을 나타내는 가장 기본이 되는 단위는 바이트(Byte)이다. 이어 킬로(kB), 메가(MB), 기가(Gb), 테라(TB), 페타(PB), 엑사(EB), 제타(ZB), 요타(YB) 순으로 단위가 커진다.

17 프로축구 선수와 관련된 다음 내용 중 바르지 못한 것은?

① 손흥민은 EPL 토트넘으로 이적하기 전 분데스리가 프랑크푸르트에서 활약했다.

② 이강인은 2019년 FIFA 20세 이하(U-20) 월드컵에서 MVP를 수상했다.

③ 황희찬의 EPL 첫 이적 팀은 울버햄튼이다.

④ 김민재는 한국, 중국, 튀르키예, 이탈리아 리그에서 모두 활동했다.

18 이 나라가 지난 6월 소·돼지를 기르는 농가에 세금을 부과한다고 발표, 세계 첫 농업분야 탄소세 도입 방침을 밝혔다. 국토의 60%가 농지로, 소고기와 우유의 주요 생산국인 이 나라는?

① 스웨덴
② 룩셈부르크
③ 덴마크
④ 노르웨이

19 박승민 스탠퍼드 의과대학 비뇨기과 박사가 지난해 스마트 변기 연구로 이 상을 수상했다. 과학 대중화를 목적으로 재미있거나 특이한 연구를 한 이들에게 수여되는 상으로, 노벨상의 패러디 격이자 「괴짜들의 노벨상」이라고도 불리는 이 상의 명칭은?

① 이그노벨상
② 안티노벨상
③ 넌노벨상
④ 언더노벨상

20 용어에 대한 설명이 바르지 못한 것은?

① CD금리: 은행이 단기 자금 조달을 위해 발행하는 무기명 정기예금증서

② CMA: 투자신탁회사가 고객의 돈을 모아 단기금융상품에 투자해 수익을 얻는 초단기금융상품

③ 콜금리: 금융기관끼리 남거나 모자라는 자금을 서로 빌려주고 받을 때 적용되는 금리

④ 코픽스(COFIX): 예금은행의 자금조달비용을 반영해 산출되는 주택담보대출 기준금리

21 재일교포 출신의 여자 유도선수로, 2024 파리올림픽 여자 유도 57kg 이하급에서 은메달을 차지한 선수는?

① 김하윤
② 허미미
③ 윤현지
④ 김지수

22 프랑스 3대 미술관 중 하나로, 현재 서울 여의도 63빌딩에 분관이 설립 중에 있다. 2025년 개관 예정인 이 미술관은?

① 루브르 박물관
② 오르세 미술관
③ 퐁피두 센터
④ 로댕 미술관

23 독일 출신의 정치철학자 한나 아렌트가 1963년 《예루살렘의 아이히만》에서 나치에 의한 유대인 대학살을 두고 제시한 개념은?

① 보이지 않는 고릴라
② 악의 평범성
③ 밀그램 실험
④ 악의 급진성

24 이차전지의 효율을 높이는 데 있어 가장 중요한 광물로, 「하얀 석유」라고도 불린다. 아프리카의 이 자원 매장량이 전 세계의 89%에 달하는 등 그 편중이 심한데, 이 광물은?

① 리튬
② 코발트
③ 니켈
④ 흑연

25 외부 서버나 클라우드에 연결돼 데이터와 연산을 지원받았던 기존의 클라우드 기반 AI에서 벗어나, 기기 자체에 탑재돼 직접 인공지능(AI) 서비스를 제공하는 기술을 무엇이라 하는가?

① 딥페이크
② 소버린 클라우드
③ HBM
④ 온디바이스 AI

17 ① 손흥민은 현재 토트넘으로 이적하기 전 독일 분데스리가 함부르크 SV에서 활동했다.

18 덴마크 정부가 2030년부터 소와 양, 돼지 등을 키우는 농가에서 배출되는 이산화탄소 1t당 300크로네(약 6만 원)의 세금을 부과할 것이라고 6월 26일 발표했다. 덴마크는 국토의 60%가 농지인 데다 소고기와 우유의 주요 생산국으로, 북유럽 국가 중 가장 많은 온실가스를 배출하고 있다.

19 ① 미국 하버드대 계열의 과학유머잡지사 AIR에서 과학에 대한 관심 제고를 위해 1991년 제정한 상이다. 이는 현실적 쓸모에 상관없이 발상 전환을 돕는 이색적인 연구, 고정관념이나 일상적 사고로는 생각하기 힘든 획기적인 사건에 수상한다.

20 ② MMA에 대한 설명이다. CMA는 고객이 맡긴 예금을 어음이나 채권에 투자하여 그 수익을 고객에게 돌려주는 실적배당 금융상품을 말한다.

22 ③ 퐁피두 센터는 20세기 초부터 최근까지의 작품을 집중적으로 소장하고 있어 프랑스 근·현대미술의 중심지로 인정받고 있다.

23 ② 나치에 의한 유대인 학살(홀로코스트)은 광신자나 반사회성 인격장애자들이 아니라 상부의 명령에 순응한 지극히 평범한 사람들에 의해 자행됐음을 설명하는 개념이다.
① 한 사안에 몰두하다가 명백하게 존재하는 다른 사안을 놓쳐버리는 현상을 이르는 용어
③ 권위에 대한 복종과 관련된 실험으로, 평범한 인간이 권위에 복종해 얼마나 잔혹해질 수 있는지를 보여주는 실험이다.
④ 독일 철학자 이마누엘 칸트가 사용한 표현으로 인간이 본성적으로 악이 되고자 하는 경향이 있다는 것이다.

24 ① 주기율표에서 제1족에 속하는 알칼리 금속원소로, 모든 종류의 배터리에 없어서는 안 될 필수 금속이다.

25 ① 특정 인물의 얼굴 등을 인공지능(AI) 기술을 이용해 특정 영상에 합성한 편집물을 말한다.
② 특정 국가나 지역에 자체 데이터센터를 구축함으로써 클라우드 서비스를 지원하는 공공 클라우드 컴퓨팅 인프라이다.
③ TSV(실리콘관통전극)로 D램 칩을 수직으로 쌓아 데이터 처리 속도를 높인 고대역폭메모리로, 주로 AI 연산을 위한 그래픽처리장치(GPU) 등에 탑재된다.

🎯 17. ① 18. ③ 19. ① 20. ② 21. ② 22. ③ 23. ② 24. ① 25. ④

26 다음이 설명하는 인물은?

> 1905년 일제에 의해 을사늑약이 체결되자 이에 저항하면서 전북 태인에서 의병을 일으켰다. 그는 70대의 나이에 의병장으로 활동하다 체포됐고, 이후 대마도로 유배돼 그곳에서 세상을 떠났다.

① 이항로
② 최제우
③ 최익현
④ 신돌석

27 《의지와 표상으로서의 세계》를 남긴 독일의 철학자는?

① 니체
② 쇼펜하우어
③ 칸트
④ 하이데거

28 운동과 레저를 합친 말로, 「가벼운 스포츠 웨어」라 할 수 있다. 일상생활과 레저를 동시에 즐기면서도 스타일까지 연출할 수 있는 의상을 뜻하는 이 용어는?

① 원마일 웨어
② OOTD
③ 컨템포러리
④ 애슬레져

29 e스포츠 월드컵은 이 나라의 e스포츠 연맹이 주관하는 세계 최대 규모의 e스포츠 대회로, 총 상금이 6000만 달러(약 830억 원)에 이른다. 우리나라의 T1이 지난 7월 폐막한 e스포츠 월드컵 초대 우승자로 등극했는데, 이 대회를 개최하는 나라는?

① 아랍에미리트
② 사우디아라비아
③ 쿠웨이트
④ 카타르

30 사회적으로 물의를 일으켜 지탄의 대상이 된 인물의 패션을 대중들이 모방하는 행위 또는 그러한 패션을 가리키는 용어는?

① 시밀러룩
② 놈코어룩
③ 블레임룩
④ 얼씨룩

31 태양의 흑점이 폭발하며 플라스마 입자가 우주로 방출되는 현상을 무엇이라 하는가?

① 태양폭풍
② 플레어
③ 홍염
④ 오로라

32 한자어 어휘의 뜻이 잘못된 것은?

① 금일(今日): 지금 지나가고 있는 이날
② 작일(昨日): 오늘의 전전날
③ 명일(明日): 오늘의 바로 다음 날
④ 차주(次週): 이 주의 바로 다음 주

33 다음 작품이 소재로 한 스포츠 중 2024년 파리올림픽에서 치러지지 않은 종목은?

① 〈가비지타임〉
② 〈편먹고 공치리〉
③ 〈뭉쳐야 찬다〉
④ 〈스토브리그〉

※ 위 문제는 수험생들의 기억에 의해 재생된 것이므로, 실제 문제와 다소 다를 수 있습니다.

26 ① 조선 후기의 유학자(1792~1868)로 위정척사론의 사상적 기초를 형성한 인물이다.
② 조선 후기 시천주의 교리를 중심으로 한 동학을 창도한 종교 창시자(1824~1864)이다.
④ 대한제국 말기의 평민 출신 항일 의병장(1878~1908)이다.

27 〈의지와 표상으로서의 세계〉는 쇼펜하우어의 저서로, 쇼펜하우어는 이 저서에서 우리를 에워싸는 시간과 공간을 그 형식으로 하는 이 세계는 진정한 실재(物自體)가 아니라 단순한 주관적 표상에 지나지 않는다고 주장했다.

28 ① 실내와 집 근처 1마일(1.6km) 반경 내에서 입을 수 있는 옷으로, 집 근처를 산책하는 등 가벼운 외출 시 활용할 수 있다는 점이 특징이다.
② 오늘 입은 옷차림, 오늘의 패션(Outfit Of The Day)의 준말로, 당일 또는 특정 상황에서 입은 자신의 옷차림을 촬영하여 소셜 미디어 등에 업로드하는 행위를 가리킨다.
③ 현 시각 기준으로 가장 유행하고 각광받는 패션 브랜드나 콘셉트를 의미하는 패션 용어로, 좋은 품질과 고유의 디자인을 가진 준명품 브랜드를 의미하는 말로도 사용된다.

30 ① 상대방과 비슷하게 맞춰 입은 옷 또는 그러한 옷차림을 뜻하는 말로, 똑같은 아이템을 착용하는 것보다는 컬러나 패턴을 비슷하게 맞춰 통일감을 주는 스타일이다.
② 평범하다는 뜻의 「노멀(Normal)」과 핵심의 뜻을 지닌 「하드코어(Hardcore)」의 합성어로 평범함을 표방하지만 평범하지 않은 패션을 말한다.
④ 지구(Earth)에서 유래된 용어로, 흙이나 나무, 모래 등 자연을 연상시키는 색상을 사용한 패션이다.

31 ② 태양의 채층(彩層)이나 코로나 하층부에서 돌발적으로 다량의 에너지를 방출하는 현상
③ 태양의 가장자리에 보이는 불꽃 모양의 가스
④ 태양에서 방출된 대전입자(플라스마)의 일부가 지구 자기장에 이끌려 대기로 진입하면서 공기분자와 반응하여 빛을 내는 현상

32 작일(昨日)은 오늘의 바로 하루 전날을 뜻한다.

33 ④ 야구를 다룬 SBS 드라마. 파리올림픽에서는 이전의 2020 도쿄올림픽 정식종목이었던 야구·소프트볼, 가라테가 제외된 바 있다.
① 농구를 주제로 한 웹툰
② 골프를 다룬 SBS 예능 프로그램
③ 축구를 다룬 JTBC 예능 프로그램

26. ③ 27. ② 28. ④ 29. ② 30. ③ 31. ① 32. ② 33. ④

실전테스트 100

🔘 다음 물음에 알맞은 답을 고르시오. (1~70)

01 소설가 한강이 2024년 노벨 문학상 수상자로 선정되면서 한국인으로는 故 김대중 전 대통령에 이어 두 번째 노벨상 수상자가 됐다. 이와 관련, 다음 설명과 관련된 한강의 작품은?

> 5·18 광주민주화운동을 다룬 한강의 2014년 출간작으로, 2017년 이탈리아 말라파르테 문학상을 수상했다. 이 소설은 마지막까지 전남도청을 지키다 계엄군의 총에 죽음을 맞은 16세의 학생 시민군 동호를 중심으로 5월 광주의 이야기를 다루고 있다.

① 〈채식주의자〉
② 〈소년이 온다〉
③ 〈바람이 분다, 가라〉
④ 〈작별하지 않는다〉
⑤ 〈희랍어 시간〉

02 팔레스타인 무장단체 하마스와의 전쟁을 1년 넘게 이어가고 있는 이스라엘이 9월부터 레바논 헤즈볼라, 예멘 후티 반군 등을 잇따라 공습하며 전선을 확대했다. 이와 관련, 헤즈볼라에 대한 설명으로 바르지 못한 것은?

① 1983년 창설된 이슬람 수니파 무장세력이자 정당조직이다.
② 이란의 지원을 받는 「저항의 축」에서 핵심 역할을 하고 있다.
③ 이스라엘은 지난 2000년 헤즈볼라의 지속적인 공격에 레바논에서 철수했다.
④ 2006년 헤즈볼라가 이스라엘 군인을 납치한 것을 계기로 양측의 전쟁이 34일간 이어진 바 있다.
⑤ 1992년 레바논 내전 종식 이후 의회 내에서 8석의 의석을 차지하며 정계에 본격 진출했다.

03 다음의 밑줄 친 「이 국가」는?

> 「필라델피 회랑(Philadelphi Corridor)」은 이스라엘과 하마스 간의 가자전쟁 휴정협상에서 최대 쟁점이 되고 있는 부분으로, 가자지구 남부와 이 국가 사이에 있는 길이 14km·너비 100m의 좁은 완충지대다. 이곳은 가자지구의 남부국경 중 유일하게 이스라엘과 직접 맞닿지 않은 지역이다. 이스라엘은 필라델피 회랑 아래에 하마스가 이 국가로부터 무기와 연료들을 몰래 가자지구로 반입하는 지하터널이 있다고 보고 있으며, 이에 이곳에서의 병력 철수를 거부하고 있다.

① 레바논　　② 쿠웨이트
③ 요르단　　④ 이란
⑤ 이집트

04 9월 17~18일 레바논 헤즈볼라 무선호출기 대량폭발사건이 일어난 가운데, 해당 사건의 배후로 이스라엘 해외 정보기관인 「모사드」가 유력하게 지목됐다. 모사드와 관련한 다음 내용에서 (   ) 안에 들어갈 인물은?

> 모사드는 1949년 12월 다비드 벤구리온 이스라엘 총리 시절 외무부 산하조직으로 출발해 1951년 총리실 직속 기관으로 변경됐다. 모사드의 주요 업무는 해외에서의 첩보활동, 정보수집, 비밀정치공작, 대태러활동 등이다. 모사드는 특히 1960년 아르헨티나에 숨어 지내던 나치의 유대인 학살 책임자 (   )을/를 체포하면서 본격적으로 명성을 떨치기 시작한 바 있다.

① 파울 괴벨스　　　② 하인리 힘러
③ 헤르만 괴링　　　④ 아돌프 아이히만
⑤ 루돌프 헤스

05 지난해 10월부터 전쟁을 이어가고 있는 이스라엘과 하마스가 가자지구의 이 백신 접종에 따라 9월 1~9일 일시 휴전을 단행했다. 폴리오(Polio)라는 장바이러스에 의해 발생하는 감염성 질환인 이것은?

① 수두　　　　　② 일본뇌염
③ 백일해　　　　④ 소아마비
⑤ 디프테리아

01 ① 트라우마를 지닌 한 여자가 폭력을 거부하기 위해 극단적인 채식을 하는 이야기를 담은 소설로, 한강은 이 작품으로 2016년 세계 3대 문학상 중 하나인 부커상 인터내셔널 부문을 한국인 최초로 수상했다.
③ 촉망받던 여성 화가의 의문스러운 죽음을 통해 각자가 믿는 진실을 증명하기 위해 온몸으로 부딪치는 사람들의 이야기를 담은 작품
④ 제주 4·3 사건의 비극을 세 여성의 시선으로 풀어낸 2021년 작품
⑤ 이혼 과정에서 아이의 양육권을 빼앗기고 말을 할 수 없게 된 여자의 이야기를 담은 작품

02 ① 헤즈볼라는 1983년 이스라엘의 레바논 침공 당시 이란의 지원을 받아 형성된 이슬람 「시아파」 무장단체로, 이스라엘과의 교전 및 레바논 내전 등을 거치면서 세력을 키웠다.

03 필라델피 회랑은 가자지구 남부와 이집트 사이에 있는 길이 14km·너비 100m의 좁은 완충지대를 말한다. 필라델피 회랑 중간에는 가자지구와 이집트 사이 통로인 라파 검문소가 있고, 남쪽 끝에는 가자지구와 이스라엘 통로인 케렘샬롬 검문소가 위치하고 있다.

04 ④ 독일 나치스 친위대 장교였던 인물로, 독일의 항복 후 아르헨티나로 도망쳤으나 이후 이스라엘로 압송돼 사형에 처해졌다.
① 독일 나치스 정권의 선전장관이었던 인물로, 새 선전수단 구사 및 교묘한 선동정치로 1930년대 당세 확장에 영향을 미쳤다.
② 독일 홀로코스트의 실무를 지도한 최고책임자로, 전후 연합군에게 체포되자 자살했다.
③ 나치스돌격대 대장이었다가 1935년 독일 공군을 건설해 사령관이 된 인물로, 종전 직후 체포됐으나 처형 직전 자살했다.
⑤ 나치스 재건 후 히틀러 정권이 성립하자 총통 대리가 되어 국무장관으로 입각한 인물로, 종전 후 종신형을 선고받고 복역 중 사망했다.

05 이스라엘과 팔레스타인 무장단체 하마스가 9월 1~9일 9일간 매일 오전 6시부터 오후 3시까지 전투를 일시 중지했다. 이는 지난해 10월 7일 발발한 양측의 전쟁이 장기화됨에 따라 가자지구 내 소아마비 백신 접종이 어려워지면서 관련 환자가 속출함에 따른 것이었다.

1. ②　2. ①　3. ⑤　4. ④　5. ④

06 에마뉘엘 마크롱 프랑스 대통령이 9월 5일 우파 공화당 출신의 미셸 바르니에를 신임 총리로 임명하면서 프랑스 역대 4번째 「이것」이 탄생하게 됐다. 대통령과 총리가 속한 정당이 서로 달라 한 정부 안에 여야가 공존한다는 뜻에서 붙은 명칭은?

① 아그레망
② 코아비타시옹
③ 로그롤링
④ 데가지즘
⑤ 코뮈니케

07 중국이 9월 25일 대륙간탄도미사일(ICBM)을 태평양 해역으로 시험발사한 가운데, 일부 외신은 해당 발사가 「이 협의체」 견제 목적이 깔려 있다는 분석을 제기했다. 미국이 2021년 9월 15일 영국·호주와 함께 출범시킨 외교안보 3자 협의체의 명칭은?

① 쿼드
② 브릭스
③ 오커스
④ 나토
⑤ 파이브아이즈

08 북한이 9월 13일 고농축우라늄(HEU) 제조시설을 처음으로 공개한 가운데, 한미 정보당국은 「이곳」을 제조시설 위치로 추정했다. 2019년 하노이 2차 북미정상회담에서 트럼프 당시 미국 대통령이 북한의 핵시설이 은폐된 곳으로 지목하며 그 존재가 알려진 이곳은?

① 영변
② 강선
③ 박천
④ 천마산
⑤ 하갑

09 미국에서는 「~벨트」로 묶여 불리는 지역들이 많이 있는데, 각 벨트의 성향이 미국 대선에서 큰 영향을 미친다. 이와 관련, ㉠~㉢에 들어갈 용어가 바르게 짝지어진 것은?

> • (㉠) 벨트: 과거 미국의 대표적 공업지대였으나 현재는 제조업이 쇠퇴하면서 철강·석탄·방직 등 사양산업 지대로 추락한 미국 중서부와 북동부 지역
> • (㉡) 벨트: 따뜻한 기후를 지닌 남부 지역을 이르는 말로, 과거 농업 지역에서 현재는 신흥 산업지대로 부상함
> • (㉢) 벨트: 전통적으로 보수 복음주의자들이 많이 사는 남부 지역

① ㉠: 러스트, ㉡: 코튼, ㉢: 바이블
② ㉠: 스노우, ㉡: 선, ㉢: 퓨리탄
③ ㉠: 러스트, ㉡: 코튼, ㉢: 바이블
④ ㉠: 스노우, ㉡: 코튼 ㉢: 퓨리탄
⑤ ㉠: 러스트, ㉡: 선, ㉢: 바이블

10 10월 1일 열린 건군 76주년 국군의날 기념식에서 「한국형 3축 체계」 중 하나인 ( )의 수단인 현무-5가 처음 공개됐다. ( ) 안에 들어갈 용어로 바른 것은?

① 킬체인
② 핵우산
③ 한국형 미사일방어(KAMD)
④ 대량응징보복(KMPR)
⑤ 사이버·전자전 능력

11 한미 핵협의그룹(NCG)은 2023년 4월 한미 정상회담에서 채택한 「이 선언」에 따라 그해 7월 출범한 양자 협의체로, 한미 공동의 핵전략과 기획을 통해 대북 확장억제를 강화함을 목적으로 한다. 이 선언은?

① 캠프 데이비드 선언
② 블레어 선언
③ 백악관 선언
④ 워싱턴 선언
⑤ 윌밍턴 선언

12 진실화해위가 9월 6일 제주 4·3 사건을 정면으로 다룬 장편서사시를 발표해 국가보안법 위반 등으로 처벌받은 이산하 시인에 대해 「중대한 인권침해」라며 진실규명 결정을 내렸다. 이 시인이 1987년 3월 사회과학전문지 《녹두서평》에 게재했던 이 연작시는?

① 화산도
② 순이삼촌
③ 동백꽃 지다
④ 잠들지 않는 남도
⑤ 한라산

06 ① 새로운 대사나 공사 등 외교사절을 파견할 때 상대국에게 얻는 사전 동의
③ 정치세력들이 투표거래나 투표담합을 통해 상호지원을 하는 행위를 이르는 말
④ 구체제의 청산을 뜻하는 프랑스어로, 2011년 아랍의 봄 당시 튀니지 국민들이 독재자 밴 알리의 퇴진을 요구하며 외친 구호인 「dégager(물러나라)」에서 유래함
⑤ 정부 간의 회담이나 회의의 경과를 요약해 신문이나 방송으로 알리기 위한 목적에서 발표되는 구속력을 갖지 않는 공식성명

07 ① 미국·일본·호주·인도 4개국 안보협의체
② 2000년대를 전후해 빠른 경제성장을 거듭한 브라질·러시아·인도·중국·남아프리카공화국의 신흥경제 5개국
④ 1949년 조인된 북대서양조약을 기초로 발족된 집단방위기구
⑤ 미국·영국·캐나다·호주·뉴질랜드 등 영어권 5개국이 참여하고 있는 기밀정보 동맹체

08 ② 북한은 그동안 영변에 비해 상대적으로 훨씬 덜 노출된 강선 핵시설을 은밀하게 가동해 오면서 상당한 양의 핵무기급 고농축우라늄(HEU)을 생산했다는 분석이 있다.

09 미국에서는 「~벨트」로 묶여 불리는 지역들이 많이 있는데, 스노벨트(Snow Belt)는 선벨트와는 반대되는 춥고 눈이 많은 북부 지역을 가리킨다. 또 생산되는 농업 품목에 따라 ▷코튼(Cotton) 벨트 ▷밀(Wheat)벨트 ▷콘(Corn)벨트 등으로 불리기도 한다.

10 한국형 3축 체계는 북한의 핵·미사일 발사 움직임에 선제적으로 타격하는 킬체인(Kill Chain), 북한 미사일을 공중에서 탐지·요격하는 한국형 미사일방어(KAMD), 북한 핵·미사일 공격 시 보복하는 대량응징보복(KMPR)을 가리킨다.

11 ④ 워싱턴 선언은 윤석열 대통령과 조 바이든 미국 대통령이 2023년 4월 26일 한미 정상회담을 통해 채택한 선언으로, 북한의 핵공격 시 미국 핵무기를 포함해 압도적 대응을 하는 등 미국의 확장억제 강화 방안 등을 담고 있다.

12 ① 재일동포 작가 김석범이 1997년 완성한 대하소설로, 1948년 4·3 발발 직전 상황에서부터 사건이 사실상 마무리된 1949년 6월까지 15개월여의 상황을 담았다.
② 1978년 발표된 현기영의 사실주의 중편소설로, 4·3 진상규명과 연관되는 예술 활동으로 전개된 최초의 작품이라 할 수 있다.
③ 50점의 연작으로 구성된 강요배 작가의 역사화로, 작가가 1989~1992년까지 4·3의 전개 과정을 주된 소재로 하여 그린 것이다.
④ 1989년 발표한 가수 안치환의 노래로, 4·3 희생자들을 위로하기 위해 만들어진 곡이다.

6. ② 7. ③ 8. ② 9. ⑤ 10. ④ 11. ④ 12. ⑤

13 다음 ( ) 안에 들어갈 용어는?

> 국회가 8월 28일 통과시킨 구하라법은 양육 의무를 이행하지 않은 부모의 상속권을 제한하는 법률로, 2026년 1월부터 시행된다. 다만 헌법재판소가 직계 존·비속 ( ) 조항에 대해 헌법불합치 결정을 내린 지난 4월 25일 이후 상속이 개시된 경우에도 소급 적용될 수 있도록 했다.

① 유류분
② 기여분
③ 증여
④ 대습상속
⑤ 한정승인

14 최근 더불어민주당을 중심으로 계엄령 의혹이 제기된 가운데, 민주당이 9월 20일 계엄 선포와 유지 요건을 강화하는 내용 등을 담은 「서울의봄 4법」을 발의했다. 계엄령은 1960년 이승만 정권 이후 총 7번 선포된 바 있는데, 다음 중 계엄령 선포와 관련 없는 사건을 고르면?

① 4·19 혁명(1960)
② 5·16 군사정변(1961)
③ 박정희 대통령 서거(1979)
④ 12·12 사태(1979)
⑤ 6월 항쟁(1987)

15 11월 5일 카멀라 해리스 부통령과 도널드 트럼프 전 대통령이 맞붙는 미국 대선이 치러진다. 이와 관련, 미국 대선에 대한 설명으로 바르지 못한 것은?

① 미국 대선은 4년마다 11월의 첫째 월요일 다음의 화요일에 실시된다.
② 대통령에 선출되기 위해서는 전체 선거인 총수 538명 중 과반수 270명 이상을 확보해야 한다.
③ 메인주와 네브래스카주를 제외하면 주별 투표에서 1표라도 많은 표를 얻은 후보가 그 주의 선거인단 전체를 확보한다.
④ 대선에서 과반의 표를 획득한 후보가 없으면 선택권이 상원으로 넘어가게 된다.
⑤ 선거인단이 대통령을 뽑는 투표는 12월 두 번째 수요일의 다음 주 월요일에 이뤄진다.

16 행정안전부의 「각종 기념일 등에 관한 규정」 일부 개정령안에 따라 내년부터 5월 15일이 「이 인물」의 탄생을 기념하는 국가 기념일이 된다. 5월 15일은 스승의 날이기도 한데, 스승의 날은 이 인물의 탄생을 기념하기 위해 1965년부터 이 날짜로 정해진 것이다. 이 인물은?

① 이순신
② 퇴계 이황
③ 세종대왕
④ 장영실
⑤ 정약용

17 미국 연준(Fed)이 9월 18일 기준금리를 0.5%포인트 인하하는 조치를 시행했다. 이는 2020년 3월 이후 4년 6개월 만의 금리 인하인데, 0.25%포인트보다 큰 폭으로 금리를 하향 조정하는 것을 무엇이라 하는가?

① 베이비 스텝
② 빅컷
③ 빅스텝
④ 피벗
⑤ 테이퍼링

18 2024년 미국 대선의 민주당 대선후보인 카멀라 해리스 부통령이 향후 추진할 경제정책을 「카멀라노믹스」라 한다. 다음 중 카멀라노믹스의 내용으로 바르지 못한 것을 고르면?

① 주택 취득 보조
② 전기차 보조금 정책 폐지
③ 중산층 감세
④ 친환경 에너지산업 육성
⑤ 법인세 인상

13 ① 고인(故人)의 의사와 상관없이 법에 따라 유족들이 받을 수 있는 최소한의 유산 비율로, 헌재는 2024년 4월 25일 피상속인의 형제자매가 법정상속분의 3분의 1을 보장받는다고 규정한 민법 1112조 4호에 대해 재판관 전원 일치 의견으로 위헌 결정을 내린 바 있다.

14 1960년 이승만 정권 이후 ▷4·19 혁명(1960) ▷5·16 군사정변(1961) ▷6·3 사태(1964) ▷10월 유신(1972) ▷박정희 대통령 서거(1979) ▷12·12 사태(1979) ▷5·18 민주화운동(1980) 등 7번의 계엄령이 선포됐는데, 박정희 정권 당시 가장 많은 4번의 계엄령이 선포됐다.

15 미국 수정헌법 12조에 따르면 대선에서 과반의 표를 획득한 후보가 없으면 선택권이 하원으로 넘어가게 된다. 즉, 헌법상 연방 하원이 대통령을, 상원이 부통령을 선출하는 것이다. 하원이 대통령을 선출할 때는 각 주를 대표하는 50명의 하원의원이 한 표씩을 행사하게 된다.

16 행정안전부가 9월 29일 내년부터 5월 15일을 국가기념일인 「세종대왕 나신 날」로 지정하는 내용의 「각종 기념일 등에 관한 규정」 개정안을 11월 4일까지 입법예고했다. 정부는 세종대왕의 업적을 기리고자 세종대왕이 탄생한 5월 15일을 국가 기념일로 지정한다는 방침이다.

17 중앙은행이 금리를 통상적으로 0.25%포인트 내리는 것을 「베이비스텝(Baby Step)」이라고 부르며, 「빅컷(Big Cut)」은 0.25%포인트보다 큰 폭으로 금리를 하향 조정하는 경우를 가리킨다. 「빅스텝(0.50%p 상향 조정)」은 이와 대비되는 개념으로, 0.75%p를 상향 조정할 경우에는 「자이언트 스텝」으로 부른다.
⑤ 정부가 통화 유동성을 확대하기 위해 시행하던 양적완화(자산매입) 조치를 점진적으로 축소하는 것을 일컫는 말이다.

18 ② 전기차 보조금 정책 폐지는 올 미국 대선의 공화당 후보인 도널드 트럼프 전 대통령이 주장하는 경제정책(트럼프노믹스) 내용 중 하나이다.

🎯 13. ① 14. ⑤ 15. ④ 16. ③ 17. ② 18. ②

19 정부가 8월 27일 「2025년도 예산안」 및 「2024~2028 국가재정운용계획」을 의결했다. 이번 「2025년 예산안」에서 가장 많은 예산이 편성된 분야는?

① 보건·복지·고용
② 일반·지방행정
③ 교육
④ 국방
⑤ 연구개발(R&D)

20 공정위가 9월 9일 플랫폼 독과점 규제 강화 조항을 공정거래법에 명시해 개정하는 입법 방향을 발표했다. 공정거래법 개정안에 따르면 연 매출 (   )조 원이 넘거나 시장점유율 조건을 충족하는 즉시 규제 대상에 포함되는데, (   ) 안에 들어갈 숫자는?

① 2   ② 4
③ 5   ④ 6
⑤ 7

21 9월 20일 SK이노베이션과 SK E&S 합병의 마지막 관문으로 꼽혔던 (   ) 행사 규모가 3350억 원에 그치면서 양사의 합병을 향한 마지막 걸림돌이 제거됐다. (   ) 안에 들어갈 용어로 바른 것은?

① 풋옵션
② 주식매수청구권
③ 우리사주
④ 스톡퍼처스
⑤ 권리락

22 한국거래소가 9월 24일 발표한 「코리아 밸류업 지수」에 대한 내용으로 바르지 못한 것은?

① 기준시점은 2024년 1월 2일이고 기준 지수는 1000이다.
② 구성종목은 100종목으로 코스피 67종목, 코스닥 33종목이다.
③ 주가순자산비율(PBR)과 자기자본이익율(ROE) 등 다양한 지표가 적용된 것이 특징이다.
④ 9월 30일부터 1초 단위로 국내외 투자자들에게 실시간 지수가 제공된다.
⑤ 개별종목의 지수 내 비중은 10%로 제한했다.

23 다음 (   ) 안에 공통적으로 들어갈 알맞은 말은?

9월 13일 영풍과 MBK 파트너스가 고려아연 지분 7.0~14.6%를 (   )한 뒤 회사의 경영권을 확보하겠다고 나서면서 시작된 영풍과 고려아연의 경영권 분쟁이 격화되고 있다. 특히 고려아연은 이들의 (   )이/가 대주주의 의사에 반하는 「적대적 인수·합병(M&A)」에 해당한다는 주장인 데 반해, 영풍 측은 MBK와의 경영권 인수로 현재 고려아연의 사업을 지속적으로 이어갈 것이라는 주장이다.

① 포이즌 필
② 백기사
③ 공개매수
④ 시장매집
⑤ 위임장대결

24 기획재정부가 9월 26일 발표한 「2024년 세수 재추계 결과 및 대응 방향」에 따르면 지난해 역대 최대 규모인 56조 원대 세수 결손이 발생한 데 이어 올해도 30조 원에 가까운 세수 펑크가 발생할 가능성이 높아졌다. 2년 연속 대규모 세수 결손이 발생한 가장 큰 이유로는 「이 세금」이 꼽히는데, 무엇인가?

① 종합소득세
② 법인세
③ 양도소득세
④ 부가가치세
⑤ 환경세

25 다음이 설명하는 가격 전략은?

> • 제품이나 서비스 가격을 일률적으로 정하지 않고 유동적으로 바꾸는 가격 전략
> • 성수기에 비싸지는 항공권, 이른 아침에 저렴하게 판매하는 조조 영화표, 마트의 영업 마감 전 싸게 파는 상품 등

① 단수가격
② 명성가격
③ 스키밍 프라이싱
④ 다이내믹 프라이싱
⑤ 침투가격

---

19 보건·복지·고용 분야는 올해 대비 4.8% 늘어난 249조 원으로 전체 예산의 3분의 1 이상을 차지한다. 이어 ▷일반·지방행정(111조 3000억 원) ▷교육(98조 5000억 원) ▷국방(61조 6000억 원) ▷연구개발(R&D, 29조 7000억 원) 등의 순으로 나타났다.

20 공정거래법 개정안에 따르면 시장지배적 플랫폼 기준으로 인정되기 위해서는 ▷1개 회사의 시장점유율이 60% 이상이고 이용자 수 1000만 명 이상인 경우거나 ▷3개 이하 회사의 시장점유율이 85% 이상이고 각 사 이용자 수가 2000만 명 이상인 경우다. 단 스타트업 등의 규제부담 우려를 고려해 연간 매출액 4조 원 미만 플랫폼은 제외한다.

21 ② 주총 결의에 반하는 주주가 자기 소유 주식을 정해진 가격으로 매수해 줄 것을 회사에 청구할 수 있는 권리를 말한다.

22 ⑤ 10%가 아닌 15%이다.

23 ③ 경영권 지배를 목적으로 특정기업의 주식을 주식시장 외에서 공개적으로 매수하는 적대적 M&A 방식을 말한다.
① 기업의 경영권 방어수단의 하나로, 적대적 M&A나 경영권 침해 시도가 발생하는 경우에 기존 주주들에게 시가보다 훨씬 싼 가격에 지분을 매입할 수 있도록 미리 권리를 부여하는 것이다.
② 경영권 방어에 협조적인 우호주주를 뜻하며, 어느 기업이 적대적 M&A에 휘말렸을 때 이에 대한 방어전략 중의 하나이다.
④ 적대적 M&A를 위해 비공개적으로 인수대상 기업의 주식을 원하는 만큼 지속적으로 매수하는 전략을 일컫는다.
⑤ 주총에서 의결권을 갖고 있는 위임장을 보다 많이 확보해 현 이사진이나 경영진을 갈아치우는 방법이다.

24 2년 연속 대규모 세수 결손이 발생한 가장 큰 이유는 법인세 때문으로, 올해 법인세수는 당초 정부 예상치(77조 7000억 원)보다 14조 5000억 원 적은 63조 2000억 원에 그칠 것으로 전망됐다. 이는 전체 세수 부족분(29조 6000억 원)의 49%가 법인세수에서 발생하는 것이다.

25 ① 제품 가격의 끝자리를 홀수(단수)로 표시하여 소비자로 하여금 제품이 저렴하다는 인식을 심어 구매욕을 부추기는 가격전략
② 가격 결정 시 해당 제품군의 주소비자층이 지불할 수 있는 가장 높은 가격이나 시장에서 제시된 가격 중 가장 높은 가격을 설정하는 전략
③ 신제품을 출시할 때 고가로 책정한 후 저가 대체품이 출시되기 전에 가격을 내려 소비층을 확대함으로써 이윤을 극대화하는 전략
⑤ 신제품의 출시 초기에 판매량을 늘리기 위해 상대적으로 제품의 가격을 낮게 설정하는 전략

---

26 영국 파이낸셜타임스스톡익스체인지(FTSE) 러셀이 내년 11월부터 한국을 세계국채지수(WGBI)에 추가한다고 발표했다. 이번 편입은 이 항목이 레벨 2로 평가되면서 세 번째 불발 끝에 이뤄진 것인데, 이 항목은?

① 국채 발행 규모
② 국가신용등급
③ 시장 접근성
④ 국가 부채 규모
⑤ 정치의 안정성

27 용어에 대한 설명이 바르지 못한 것을 고르면?

① 숏핑: 숏폼을 통해 제품을 소개하고 소비자들의 구매를 유도하는 쇼핑 방식이다.
② 스트레스 완충자본: 은행별 리스크관리 수준과 위기상황분석(스트레스 테스트) 결과 등에 따라 차등적으로 추가자본 적립의무를 부과하는 제도를 말한다.
③ 요노족: 현재 자신의 행복을 가장 중시하고 소비하는 태도를 지닌 사람들을 가리킨다.
④ EMP 펀드: 전체 자산의 50% 이상을 상장지수펀드(ETF)나 상장지수증권(ETN)에 투자하는 펀드를 일컫는다.
⑤ 저고도 경제: 중국에서 처음 제시된 개념으로, 높은 상공에서 이뤄지는 우주 경제와 대비되는 고도 1000m 아래 공역을 이용한 경제 활동을 이르는 말이다.

28 보건복지부가 9월 4일 현재 소득의 (   )%인 국민연금 보험료율을 연령대에 따라 매년 0.25%포인트~1%포인트씩 단계적으로 올려 최종 13%까지 인상하는 내용의 「연금개혁 추진계획」을 심의·확정했다. 1998년 이후 26년간 이어지고 있는 국민연금 보험료율은?

① 7
② 8
③ 9
④ 10
⑤ 11

29 다음의 밑줄 친 이것은?

인공지능(AI) 기술을 활용해 인물의 얼굴을 다른 사진이나 영상에 실제처럼 조합하는 것으로, 최근 이것을 통해 사진을 합성해 성착취물을 제작·유포하는 범죄가 확산되면서 큰 논란이 일었다. 서울경찰청은 22만 명가량이 참여 중인 한 텔레그램 채널에서 해당 성범죄물이 확산한 혐의를 수사 중이라고 8월 27일 밝혔다.

① 리벤지 포르노
② 그루밍
③ 알고리즘
④ 머신러닝
⑤ 딥페이크

30 ( ) 안에 공통으로 들어갈 용어는?

> 헌법재판소가 8월 29일 청소년·시민단체·영유아 등이 제기한 헌법소원 4건에서 재판관 전원일치 의견으로 탄소중립기본법 8조 1항에 ( ) 결정을 내렸다. ( ) 결정은 해당 법률이 사실상 위헌이지만, 즉각적인 무효화에 따른 공백을 막기 위해 한시적으로 법을 존속시키는 결정을 말한다.

① 한정위헌   ② 한정합헌
③ 입법촉구   ④ 헌법불합치
⑤ 일부위헌

31 제품 생산자나 포장재를 이용한 제품의 생산자에게 그 제품이나 포장재의 폐기물에 대해 일정량의 재활용의무를 부여해 재활용하게 하고, 이를 이행하지 않을 경우 재활용에 소요되는 비용 이상의 재활용 부과금을 부과하는 제도를 무엇이라 하는가?

① 분리배출표시제
② 폐기물부담금제
③ 폐기물예치금제
④ 쓰레기종량제
⑤ 생산자책임재활용제

26 FTSE 러셀은 ▷국채 발행 규모(500억 달러 이상) ▷국가신용등급(S&P 기준 A−이상, 디스 기준 A3 이상) ▷시장 접근성 등을 따져 편입 여부를 결정한다. 우리나라는 시장 접근성 항목에서 지속적으로 부정적인 평가를 받으면서 3차례 편입이 불발됐으나, 10월 8일 FTSE 러셀이 한국의 시장 접근성에 「불편함이 없다(레벨 2)」고 평가하면서 편입이 결정되기에 이르렀다.

27 ③ 요노족(YONO族)은 「필요한 것은 하나뿐(You Only Need One)」이라는 영어 문장의 약자로, 꼭 필요한 것만 사고 불필요한 물건 구매는 최대한 줄이는 소비자들을 가리킨다. 이는 현재 자신의 행복을 가장 중시하고 소비하는 「욜로족(YOLO)」과 상반되는 개념이라 할 수 있다.

28 보험료율은 국민연금 가입자가 소득 대비 납부하는 보험료의 비율을 말한다. 근로자 1인 이상 고용 사업장의 경우 근로자 월급에서 4.5%가 공제되고 회사 측이 4.5%를 더해 총 9%를 납부한다. 1인 자영업자와 프리랜서 등 지역 가입자의 경우 월소득의 9%를 개인이 모두 부담한다.

29 ⑤ 딥페이크는 인공지능(AI) 기술을 활용해 인물의 얼굴을 다른 사진이나 영상에 실제처럼 조합하는 것을 말한다.

30 ① 해당 법률이 위헌이나 헌법불합치처럼 전면적으로 위헌은 아니지만, 개념이 불확정적이거나 다의적으로 해석이 가능한 법률 조항에 대해 한정축소해석을 하고 그 이상으로 적용범위를 확대하는 경우에는 위헌이라고 결정하는 것이다.
② 어떤 법률조항이 헌법에 완전 위배되지는 않으나 부분적으로 위배된다고 할 때 헌법에 합치되는 방향으로 한정축소 해석해 내리는 결정이다.
③ 헌법에 완전히 합치되도록 법률의 개정이나 보완을 촉구하는 결정형식을 말한다.
⑤ 위헌심판의 대상이 된 법률 조문 전체가 아니고 조문의 한 구절이나 한 어구 등 일부에 대해 행하는 위헌 결정이다.

31 ① 재활용 여부를 제품에 표시하는 제도로, 표시 대상 제품·포장재의 표면 한 곳 이상에 인쇄 또는 각인을 하거나 라벨을 부착하는 방법으로 한다.
② 재활용이 불가능한 폐기물에 대해 이를 제조한 제조업자 또는 수입업자에게 그 처리에 대한 비용을 부담시키는 제도
③ 폐기물 재활용 활성화를 위해 생산자에게 일정 비용을 미리 예치하게 하고, 회수한 뒤에 반환해주는 제도
④ 폐기물의 처리비용을 부과함으로써 배출량을 줄이고 재활용품을 분리 배출하도록 유도하는 제도

---

26. ③ 27. ③ 28. ③ 29. ⑤ 30. ④ 31. ⑤

32 전국 1만 여명 해녀의 권익 향상과 해녀문화 보존을 위한 「전국해녀협회」가 9월 30일 출범했다. 이와 관련, 제주해녀와 관련 없는 것을 고르면?

① 국가중요어업유산
② 유네스코 인류무형문화유산
③ 국가무형유산
④ 세계중요농업유산
⑤ 국가민속문화유산

33 일본 애니메이션 거장 미야자키 하야오 감독이 9월 31일 아시아의 노벨상이라 불리는 막사이사이상 수상자로 선정됐다. 이와 관련, 그의 작품이 아닌 것을 고르면?

① 하울의 움직이는 성
② 너의 이름은
③ 벼랑 위의 포뇨
④ 그대들은 어떻게 살 것인가
⑤ 센과 치히로의 행방불명

34 지난 9월 7일 폐막한 베니스영화제의 상징은 베니스의 수호성인인 성 마가를 상징하는 날개 달린 이 동물이다. 무엇인가?

① 사자
② 곰
③ 코끼리
④ 호랑이
⑤ 사슴

35 10월 2일 영국 런던에서 열린 「그라모폰 클래식 뮤직 어워즈」에서 한국인 최초로 피아노 부문 수상자가 된 데 이어 올해의 젊은 예술가에도 선정되며 2관왕에 오른 피아니스트는?

① 조영훈   ② 임윤찬
③ 지용   ④ 조성진
⑤ 임동혁

36 대한민국을 하나로 잇는 총 4530km의 코리아둘레길이 9월 23일, 15년 만에 개통했다. 이와 관련, 코리아둘레길에 속하지 않는 길 이름은?

① 해파랑길
② 남파랑길
③ 서해랑길
④ 아라메길
⑤ 평화의 길

37 이탈리아의 대표적 요리 중 하나로, 돼지 볼살로 만든 숙성고기 구안찰레와 계란 노른자, 페코리노, 후추로만 만드는 것이 정통 레시피다. 최근 미국 하인츠가 이 제품의 통조림을 출시한다는 소식이 이탈리아의 거센 분노를 일으켰는데, 이 음식은?

① 라자냐
② 리소토
③ 카르보나라
④ 파니니
⑤ 치아바타

38 다음은 현재 조선시대 4대 궁궐에서 이뤄지고 있는 야간 탐방 프로그램의 명칭들이다. 해당 프로그램들과 관련이 없는 고궁을 고르면?

> 별빛야행, 달빛기행, 밤의 석조전, ○○
> ○ 야연

① 경복궁　② 경희궁
③ 창경궁　④ 창덕궁
⑤ 덕수궁

39 9월 19일 「2024 미국 메이저리그(MLB)」 마이애미 말린스와의 경기에서 MLB 148년 역사상 처음으로 단일 시즌 「50홈런-50도루」를 기록한 선수는?

① 저스틴 벌렌더
② 오타니 쇼헤이
③ 에런 저지
④ 제이콥 디그롬
⑤ 맥스 슈어저

32 해녀(海女)는 산소 공급 장치 없이 바다에 들어가 각종 해산물을 채취하는 여성으로, 1500여 년 전인 삼국시대부터 제주도 해녀들이 「물질(잠수)」을 했다고 전해진다. 제주해녀는 2015년 제1호 국가중요어업유산 지정에 이어 2016년 유네스코 인류무형문화유산, 2017년 국가무형유산, 2023년 세계중요농업유산에 등재된 바 있다.
⑤ **국가민속문화유산**: 민속문화유산이란 의식주, 생업, 신앙, 연중행사 등에 관한 풍속이나 관습에 사용되는 의복, 기구, 가옥 등으로서 국민생활의 변화를 이해하는 데 반드시 필요한 것을 뜻한다. 국가민속문화유산은 국가유산청장이 문화유산위원회의 심의를 거쳐 민속문화유산 중 중요한 것을 지정하는데, 대표적으로 양동마을과 하회마을이 있다.

33 ② 〈너의 이름은〉(2017)은 신카이 마코토 감독의 작품이다.
① 2004년作 ③ 2008년作 ④ 2023년作 ⑤ 2001년作

34 베니스 국제영화제는 1932년 5월 이탈리아의 베니스에서 창설된 세계에서 가장 오랜 역사를 가진 국제영화제이다. 최우수작품에는 베니스의 상징인 날개 달린 사자 형상의 「산마르코 금사자상(황금사자상, Golden Lion for Best Film)」이 수여된다.

35 ② 피아니스트 임윤찬(20)이 10월 2일 영국 런던에서 열린 「그라모폰 클래식 뮤직 어워즈」에서 「쇼팽: 에튀드」로 피아노 부문 수상자에 선정된 데 이어 음악적으로 두각을 나타낸 청년 음악가에게 주어지는 특별상인 「올해의 젊은 예술가」까지 수상하며 2관왕에 올랐다.

36 코리아둘레길은 ▷동해안의 해파랑길 ▷남해안의 남파랑길 ▷서해안의 서해랑길 ▷비무장지대(DMZ)의 평화의 길 등 총 길이 4530km을 연결한 초장거리 걷기 여행길이다.

37. ① 반죽을 얇게 밀어 넓적한 직사각형 모양으로 자른 파스타를 속재료와 함께 층층이 쌓아 오븐에 구워 만든 이탈리아의 파스타 요리다.
② 쌀을 버터나 올리브유에 살짝 볶은 뒤 육수를 붓고 채소, 향신료, 고기, 해산물 등의 부재료를 넣고 함께 졸여낸 이탈리아 쌀요리이다.
④ 빵 사이에 치즈, 야채, 햄 등의 재료를 간단히 넣어 만든 이탈리아식 샌드위치다.
⑤ 인공첨가물을 사용하지 않고 통밀가루, 맥아, 물, 소금 등의 천연 재료만을 사용해 만든 담백한 맛의 이탈리아 빵이다.

38 별빛야행(경복궁), 달빛기행(창덕궁), 밤의 석조전(덕수궁), 창경궁 야연(창경궁)

39 오타니 쇼헤이(30·LA 다저스)가 9월 19일 열린 「2024 미국프로야구 메이저리그(MLB)」 마이애미 말린스와의 방문 경기에서 1번 지명타자로 출전, 홈런 3개와 도루 2개를 포함한 6타수 6안타 10타점 4득점을 획득하며 이번 시즌 51홈런-51도루 고지를 밟았다.

32. ⑤　33. ②　34. ①　35. ②　36. ④　37. ③　38. ②　39. ②

실전테스트 100

179

40 김민재가 9월 18일 열린 「2024 추석 장사 씨름대회」 백두급 정상에 오르며 백두장사 타이틀을 차지했다. 이와 관련, 높은 체급 순으로 장사 타이틀을 바르게 배열한 것은?

① 태백장사−금강장사−한라장사−백두장사
② 태백장사−한라장사−금강장사−백두장사
③ 백두장사−금강장사−한라장사−태백장사
④ 백두장사−한라장사−금강장사−태백장사
⑤ 백두장사−한라장사−태백장사−금강장사

41 빨강과 파랑 두 색깔의 공을 6개씩 나눈 뒤 하얀 표적 공에 가장 가까이 던진 공에 1점을 더하는 방식으로 진행되는 경기로, 패럴림픽에서만 볼 수 있는 종목이다. 우리나라가 올해 치러진 파리 패럴림픽 이 종목에서 10회 연속 금메달을 수확했는데, 이 종목은?

① 골볼
② 보치아
③ 파라트라이애슬론
④ 다트체리
⑤ 스누커

42 원자력안전위원회가 9월 12일 신한울 원전 3·4호기 건설 허가를 내림에 따라 13일부터 본격적인 공사가 시작됐다. 이와 관련, 신한울 원전 3·4호기가 건설되는 지역은?

① 경북 울진　　② 전남 영광
③ 경북 경주　　④ 부산 기장
⑤ 강원 동해

43 다음 (　　) 안에 들어갈 우주선의 명칭은?

민간인 우주비행 프로젝트 「폴라리스 던(Polaris Dawn)」에 참가한 민간인 우주비행사 4명이 9월 12일 7시 50분경 고도 700km에서 우주 유영을 하는 데 성공한 뒤 15일 지구로 귀환했다. 이들은 9월 10일 미국 우주기업 스페이스X의 유인 우주선 「크루 드래건」을 타고 우주로 출발, 11일까지 지구를 타원 궤도로 돌며 최대 1400km 고도까지 도달하는 데 성공했다. 이는 국제우주정거장(ISS)보다 3배 이상 높은 고도로, 1972년 미국항공우주국(NASA)의 (　　) 우주선 이후 인류가 도달한 가장 높은 고도이기도 하다.

① 아폴로 11호
② 바이킹 1호
③ 아폴로 17호
④ 컬럼비아호
⑤ 챌린저호

44 메타가 9월 17일 「이 플랫폼」을 이용하는 18세 미만 청소년 이용자들의 계정은 모두 10대 계정으로 분류, 일괄 비공개로 전환하는 등의 방안을 발표했다. 이 플랫폼은?

① 틱톡
② 유튜브
③ 인스타그램
④ 스레드
⑤ 페이스북

45 오픈AI가 9월 12일 내놓은 인공지능(AI) 모델인 「오픈AI o1」는 인간 수준의 AI인 (　　) 개발의 일환이다. 인간과 유사한 모든 인지작업을 수행할 수 있는 AI를 일컫는 이 용어의 약자는?

① GPU
② HBM
③ NPU
④ AGI
⑤ LLM

46 국가과학기술자문회의가 8월 26일 12대 국가전략기술 육성 방안을 담은 「제1차 국가전략기술 육성 기본계획」을 심의·의결했다. 이에 따라 12개 국가전략기술 중 3대 게임체인저로 선정된 기술을 〈보기〉에서 고르면?

보기

㉠ 차세대 원자력	㉡ 이차전지
㉢ AI·반도체	㉣ 사이버 보안
㉤ 첨단 바이오	㉥ 양자산업

① ㉠, ㉡, ㉢　　② ㉠, ㉢, ㉤
③ ㉡, ㉢, ㉥　　④ ㉢, ㉤, ㉥
⑤ ㉣, ㉤, ㉥

40 백두장사(140kg 이하)–한라장사(105kg 이하)–금강장사(90kg 이하)–태백장사(80kg 이하) 순이다.

41 ① 소리가 나는 공을 상대 팀 골대에 넣는 시각장애인 스포츠로, 1946년 2차대전 때 실명 용사들의 재활을 목적으로 고안됐다. ③ 수영, 자전거, 달리기와 같은 트라이애슬론을 장애인 선수들이 참여할 수 있도록 변형한 패럴림픽 종목

42 경북 울진에 건설되는 신한울 3·4호기는 전기 출력 1400MW(메가와트) 용량의 가압경수로형 원전(APR1400)으로 현재 운영 중인 새울 1·2호기, 신한울 1·2호기와 기본 설계가 동일한 원전이다.

43 ③ 미 항공우주국(NASA)의 아폴로 계획에 의해 발사된 11번째 유인우주선으로, 아폴로 계획의 마지막 유인 달 탐사임무였다.

44 인스타그램의 모회사 메타가 9월 17일 「청소년 이용자를 위한 안전 사용 강화 방안」을 발표했다. 이에 따르면 인스타그램을 사용하는 18세 미만 청소년 이용자들의 계정은 모두 「10대 계정(Teen Accounts)」으로 분류, 일괄 「비공개」로 전환돼 팔로어가 아닌 사람과는 상호작용할 수 없게 된다.

45 ④ 범용인공지능(Artificial General Intelligence)에 대한 설명이다.
① Graphic Processing Unit(그래픽처리장치). 데이터를 한 번에 대량으로 처리하는 병렬처리 방식 반도체로, 인공지능(AI)의 핵심 부품으로 사용된다.
② High Bandwidth Memory(고대역폭메모리). TSV(실리콘관통전극)로 D램 칩을 수직으로 쌓아 데이터 처리 속도를 높인 고대역폭메모리로, 주로 AI 연산을 위한 GPU 등에 탑재된다.
③ Neural Processing Unit(신경망처리장치). 인간 뇌의 신경망을 모방해 만든 인공지능 반도체를 말한다.
⑤ Large Language Model(대규모언어모델). 대규모의 텍스트를 학습해 다양한 언어 작업을 수행할 수 있는 AI 모델이다.

46 「제1차 국가전략기술 육성 기본계획」의 목표는 새로운 산업군을 발굴해 과학기술 주권을 확보하는 것으로, 특히 12대 국가전략기술 중 ▷AI·반도체 ▷첨단 바이오 ▷양자산업을 「3대 게임체인저(시장의 흐름을 뒤바꿀 혁신적 기술 또는 제품)」로 선정해 예산을 집중 지원하기로 했다.

🎯 40. ④　41. ②　42. ①　43. ③　44. ③　45. ④　46. ④

47 다음 (   ) 안에 공통적으로 들어갈 알맞은 말은?

> 미국 프린스턴대, 영국 케임브리지대 등으로 구성된 국제 공동 연구진이 10월 3일 국제 학술지 《네이처》에 게재한 논문에서 14만 개의 뉴런(신경세포)과 5000만 개 이상의 시냅스(연결부)로 구성된 (   ) 신경 구조 전체를 담은 뇌 지도(커넥톰)를 완성했다고 밝혔다. 1933년 노벨상 수상자 토머스 헌트 모건의 염색체 실험으로 유명한 (   )는 세대(약 2주)가 짧고 인간과 유전자가 약 60% 일치해 유전학의 모델 동물로 불린다.

① 초파리
② 하루살이
③ 깔따구
④ 모기
⑤ 무당벌레

48 2003년 4월 출시돼 22년째 이어지고 있는 다중접속역할수행게임(MMORPG)으로, 최근 넥슨코리아가 이 게임의 유료 아이템 뽑기 확률 조작으로 피해를 본 소비자에 대한 보상을 시작한다는 내용의 권고가 이뤄진 바 있다. 이 게임은?

① 바람의 나라
② 메이플스토리
③ 마비노기
④ 테일즈위버
⑤ 던전앤파이터

49 다음 (   ) 안에 공통적으로 들어갈 알맞은 말은?

> 스웨덴 카롤린스카 의대 노벨위원회가 10월 7일 올해 노벨 생리의학상 수상자로 (   ) 발견에 기여한 미국의 생물학자 빅터 앰브로스와 게리 러브컨을 선정했다고 발표했다. (   )는 생물 유전자 발현을 제어하는 역할을 하는 작은 RNA 분자들의 집단으로, 단순 RNA와 달리 단백질을 암호화하지 않고 유전자 발현을 조절해 세포의 성장·발달·분화 등의 과정에서 필수적인 역할을 한다.

① 메신저 RNA
② 소간섭 RNA
③ 전달 RNA
④ 마이크로 RNA
⑤ 리보솜 RNA

50 데이터의 생성 양·주기·형식 등이 방대한 빅데이터들을 분석해 미래를 예측하는 기술로, 올해 노벨 물리학상은 「이 기술」의 기초를 세운 2명의 과학자들이 선정됐다. 특히 이는 순수과학이 아닌 응용과학인 인공지능(AI) 분야에서 나온 첫 수상자라는 점에서 화제를 모으기도 했는데, 이 기술은?

① 사물인터넷
② 클라우드 컴퓨팅
③ 머신러닝
④ 데이터 마이닝
⑤ 소버린 AI

51 저작물을 일반 공중이 향유할 수 있도록 매개하는 자, 즉 배우·가수 등 실연자에게 부여한 권리를 무엇이라 하는가?

① 저작인접권
② 저작인격권
③ 저작재산권
④ 상표권
⑤ 특허권

52 다음에서 연상되는 조류는?

> • 기준금리 인상
> • 시치미
> • 2010년 유네스코 인류무형문화유산

① 비둘기
② 매
③ 올빼미
④ 부엉이
⑤ 까치

48 한국소비자원은 넥슨코리아가 메이플스토리 게임 유료아이템 이용자 80만 명에게 확률 조작에 따른 피해 보상 명목으로 현금 환급이 가능한 219억 원 상당의 「넥슨캐시」를 지급하는 내용의 소비자분쟁조정위원회 권고를 받아들였다고 9월 22일 밝혔다.

49 2024년 노벨 생리의학상 수상자로 선정된 두 학자(빅터 앰브로스와 게리 러브컨)는 1993년 예쁜꼬마선충의 유충의 성장을 조절하는 lin-4 유전자를 연구하던 중 마이크로 RNA를 처음 발견, 마이크로 RNA가 메신저 RNA(mRNA)라는 또 다른 몸속 물질의 작용을 억제하거나 촉진해 세포의 성장과 사멸을 통제한다는 것을 밝혀냈다.

50 ① 생활 속 사물들을 유무선 네트워크로 연결해 정보를 공유하는 환경으로, 각종 사물들에 통신 기능을 내장해 인터넷에 연결되도록 한 것이다.
② 서로 다른 물리적인 위치에 존재하는 컴퓨터들의 리소스를 가상화 기술로 통합해 제공하는 기술
④ 많은 데이터 가운데 숨겨져 있는 유용한 상관관계를 발견, 미래에 실행 가능한 정보를 추출해 내고 의사 결정에 이용하는 과정
⑤ 국가나 기업이 자체 인프라와 데이터를 활용해 독립적인 인공지능 역량을 구축하는 전략

51 ② 저작자가 자신의 저작물에 대해 갖는 정신적·인격적 이익을 법률로써 보호 받는 권리
③ 저작자가 자신의 저작물에 대해 갖는 재산적인 권리
④ 생산자 또는 상인이 상표를 특허청에 출원해 등록함으로써 등록상표를 지정상품에 독점적으로 사용할 수 있는 권리
⑤ 특허법에 의하여 기술적 사상의 창작(발명)을 일정기간 독점적, 배타적으로 소유 또는 이용할 수 있는 권리

52 • 기준금리를 인상해 시중에 있는 통화를 회수하고 물가를 안정시키는 정책을 주장하는 긴축파를 공격적인 매에 빗대 매파라고 부른다.
• 시치미는 매의 주인을 밝히기 위해 주소를 적어 매의 꽁지 속에다 매어 둔 네모꼴의 뿔을 말한다.
• 2010년 유네스코 인류무형문화유산으로 등재된 매사냥은 매를 훈련시켜 야생 먹이를 잡는 사냥 방식을 뜻한다.

47. ① 48. ② 49. ④ 50. ③ 51. ① 52. ②

53 〈보기〉의 나열된 항목들에 공통으로 포함되는 단어는?

> 보기
>
> • 하나의 과제를 여러 단계별로 세분화해 하나씩 해결해 나가는 협상전술의 한 방법
> • 금융기관이나 인터넷 상에서 많은 사람들로부터 적은 금액을 조금씩 빼내 피해자는 사건이 알려지기 전까지는 전혀 눈치 채지 못하는 사기 수법
> • 돼지고기, 쇠고기 등에 진한 양념을 넣어 만든 이탈리아식 훈제 소시지

① 부르스트
② 살시치아
③ 하몽
④ 페페로니
⑤ 살라미

54 1998년 5월 여섯 차례에 걸쳐 핵실험을 한 뒤 국제사회로부터 사실상 핵보유국으로 묵인 받은 국가는?

① 이스라엘   ② 인도
③ 파키스탄   ④ 이란
⑤ 독일

55 다음 중 우리나라에서 10월에 행해지는 기념일에 해당하지 않는 것은?

① 국군의 날
② 노인의 날
③ 재향군인의 날
④ 순국선열의 날
⑤ 경찰의 날

56 〈보기〉의 제시문이 가리키는 용어와 관련된 색을 고르면?

> 보기
>
> 4년마다 대선이 끝나는 시기에 맞춰 미국의 새 대통령이 임명할 수 있는 공직 리스트를 밝히는 인사지침서로, 1952년 아이젠하워 정권 이후 발간된 것이 시작이다. 이때부터 시작된 이 지침서는 4년마다 대선이 있는 12월 미국 상·하원이 미국 인사관리처(OPM)의 지원을 받아 만들어, 차기 정권의 인사지침서 역할을 하고 있다. 이 책에는 대통령이 임명권을 갖는 연방정부 9000여 개의 직책을 비롯해 각 직책의 임명 방식과 조건 등을 명확히 규정하고 있다.

① 분홍색
② 자두색
③ 빨강색
④ 노랑색
⑤ 민트색

57 다음 중 궐석재판에 대한 설명으로 바른 것은?

① 국민이 배심원으로 참여하는 재판
② 사회질서를 어지럽히는 범죄행위를 처벌하기 위한 재판
③ 전쟁 중 중대한 국제법을 위반한 자를 처벌하기 위한 재판
④ 개인과 개인 사이에 발생한 문제를 해결하기 위한 재판
⑤ 피고인이 법정에 출석하지 않은 상태에서 진행되는 재판

58 정당이나 후보자가 선거공약을 제시할 때 목표, 우선순위, 기간, 공정, 예산 등의 사항을 수치 등으로 명기해 검증과 평가를 하고 선거공약 후에도 잘 지켜지는지 감독하는 것은?

① 공영선거제
② 필리버스터
③ 로그롤링
④ 매니페스토
⑤ 캐스팅 보트

59 유엔의 6대 핵심기관에 해당하지 않는 곳을 고르면?

① 안전보장이사회
② 국제사법재판소
③ 유엔개발계획
④ 신탁통치이사회
⑤ 경제사회이사회

54 ③ 파키스탄은 1998년 6차례의 핵실험을 강행하면서 미국으로부터 강력한 제재를 받았지만, 아프가니스탄 전쟁 당시 미국과 동맹관계를 맺으며 핵 보유를 사실상 묵인받았다. 한편, 핵무기 확산을 막기 위한 국제사회의 기본조약인 핵확산금지조약(NPT)에서 인정하는 공식적인 핵보유국은 미국·영국·러시아·프랑스·중국 등 5개국이다. 하지만 인도와 파키스탄의 경우 1974년과 1998년 각각 핵실험을 했고, 이스라엘은 비록 핵실험은 실시하지 않았으나 핵무기 보유국으로서 사실상 인식되고 있다.

55 ④ 순국선열의 날은 11월 17일이다.
　① 10월 1일　② 10월 2일(세계 노인의 날은 10월 1일)　③ 10월 8일　⑤ 10월 21일

56 제시된 내용은 플럼북에 대한 설명이다. 정식 명칭은 「미국 정부 정책 및 지원 직책(The United States Government Policy and Supporting Positions)」으로, 플럼북이라는 명칭은 표지가 자두색인 데서 붙은 것이다.

57 ① 국민참여재판　② 형사재판　③ 전범재판　④ 민사재판

58 ④ 정당이나 후보자가 선거공약을 제시할 때 상대방에 대한 정치적 모함이나 인신공격이 아닌 정책으로 승부하자는 운동. 즉, 구체적인 예산과 추진 일정을 갖춘 공약을 말한다.
　① 선거운동의 무분별로 인한 폐단을 방지하고 선거의 공정성을 견지하기 위한 제도로, 선거공영제라고도 한다.
　② 의회 안에서의 합법적·계획적인 의사진행 방해 행위
　③ 선거운동을 도와주고 그 대가를 받거나 이권을 얻는 행위
　⑤ 의안을 의결할 때 찬성과 반대가 같은 수일 경우 의장의 결정권을 말하지만, 두 당파의 세력이 균형을 이룬 상태에서 대세를 좌우할 열쇠를 쥔 제3당의 표를 가리키기도 한다.

59 유엔의 6대 핵심기관으로는 총회, 안전보장이사회(안보리), 신탁통치이사회, 사무국, 국제사법재판소, 경제사회이사회가 꼽힌다.

53. ⑤　54. ③　55. ④　56. ②　57. ⑤　58. ④　59. ③

60 다음 중 발칸반도에 속하지 않는 국가를 고르면?

① 루마니아
② 세르비아
③ 헝가리
④ 그리스
⑤ 튀르키예

61 다수의 사람들이 특정 의견을 지지하면 반대 의견을 가진 소수의 사람들이 다수로부터 소외될 것을 우려해, 자신의 의견을 공개적으로 밝히지 않으려 하는 경향을 일컫는 말은?

① 골든 아치 이론
② 깨진 유리창 이론
③ 침묵의 나선 이론
④ 탄환 이론
⑤ Y이론

62 다음에 제시된 사건은 무엇의 사례인가?

- 1960년대 흑인 인권운동에 대한 백인 차별주의자들의 반발
- 1980년대 신보수주의 흐름 아래 일어난 반페미니즘 공격
- 2016년 치러진 미 대선에서 도널드 트럼프 대통령이 당선된 것

① 가스라이팅
② 맨스플레인
③ 위드유
④ 백래시
⑤ 데마고그

63 10월 3일은 우리나라의 5대 국경일 중 하나인 개천절(開天節)이다. 개천절이라 명명한 것은 이 종교에서 시작된 것인데, 단군숭배 사상을 기초로 한 우리나라 고유의 민족종교는?

① 천도교
② 대종교
③ 원불교
④ 천주교
⑤ 유교

64 「금슬 좋은 부부」에서 금슬이 뜻하는 악기를 다음에서 고르면?

㉠ 비파	㉡ 거문고
㉢ 가야금	㉣ 단소

① ㉠, ㉡
② ㉡, ㉢
③ ㉡, ㉣
④ ㉠, ㉢
⑤ ㉢, ㉣

65 다음에서 연상되는 것은?

- 김소월
- 북쪽
- 죽은 이의 넋

① 장지
② 발인
③ 초혼
④ 하관
⑤ 상여

66 준우량주를 일컫는 말로, 그동안 실제 가치보다 낮게 평가돼 있어 향후 인기주가 될 가능성이 높은 주식을 가리키는 말은?

① 옐로칩
② 레드칩
③ 블랙칩
④ 블로우칩
⑤ 블루칩

67 위법하게 수집된 1차적 증거에 의해 발견된 2차적 증거에까지도 증거능력을 부정하는 것을 뜻하는 용어는?

① 불고불리의 원칙
② 미란다 원칙
③ 독수독과 이론
④ 일사부재리
⑤ 무죄추정의 원칙

60 루마니아, 세르비아, 그리스, 튀르키예는 발칸반도에 속하는 국가이다. 발칸반도는 유럽 대륙의 남쪽, 지중해의 동쪽에 위치한 삼각형 모양의 반도로, 발칸이라는 지명은 튀르키예어로 산맥을 뜻한다.

61 ① 맥도날드가 진출한 국가 사이에는 상업적 교류가 형성돼 있어 전쟁 위험이 줄어든다는 주장이다.
② 경미한 범죄를 방치하면 큰 범죄로 이어진다는 범죄 심리학 이론이다.
④ 매스미디어는 수용자 대중들에게 강력한 영향력을 즉각적이고 획일적으로 미치고 있다는 슈람의 주장이다.
⑤ 인간에게 노동은 놀이와 마찬가지로 바람직한 것이며 인간은 자기의 능력을 발휘해 노동을 통해 자기실현을 바란다고 보는 이론이다.

62 ④ 흑인 인권운동, 페미니즘, 동성혼 법제화, 세금 정책, 총기 규제 등 사회·정치적 움직임에 대해 반대하는 사람들이 단순한 의견 개진에서부터 시위나 폭력과 같은 행동으로까지 자신의 반발심을 표현하는 것이다.

63 ② 개천절을 기리는 행사는 고대국가부터 제천행사를 통해 거행됐는데, 이날을 개천절이라 명명한 것은 대종교(大倧敎)에서 비롯된 것이다. 1909년 1월 15일 서울에서 나철(羅喆)을 중심으로 대종교가 중광(重光)되자, 개천절을 경축일로 제정하고 매년 행사를 거행했다.

64 금슬: 琴(거문고 금), 瑟(비파 슬)

65 초혼은 고복의식 중 북쪽을 향해 죽은 이의 옷을 흔들며 이름을 부르는 절차를 말한다. 김소월은 1925년 발표한 시집 《진달래꽃》에 〈초혼〉을 발표했다.

66 ② 홍콩 증시에 상장된 중국 국영기업의 주식으로, 블루칩에 빗대 1990년대 홍콩 주식투자자들이 만들어 낸 용어
③ 탄광, 석유 등과 관련된 종목을 지칭하다가 에너지 관련 종목들을 총칭하는 말로 사용됨
④ 양호한 실적으로 주가 상승의 기회가 있는 종목을 가리키는 옐로칩과 대형 우량주인 블루칩을 합한 용어로, 옐로칩에서 블루칩으로 가는 중간 단계에 있는 종목
⑤ 대형 우량주를 지칭하는 용어로, 포커게임에서 사용되는 흰색·빨강색·파란색 칩 중 파란색이 가장 고가로 사용된 것에서 유래됐다.

67 ① 소송법상 법원은 원고가 심판을 청구해야만 심리를 계속할 수 있고, 심판을 청구한 사실에 대해서만 심리·판결한다는 원칙
② 경찰이나 검찰이 범죄용의자를 연행할 때 그 이유와 변호인의 도움을 받을 수 있는 권리, 진술을 거부할 수 있는 권리 등이 있음을 미리 알려 주어야 한다는 원칙
④ 동일한 범죄에 대해서는 거듭 처벌하지 않는다는 것
⑤ 피고인 또는 피의자는 유죄판결이 확정될 때까지는 무죄로 추정한다는 원칙

60. ③ 61. ③ 62. ④ 63. ② 64. ① 65. ③ 66. ① 67. ③

68 다음 ㉠~㉤ 중 틀린 설명을 고르면?

> 계엄령은 전시·사변 또는 이에 준하는 국가비상사태 시에 법률이 정하는 바에 따라 헌법 일부의 효력을 일시 중지하고 군사권을 발동하여 치안을 유지할 수 있는 국가긴급권의 하나로, ㉠ 대통령의 고유 권한이다. ㉡ 계엄에는 비상계엄과 경비계엄이 있고, 계엄 선포 시 그 종류를 공고하여야 한다. 다만 ㉢ 대통령이 계엄을 선포하거나 변경하고자 할 때에는 국무회의의 심의를 거쳐야 한다. 또 계엄을 선포할 때는 지체 없이 국회에 통보해야 하며, ㉣ 국회가 국회의원 2/3의 찬성으로 계엄 해제를 요구하면 대통령은 이를 해제해야 한다. 계엄령 선포 후 ㉤ 계엄사령관은 현역 장성급(將星級) 장교 중에서 국방부장관이 추천한 사람을 국무회의의 심의를 거쳐 대통령이 임명한다.

① ㉠ ② ㉡

③ ㉢ ④ ㉣

⑤ ㉤

69 뮤지컬 공연이 끝난 이후 관객이 박수와 환호성을 보내면 배우들이 다시 무대에 나와 감사 인사를 전하는 것을 무엇이라 하는가?

① 커튼콜
② 인터미션
③ 프리뷰
④ 오픈런
⑤ 리미티드런

70 다음 중 전기와 관련이 없는 법칙은?

① 옴의 법칙
② 플레밍의 법칙
③ 렌츠의 법칙
④ 패러데이의 법칙
⑤ 케플러의 법칙

● 다음 물음에 알맞은 답을 쓰시오. [71~100]

71 1957년 창설된 국제연합(UN)의 전문기구로, 핵확산금지조약(NPT)의 준수를 감시하며 본부는 오스트리아 빈에 있다. 특히 한국은 9월 열린 이 기구 총회 의장으로 선출돼 가입 이래 두 번째 의장직을 맡게 됐는데 이 기구는?

✎ _____

72 공화당을 중심으로 한 미국의 신보수주의자들을 일컫는 말로, 미국 우월주의와 종교적 신념을 강조하는 극단적 보수주의 성향을 가지고 있다. 대표적 인물로 딕 체니 전 부통령, 도널드 럼스펠드 전 국방장관 등이 있는데, 무엇인가?

✎ _____

73 우크라이나가 만든 신형 로켓 드론의 이름으로, 겉은 딱딱하고 속은 부드러운 둥근 모양의 우크라이나 전통 빵 이름을 딴 것이다. 우크라이나 전쟁 발발 이후 우크라이나인들이 아군과 적군을 구별하는 암호로 사용하기도 한 이 드론의 명칭은?

 _____

74 검찰의 기소권 남용을 견제하기 위해 외부 전문가들이 검찰 수사와 기소 과정 등에 대한 심의를 하는 위원회로, 2018년 1월 2일부터 시행됐다. 무엇인가?

 _____

75 10월 1일 기시다 후미오(岸田文雄) 총리의 뒤를 이어 일본 제102대 총리로 취임한 인물로, 국방 분야에서 전문성을 갖춰「자민당 내 안보통」으로 불린다. 누구인가?

✐ _____

76 1982년 중국군 해군사령관 류화칭이 설정한 해상 방어선으로, 태평양의 섬을 사슬처럼 이은 가상의 선을 말한다. 이는 중국 해군의 작전 반경을 뜻하는 것으로, 중국이 계획한 이 선은 총 3개로 알려져 있다. 무엇인가?

✐ _____

---

68 ㉣ 국회가 국회의원 과반수의 찬성으로 계엄 해제를 요구하면 대통령은 계엄령을 해제해야 한다.

69 ② 공연의 1막과 2막 사이의 쉬는 시간을 의미하며, 이때 관객들은 휴식 시간을 가지고 배우나 스태프들은 공연을 위한 재정비 시간을 갖는다.
③ 본격적인 무대 전에 관객의 반응을 살피기 위해 마련된 공연으로, 이때 공연으로 극의 내용이 일부 수정되기도 한다.
④ 공연이 종료되는 시점이 정확하지 않고 흥행에 따라 최대 몇 년간 지속되는 것을 이르는 말로, 보통 브로드웨이에서는 오픈런 공연이 일반적이다.
⑤ 공연 기간을 확실히 정해놓는 것을 의미하며, 보통 2~4개월 정도 공연한다.

70 ⑤ 케플러가 티코 브라헤의 행성관측 결과로부터 경험적으로 얻은 행성운동에 관해 정리한 세 가지 법칙(타원궤도의 법칙인 제1법칙, 면적속도 일정의 법칙인 제2법칙, 주기의 법칙인 제3법칙)
① 전류의 세기는 전기저항에 반비례한다는 법칙
② 전자기 현상에 대해 플레밍이 발견한 법칙(오른손법칙, 왼손법칙)
③ 유도기전력과 유도전류는 자기장의 변화를 상쇄하려는 방향으로 발생한다는 전자기법칙
④ 전자기유도에 관한 이론

✔ 68. ④ 69. ① 70. ⑤ 71. 국제원자력기구(IAEA · International Atomic Energy Agency) 72. 네오콘(Neocons) 73. 팔랴니치아(Palianytsia) 74. 검찰수사심의위원회(檢察搜査審議委員會) 75. 이시바 시게루(石破茂) 76. 도련선(島鏈線 · Island Chain)

77 특정 기간 주가의 평균값을 계산해 선으로 그린 그래프로, 주가의 전반적인 방향성이나 흐름이 바뀌는 변곡점 등의 추이를 쉽게 파악하기 위해 고안된 것이다. 무엇인가?

_____

78 땅에서 수직으로 수천m 깊이로 구멍을 판 뒤 물과 모래, 화학약품을 섞은 혼합액을 고압으로 분사해 셰일가스와 오일을 추출하는 공법을 무엇이라 하는가?

_____

79 석탄이나 석유 대신 폐식용유, 사탕수수, 동식물성기름, 옥수수 등 바이오 대체 연료로 생산한 친환경 항공유를 무엇이라 하는가?

_____

80 시간이 경과하면서 발생한 손실로 가격이 하락한 금융자산을 현재가치로 현실화하는 과정에서 금융시장 전반의 자산가치 하락과 유동성 위기가 벌어지는 현상을 이르는 말은?

_____

81 여성의 경력이 단절되는 사회적인 현상을 이르는 말로, 20대 초반에 노동시장에서 활발히 활동하다가 임신·출산·육아 등으로 퇴사하면서 경력 단절을 겪은 뒤 재취업을 하는 현상을 무엇이라 하는가?

_____

82 보험에 가입한 경작자의 작물 수확량과 가격을 모두 감안해 수입 감소분의 일정액을 보상해주는 제도로, 올해는 콩·감자·보리 등 9개 품목에 대해 시범사업으로 진행되고 있다. 무엇인가?

_____

83 디젤 차량에서 발생하는 질소산화물(NOx)을 정화시키기 위해 디젤 차량에 탑재된 SCR(선택적 촉매 감소기술)에 사용되는 물질을 무엇이라 하는가?

_____

84 김난도 서울대 소비자학과 교수가 2025년 트렌드를 전망하며 내놓은 10대 소비 키워드 중 하나로, 집단의 전형적인 소비를 따르지 않고 자신만의 취향과 취미에 따라 자유분방하게 소비하는 잡식성 소비자들을 이르는 용어다. 무엇인가?

_____

85 지구 생태계에 광범위하고 지속적인 악영향을 불러오는 파괴행위를 가리키는 말로, 미국의 생물학자 아더 갈스톤이 명명한 용어다. 초기에는 전쟁으로 인한 고의적 환경파괴라는 의미로 사용되다가 대규모 환경파괴를 일컫는 말로 확대된 이 용어는?

86 우리나라가 주도해 2010년 설립된 국제기구로, 개발도상국의 녹색성장·탄소중립 정책 개발, 녹색금융 및 재원 조달 등을 지원한다. 지난 9월에는 이 기구의 사무총장에 처음으로 한국인이 임명되기도 했는데, 이 기구는?

87 호주 출신의 의사인 필립 니슈케 박사가 개발한 조력사 기기로, 지난 9월 64세의 미국 여성이 이 기계를 이용해 처음 사망하면서 관련자들이 스위스 경찰에 체포되는 등 큰 논란이 됐다. 이 기기는 무엇인가?

88 신규 간호사로 뽑히고도 병원 사정 때문에 발령 대기 상태로 계속 기다리는 이들을 가리키는 간호계 은어 「웨이팅게일(Waitingale)」은 영단어 「웨이팅(Waiting)」과 「백의의 천사」로 불린 영국 간호사 이 인물의 이름을 합친 것이다. 이 인물은?

89 미국 음악 매체 빌보드가 9월 10일 발표한 「21세기 최고 팝스타(Billboard's Greatest Pop Stars of the 21st Century)」 19위에 선정된 K팝 그룹은?

90 1877년에 건립된 대한제국의 대미 외교활동 중심지였던 곳으로, 9월 11일 미국의 「국가사적보존법」에 따라 지정되는 국가사적지에 한국정부 소유 최초로 공식 등재된 이곳은?

77. 이동평균선　78. 프래킹(Fracking)　79. 지속가능항공유(SAF·Sustainable Aviation Fuel)　80. 헤어컷 감염(Haircut Contagion)　81. M커브(M-Curve)　82. 농업수입안정보험(農業收入安定保險)　83. 요소수(尿素水)　84. 옴니보어　85. 에코사이드(Ecocide)　86. 글로벌녹색성장기구(GGGI·Global Green Growth Institute)　87. 사르코(Sarco)　88. 플로렌스 나이팅게일(Florence Nightingale)　89. 방탄소년단(BTS)　90. 주미대한제국공사관

91 1990~2000년대 브릿팝을 이끌었던 밴드로, 〈Definitely Maybe〉를 비롯한 정규앨범 7장 모두 큰 인기를 끌며 「제2의 비틀스」라고 불렸다. 8월 27일 해체한 지 15년 만에 재결합 소식을 알린 영국 출신의 이 밴드는?

_____

92 긴 분량의 영화나 드라마를 짧은 시간 동안 소비할 수 있도록 요약해서 편집한 영상에 자막이나 장면에 대한 해석을 덧붙여 제공하는 형태의 콘텐츠는?

_____

93 대만 재벌 故 잉창치 선생이 1988년 창설한 바둑 대회로, 4년 주기로 개최되는 유일한 국제 기전이어서 「바둑 올림픽」이라고도 불린다. 우리나라는 이 대회에서 통산 6승째를 거둔 최다 우승국인데, 이 대회는?

_____

94 1994년부터 개최되고 있는 미국과 세계연합팀(유럽 제외) 간 남자 프로골프 대항전으로, 대회 명칭은 개최국의 대통령이나 총리가 대회의 명예의장을 맡는 전통으로 인해 붙은 것이다. 이 대회는?

_____

95 인간의 장에서 음식을 소화시킬 때 분비되는 호르몬으로, 혈당을 조절하고 식욕을 줄여 체중을 감량하는 효과가 있다. 최근 이 호르몬을 화학적으로 변형한 유사체가 여러 질병의 치료제로 활용되고 있는데, 대표적으로 비만치료제인 「위고비」와 「젭바운드」를 들 수 있다. 이 호르몬은?

_____

96 배터리 양극과 음극 사이의 전해질이 고체로 된 2차전지로, 에너지 밀도가 높으며 대용량 구현이 가능하다. 특히 전해질이 불연성 고체이기 때문에 발화 가능성이 낮아 리튬이온 배터리를 대체할 차세대 배터리로 꼽히는 이 배터리는?

_____

97 비밀번호 대신 공개키 암호화 알고리즘을 통해 인증과 로그인을 가능케 하는 글로벌 표준 기술(W3C, Fido Alliance)은?

_____

98 새롭게 개발된 제품이 시장 진입 초기에서 대중화돼 시장에 보급되기 전까지 일시적으로 수요가 정체되는 현상을 무엇이라 하는가?

_____

99 8월 13일 과학기술정보통신부와 한국정보
통신기술협회(TTA) 주도로 출범한 양자정
보기술 분야 국제 사실표준화 기구는?

100 메타가 9월 25일 공개한 혼합현실(MR) 스
마트 안경 시제품으로, 지금까지 나온 스
마트 안경 중 가장 큰 70도의 시야각을 제
공하는 것이 특징이다. 메타 인공지능(AI)
을 탑재해 AI 비서와도 호환되는 이 제품
의 명칭은?

91. 오아시스(Oasis) 92. 패스트무비(Fast Movie) 93. 응씨배(應氏杯) 94. 프레지던츠컵(The Presidents Cup) 95. 글루카
곤 유사 펩타이드-1(GLP-1) 96. 전고체 배터리(SSB·Solid State Battery) 97. 패스키(Passkey) 98. 캐즘(Chasm) 99. 퀸사
(QuINSA) 100. 오라이언(Orion)

한국사능력테스트

01 다음 유물들이 만들어졌던 시대에 대한 설명으로 가장 적절한 것은?

① 동굴이나 바위 그늘에서 살거나 강가에 막집을 짓고 살았다.
② 사유재산과 계급이 나타나면서 사회 전반에 걸쳐 큰 변화가 일어났다.
③ 밭농사가 중심이었지만, 일부 저습지에서는 벼농사를 지었다.
④ 혈연에 바탕을 둔 씨족을 사회의 기본 구성단위로 하였다.
⑤ 울주 반구대와 고령 양전동에 바위 그림을 남겨 놓았다.

💡 제시된 자료는 왼쪽부터 차례대로 「조개껍데기 가면」, 「덧무늬 토기」, 「갈돌과 갈판」으로 모두 신석기 시대의 유물이다. ①은 구석기 시대, ②③⑤는 청동기 시대에 대한 설명이다.

02 밑줄 친 (가) 국가에 대한 설명으로 옳은 것은?

> 법흥왕 19년, _____(가)_____의 군주 김구해가 왕비 장남 노종, 둘째 덕무, 셋째 무력의 세 아들과 함께 국고의 보물을 가지고 항복해 오니, 왕은 이들을 예로써 대접하고 상등의 지위를 주고 그 본국을 식읍으로 삼게 하였다. 그 아들 무력은 조정에 벼슬하여 각간에까지 이르렀다.
> ─ 「삼국유사」

① 고령 지방을 중심으로 발전하였다.
② 이 국가 출신의 우륵은 신라 음악 발달에 기여하였다.
③ 외교적 고립을 탈피하기 위해 신라와 결혼 동맹을 맺었다.
④ 낙랑과 왜의 규슈 지방을 연결하는 중계무역이 발달하였다.
⑤ 소백산맥을 넘어 백제의 남원군 아막산성까지 세력을 뻗치기도 했다.

💡 (가)는 6세기 신라 법흥왕에 의해 멸망당한 금관가야를 가리키는데, ①②④⑤는 대가야에 대한 설명이다. 법흥왕에게 항복한 금관가야의 마지막 왕의 이름은 「김구해」(구해왕 또는 구형왕)로, 셋째 아들인 김무력은 관산성 전투에서 신라군을 지휘하여 백제 성왕을 무찌르는 공로를 세웠다.

03 **(가), (나)의 나라에 대한 설명으로 옳은 것을 〈보기〉에서 고르면?**

> (가) 살인자는 사형에 처하고 그 가족은 노비로 삼았다. 도둑질을 하면 12배로 변상케 했다. 남녀 간에 음란한 짓을 하거나 부인이 투기하면 모두 죽였다. 투기하는 것을 더욱 미워하여, 죽이고 나서 시체를 산 위에 버려서 썩게 했다. 친정에서 시체를 가져가려면 소와 말을 바쳐야 했다.
>
> (나) 귀신을 믿기 때문에 국읍에 각각 한사람씩 세워 천신에 대한 제사를 주관하게 했다. 이를 천군이라 했다. 여러 국(國)에는 각각 소도라고 하는 별읍이 있었다. 큰 나무를 세우고 방울과 북을 매달아 놓고 귀신을 섬겼다. 다른 지역에서 거기로 도망쳐 온 사람은 누구든 돌려보내지 않았다.

보기

> ㉠ (가): 왕 아래에는 상가, 고추가 등의 대가가 있었다.
> ㉡ (가): 농사가 흉년이 들면 국왕을 바꾸거나 죽이기도 하였다.
> ㉢ (나): 제천행사는 5월과 10월의 계절제로 구성되어 있었다.
> ㉣ (나): 문헌 등에서는 동이(東夷) 지역에서 가장 넓고 평탄한 곳이라 기록돼 있다.

① ㉠, ㉡   ② ㉠, ㉢
③ ㉡, ㉢   ④ ㉡, ㉣
⑤ ㉢, ㉣

💡 (가)는 부여의 4조목에 대한 내용이고, (나) 삼한의 제정분리에 대한 내용이다. ㉠ 고구려, ㉣ 부여에 대한 설명이다.

04 **다음과 같은 역사적 사실이 전개되던 시기의 사실로 가장 적절한 것은?**

> • 백제국은 본래 고려(고구려)와 함께 요동의 1,000여 리에 있었다. 그후 고려가 요동을 차지하니 백제는 요서를 차지했다. 백제가 통치한 곳을 진평군(진평현)이라 한다.　－「송서」
>
> • 처음 백가(百家)로서 바다를 건넜다 하여 백제라 한다. 진대(晉代)에 구려(句麗: 고구려)가 이미 요동을 차지하니 백제 역시 요서·진평 두 군을 차지하였다.　－「통전」

① 탐라국을 복속하였다.   ② 왕위의 부자 상속이 확립되었다.
③ 이문진이 《신집》 5권을 편찬하였다.   ④ 22담로를 설치하고 왕족을 파견하였다.
⑤ 나제동맹을 체결하여 고구려에 대항하였다.

💡 제시된 자료는 4세기 백제 근초고왕의 요서, 산동, 규슈 진출에 대한 내용의 일부이다.
　① 5세기 백제 동성왕 ② 4세기 백제 근초고왕 ③ 7세기 고구려 영양왕 ④ 6세기 백제 무령왕 ⑤ 5세기 백제 비유왕에 대한 설명이다.

🎯 1. ④ 2. ③ 3. ③ 4. ②

05 (가)와 (나)에 해당하는 시기에 대한 설명으로 옳지 않은 것은?

> (가) 사륜왕의 시호는 진지대왕이다. 태건 8년(576)에 왕위에 올랐다. 나라를 다스린 지 4년 만에 정치가 문란하여 어지러워졌고 음란함에 빠져 귀족들이 그를 폐위시켰다.
>
> (나) 신문왕이 교서를 내렸다. "임금을 섬기는 법은 충성을 다하는 것이 근본이요, 신하의 도리는 두 마음을 갖지 않는 것이 으뜸이다. 병부령이 이찬 군관은 반역자 김흠돌 등과 관계하여 역모 사실을 알고도 일찍 말하지 아니하였다. 군관과 맏아들은 스스로 목숨을 끊게 하고 온나라에 포고하여 두루 알게 하라."

① (가) 시기에는 화백회의를 통하여 왕을 추대하기도 하였다.

② (가) 시기에는 지방 세력들이 중앙 정부에 반대하는 움직임을 보였다.

③ (나) 시기에는 왕권과 결탁한 6두품 세력이 부각되었다.

④ (나) 시기에는 왕명을 받들고 기밀을 관장하는 집사부 시중의 권한이 강화되었다.

⑤ (가)에서 (나)로의 변화는 통일 전쟁기에 국왕의 역할이 강화되면서 일어났다.

💡 (가) 시기는 신라 상대, (나) 시기는 신라 중대이다.
　① 자료에 나타난 진지왕을 폐위한 귀족들은 화백회의에 참여한 진골귀족이다. 중대에 비하여 왕권이 상대적으로 약하고 연맹왕국적 성격이 강했던 신라 상대에는 특별한 경우 화백회의에서 왕을 폐위하거나 추대하기도 하였다.
　② 신라 하대의 현상이다.
　③ 신라 중대에 6두품은 왕권 강화에 협력하면서 지위가 상승하였다.
　④ 신라 중대에는 왕명을 받드는 집사부의 시중이 국정을 총괄하였다.
　⑤ 국왕이 통일 전쟁을 주도하는 과정에서 왕권이 강화되어 진골귀족 세력을 압도할 수 있었다.

06 다음은 고구려의 발전 과정을 나타낸 것이다. 시기순으로 나열한 것은?

> (가) 왕이 군사 3만 명을 거느리고 공격하여, 8천 명을 사로잡아 평양으로 옮겨 살게 하였다. … 10월 낙랑군을 공격하여 남녀 2천여 명을 사로잡았다.
>
> (나) 전진의 순도가 불상과 경문을 가져왔고, 태학을 세워 자제들을 교육했다. … 처음으로 법령을 반포하였다.
>
> (다) 평양으로 도읍을 옮겼다. 백제를 침공하여 한성을 점령하고 개로왕을 죽이고 남녀 8천 명을 생포하여 돌아왔다.
>
> (라) 교서를 내려 보병과 기병 5만을 보내어 신라를 도와주었다. 왕의 군대가 이르자 왜적이 도망갔다.
>
> 　　　　　　　　　　　　　　　　　　　　　　　　　　　　－『삼국사기』

① (가) – (나) – (다) – (라)　　　　② (가) – (나) – (라) – (다)

③ (나) – (가) – (다) – (라)　　　　④ (나) – (라) – (다) – (가)

⑤ (다) – (나) – (라) – (가)

💡 (가)는 4세기 초 미천왕, (나)는 4세기 후반 소수림왕, (다)는 5세기 후반 장수왕, (라)는 5세기 초 광개토 대왕에 해당한다.

07 다음은 고려시대에 행해졌던 사회 시책과 법속에 관한 내용이다. 각각에 대한 해석으로 적당하지 않은 것은?

> (가) 토지 신과 곡식 신에게 제사를 지내고, 국왕이 친히 적전을 경작하였다.
> (나) 황무지를 개간한 농민에게는 일정 기간 동안 세금을 면제하여 개간을 장려하였다.
> (다) 공예 기술이 뛰어난 자에게 녹봉과 토지를 주어 관청 수공업에 종사시켰다.
> (라) 평상시에 곡식을 비축하였다가 흉년에 빈민을 구제하는 의창 제도를 운영하였다.
> (마) 지방관은 중요한 사건을 개경의 상급 기관에 올려 보내고, 대개는 직접 처리하였다.

① (가)는 백성들에게 농업의 중요성을 인식시켜 농사를 장려하기 위한 것이었다.
② (나)는 장기적으로는 조세 수입을 늘려 국가 재정을 안정시키는 데 중요한 목적이 있었다.
③ (다)로 미루어 보아 오늘날 남아 있는 뛰어난 상감청자는 관청에서 관리한 가마에서 만들어낸 것이다.
④ (라)와 같은 농민 생활 안정책으로 자영농이 꾸준히 증가하였다.
⑤ (마)의 지방관이 일상생활과 관련한 사진을 판결할 때는 주로 전통적인 관습법에 따랐다.

💡 ④ 의창은 평시에 곡물을 비치했다가 흉년에 빈민을 구제하기 위해 설치한 기관으로, 자영농의 육성과는 거리가 멀다.
　①② 고려는 국가 경제의 기반이 농업이었기에 농민 경제의 안정이 국가 재정의 확립과 관련이 있었다.
　③ 관청 수공업에서는 국가에서 필요로 하는 무기류와 왕실이나 귀족들의 생활용품인 장식물, 도자기 등을 제조하였다.
　⑤ 고려에서는 백성을 다스리는 기본법으로 중국의 당률을 참작한 71개조의 법률이 시행되었으나, 대부분의 경우는 관습법을 따랐다.

08 다음 글을 남긴 왕에 대한 설명으로 옳은 것은?

> 짐은 평범한 가문 출신으로서 분에 넘치게 사람들의 추대를 받아 왕위에 올랐다. 재위 19년 만에 삼한을 통일하였고, 이제 왕위에 오른 지도 25년이 되었다. 몸이 이미 늙어지니, 후손들이 사사로운 인정과 욕심을 함부로 부려 나라의 기강을 어지럽게 할까 크게 걱정이 된다. 이에 가르침의 요체를 지어 후대의 왕들에게 전하고자 하니, 바라건대 아침저녁으로 펼쳐 보아 영원토록 귀감으로 삼을지어다.

① 경주를 동경으로 삼고 3경 체제를 갖추었다.
② 지방의 중소 호족을 향리로 편입하여 통제하였다.
③ 태봉의 관제를 근간으로 한 정치제도를 마련하였다.
④ 대동강에서 원산만을 경계로 한 국경선을 확보하였다.
⑤ 과도한 경비 지출을 이유로 연등회와 팔관회를 억제하였다.

💡 제시된 자료는 고려 태조 왕건의 훈요 10조이다. ①② 성종에 관한 설명이다.
　④ 태조 왕건이 확보한 국경선은 청천강에서 영흥만까지다.
　⑤ 태조 왕건은 훈요 10조에서 연등회와 팔관회를 성대하게 치를 것을 강조하였다.

🎯 5. ② 6. ② 7. ④ 8. ③

09 다음 자료에 나타난 시기의 가족 제도 특징으로 옳은 것을 〈보기〉에서 모두 고른 것은?

> 지금은 남자가 장가들면 여자 집에 거주하며, 남자가 필요로 하는 것은 모두 처가에서 해결하고 있습니다. 그리하여 장인과 장모의 은혜가 부모의 은혜와 똑같습니다. 아아, 장인께서 저를 두루 보살펴 주셨는데 돌아가셨으니, 저는 장차 누구를 의지해야 합니까.
>
> – 『동국이상국집』

보기

> ㉠ 제사는 불교식으로 자녀들이 돌아가면서 지냈다.
> ㉡ 부계 위주의 족보를 편찬하면서 동성 마을을 이루어 나갔다.
> ㉢ 태어난 차례대로 호적에 기재하여 남녀 차별을 하지 않았다.
> ㉣ 아들이 없을 때에는 양자를 들이지 않고 딸이 제사를 지냈다.

① ㉠, ㉡   ② ㉡, ㉢
③ ㉢, ㉣   ④ ㉠, ㉢, ㉣
⑤ ㉡, ㉢, ㉣

💡 ㉠ 고려시대의 상·장·제례에서 정부는 유교식을 권장하였으나, 일반 백성들은 도교와 불교가 융합된 토착신앙의 방식을 고수하였다. 특히 제사는 불교식으로 자녀들이 돌아가면서 비용을 분담하였다.
　㉡ 조선 후기에 대한 설명이다.

10 다음 대화에서 (가), (나)에 대한 설명으로 옳은 것은?

> • 갑: 축하드립니다. 이번 인사에서 (가) 문하시중에 오르셨다면서요?
> • 을: 고맙네. 자네는 (나) 삼사로 옮겼다면서? 그 또한 중요한 직책이니 열심히 하게.

① (가)는 재신의 하나이고, (나)는 호적과 양안을 담당하였다.
② (가)는 의정부의 구성원이고, (나)는 왕명 출납을 담당하였다.
③ (가)는 정당성의 장관이고, (나)는 관리를 감찰하는 부서이다.
④ (가)는 국정을 총괄하였고, (나)는 사헌부·사간원·홍문관을 말한다.
⑤ (가)는 도병마사의 구성원이고, (나)는 화폐와 곡식의 출납 사무를 맡았다.

💡 (가) 문하시중은 중서문하성의 장관으로 국정을 총괄하는 수상이 되었고, 재신의 하나로 도병마사의 구성원이 되었다.
　(나) 삼사는 화폐와 곡식의 출납 사무를 담당하는 관청이었다.
　① 호적과 양안을 담당한 관청은 호부이다.
　② 의정부는 조선시대의 관청이다. 또한 왕명 출납을 담당한 것은 중추원의 승선에 해당한다.
　③ 정당성은 발해의 관청으로 장관은 대내상이다. 고려시대의 삼사는 재정과 관련된 부서이다.
　④ 사헌부·사간원·홍문관은 조선시대 3사에 대한 설명이다.

11　고려시대에 다음과 같은 주장을 한 사람의 견해로 가장 적절한 것은?

> 광종이 남을 헐뜯고 간사한 말을 믿어 죄 없는 사람을 많이 죽이고는, 그 죄과를 없애고자 각종의 법회를 수시로 열어 재(齋)를 올리고 수많은 걸식 승려에게 공양을 하느라 백성의 고혈을 짜내고 재정을 탕진한 것은 한 나라의 임금으로서 지극히 잘못한 일이다.

① 불교 교단을 통합, 정비해야 한다.
② 연등회와 팔관회를 축소해야 한다.
③ 유교와 불교는 이름만 다를 뿐 진실은 같다.
④ 승려는 예불과 독경뿐 아니라 노동에도 힘써야 한다.
⑤ 승려도 자신의 행동을 진정으로 참회하는 수행에 힘써야 한다.

💡 자료는 광종의 전제 왕권 수립을 위한 조치와 불교에 대한 지나친 재정 지출을 비판한 성종 때의 최승로의 주장이다.
　② 최승로의 낭비적인 종교 행사 축소 주장에 따라 불교 행사인 연등회와 도교·불교·민간신앙 등이 융합된 팔관회 행사가 일시적으로 중단되었다.
　① 의천의 활동과 관련이 있다.
　③ 조계종을 창시한 지눌의 제자 혜심의 주장이다.
　④ 지눌이 제기한 주장이다.
　⑤ 백련결사를 조직한 요세의 주장이다.

12　다음은 어떤 서적들의 서문이다. ㉠, ㉡ 서적에 대한 설명으로 옳지 않은 것은?

> ㉠ 중국 역법을 연구하여 이치를 터득하게 하였다. … 또 《태음통궤(太陰通軌)》와 《태양통궤(太陽通軌)》를 중국에서 얻었는데 그 법이 이것과 약간 달랐다. 이를 바로 잡아 내편을 만들었다.
> ㉡ 사람이 병들면 가까운 데 있는 약을 제쳐두고 멀리 중국에서 어렵게 구하였다. … 민간의 늙은이가 한 가지 약초로도 병을 치료하여 신통한 효력을 보는 것은 그 땅에서 나는 약과 병이 서로 맞아서 그런 것이 아니겠는가.

① ㉠은 중국의 시헌력을 참고하여 만들었다.
② ㉠에는 한양을 기준으로 천체운동을 계산한 내용이 들어 있다.
③ ㉡에는 유교적 애민사상이 반영되어 있다.
④ ㉡은 우리 풍토에 맞는 약재와 치료법을 정리하였다.
⑤ ㉠, ㉡에 반영된 문화의식은 《농사직설(農事直設)》에도 나타나 있다.

💡 ㉠ 칠정산, ㉡ 향약집성방이며 모두 세종대왕 때 제작되었다.
　① 칠정산은 중국의 수시력과 아라비아의 회회력을 참고하여 만든 것으로, 최초의 한양 기준 역법이었다.
　⑤ 자주적 문화의식이 나타나 있다.

🎯 9. ④　10. ⑤　11. ② 12. ①

13 (가), (나)의 두 정치 세력에 대해 옳게 설명한 것은?

(가)	(나)
• 왕실과 혼인하면서 성장 • 조선의 문물제도 정비에 기여 • 공신으로서 정치적 실권을 세습적으로 장악 • 관학파의 학풍 계승	• 재야의 독서인을 지칭 • 향청을 통해 향촌에서 영향력 행사 • 성리학에 투철한 사족들을 중심으로 성장 • 사장보다 경학을 중시

① (가)는 군포 징수의 폐단을 개선하려는 정책을 추진하였다.
② (가)는 도덕과 의리를 바탕으로 하는 왕도정치를 강조하였다.
③ (나)의 중앙 진출은 성종의 정치적 의도와 밀접한 관련이 있다.
④ (나)는 서해안 간척사업과 토지 매입 등으로 농장을 소유하려고 하였다.
⑤ (가)와 (나) 모두 붕당정치를 통해 중앙에서의 정권 장악을 도모하였다.

💡 (가) 훈구파, (나) 사림파에 대한 설명이다.
　③ 성종은 훈구파를 견제할 목적으로 사림파를 중앙 관직에 등용하기 시작하였다.
　⑤ 붕당이 아니라 사화에 관한 설명이다.

14 다음 사건을 수습한 이후에 나타난 정치 변화를 바르게 설명한 것은?

> 적(賊)이 청주성을 함락시키니, 절도사 이봉상과 토포사 남연년이 죽었다. 처음에 적 권서봉 등이 양성에서 군사를 모아 청주의 적괴(賊魁) 이인좌와 더불어 군사 합치기를 약속하고는 청주 경내로 몰래 들어와 거짓으로 행상(行喪)하여 장례를 지낸다고 하면서 상여에다 병기(兵器)를 실어다 고을 성 앞 숲 속에다 몰래 숨겨 놓았다. … 이인좌가 자칭 대원수라 위서(僞書)하여 적당 권서봉을 목사로, 신천영을 병사로, 박원종을 영장으로 삼고, 열읍(列邑)에 흉격(凶檄)을 전해 병마(兵馬)를 불러 모았다. 영부(營府)의 재물과 곡식을 흩어 호궤(犒饋)하고 그의 도당 및 병민(兵民)으로 협종(脅從)한 자에게 상을 주었다. ─ 『조선왕조실록』 영조 4년 3월

① 환국의 정치 형태가 출현하였다.
② 소론과 남인이 권력을 장악하였다.
③ 완론(緩論) 중심의 탕평 정치가 행해졌다.
④ 왕실의 외척이 군사권을 계속하여 독점 장악하였다.
⑤ 당파의 옳고 그름을 명백히 밝히는 정치가 시작되었다.

💡 제시된 자료는 영조 즉위 초기에 있었던 「이인좌의 난」에 대한 내용이다. 영조는 즉위하자마자 〈탕평교서〉를 발표하여 노론과 소론을 막론하고 고르게 인재를 등용하려 하였다. 그러나 강경파 소론이었던 이인좌는 경종의 죽음에 영조와 노론이 관계되었다고 주장하면서 영조의 정통성을 부정하는 난을 일으켰다. 영조는 이인좌의 난을 계기로 붕당 간의 관계를 다시 조정하여 왕과 신하 사이의 의리를 확립할 필요가 있음을 절감하였다. 그리하여 군부일체론(국왕은 부모와 같다)과 군사일체론(국왕은 스승과 같다)을 내세워, 국왕은 신하들의 정파를 초월한 존재임을 분명히 하려 하였다. 그리고 이에 기반하여 당파의 옳고 그름을 가리지 않고 어느 당파든 온건하고 타협적인 인물을 등용하여 왕권에 순종시키는 데 주력하였는데, 이를 「완론(緩論) 탕평」이라 한다.

15 다음 사건을 일어난 순서대로 바르게 나열한 것은?

> ㉠ 김종직의 무덤을 파헤쳐 시신을 참수하였다.
> ㉡ 조광조가 능주로 귀양가서 사약을 받고 죽었다.
> ㉢ 명종을 해치려 했다는 이유로 윤임 일파가 몰락하였다.
> ㉣ 연산군은 생모 윤씨의 폐비 사건에 관여한 사림을 몰아냈다.

① ㉠ - ㉡ - ㉢ - ㉣
② ㉠ - ㉣ - ㉡ - ㉢
③ ㉡ - ㉠ - ㉢ - ㉣
④ ㉡ - ㉢ - ㉣ - ㉠
⑤ ㉢ - ㉡ - ㉠ - ㉣

💡 ㉠ 무오사화(연산군 4년) → ㉣ 갑자사화(연산군 10년) → ㉡ 기묘사화(중종 14년) → ㉢ 을사사화(명종 원년)

16 다음은 다산 정약용이 지은 시의 일부이다. 이 시의 내용과 관련된 삼정의 문란상에 대해 바르게 서술한 것은?

> 농가엔 반드시 양식을 비축하여 / 삼년농사 지으면 일년치 비축하여
> 구년 농사 지으면 삼년치 비축하여 / 검발하여 하늘을 도우는 건데
> 사창법 한번 문란해지자 / 만 목숨이 딩굴며 구슬피 우네
> 빌려주고 빌리는 건 양쪽 다 원해야지 / 억지로 강제하면 불편해져서

① 방납의 폐단이 발생하였다.
② 백지징세, 도결 등의 명목으로 징수하였다.
③ 황구첨정, 백골징포와 같은 폐단이 발생하였다.
④ 반작, 늑대, 허류 등으로 인하여 농민 부담이 가중되었다.
⑤ 정부는 총액제(總額制)를 실시하여 이러한 문란을 개혁하였다.

💡 정약용의 삼정문란을 비판하는 시(詩)로, 사창법과 「빌려주고 빌리는 건 양쪽 다 원해야지 억지로 강제하면 불편해져서」라는 구절에서 환곡제도에 대한 비판임을 알 수 있다. 당시의 춘대추납제도인 환곡은 세금처럼 바뀌어, 농민들에게 할당형식으로 강제로 빌려준 뒤 고리대로 갚게 했다.
　① 방납의 폐단은 16세기에 해당하는 것으로 19세기 삼정문란과는 거리가 있으며, 제시된 자료와도 상관이 없다.
　② 전정의 문란 ③ 군정의 문란 ④ 환곡의 문란과 관련된 내용이다.
　⑤ 총액제의 실시로 삼정의 문란이 더욱 심해졌다.

🎯 13. ③ 14. ③ 15. ② 16. ④

17 다음 내용과 관계있는 정치세력의 활동에 대한 설명으로 옳은 것은?

> • 임오군란을 계기로 활발한 활동을 펼쳤다.
> • 청의 간섭에서 벗어나 자주 독립을 이루고자 하였다.
> • 박문국을 통하여 신문명을 소개하고 우정국을 설치하였으며, 해외 유학생을 파견하였다.

① 교정청을 통하여 자주적인 개혁을 추진하였다.
② 일체의 외세를 배격하는 자주성을 띠고 있었다.
③ 청의 양무운동을 바탕으로 개화정책을 추진하였다.
④ 구본신참의 원칙 아래 서양 문물을 적극 수용하였다.
⑤ 역사 발전에 부합되는 근대화 운동을 최초로 시작하였다.

💡 제시된 자료는 개화당(급진개화파)에 대한 설명으로, 임오군란 이후 개화파는 개화당(급진개화파)과 사대당(온건개화파)으로 분화되었다.
　① 교정청은 동학 농민운동 이후 민비 정권이 자주적 개혁을 실시하기 위해 설치하였다.
　② 위정척사운동에 대한 설명이다.
　③ 개화당은 일본의 메이지유신을 바탕으로 개화정책을 추진하였다.
　④ 구본신참(舊本新參)은 온건적 개화에 대한 입장으로, 급진적 개화를 추구했던 개화당의 입장과 다르다.

18 다음의 성명이 발표된 이후 시작된 일본의 식민지 지배 정책만을 〈보기〉에서 고르면?

> 우리들은 3천만 한인 및 정부를 대표하여 삼가 중국, 영국, 미국, 소련, 카나다, 호주 및 기타 제국의 대일 선전을 축하한다. 일본을 쳐서 무찌르고 동아시아를 재건하게 하는 가장 유효한 수단인 까닭이다. 이에 우리는 다음과 같이 성명한다.
> 1. 한국 전 인민은 이미 반침략 전선에 참가하여 한 개의 전투 단위로서 추축국(樞軸國)에 대하여 전쟁을 신포한다. (이하 생략)
> 　　　　　　　　　　　　　　　　　　　　　　　　　　　　－「대한민국 임시정부 대일 선전포고」

　보기
　㉠ 징병　　　　　　　　　　　　　　　　㉡ 신사참배
　㉢ 농촌진흥운동　　　　　　　　　　　　㉣ 조선여자정신대 동원

① ㉠, ㉡　　　　　　　　　　　　② ㉡, ㉢
③ ㉢, ㉣　　　　　　　　　　　　④ ㉠, ㉣
⑤ ㉡, ㉣

💡 제시된 자료는 대한민국 임시정부가 1940년 충칭에서 발표한 대일 선전포고문이다.
　㉠ 징병제는 1944년에 실시되었다.
　㉡ 일제가 신사참배를 강요한 것은 1936년이다.
　㉢ 농촌진흥운동은 1932년에 전개되었다.
　㉣ 일제는 전쟁 막바지인 1944년에 「여자정신대 근로령」을 만들어 여성을 동원하였다.

19 다음의 사상가가 주장했던 것은?

> 국가에서 일가 소요의 기준량을 정하여 그에 상당한 전지를 한정하고, 1호에 영업전을 주어 그 매매는 금하나 제한된 영업전 이외의 전지는 매매를 허락하여 점차로 토지 소유의 평등을 이루도록 하자는 것이다. 즉 영업전 이외의 전지만 매매로 이동될 뿐 토지 겸병 등의 폐단이 없어져 균등하게 토지가 분배된다는 것이다.

① 청의 선진 문물 수용   ② 소비를 통한 생산의 자극
③ 화폐금융을 통한 국부 증대   ④ 사농공상의 직업적 평등 주장
⑤ 양반제도, 노비제도, 과거제도의 폐단 시정

💡 제시된 자료는 중농학파 이익의 한전론에 대한 내용이다.
    ① 북학파 전반에 대한 설명이다.
    ② 박제가 ③ 박지원 ④ 유수원의 주장이다.
    ⑤ 양반제도, 노비제도, 과거제도의 폐단에 대한 지적은 유형원과 이익 모두 해당된다.

20 (가)에 들어갈 학생의 대답으로 가장 적절한 것은?

① 한반도 비핵화 공동선언의 내용을 제시하자.
② 남북정상회담을 개최하기로 한 점을 강조하자.
③ 남북한이 유엔 동시 가입에 합의한 사실을 다루자.
④ 남북조절위원회를 구성하기로 합의한 사실을 소개하자.
⑤ 남북한 상호불가침협정을 체결하기로 한 점을 언급하자.

💡 1972년 남북한 당국은 분단 이후 처음으로 자주·평화·민족 대단결의 3대 통일원칙을 담은 「7·4 남북공동성명」을 평양과 서울에서 동시 발표하였다. 이 7·4 남북공동성명으로 남북조절위원회가 구성되는 등 분단 26년 만에 처음으로 남북 대화의 통로가 마련되기도 했다.

🎯 17. ⑤ 18. ④ 19. ⑤ 20. ④

국어능력테스트

어휘·어법·어문규정

01 일반적으로 '–지 아니하다'의 긴 부정문으로 잘 쓰이지 않는 것은?

① 여자들은 공포영화를 무서워한다.　　② 나는 솥뚜껑만 봐도 무섭다.

③ 아이가 밖에서 잘 놀고 있다.　　④ 이 집은 내가 꿈꿔 오던 집이다.

⑤ 봄날의 벚꽃은 아름답다.

💡 ④에는 서술격 조사가 쓰였는데 이 문장을 긴 부정문으로 쓰면 '–집이지 아니하다'와 같은 어색한 문장이 된다.

02 전성어미에 대한 설명이 바르지 못한 것은?

① 용언으로 끝나는 문장이 보다 큰 문장 안에서 다른 품사의 기능을 하게 해 준다.

② 명사형 전성어미는 한 문장이 체언과 같은 성분으로 쓰이게 해 준다.

③ 명사형 전성어미에는 '–은, –던, –는' 등이 있다.

④ 관형사형 진싱어미는 문장이 다른 명사를 수식할 수 있게 해 준다.

⑤ 부사형 전성어미에는 '–이, –에, –(아/어)서, –도록' 등이 있다.

💡 ③ '–은, –던, –는' 등은 관형사형 전성어미다. 명사형 전성어미에는 '–(으)ㅁ, –기'가 있다.

03 다음 (　　) 안에 들어갈 단어를 바르게 나열한 것은?

> ㉠ 내가 이래 (　　) 잘 나가던 사람이야.
> ㉡ 인터넷 범죄 유형은 다양해서 잘 (　　)되지 않는다.
> ㉢ 요즘에 (　　)되는 영화들은 다 재미가 없다.
> ㉣ 내가 언제까지 너의 (　　)를 해야 하니?

① 봬도–노출–상영–뒤치다꺼리　　② 뵈도–노출–상연–뒤치다꺼리

③ 봬도–발각–상연–뒤치다꺼리　　④ 뵈도–노출–상영–뒤치닥거리

⑤ 뵈도–발각–상연–뒤치닥거리

04 〈보기〉의 밑줄 친 단어의 문맥상 의미와 유사한 의미로 사용된 것은?

보기

전시장은 <u>실험적</u> 색채가 짙은 작품으로 가득 차 있었다.

① 그의 연구는 이론적이지 않고 <u>실험적</u>이다.
② 이 연구 결과는 <u>실험적</u>인 방법에 의해 나온 것이다.
③ 이 연극은 <u>실험적</u> 성격이 짙어서 대중이 이해하기 어렵다.
④ 그것은 <u>실험적</u>으로는 해결할 수 없는 추상적인 문제이다.
⑤ 학생들의 능력을 최대한 발휘하게 할 수 있는 교수법을 <u>실험적</u> 방법으로 도출해 냈다.

💡 '실험적'은 사용된 문맥에 따라 다양한 의미를 가지는데 〈보기〉의 문맥에서는 '새로운 방법이나 형식을 시험 삼아 해 보는' 정도의 뜻을 갖고 있다.

05 밑줄 친 부분의 사전적 의미로 알맞은 것은?

　　속마음은 워낙 다르면서도 밖으로 입에 나타낼 때에는 모두 한 '색'인 듯하다. 그래서 공석이나 회합에 조정 간의 이야기가 나오면 일체 모난 말을 하지 않고 대답하기 어려우면 곧 익살과 웃음으로 얼버무려 버린다. 그러므로 상류인사들이 모인 곳에는 오직 당(黨)에 가득한 <u>홍소(哄笑)</u>가 들릴 뿐이로되, 정작 정치·법령·시책을 할 때에는 오직 이기만을 도모하고 참으로 나라를 근심하여 공공에 봉사하는 사람은 적다.
　　　　　　　　　　　　　　　　　　　　　　　　　　　　　　－ 이중환, 『택리지』

① 쓴웃음
② 비웃음
③ 아첨하는 웃음
④ 거짓웃음
⑤ 떠들썩한 웃음

💡 ⑤ 홍소는 '입을 크게 벌리고 떠들썩하게 웃음'을 의미한다.

06 밑줄 친 부분을 바르게 고치지 못한 것은?

① 그는 이웃 사람들과 발길을 일체 끊고 산다. → 일절
② 우리는 어릴 때부터 이웃에서 함께 자란 막연한 친구 사이다. → 막역한
③ 일을 벌였으면 끝장을 봐야지. → 벌렸으면
④ 홀몸도 아닌데 이런 빙판길을 어떻게 걸어왔느냐 → 홑몸
⑤ 그 소문은 온 마을에 금새 퍼졌다. → 금세

💡 '벌였으면'이 맞는 표현이다. '벌리다'는 '두 사이를 떼어서 넓히다/ 열어서 속의 것을 드러내다/ 돈벌이가 되다'라는 뜻이며, '벌이다'는 '일을 베풀어 놓다/ 물건을 죽 늘어놓다/ 시설을 차리다' 등의 뜻을 가지고 있다.

07 밑줄 친 부분과 뜻이 통하는 한자 성어는?

> 간디의 메시지는 경제 성장의 논리에 대한 무비판적인 순종과 편의주의적 생활의 안이성에 깊숙이 젖어 있는 우리들에게 헛소리처럼 들릴지도 모른다. 그러나 온갖 생명에 위해를 가해 온 산업문명이 인간 생존의 자연적, 생물학적 기초 자체를 파괴하는 데까지 도달한 지금 그것이 정말 헛소리로 남는다면 우리의 장래는 어떻게 될 것인가?

① 附和雷同
② 牛耳讀經
③ 以心傳心
④ 臥薪嘗膽
⑤ 有備無患

💡 ② **牛耳讀經(우이독경)**: 쇠 귀에 경 읽기
   ① **附和雷同(부화뇌동)**: 제 주견이 없이 남이 하는 대로 그대로 좇아 따르거나 같이 행동함
   ③ **以心傳心(이심전심)**: 말이나 글로 전하지 않고 마음으로 마음에 전함
   ④ **臥薪嘗膽(와신상담)**: 목적을 달성하기 위해 온갖 고난을 참고 견딤
   ⑤ **有備無患(유비무환)**: 평소에 준비가 철저하면 후에 근심이 없음

08 다음의 광고문을 수정·보충하는 의견으로 적절하지 않은 것은?

> 여행길에 간편하게 구입하실 수 있는 가족의 건강을 위한 소중한 선물
>
> ㉠ 김천 정월된장 − ㉡ 순 시골된장
> ㉢ 김천 정월된장은 순 우리 콩만 사용해 전통방식 그대로 빚었습니다.
> • 품목: ㉣ 전통 재래된장, 국간장, 메주, 호두, 기타 농산물
> • 판매처: 고속도로 휴게소, 우리 농산물 판매점에서 구입하실 수 있습니다. 전화 주문하시
> 면 전국 어디로나 배달해 드립니다.

① 미연: 상품명인 ㉠을 부각시켜야 해.

② 은서: ㉡ 대신 ㉣을 넣는 것이 좋겠어. 어떤 것들을 파는지 알 수 있게 하는 게 훨씬 중요한 일이거든.

③ 현수: ㉢을 쓸 때는 김천 정월된장의 글자 모양이나 색을 달리하는 것도 좋겠지.

④ 주영: 제조처나 판매처 전화번호가 있어야 해. 신뢰감도 주고 전화주문도 할 수 있는 장점이 있거든.

⑤ 지혜: 옆에 사진을 곁들이는 건 어떨까? 햇빛 비치는 시골 장독대 풍경을 찍은 사진이 적당할 거야.

💡 ㉣에는 된장 이외의 품목도 들어가 있기 때문에 ㉡ 대신 넣으면 오히려 광고문의 통일성을 해칠 수 있다.

09 다음 중 주제 문장과 뒷받침 문장이 가장 긴밀하게 연결된 것은?

① 소설을 구성하는 가장 중요한 요소는 배경, 인물, 사건의 셋이다. 배경은 인물이 행동을 벌이는 시간, 공간, 분위기를 말하며, 사건은 인물이 배경 속에서 벌이는 행동의 체계이다.

② 인간이 동물과 구별되는 것은 이성을 가졌기 때문이다. 즉 이성은 인간을 동물로부터 구분시켜 주는 능력인 것이다.

③ 산업사회에서는 인간 조정의 가능성이 인간의 운명을 위협할 수도 있다. 이는 발달된 과학과 기술이 인간을 조정하는 데 이용될 수도 있기 때문이다.

④ 사람들은 시각에 의해 색깔을 보고 청각에 의해 소리를 듣는다. 그에 반해 후각은 냄새를 맡게 해 주고 미각은 음식을 맛보게 해 준다.

⑤ 무속신앙은 우리 민족의 무의식과 결합되어 현실적으로 가장 막대한 영향력을 행사하고 있다. 오늘날 교회와 사찰이 도심 곳곳에 들어서는 가운데에도 산 속에 남아 있는 성황당이 이 점을 말해 준다.

💡 ① 배경과 사건에 대해서는 언급하고 있지만 인물에 대한 서술은 빠져 있다.
  ② 뒷받침 문장의 내용이 주제문과 같다. ④ 뒷받침 문장이 주제문과 무관한 내용이다.
  ⑤ 뒷받침 문장에 무속신앙이 현실적으로 어떤 영향력을 행사하고 있는지에 대한 내용이 언급되어야 한다.

10 ( ) 안에 들어갈 말로 가장 적절한 것은?

> 시중의 돈이 주식시장에 영향을 미치는가? '( )'은 이에 대한 답을 제시해 줄 수 있을 것 같다. 통화량이 실물경제에 영향을 미친다면 이는 필연적으로 주식시장에도 영향을 미칠 것이다. 일반적으로 시중에 자금이 풍부하여 기업의 투자와 생산활동이 왕성해지면 기업의 가치를 반영하는 주가는 오르는 것이 당연하다. 보다 어려운 문제는 통화량의 증가가 실물경제의 성장에 기여하지 못하고 물가만 자극하는 경우에 주가는 어떻게 되는가 하는 것이다.

① 주식시장은 경제 상황의 열쇠라는 사실
② 주식시장은 경제의 거울이라는 사실
③ 주식시장은 실물경제의 견인차라는 사실
④ 주식시장은 기업활동의 나침반이라는 사실
⑤ 보이지 않는 손이 주식시장의 기둥이라는 사실

💡 이 글의 주된 내용은 통화량이 실물 경제에 영향을 비치고 그것이 주식시장에 반영되어 나타난다는 것이다. 따라서 주식시장이 경제 상황을 잘 나타내 준다(반영)는 내용이 ( ) 안에 들어가야 문맥이 통한다.

창안

11 표현의 발상이 〈보기〉의 밑줄 친 부분과 가장 유사한 것은?

> 보기
>
> 구름에 달 가듯이 가는 나그네   – 박목월, 「나그네」

① 전봇대로 이를 쑤셨다.
② 나는 한 마리 작은 짐승
③ 외로운 황홀한 심사
④ 아스팔트가 내 뺨을 때렸다.
⑤ 인생은 짧고 예술은 길다.

💡 '구름에 달 가듯이'는 전치 진술이다. 구름에 달이 가는 것이 아니라 달에 있는 쪽으로 구름이 흐르는 것이다.
　④ 내가 아스팔트에 넘어져서 뺨을 다쳤다는 전치 진술이다.
　① 과장법 ② 은유법 ③ 역설법(모순 형용) ⑤ 대조법

12 〈보기〉를 토대로 포스터를 만들고자 할 때, 포스터에 들어갈 말로 적절한 것은?

> 보기
>
> 정신지체 장애아인 창복이는 작은 시골학교에 다니고 있습니다. 담임 선생님의 따뜻한 배려로 운동장 한 구석에 있는 흙더미에서 하루종일 노는 게 창복이의 유일한 공부법입니다. 담임 선생님은 창복이가 4학년이 되던 해 운동장 구석에다 서너 고랑의 밭을 만들어 주었습니다. 창복이가 가꾼 감자와 고구마, 토마토는 아이들과 함께 나누어 먹어도 남을 만큼의 많은 양이 되었습니다. 창복이는 여전히 다른 아이들처럼 아침에 학교에 가고, 저녁에 집으로 옵니다. 다른 아이들이 공부할 때 창복이도 공부를 합니다. 창복이는 교실 대신 운동장에서, 책과 공책 대신 흙과 씨앗으로 하는 공부를 했습니다.
>
> '창복이의 밭'은 어느새 학교의 자연실습장이 됐습니다. 3학년이나 4학년 아이들이 선생님과 밭에 와서 오이덩굴도 보고 감자꽃도 관찰했습니다. 선생님이 설명을 해 주기도 했지만 아이들은 창복이가 하는 것을 보고 배우기도 했습니다. 창복이는 열여섯 나이로 하늘나라로 갑니다. 이제 창복이가 놀던 흙더미에서 다른 개구쟁이들이 두더지처럼 흙투성이가 되어 놉니다. 그렇게 놀아서 흙더미가 판판해지면 선생님은 또 새 흙을 가지러 산으로 갑니다. 그리고 흙 속에서 살다가 흙으로 돌아간 창복이를 생각합니다.　　　　　　　　　　－ 이가을, 「가끔씩 비 오는 날」

① 감언이설(甘言利說), 세상을 보는 눈

② 녹의홍상(綠衣紅裳), 아름다운 세상을 만듦

③ 낙재인화(樂在人和), 더불어 사는 세상

④ 외화내빈(外華內貧), 우리가 남인가?

⑤ 금란지교(金蘭之交), 아름다운 덕을 이룸

💡 〈보기〉의 글은 창복이를 예로 하여 장애인과 더불어 살자는 내용을 담고 있다.

　③ '낙재인화(樂在人和)'는 즐거움은 인심이 화합하는 데 있다는 뜻으로, 화합해 장애인 친구와 더불어 살자는 〈보기〉의 내용에 적합하다.

　① '감언이설'은 귀가 솔깃하도록 남의 비위를 맞추거나 이로운 조건을 내세워 꾀는 말이다.

　② '녹의홍상'은 연두저고리와 다홍치마라는 뜻으로, 곱게 차려입은 젊은 여자의 옷차림을 이르는 말이다.

　④ '외화내빈'은 겉은 화려하나 속은 빈곤하다는 뜻이다.

　⑤ '금란지교'는 친구 사이의 매우 두터운 정을 이르는 말이다.

13 다음 ㉠~㉤ 중에서 의미하는 바가 다른 하나는?

흔히 우리 춤을 손으로 추는 선(線)의 예술이라 한다. 서양 춤은 몸의 선이 잘 드러나는 옷을 입고 춤을 추는 데 반해 우리 춤은 옷으로 몸을 가린 채 손만 드러내놓고 추는 경우가 많기 때문이다. 한마디로 말해서 손이 춤을 구성하는 중심축이 되고, 손 이외의 얼굴과 목, 발 등은 손을 보조하며 춤을 완성하는 역할을 한다. 손이 중심이 되어 만들어 내는 우리 춤의 선은 내내 곡선을 유지한다. 예컨대 승무에서 장삼을 휘저으며 그에 맞추어 발을 내딛는 역동적인 움직임도 곡선이요, 살풀이춤에서 수건의 간드러진 선이 만들어 내는 것도 곡선이다. 해서 지방의 탈춤과 처용무에서도 S자형의 곡선이 연속적으로 이어지면서 춤을 완성해 낸다.

물론 우리 춤에 등장하는 곡선이 다 같은 곡선은 아니다. 힘 있는 선과 유연한 선, 동적인 선과 정적인 선, 무거운 선과 가벼운 선 등 그 형태가 다양하고, 길이로 볼 때도 긴 곡선이 있는가 하면 짧은 곡선도 있다. 이렇게 다양한 선들은 춤을 추는 이가 호흡을 깊이 안으로 들이마실 때에는 힘차게 휘도는 선으로 나타나고, ㉠ 가볍게 숨을 들이마시고 내쉬는 과정을 반복할 때에는 경쾌하고 자잘한 곡선으로 나타나곤 한다. 호흡의 조절을 통해 다양하게 구현되는 곡선들 사이에는 우리 춤의 빼놓을 수 없는 구성 요소인 '정지'가 숨어 있다. 정지는 곡선의 흐름과 어울리며 우리 춤을 더욱 아름답고 의미 있게 만들어주는 역할을 한다. 정지하기 쉬운 동작에서의 정지는 별 의미가 없지만, ㉡ 정지하기 어려운 동작에서 정지하는 것은 예술적 기교로 간주된다. 그러나 이때의 정지는 말 그대로의 정지기보다 ㉢ '움직임의 없음'이며, 그런 점에서 동작의 연장선상에서 이해해야 한다. 음악의 경우 연주가 시작되기 전이나 끝난 후에 일어나는 정지 상태는 별다른 의미가 없지만 연주 도중의 정지, 곧 침묵의 순간은 소리의 연장선상에서 이해되는 것과 마찬가지다. 다시 말해서 이때의 소리의 없음도 엄연히 연주의 일부라는 것이다.

우리 춤에서 정지를 ㉣ 동작의 연장으로 보는 것, 이것은 바로 우리 춤에 담겨 있는 '마음의 몰입'이 발현된 결과이나. 춤추는 이가 호흡을 가다듬으며 다양한 곡선들을 연출하는 과정을 보면 한 순간 움직임을 통해 ㉤ 선을 만들어내지 않고 멈춰 있는 듯한 장면이 있다. 이런 동작의 정지상태에서도 멈춤 그 자체로 머무는 것이 아니며, 여백의 그 순간에도 상상의 선을 만들어 춤을 이어가는 것을 몰입 현상이라고 말하는 것이다. 우리 춤이 춤의 진행 과정 내내 곡선을 유지한다는 말은 이처럼 실제적인 곡선뿐만 아니라 마음의 몰입까지 포함한다는 의미이며, 이것이 바로 우리 춤을 가장 우리 춤답게 만들어주는 특성이라고 할 수 있다.

① ㉠   ② ㉡

③ ㉢   ④ ㉣

⑤ ㉤

💡 ㉠은 실제로 보이는 곡선을 의미하는 말이므로 '정지'의 상태를 의미하는 ㉡, ㉢, ㉣, ㉤과는 의미가 다르다.

14 문맥상 ⊙에 들어가기에 적절한 것은?

> 우리는 꿈을 자세히 관찰함으로써 이러한 수면 중의 정신적인 상태에 대해 알아볼 수 있다. 예를 들어, 우리는 그동안의 연구를 통해 꿈이 철저하게 자기 중심적이라는 것과 꿈의 세계에서 주도적인 역할을 하는 인물은 항상 꿈꾸는 자 자신이라는 사실을 알게 되었다. 이것을 간단히 '수면 상태의 나르시시즘'으로 부를 수 있는데, 이는 정신의 작용 방향이 외부 세계에서 자기 자신으로 바뀌면서 나타나는 현상이다. … (중략) …
>
> 이러한 과정을 통해 우리는 꿈이 인간의 내면세계를 외면화하는 역할을 한다는 것도 알게 되었다. 이를 투사(投射)라고 하는데, 우리는 꿈속에서 평소에는 억누르고 있던 내적 욕구나 콤플렉스(강박관념)를 민감하게 느끼고, 투사를 통해 그것을 외적인 형태로 구체화한다. 예를 들어 전쟁터에서 살아 돌아온 사람이 몇 달 동안 계속해서 죽은 동료의 꿈을 꾸는 경우, 이는 그의 내면에 잠재해 있는, 그러나 깨어 있을 때는 결코 인정하고 싶지 않은 죄책감을 암시하는 것으로 볼 수 있다.
>
> 우리에게 꿈이 중요한 까닭은 이처럼 자신도 깨닫지 못하는 무의식의 세계를 구체적으로 이해할 수 있는 형태로 바꾸어서 보여주기 때문이다. 우리는 꿈을 통해 그 사람의 잠을 방해할 정도의 어떤 일이 진행되고 있다는 것을 알 수 있을 뿐 아니라, 그 일에 대해서 어떤 식으로 대처해야 하는지까지도 알게 된다. 그런 일은 깨어 있을 때에는 쉽사리 알아내기가 어렵다. 이는 따뜻하고 화려한 옷이 몸의 상처나 결점을 가려 주는 것과 마찬가지로 (⊙) 때문이다. 우리는 정신이 옷을 벗기를 기다려 비로소 그 사람의 내면세계로 들어갈 수 있다.

① 잠이 콤플렉스의 심화를 막아 주기
② 꿈이 정신의 질병을 예방하고 치료할 수 있기
③ 관찰이 수면 중의 정신적인 상태를 알게 하기
④ 투사 작용이 정신의 약점이나 결함을 가려 주기
⑤ 깨어있는 의식이 내면세계의 관찰을 방해하기

💡 꿈이 내면세계를 이해할 수 있게 해 주는 중요한 역할을 한다는 것을 말하고 있는 글이다. 글쓴이는 꿈은 깨어 있는 상태에서는 알아챌 수 없는 인간의 무의식의 세계를 구체적인 모습으로 나타내 보여 주는 것이며, 꿈을 통해서 그 사람에게 일어나고 있는 일과 대처방법까지를 알 수 있다고 이야기하고 있다.

다음 글을 읽고 물음에 답하시오. (15~17)

폭포수와 분수는 동양과 서양의 각기 다른 두 문화의 원천이 되었다고 해도 지나친 말은 아니다. 대체 그것은 어떻게 다른가를 보자. 무엇보다도 폭포수는 자연이 만든 물줄기이며, 분수는 인공적인 힘으로 만든 물줄기이다. 그래서 폭포수는 심산유곡에 들어가야 볼 수 있고, 거꾸로 분수는 도시의 가장 번화한 곳에 가야 구경할 수가 있다. 폭포수는 자연의 물이요, 분수는 도시의 물, 문명의 물인 것이다.

장소만이 그런 것은 아니다. 물줄기가 정반대이다. 가만히 관찰해 보자. 폭포수의 물줄기는 높은데서 낮은 곳으로 낙하한다. 만유인력, 그 중력의 거대한 자연의 힘 그대로 폭포수는 하늘에서 땅으로 떨어지는 물이다. 물의 본성은 높은 데서 낮은 데로 흐르는 것이다. 하늘에서 빗방울이 대지를 향해 떨어지는 것과 같다. 폭포수도 마찬가지이다. 아무리 거센 폭포라 해도 높은 데에서 낮은 곳으로 흐르고 떨어지는 중력에의 순응이다. 폭포수는 우리에게 물의 천성을 최대한으로 표현해 준다.

그러나 분수는 그렇지가 않다. 서구의 도시에서 볼 수 있는 분수는 대개가 다 하늘을 향해 솟구치는 분수들이다. 화산이 불을 뿜듯이, 혹은 로켓이 치솟아 오르듯이, 땅에서 하늘로 뻗쳐 올라가는 힘이다. 분수는 대지의 중력을 거슬러 역류하는 물이다. 자연의 질서를 거역하고 부정하며 제 스스로의 힘으로 중력과 투쟁하는 운동이다. 높은 데서 낮은 데로 흐르는 천연의 성질, 그 물의 운명에 거역하여 그것은 하늘을 향해서 주먹질을 하듯이 솟구친다. 가장 물답지 않은 물, 가장 부자연스러운 물의 운동이다.

그들은 왜 분수를 좋아했는가? 어째서 비처럼 낙하하는 물의 표정과 정반대의 분출하는 그 물줄기를 생각해 냈는가? 같은 힘이라도 폭포가 자연 그대로의 힘이라면 분수는 거역하는 힘, 인위적인 힘의 산물이다. 여기에 바로 운명에 대한, 인간에 대한, 자연에 대한 동양인과 서양인의 두 가지 다른 태도가 생겨난다.

그들이 말하는 창초의 힘이란 것도, 문명의 질서란 것도, 그리고 사회의 움직임이란 것도 실은 저 광장에서 내뿜고 있는 분수의 운동과도 같은 것이다. 중력을 거부하는 힘의 동력, 인위적인 그 동력이 끊어지면 분수의 운동은 곧 멈추고 만다. 끝없이 인위적인 힘, 모터와 같은 그 힘을 주었을 때만이 분수는 하늘을 향해 용솟음칠 수 있다. 이 긴장, 이 지속, 이것이 서양의 역사와 그 인간생활을 지배해 온 힘이다.

15 윗글의 서술방식에 대한 설명으로 적절한 것은?

① 어원을 탐구해 들어감으로써 현상의 본질을 드러내고 있다.
② 예상되는 반론에 대한 자신의 생각을 차례차례 제시하고 있다.
③ 시간의 흐름과 공간의 이동에 따른 대상의 변화를 기술하고 있다.
④ 두 대상의 상반된 모습을 부각시키면서 본질적인 차이를 이끌어내고 있다.
⑤ 개념을 구성하는 조건들을 하나씩 설명함으로써 명확한 규정을 이끌어내고 있다.

💡 폭포와 분수를 비교, 그 결과 동양과 서양의 차이를 이끌어내고 있다.

16 **윗글을 통해 글쓴이가 궁극적으로 말하고자 하는 것은?**

① 폭포의 미학은 현대인의 삶과 양립할 수 없다.

② 분수의 가치는 시간과 공간을 초월한 보편적인 것이다.

③ 인간에게는 자신과 다른 문화를 동경하는 마음이 깃들어 있다.

④ 폭포와 분수의 특성을 잘 이해하면 현대사회의 모순을 해결할 길이 보인다.

⑤ 폭포와 분수를 통하여 동양과 서양의 문화적 차이에 대한 이해의 실마리를 얻을 수 있다.

💡 이 글의 필자가 궁극적으로 말하려는 것은 폭포와 분수의 차이가 동서양의 문화적 차이를 나타내 줄 수 있다는 내용이다.

17 **밑줄 친 부분의 서술방식과 유사한 것은?**

① 길은 부름이다. 길이란 언어는 부름을 뜻한다. 언덕 너머 마을이 산길로 나를 부른다. 가로수로 그늘진 신작로가 도시로 나를 부른다. 기적 소리가 저녁 하늘을 흔드는 나루터에서, 혹은 시골역에서 나는 이국의 부름을 듣는다. 그래서 길의 부름은 희망이기도 하며, 기다림이기도 하다.

② 죽음은 이렇게 강하다. 죽음은 이렇게 절대적이다. 백만 광년이 걸려야 지구에까지 비치어 오는 어떤 별이 있다고 한다. 그러나 삶에서 죽음에의 거리는 그보다 몇 백만 배나 더 먼 것이다. 하나는 양의 거리를 말하나 후자는 질의 차이를 말하기 때문이다.

③ 현대인은 너무 약다. 전체를 위하여 약은 것이 아니라 자기 중심, 자기 본위로만 약다. 백년대계를 위하여 영리한 것이 아니라, 당장 눈앞의 일, 코앞의 일에만 아름아름 아는 고식지계에 현명하다. 염결(廉潔)에 밝은 것이 아니라 극단의 이기주의에 밝다.

④ "말은 은이요, 침묵은 금이다."라는 격언이 있다. 그러나 침묵은 말의 준비기간이요, 쉬는 기간이요, 바보들이 체면을 유지하는 기간이다. 좋은 말을 하기 위해 침묵을 필요로 한다. 때로는 긴 침묵을 필요로 한다.

⑤ 어머니는 어린 것의 피난처요, 호소처요, 선생이요, 동무요, 간호부요, 인력거·자동차·기차 대신이요, 모든 것이다. 밥 주고, 물 주고, 옷 주고, 버선 주고, 사랑 주고, 참외 주고, 떡 주고, 누룽갱이 긁어 두었다 주고, 놀다가 들어오면 과자 주고, 동네 잔칫집에 가서 가져온 빈대떡 주고. 모든 것을 어머니가 준다.

💡 표현을 달리하거나 약간씩 내용을 첨가하면서 같은 내용을 반복해 서술하고 있는 글을 찾으면 된다.

18　조선 후기 문학의 특징으로 바르지 못한 것은?

① 운문 중심에서 벗어나 산문 중심의 문학으로 발전하였다.

② 판소리가 성립되어 국민문학으로 자리를 잡았다.

③ 작가의 범위가 확대되어 작품의 제재 및 주제에 변화가 있었다.

④ 국문소설 《홍길동전》이 출현하였다.

⑤ 사회의 변동에 따라 사대부의 권위가 강화되고 유교문학이 발전하였다.

💡 ⑤는 조선 전기 문학의 특징에 해당한다.
　• 조선 전기 문학: 성리학, 관념적, 운문 중심, 귀족문학
　• 조선 후기 문학: 실학, 사실적, 산문 중심, 서민문학

19　다음과 같은 형태의 문학 특징으로 거리가 먼 것은?

> • 말뚝이: (가운데 쯤에 나와서) 쉬이. (음악과 춤 멈춘다.) 양반 나오신다아! 양반이라고 하니까 노론, 소론, 호론, 병조, 옥당을 다 지내고 삼정승 육판서를 다 지낸 퇴로 재상으로 계신 양반인 줄 아지 마시오. 개잘량이라는 '양'자에 개다리 소반이라는 '반'자 쓰는 양반이 나오신단 말이오.
> • 양반들: 야아, 이놈, 뭐야아!
> • 말뚝이: 아, 이 양반들. 어찌 듣는지 모르갔소. 노론, 소론, 호조, 병조, 옥당을 다 지내고 삼정승 육판서 다 지내고 퇴로 재상으로 계신 이 생원네 삼형제분이 나오신다고 그리하였소.

① 풍자와 해학성을 지님으로써 그 속에 서민의식을 반영했다.

② 양반 언어층과 서민 언어층의 이중 구조로 되어 있다.

③ 주로 구비문학의 형태로 전해졌다.

④ 조선 후기까지 연희됐으나, 현재는 거의 전해지지 않고 있다.

⑤ 가면무용이라고도 한다.

💡 제시된 작품은 〈봉산탈춤〉이다.
　④ 탈춤의 경우 현재까지 지역적으로 여러 형태로 남아 있는데 대표적인 것이 ▷해서 지역의 탈춤 ▷중부 지역의 산대놀이 ▷부산 지역의 야유 ▷경남 지역의 오광대놀이 등이 있다.

20 ⊙~⊚에 들어갈 내용이 틀린 것은?

근원설화	판소리	고대소설	신소설
열녀설화, 암행어사 설화	춘향가	춘향전	ⓔ
구토지설	ⓒ	토끼전	토(兎)의 간(肝)
⊙	흥보가	흥부전	연(燕)의 각(却)
ⓛ	심청가	심청전	ⓜ

① ⊙: 방이설화
② ⓛ: 효녀 지은 설화
③ ⓒ: 적벽가
④ ⓔ: 옥중화
⑤ ⓜ: 강상련

💡 ③ ⓒ에 들어갈 내용은 '수궁가'다. '수궁가(水宮歌)'는 별주부가 용왕의 병을 고치기 위해 토끼를 속여 용궁으로 데려오지만, 토끼가 기지를 발휘해 육지로 살아 나온다는 내용의 현전 판소리 작품이다. '적벽가(赤壁歌)'는 중국 소설 《삼국지연의》 중에서 적벽강 싸움의 앞뒤 부분을 중심으로 몇 가지 이야기를 첨삭하여 판소리로 짠 것이다.

Answer

어휘·어법·어문규정 ▶	1.④ 2.③ 3.① 4.③ 5.⑤ 6.③ 7.②
쓰기 ▶	8.② 9.③ 10.②
창안 ▶	11.④ 12.③
읽기 ▶	13.① 14.⑤ 15.④ 16.⑤ 17.③
국어문화 ▶	18.⑤ 19.④ 20.③

상식 요모조모

상식
요모조모

뉴스 속 와글와글 / Books & Movies
상식 파파라치

英, 마지막 석탄화력발전소 폐쇄
석탄화력 시대 끝낸다!

1차 산업혁명 중심지였던 영국에 마지막으로 남은 석탄화력발전소였던 「랫클리프 온 소어 발전소」가 9월 30일로 가동을 멈추면서, 영국의 석탄화력발전이 142년의 역사를 마무리했다. 영국은 석탄을 동력원으로 한 1차 산업혁명의 중심지로, 미국 발명가 토머스 에디슨의 에디슨전등회사가 1882년 세계 최초의 석탄화력발전소인 홀본 바이아덕트 발전소를 연 곳도 영국 런던이었다. 석탄화력발전소 폐쇄는 2030년까지 발전 부문 탈탄소화, 2050년까지 국가경제 탄소중립(넷제로)을 달성한다는 영국 정부의 목표에 따른 것으로, 이번 방침으로 영국은 주요 7개국(G7) 가운데 석탄을 연료로 한 발전을 중단하는 첫 국가가 됐다. 영국에서는 1960년대 후반~1970년대 탄광 지역을 중심으로 석탄화력발전소가 빠르게 늘어났으나, 1990년대 북해 천연가스 붐에 따른 가스 발전소가 급성장하면서 밀리기 시작했다. 이에 석탄화력은 1990년 영국 전기 공급량의 80%를 차지했지만 2012년 39%로 떨어졌고 지난해에는 1%로 줄어든 바 있다. 한편, ▷독일은 2038년 ▷캐나다는 2030년 ▷프랑스는 2027년 ▷이탈리아는 사르데냐섬을 제외하고 2025년에 석탄발전을 퇴출할 예정이다.

한은, 「십원빵」 팔아도 OK!
영리 목적 화폐도안 활용 허용하다

한국은행이 영리 목적의 화폐도안 이용을 허용하는 내용으로 「한국은행권 및 주화의 도안 이용기준」을 개정, 9월 1일부터 시행한다고 8월 29일 밝혔다. 개정된 기준에 따르면 영리를 목적으로 하더라도 화폐의 품위와 신뢰성을 훼손하지 않는 범위 내에서 도안을 이용할 수 있다. 이에 10원짜리 동전을 본떠 만든 경주의 명물 「십원빵」을 비롯해 화폐도안을 활용한 티셔츠 등 의류나 소품, 규격 요건을 준수한 은행권 및 주화 모조품도 만들 수 있게 됐다. 십원빵의 경우 1966년 처음 발행된 구형 10원짜리 동전을 본떠 만든 빵으로, 빵 앞면에 경주 불국사 다보탑이 있어 경주의 관광상품으로 인기를 끌었다. 그러나 한은은 십원빵이 화폐도안을 무단으로 활용했다며, 이 빵을 판매한 사업자를 상대로 디자인 변경 등을 협의한 바 있다. 다만 한은은 영리 목적을 허용하더라도 화폐 위·변조를 조장하거나 화폐 품위와 신뢰성을 저해하는 부적절한 도안은 허용하지 않는다고 강조했다. 또 인물만 별도로 사용하거나 도안의 인물 모습을 변형하는 것도 금지된다.

영국, 「어린이 비만 막아라」
정크푸드 온라인 광고 전면 금지!

영국 정부가 오는 2025년 10월 1일부터 소아비만 예방을 위해 정크푸드(불량식품)에 대한 온라인 광고를 전면 금지한다고 밝혔다. 이에 더해 오후 9시 이전으로는 TV 광고도 제한한다. 앞서 2021년 전임 보수당 정부는 이와 같은 정책을 약속했다가 업계에 준비할 시간을 주기 위해 연기한 바 있다. 앤드루 귄 보건복지부 보건담당 부장관은 이날 낸 성명에서 정부가 이 문제를 더는 지체하지 않고 해결할 계획이라면서, 「이 같은 제한이 어린이들을 건강하지 못한 음식 광고로부터 보호하는 데 도움이 될 것」이라고 밝혔다. 그에 따르면 잉글랜드 어린이 5명 중 1명 이상이 초등학교 입학 시점에 과체중 또는 비만이며 이 비율은 초등학교 졸업 시점에 3분의 1로 높아진다. 한편, 정부는 광고 금지 대상이 되는 불량식품 범위를 구체적으로 제시하기 위해 추가 지침을 제공할 예정이다. 다만 영유아를 위한 가공 곡물 기반 식품, 다이어트 대체 제품 등은 별도 규정을 따르고 있어 이번 정책 대상에서 제외된다.

카르보나라를 통조림으로? 종주국 이탈리아 부글부글!

미국의 최대 식품기업 하인츠가 통조림 카르보나라를 출시한다는 소식에 파스타 종주국 이탈리아에서 거센 분노가 쏟아지고 있다. 하인츠는 9월 중순부터 영국에서 통조림 카르보나라를 개당 2파운드(약 3500원)에 판매한다는 소식을 전했는데, 해당 제품에 대해 가볍게 한 끼 식사를 즐기는 젊은 Z세대를 겨냥한 제품이라고 홍보했다. 하지만 전통음식에 대한 자부심이 남다른 이탈리아에서는 카르보나라를 캔에 넣어 판매한다는 소식에 강한 불쾌감을 표출하고 나섰다. 특히 다니엘라 산탄케 이탈리아 관광부 장관은 8월 30일 엑스에 캡처한 통조림 카르보나라 출시 기사와 함께 1954년 개봉작 〈로마의 미국인〉에서 배우 알베르토 소르디가 한 대사를 인용, 통조림 카르보나라는 「쥐에게나 줘야 한다」는 비판 글을 올리기도 했다. 카르보나라는 이탈리아의 대표적 요리 중 하나로, 이탈리아에서는 매년 4월 6일이 「카르보나라의 날」로 지정돼 기념되고 있을 정도다. 이

는 돼지볼살로 만든 숙성고기 구안찰레와 계란 노른자, 페코리노(양젖 치즈), 후추로만 만드는 것이 정통 레시피다. 하지만 공개된 하인츠 통조림의 재료는 판체타, 옥수수가루, 탈지분유, 치즈가루, 설탕, 마늘향, 양파 추출물, 말린 파슬리 등이라는 점에서도 이탈리아인들의 분노를 사고 있다.

맥도날드, 호주서 「맥모닝」 안 판다! 그 이유는 「계란값 급등」

미국과 유럽의 조류인플루엔자 유행, 우크라이나 전쟁, 코로나19 등에 따른 공급망 교란 여파로 전 세계 계란값이 치솟고 있는 가운데, 호주 일부 맥도날드 매장에서 계란이 들어간 「맥모닝」 판매를 일시 중단했다고 영국 파이낸셜타임스(FT) 등이 9월 30일 보도했다. 맥모닝은 맥도날드에서 새벽과 아침에만 판매하는 메뉴로 치즈와 달걀 후라이가 들어가는 제품이다. 실제로 현재 세계 계란 가격은 우크라이나 전쟁과 코로나19가 발발하기 전인 2019년에 비해 60% 급등한 상태다. 특히 2022년부터 조류인플루엔자가 확산하고 있는 미국의 경우 계란값 상승이 두드러지는데, 미 노동통계국에 따르면 올 8월 미국 내 계란 가격은 2023년 8월보다 28.1% 올랐다. 미국에서는 조류인플루엔자가 확산되면서 지난해 11월부터 올해 7월까지 약 3300만 마리의 산란계가 살처분됐으며, 이에 지난 7월 말 기준 미국 양계 농가의 달걀 출하량은 전년 대비 3% 가까이 감소했다.

화제의 책과 영화

BOOKS & MOVIES

책
BOOKS

이중 하나는 거짓말 김애란 著

〈두근두근 내 인생〉의 김애란 작가가 13년 만에 내놓은 장편소설로, 「그림과 비밀」이라는 공통점을 가진 고교 2학년생 세 친구가 조금씩 가까워지는 과정을 담아낸 작품이다.

소설의 세 주인공인 지우, 소리, 채운은 몇 가지 우연한 계기를 통해 서로를 의식하기 시작한 이후 서서히 가까워지게 된다. 이들은 다른 사람에게는 말하지 못할 비밀을 간직하고 있는데, 지우는 아버지 없이 홀로 자신을 키우던 엄마가 세상을 떠난 후 엄마의 애인이었던 선호 아저씨와 자신의 반려 도마뱀 용식이와 함께 살고 있다. 소리는 항암치료를 받으러 병원에 가던 어머니가 음주운전 차량에 치여 숨진 이후로 아버지와 둘이 지내는데, 몇 가지 기묘한 경험을 겪으며 타인과 손을 잡는 상황을 피하게

됐다. 채운은 1년 전 여름밤 「그 일」이 벌어진 이후 아버지는 의식을 잃고 병원에 입원해 있고 어머니는 교도소에 수감되면서 반려견과 이모의 집에 얹혀 산다.

소설은 이처럼 저마다의 상실을 겪고 슬픔을 지닌 채로 자라나는 세 주인공의 이야기를 담고 있으나, 이들 3명은 소설이 끝나기까지 한자리에서 만나지 않는다. 그리고 소설은 이 3명의 아이들이 마지막에 이르러 자신들이 몰랐던 새로운 진실에 도달하는 과정을 뭉클하게 그려낸다.

넥서스 유발 하라리 著

〈사피엔스〉(2015), 〈호모 데우스〉(2017) 등 화제의 책들을 잇따라 발표하며 세계적 베스트셀러 작가로 부상한 유발 하라리 예루살렘 히브리대 교수의 신간이다. 제목 〈넥서스〉의 사전적 의미는 「연결」로, 하라리는 이 책을 통해 인공지능(AI)의 세계적인 대두를 경계하며 통제할 수 없는 힘(AI)을 불러내지 말라고 경고한다. AI 혁명에 긍정적인 이들은 신문과 라디오가 민주주의를 이끌고 산업혁명이 삶을 개선한 것처럼 AI도 인류 미래에 희망을 드리울 것이라고 낙관한다. 하지만 하라리는 이러한 역사적 비교는 AI 혁명의 전례 없는 성격과 이전 혁명들의 부정적 측면을 과소평가하는 것이라고 비판한다. 즉 기존에 등장했던 새로운 도구들은 단순히 네트워크 구성원들을 연결하는 도구에 불과했으나, AI는 이들과는 달리 스스로 결정하고 새로운 아이디어를 생성할 수 있는 능동적인 행위자라는 것이다. 다만 저자는 재앙은 이미 시작됐으나 아직은 AI에 대한 통제가 가능하기 때문에 지금 무엇이든 대책을 만들어야 한다고 말한다.

한편, 하라리의 최근 인터뷰들에 따르면 〈넥서스〉가 던지는 근본적인 물음은 「우리가 지혜로운 사람(호모 사피엔스)이라면 왜 이토록 자기 파괴적일까」이다. 하라리는 그 원인에 대해 우리의 본성이 아니라 정보 네트워크에 있다고 주장한다.

영화 MOVIES

장손

감독 _ 오정민
출연 _ 강승호, 우상전, 손숙, 차미경

대구의 한 시골마을에서 두부공장을 하는 가부장적인 김씨 집안 삼대의 가족사에 우리네 근현대사 격류를 담아낸 작품으로, 지난해 제28회 부산국제영화제에서 KBS 독립영화상 등 3개 부문을 수상하고 제49회 서울독립영화제 등 국내외 유수 영화제에 초청되며 주목받은 영화다.

영화는 한여름 제삿날을 맞아 일가친척들이 모여든 시골집을 비추며 시작한다. 거실에서는 할머니, 딸, 며느리, 손녀가 땀을 흘리며 전을 부치고 있으나, 남자들은 방 안에서 술상을 벌인 채 화투를 친다. 할아버지 승필은 자신의 두부공장과 가문의 재산을 장손 성진에게 차질 없이 계승해 주는 것을 생의 마지막 목표로 삼고 있는데, 기껏 내려온 성진은 가업을 잇지 않겠다는 폭탄선언을 한다. 제사가 끝난 뒤 가족들은 각자의 자리로 돌아가지만 얼마 되지 않아 갑작스러운 할머니 말녀의 장례식으로 다시 모이게 된다. 그러나 통곡하던 가족들은 이내 말녀의 사라진 통장을 놓고 갈등을 빚게 되는데, 이 과정에서 할아버지 세대부터 쌓였던 묵은 감정들이 각자의 기억과 회한으로 분출되

기 시작한다. 또한 영화는 이러한 이야기들 속에서 ▷일제강점기와 한국전쟁을 겪은 할아버지 승필 ▷민주화 투쟁을 겪은 아버지 태근 ▷결혼과 직업 등 현 청년 시대의 고민을 가지고 있는 성진에 이르기까지 한국의 아픈 역사도 드러낸다.

영화 속 톡!톡!톡! 🎞️

> 성진이 왔다. 에어컨 켜라.

그녀에게

감독 _ 이상철
출연 _ 김재화, 성도현, 빈주원

신문사 정치부 기자 상연이 계획에 없던 장애아 엄마가 되면서 겪게 되는 10년 동안의 여정을 그린 작품으로, 실제 국회 출입 정치부 기자였고 발달장애 자녀를 둔 류승연 작가의 에세이 〈사양합니다, 동네 바보 형이라는 말〉을 원작으로 제작됐다. 영화는 제28회 부산국제영화제, 제49회 서울독립영화제 등 다수의 유수 영화제에 초청된 바 있다.

직장에서 인정받으면서 경력을 쌓아 가던 상연은  어렵게 쌍둥이 남매를 낳지만, 누나보다 느리고 더딘 둘째 지우가 자폐성 지적장애 2급 판정을 받으면서 이전과는 완전히 다른 삶을 마주하게 된다. 취재하고 기사 쓰는 것밖에 몰랐던 상연은 이제 지우를 돌보는 일이 삶의 전부를 차지하게 된다. 하지만 그는 지우를 키우면서 사회적 낙인과 차갑고 비판적인 시선에 직면하고, 발달장애 아동을 위한 사회 안전망이 얼마나 미흡한지도 깨닫게 된다. 이러한 가운데서도 상연은 아들 지우가 정규 학교에서 퇴학 위기에 처하자 저널리스트로서의 역량을 발휘해 부당함에 맞서고 아들을 옹호하는 등 할 수 있는 최선을 다하며 세상의 편견에 맞서게 된다. 이처럼 영화는 단순히 장애 자녀를 키우는 부모의 어려움을 담아내는 데만 그치지 않고, 사회적 무관심과 편견, 대한민국 교육 및 복지제도의 미비점 등 한국 사회에서 장애를 가진 자녀를 둔 부모가 직면한 현실도 자세히 보여준다.

영화 속 톡!톡!톡! 🎞️

> 깨어나지 않아도 괜찮아. 더는 이런 세상에서 살지 않아도 돼. 엄마는 괜찮아.

상식 파파라치

상식 파파라치가 떴다!
궁금한 건 절대 못 참는 상식 파파라치가 우리의
일상 곳곳에 숨어있는 흥미로운 이야깃거리들을
캐내어 시원하게 알려드립니다.

👍 강남역, 11억 원에 낙찰! 지하철 역명을 돈을 주고 살 수 있다고?

성수역(올리브영), 강남역(하루플란트치과의원), 여의나루(유진투자증권)……. 이는 지난 8월 12일 서울교통공사가 진행한 역명병기 유상판매 입찰에 참여해 낙찰된 기업들로, 10월부터 3년 동안 해당 역들은 괄호 안의 기업들과 병기된다. 이는 서울교통공사가 2016년부터 시행 중인 역명병기 유상판매 사업에 따른 것인데, 과연 이 사업은 무엇이며 어떻게 시행되게 된 것일까?

역명병기 유상판매 사업이란 역명병기 유상판매 사업은 서울교통공사가 2016년 재정 적자 해소를 위해 시작한 사업으로, 기관·기업으로부터 금전적인 대가를 받고 3년간 부역명을 달아주는 사업을 말한다. 이는 기존 지하철 역명에 부역명을 병행 표기하는 것으로, 출입구·안전문·승강장 역명판은 물론 하차 안내방송에도 함께 표기된다. 다만 역명 부기는 서울지하철 1~8호선에만 적용되며, 환승역의 경우 한국철도공사(코레일) 등 다른 기관이 운영하는 노선에는 적용되지 않는다. 또 역명병기 입찰에 참여하기 위해서는 해당 기업이나 기관이 대상 역에서 1km 이내(서울 시내 기준, 시외는 2km로 확대)에 위치해 있어야 하며, 서울교통공사의 이미지를 저해할 우려가 없어야 한다는 조건도 붙는다. 이러한 과정을 통해 낙찰 받은 기업이나 기관은 3년간 기관명을 대상 역의 부역명으로 표기할 수 있는데, 이는 재입찰 없이 1차례(3년) 계약 연장도 가능하다. 2016년 사업 출범 당시 2호선 방배(백석예술대)와 을지로입구(IBK기업은행), 3호선 홍제(서울문화예술대)와 압구정(현대백화점), 4호선 명동(정화예술대), 5호선 서대문(강북삼성병원), 7호선 청담(한국금거래소), 8호선 단대오거리(신구대학교) 등 총 8개 역에 부역명이 생긴 바 있다. 그러다 2017년 5월 서울메트로와 서울도시철도공사가 서울교통공사로 합병하면서 추가 사업이 멈췄다가 2021년 재개해 현재는 35개 역에 부역명이 붙은 상태다.

올해는 10개 역 진행, 「강남역」 낙찰가 역대 최고 기록 서울교통공사는 지난 7월 25일부터 8월 6일까지 종각·신림·강남·성수·여의나루·답십리·상봉·사당·삼각지·노원 등 총 10개 역명에 대한 사업자 공모를 진행했고, 그 결과 10개 역 중에 강남역·성수역·여의나루역·상봉역 등 4개 역에 대한 낙찰이 이뤄졌다고 12일 밝힌 바 있다. 이에 따르면 ▷성수역은 10억 원에 CJ 올리브영이 ▷강남역은 11억 1100만 원에 하루플란트치과의원이 ▷여의나루역은 2억 2200만 원에 유진투자증권이 낙찰받게 됐다. 상봉역의 경우 1곳이 단독입찰해 수의계약을 맺은 상태인데, 아직 기관명 등 세부사항은 공개되지 않았다. 특히 강남역의 경우 밴드 자우림의 보컬인 김윤아의 남편이 근무하고 있는 치과로 알려지며 또다른 화제를 모으기도 했는데, 해당 치과가 부역명으로 결정된 강남역은 역대 낙찰가 중 최고액을 기록한 것으로 전해졌다. 이전까지는 8억 7000만 원에 낙찰된 을지로3가역(신한카드)이 최고 낙찰가의 주인공이었다.

역명병기 사업 투자, 왜? 많은 기업과 기관들이 역명병기 사업에 큰 금액을 투자하고 있는 것은 부역병을 낙찰받으면 지하철역이나 출입구, 승강장, 안전문 등에 기업·기관명이 함께 표기돼 홍보 효과를 누릴 수 있기 때문이다. 즉, 역명병기로 인해 노출도가 높아지면 인지도 상승은 물론 이용자 증가의 효과도 볼 수 있는 것이다. 예컨대 통상적으로 마케팅 효과를 기대하는 기업들은 대개 본사 인근의 역 이름을 낙찰받는데, ▷압구정(현대백화점)역 ▷을지로3가(신한카드)역 ▷서울숲(SM타운)역 ▷신용산(아모레퍼시픽)역 등이 이에 해당한다. 다만 해당 사업에 대해서는 여러 논란이 존재하는데, 지하철 적자 해소 및 운영비 확보를 위한 부대 수입이라는 긍정적인 목소리도 있으나 공공재인 지하철 역명의 상업적 판매는 운영 적자를 메우기 위한 일시적 조치에 불과하다는 지적도 있다.

👍 대형 서점은 왜 대부분 지하에 있을까?

최근 온라인 커뮤니티 등에서는 대형 서점이 대부분 건물 지하층에 입점하는 현상을 두고 이에 대해 궁금하다는 반응들이 나온 바 있다. 실제로 국내 최대 규모 서점인 교보문고 광화문점의 경우 교보생명빌딩 지하 1층에 있고, 영풍문고 본점인 종각종로점 역시 영풍빌딩 지하 1층에 자리 잡고 있다. 또 중고서점으로 유명한 알라딘도 대부분 지하층 점포에 출점하고 있는데, 과연 이렇게 대형 서점들이 지하에 위치한 이유는 무엇일까?

무게와 관련이 있다고?

대형 서점 대부분이 지하에 위치하는 이유는 바로 엄청난 「책의 무게」 때문으로, 대형 서점이 보유한 수많은 책의 무게를 견딜 만큼 지어지는 건물 부분은 사실상 지하층 밖에 없다. 현행 국토교통부 건축 구조기준은 건물 용도에 따라 단위면적당 견뎌야 하는 하중을 정하고 있는데, 도서관 용도 건물에서 책을 보관하는 서고는 1m²당 750kg을 견딜 만큼 튼튼하게 설계하도록 정하고 있다.

도서관의 경우 설계할 때부터 책 무게를 고려해서 짓기 때문에 지상층에 책을 많이 보관해도 안전하다. 하지만 서점 전용으로 건축하는 건물은 거의 없기 때문에 책을 많이 보유한 대형 서점 대부분이 건물 안전을 고려해 지하층에 입점하는 것이다. 실제로 건물 지하 공간은 1m²당 1200kg 하중을 버티도록 설계하도록 돼 있는데, 이는 건물 지하 공간에 주로 위치하는 주차장의 차량 무게 때문이다. 다만 책 하중을 고려해 튼튼하게 지은 지상 도서관이라도 설계 기준을 초과할 정도로 많은 책을 보관하면 문제 발생 가능성이 있다.

실제로 2011년 국회가 교육부로부터 제출받은 자료에 따르면 국립대학 10곳 중 건물이 버틸 수 있는 책 무게인 「최대 적정소장 책 수」를 넘긴 대학은 6곳이나 됐다. 이 가운데 건물 노후도가 심각한 강원도의 국립대학은 2016년 소장 서적을 대량 폐기하기도 했다. 한편, 외국 대학들의 경우 저작권이 만료된 책은 디지털책으로 변환하거나, 인근 도서관끼리 연합해 책을 공동보존하는 서고를 운영하는 사례도 있는 것으로 알려져 있다.

당신의 문해력은
몇 점입니까
- 기초·중급편 -

최근 국내 성인과 청소년들의 문해력(文解力, 글을 읽고 이해하는 능력) 저하 문제가 지속적으로 제기되고 있다. 문해력은 단순히 문자를 읽고 이해하는 것을 넘어 그 의미를 정확하게 파악·활용하는 능력을 말하는데, 어휘력이 단어를 적절하게 사용할 수 있는 것이라면 문해력은 비판적 사고와 창의적 표현 능력까지 포함한 보다 넓은 개념이라 할 수 있다. 그런데 글의 내용과 맥락을 파악하지 못해 엉뚱한 해석을 내놓는 문해력 저하 사례가 눈에 띄게 늘어나면서 논란이 일고 있는 것이다. 대표적으로 「우천시에 ○○로 장소 변경」에서의 우천시를 지역명으로 이해하거나, 가정통신문에 적힌 「중식(中食) 제공」이나 「금일(今日)」을 중국 음식이나 금요일로 오해하거나, 「사흘 연휴」의 사흘을 4일로 이해하는 등의 문제가 온라인에서 화제가 됐다.

8월 29일 교육부 발표에 따르면 교육부와 국가평생교육진흥원이 실시한 제4차 성인문해능력조사 결과에서 우리나라 성인 가운데 3.3%인 146만 명이 기본적인 읽기·쓰기·셈하기에 어려움을 겪는 비문해 성인인 것으로 나타났다. 또 교육부와 한국교육과정평가원이 지난 6월 발표한 「국가수준 학업성취도 평가 분석 결과」에서도 중학교 3학년생의 국어 과목 「보통학력 이상」 비율은 2019년까지만 해도 82.9%에 달했지만 지난해에는 61.2%로 급감했다. 이러한 문해력 부족에 대해서는 스마트폰 등 디지털 기기와 영상매체 이용 증가와 독서 부족, 한자교육의 부재 등이 주요인이라는 목소리가 높다. 즉, 영상 콘텐츠의 경우 수용성이 강한 매체 특성상 스스로 생각하거나 판단할 여지를 줄이고, 한자교육 부재는 한자어 단어가 많은 우리말의 특성상 단어의 의미나 맥락을 해석할 수 있는 능력을 떨어뜨리고 있다는 것이다.

이와 같은 문해력 부족은 단순한 언어 해석 오류에 그치는 것이 아닌 일상적인 업무와 소통에서 큰 지장을 일으킬 뿐더러, 특히 청소년에게는 문해력이 학습의 중요한 도구가 된다는 점에서 그 문제의 심각성이 있다. 무엇보다 문해력은 급변하는 현대사회에서 직면하는 다양한 문제에 대응하는 데 있어 기본적인 능력이 된다는 점에서 이를 지속적으로 개발하는 것은 매우 중요하다. 이에 문해력 부족을 체감한 일부에서 독서와 필사 열풍이 불고 있다는 보도도 나오고 있는데, 전문가들은 이러한 시도들이 문해력 향상에 도움이 될 수 있을 것이라는 의견을 내놓고 있다.

◆ 시작이 반이다! "문해력 기초편"

심심하다/심심(甚深)하다 흔히 사용되는 「심심하다」는 「하는 일이 없어 지루하고 재미가 없다」는 뜻의 형용사이다. 최근 「심심한 사과」라는 표현을 두고 문해력 저하 논란이 일면서 해당 사안이 국무회의에서까지 언급될 정도로 큰 화제가 된 바 있다. 이는 매우 깊고 간절하게 마음을 표현한다는 의미의 「심심(甚深)」을 일부 네티즌들이 지루하다는 의미로 잘못 이해한 데 따른 것이었다. 「심심(甚深)하다」는 마음의 표현 정도가 매우 깊고 간절함을 뜻하는 말로, 「심심한 사과」는 진심을 다한 깊은 사과라는 의미다.

무리/물의 「무리(無理)」는 도리나 이치에 맞지 않거나 정도에서 지나치게 벗어남을 뜻한다. 「물의(物議)」는 대개 부정적인 뜻으로 쓰이는데, 어떤 사람 또는 단체의 처사에 대하여 많은 사람이 이러쿵저러쿵 논평하는 상태를 가리킨다. 따라서 공인이 사회적 물의를 일으켜 사과문을 작성할 때는 무리가 아닌 「물의를 일으켜 죄송합니다.」라고 해야 한다.

예문으로 알아보기

- 무리해서 운동했더니 온몸이 다 아프다.
- 숲속에 늑대 무리가 나타난다고 하니 조심하도록 해.
- 그 문제로 물의를 빚었으니, 당장 사과하도록 하세요.

불거지다/붉어지다 「불거지다」는 물체의 거죽으로 둥글게 툭 비어져 나오거나, 어떤 사물이나 현상이 두드러지게 커지거나 갑자기 생겨난다는 뜻을 가진 동사다. 「붉어지다」는 말 그대로 빛깔이 점점 붉게 되어 간다는 뜻이다. 따라서 문제나 현상 등이 점차 커지거나 확산되는 상황을 가리킬 때는 「불거지다」를 사용해야 한다.

예문으로 알아보기

- 어머니는 아들의 합격 소식을 듣고 눈시울을 붉혔다.
- 문제가 불거지기 시작했으니 우선 해결하고 가는 게 좋겠다.
- 해어진 양말 밖으로 발가락이 불거져 너무 창피하다.

어이/어의 어이와 어의는 온라인에서 가장 많이 볼 수 있는 잘못된 사용으로, 「어이」는 엄청나게 큰 사람이나 사물을 뜻한다. 다만 이는 단독으로는 잘 사용되지 않고 「어이가 없다」는 형태로 「일이 너무 뜻밖이어서 기가 막히는 듯하다」는 표현으로 사용된다. 「어의(御醫)」는 궁궐 내에서 임금이나 왕족의 병을 치료하던 의원을 뜻하는 말로, 현대에서는 거의 사용되지 않는 말이다.

예문으로 알아보기

- 네가 그렇게 반응하는 걸 보니 참 어이가 없을 뿐이다.
- 그 어의 덕에 왕의 병은 씻은 듯이 나았다.

치사율/취사율   치사율(致死率)은 어떤 병에 걸린 환자에 대한 그 병으로 죽는 환자의 비율을 뜻하는 의학 분야 용어다. 이와 헷갈려 표기되는 취사(炊事)는 「끼니로 먹을 음식 따위를 만드는 일」이라는 뜻으로, 군대 내 「취사병」이나 전기밥솥에서 흘러나오는 「취사가 완료되었습니다」를 생각하면 된다.

예문으로 알아보기

- 우리 오빠는 <u>취사병</u> 출신이라 요리를 꽤 잘한다.
- 그 병은 <u>치사율</u>이 상당히 높아 두려움의 대상이 되고 있다.

무릅쓰고/무릎쓰고   일상에서 흔히 사용되는 「실례를 무릅쓰고」는 힘들고 어려운 일을 참고 견디는 상황을 표현하는 것이다. 여기서 「무릅」은 신체 부위인 무릎의 변형이 아닌 고어에서 유래된 말이다.

바람/바램   「바라다」는 생각이나 소망대로 어떤 일이나 상태가 이루어지거나 그렇게 되었으면 하고 생각하다는 뜻으로, 이를 명사형으로 만들면 「바람」이 된다. 반면 「바램」은 「바래다」의 명사형으로, 「바래다」는 볕이나 습기를 받아 색이 변한다는 뜻을 갖고 있다.

◎⊗로 알아보기

- 이 옷은 색 바램이 심해져 더 이상 못 입겠는데? (   )
- 앞으로 너의 미래가 더욱 행복해지길 바래. (   )
- 난 대가를 바라고 너를 도운 게 아니야. (   )

→ O, X, O

지향하다/지양하다   발음은 비슷하지만 뜻은 상반되는 단어로, 「지향(志向)하다」는 어떤 목표로 뜻이 쏠리어 향하다는 뜻이며, 「지양(止揚)하다」는 더 높은 단계로 오르기 위하여 어떠한 것을 하지 아니하다는 뜻으로 사용된다. 즉 「지향」은 하고자 하는 것, 「지양」은 하지 않고자 하는 것을 의미한다.

◎⊗로 알아보기

- 나는 불필요한 소비를 지향하고 물건 없는 단순한 삶을 실천 중이다. (   )
- 우리 학교는 창의적인 인재 육성을 지양합니다. (   )
- 건강검진 결과를 보니까 더 이상의 음주는 지양하는 것이 좋겠다. (   )

→ X, X, O

글피/그글피   「글피」는 모레의 다음 날이자 오늘로부터 3일 후를 말하며, 「그글피」는 글피의 다음 날이자 오늘로부터 4일 뒤의 날을 가리킨다. 참고로 3일째 되는 날은 「사흘」, 4일째 되는 날은 「나흘」이라고 한다.

순우리말 날짜

1일	하루	6일	엿새
2일	이틀	7일	이레
3일	사흘	8일	여드레
4일	나흘	9일	아흐레
5일	닷새	10일	열흘

저희/우리 「저희」는 대명사 「우리」의 낮춤말이자, 앞에서 이미 말하였거나 나온 바 있는 사람들을 도로 가리키는 3인칭 대명사로 사용된다. 「우리」는 ▷말하는 이가 자기와 듣는 이, 또는 자기와 듣는 이를 포함한 여러 사람을 가리킬 때 ▷말하는 이가 자기보다 높지 않은 사람을 상대하여 자기를 포함한 여러 사람을 가리킬 때 ▷말하는 이가 자기보다 높지 않은 사람을 상대하여 어떤 대상이 자기와 친밀한 관계임을 나타낼 때 사용된다.

예문으로 알아보기

- (청중들에게) 저희 회사에서 출간된 작가의 책이 이번에 세계적인 문학상을 수상했습니다.
- 친구들은 저희끼리 귓속말을 주고받으며 나를 무시했다.
- 이번에 우리 회사 경쟁률이 엄청 높았다던데?
- 성격이 이토록 안 맞으니, 우리 이제 그만하자.

너비/넓이 「너비」는 평면이나 넓은 물체의 가로로 건너지른 거리를, 「넓이」는 일정한 평면에 걸쳐 있는 공간이나 범위의 크기를 뜻한다. 즉 너비는 가로를. 넓이는 면적을 가리킨다.

예문으로 알아보기

- 이 집은 우리 두 사람이 살기에 충분한 넓이다.
- 서울을 관통하는 한강의 너비는 전 세계 대도시 기준으로 봐도 상대적으로 넓은 편이다.

이상/초과 「이상(以上)」은 수량이나 정도가 일정한 기준보다 더 많거나 나음을 뜻하는 말로, 기준이 수량으로 제시될 경우에는 그 수량이 범위에 포함되면서 그 위인 경우를 가리킨다. 「초과(超過)」도 일정한 수나 한도 따위를 넘는다는 뜻이지만, 기준이 수량으로 제시될 경우 그 수량이 범위에 포함되지 않으면서 그 위인 경우를 가리킨다는 점에서 「이상」과 차이가 있다.

예문으로 알아보기

- 이 엘리베이터는 6인승인데, 3명이 탔음에도 정원 초과를 알리는 안내음이 나왔다.
- 70점 이상만 받으면 이번 시험에 합격할 수 있어.
- 너 지난번에 냈던 세금이 초과 징수됐다고 하던데?

연패(連霸)/연패(連敗) 같은 발음임에도 상반된 뜻을 지니고 있어 혼란이 잦은 단어 중 하나다. 「연패(連霸)」는 운동 경기 따위에서 연달아 우승한다는 뜻이지만, 「연패(連敗)」는 싸움이나 경기에서 계속하여 진다는 뜻이기 때문이다.

예문으로 알아보기

- 대한민국 여자 양궁팀이 2024년 파리올림픽에서 올림픽 10연패의 역사를 썼다. → 連霸
- 그 팀은 3연패의 늪에 빠지면서 사기가 많이 떨어진 상태다. → 連敗

♠ 막힌 문해력, 이제 좀 뚫려? "문해력 중급편"

금일[今日] 지금 지나가고 있는 이날로, 「오늘」을 뜻한다. 「금일」도 최근 문해력 논란을 일으킨 말로, 「금일」을 「금요일」로 이해했다는 사례들이 논란이 된 바 있다.

한자어 날짜 알아보기

현재 기준	일	주	월	년
저번	작일	작주	작월	작년
이번	금일	금주	금월	금년
다음번	내일=명일	내주	내월	내월=명년

무운(武運)을 빈다 좋은 결과가 있기를 비는 인사말 표현으로, 여기서의 「무운(武運)」은 전쟁 따위에서 이기고 지는 운수나 무인으로서의 운수를 뜻한다. 즉, 과거 전쟁터에 나가는 병사들이 무탈하게 이겨서 돌아오라는 바람을 담은 것이다. 그러나 최근 정치권에서는 「무운(武運)」이 아닌 「무운(無運)」으로 바꿔 운 없기를 바란다는 속내를 비친 풍자로 사용되기도 했다. 한편, 「무운을 빈다」는 표현은 비교적 격식을 차리는 상황에 적합하므로 해당 상황에 맞게 적절히 사용하는 것이 좋다.

파토/파투 우리가 일상에서 흔히 쓰는 말로 「파토났다」는 말이 있는데, 이는 흔히 약속 등이 깨져서 계획이 어그러질 때 사용되고 있다. 하지만 「파토」는 잘못된 표현으로, 「파투」라고 해야 맞다. 파투(破鬪)는 화투 놀이에서 잘못되어 판이 무효가 됨이라는 뜻으로, 일이 잘못돼 흐지부지됨을 비유적으로 이르는 표현이기도 하다. 따라서 이러한 상황에서는 「이번 약속 파투났으니까 모이지 않아도 돼.」라는 식으로 「파토」가 아닌 「파투」를 쓰도록 해야 한다.

껍질/껍데기 껍질은 「물체의 겉을 싸고 있는 단단하지 않은 물질」로, 흔히 먹지는 않지만 얼마든 씹는 것은 가능하다. 반면 껍데기는 「달걀이나 조개 따위의 겉을 싸고 있는 단단한 물질」을 뜻한다.

> **예문으로 알아보기**
> • 계란찜 만들 거니까 껍데기 좀 깨뜨려 줘.
> • 귤 껍질을 열심히 깠더니 손바닥이 노랗게 변했다.
> • 손바닥 껍질이 벗겨지도록 빌고 또 빌었으나 전혀 소용이 없었다.

갑절/곱절 「갑절」은 어떤 수나 양을 두 번 합한 만큼이라는 뜻으로 2배의 의미로만 사용된다. 이에 비해 「곱절」은 어떤 수나 양을 두 번 합한 만큼, 또는 흔히 고유어 수 뒤에 쓰여 일정한 수나 양이 그 수만큼 거듭됨을 이른다. 따라서 곱절 앞에는 수를 써도 되지만, 갑절 앞에는 수를 쓰지 않는다.

> **예문으로 알아보기**
> • 영농 방식을 개선하면 소득이 몇 곱절은 높아질 거예요.
> • 우리 동네 아파트 가격은 다른 곳의 갑절이다.

조치/조처 「조치(措置)」는 벌어지는 사태를 잘 살펴서 필요한 대책을 세워 행함 또는 그 대책을 뜻하며, 「조처(措處)」는 제기된 문제나 일을 잘 정돈하여 처리함 또는 그러한 방식을 가리킨다. 다소 긴급한 대책의 경우 「조치」, 정해진 단계를 거쳐 사건을 마무리 짓는 것은 「조처」를 사용하면 된다. 참고로 「조치」와 발음이 비슷해 헷갈리는 어휘로 「조취(措處)」가 있는데, 이는 짐승의 고기에서 나는 기름기의 냄새를 말한다.

- 다시는 법을 악용할 수 없도록 <u>조치</u>를 취해야 합니다.
- 전문가들이 마련한 방역 <u>조처</u>에 따라 차근차근 대응하도록 하시지요.

사단/사달 「사단(事端)」은 사건의 단서 또는 일의 실마리를 뜻하는 말이며, 「사달」은 사고나 탈을 줄인 말이다.

◎⊗로 알아보기

- 조심하지 않아서 결국 <u>사단</u>이 났다. ( )
- 사고를 조심하지 않아 <u>사달</u>이 되었다. ( )

→ X, X

딴죽/딴지 「딴죽」은 ① 씨름이나 태껸에서 발로 상대편의 다리를 옆으로 치거나 끌어당겨 넘어뜨리는 기술이나 ② 이미 동의하거나 약속한 일에 대하여 딴전을 부림을 비유적으로 이르는 말이다. 「딴지」는 일이 순순히 진행되지 못하도록 훼방을 놓거나 어기대는 것으로, 주로 「걸다」, 「놓다」 등과 함께 사용된다.

- 저번에 약속해 놓고 이제 와서 <u>딴죽</u>을 치면 어떻게 해?
- 이번 일에 자꾸 <u>딴지</u> 거는 건 그만해 줘.

걷잡다/겉잡다 「걷잡다」는 한 방향으로 치우쳐 흘러가는 형세 따위를 붙들어 잡다는 뜻이며, 「겉잡다」는 겉으로 보고 대강 짐작하여 헤아리다는 뜻을 갖고 있다. 걷잡다의 경우 주로 「없다」와 함께 쓰이며, 겉잡다는 「어림잡다」, 「짐작하다」와 뜻이 비슷하다.

◎⊗로 알아보기

- 불길이 <u>걷잡</u>을 수 없이 번져서 그 주변 접근이 금지되었다. ( )
- 관중이 <u>걷잡</u>아 1000명쯤 되는 것 같다. ( )
- 예산을 <u>겉잡</u>지 말고 최대한 정확하게 배분하세요. ( )

→ O, X, O

넓죽하다/넙죽하다 「넓죽하다」는 길쭉하고 넓다는 뜻이며, 「넙죽하다」는 말대답을 하거나 무엇을 받아먹을 때 입을 너부죽하게 넝큼 벌렸다가 닫다는 뜻을 갖고 있다. 「넙죽하다」는 넙죽을 두 번 붙여 「넙죽넙죽」이라고 쓰기도 한다.

- 얼굴이 <u>넓죽</u>하게 생겼다.
- 밥을 <u>넙죽넙죽</u> 잘 받아먹는구나.
- 바닥에 <u>넙죽</u> 엎드려 빌고 또 빌었다.

먹먹하다/멍멍하다 「먹먹하다」는 갑자기 귀가 막힌 듯이 소리가 잘 들리지 않거나 체한 것같이 가슴이 답답할 때 사용하는 말이다. 「멍멍하다」는 정신이 빠진 것 같이 어리벙벙함을 나타낸다. 따라서 귀와 관련된 문장에서는 멍멍하다가 아닌 「먹먹하다」를 쓰는 것이 맞다. 참고로 코가 답답할 때는 「맹맹하다」를 쓰는데, 이는 「코가 막히어 말을 할 때 코의 울림 소리가 나면서 갑갑하다」는 뜻이다.

예문으로 알아보기

- 비행기를 타면 귀가 <u>먹먹</u>해진다.
- 그 소식을 들었는데, 가슴이 <u>먹먹</u>하구나!
- 이제 막 일어났으니 <u>멍멍</u>할 수 밖에 없지.

일체(一切)/일절(一切) 「일체」는 명사와 부사로 쓰이는 말로, 「모든 것을 다」라는 뜻으로 사용된다. 반면 부사로만 쓰이는 「일절」은 아주·전혀·절대로의 뜻으로, 흔히 행위를 그치게 하거나 어떤 일을 하지 않을 때에 사용된다.

◎⊗로 알아보기

- 도난에 대한 <u>일절</u>의 책임은 당신이 지셔야 합니다. (　　)
- 그는 재산 <u>일체</u>를 그 학교에 기부하였다. (　　)
- 근처에 밥집이 없어 들어간 것일 뿐 술은 <u>일체</u> 마실 생각이 없었다. (　　)

→ X, O, X

부조금/부의금 「부조금(扶助金)」은 부의금과 축의금을 모두 통칭하는 말로, 남이 치르는 혼사나 장례식 따위의 큰일을 돕기 위해 주는 돈이다. 그리고 「부의금(賻儀金)」은 초상난 집에 부조의 뜻으로 보내는 돈이라는 뜻이다. 따라서 부의금과 축의금은 부조금에 해당하는 것이다.

예문으로 알아보기

- 직장 동료의 결혼식에 참석하기 위해 <u>부조금</u> 봉투를 준비했다.
- 친구의 아버지가 세상을 떠나셔서 장례식에 가 <u>부의금</u>을 냈다.

늑장/늦장 늑장과 늦장 모두 「느릿느릿 꾸물거리는 태도」를 이르는 말로, 동의어로 인정되고 있다. 따라서 「오늘 시간이 없으니 늑장을/늦장을 부리지 마라.」처럼 모두 사용된다. 표준어 규정 제3장 제5절 제26항에 따르면 한 가지 의미를 나타내는 형태 몇 가지가 널리 쓰이며 표준어 규정에 맞으면, 그 모두를 표준어로 삼는다. 이처럼 같은 뜻을 가진 여러 말을 모두 표준어로 인정하는 것을 「복수 표준어」라 한다.

복수 표준어 예시

• 반딧불/반딧불이	• 나귀/당나귀	• 넝쿨/덩굴	• 깨트리다/깨뜨리다
• 들락날락/들랑날랑	• 가뭄/가물	• 감감무소식/감감소식	• 딴전/딴청
• 세간/세간살이	• 눈초리/눈꼬리	• 뜰/뜨락	• 만날/맨날
• 두루뭉술하다/두리뭉실하다	• 아옹다옹/아웅다웅	• 허접스레기/허접쓰레기	

알아두면 좋은 아름다운 우리말들

우리말	의미	예시
구쁘다	뱃속이 허전해서 입맛이 당기는 상태를 이르는 말	속이 좀 구쁜데, 우리 간식 좀 사다 먹을까?
나비잠	갓난아이가 두 팔을 머리 위로 벌리고 자는 잠	나비잠 자는 아기의 모습을 보고 있노라니 절로 기분이 좋아졌다.
달보드레하다	약간 달큼하다는 뜻으로, 달콤하면서도 지나치지 않은 맛을 나타낸다.	달보드레한 계란찜 덕분에 맛있는 식사를 즐길 수 있었다.
도르리	① 여러 사람이 음식을 차례로 돌려 가며 내어 함께 먹음. 또는 그런 일 ② 똑같이 나누어 주거나 골고루 돌려줌. 또는 그런 일	여기 있는 음식은 우리 조원들이 도르리로 준비한 거예요.
발밤발밤	한 걸음 한 걸음 천천히 걷는 모양	점심 먹고 호수 주변으로 발밤발밤 걸어 봐요.
볼가심	아주 적은 양의 음식으로 시장기나 궁금함을 면하는 일	여러분들이 볼가심할 수 있도록 몇 가지 가벼운 음식을 준비해 봤습니다.
사부자기	별로 힘들이지 않고 가볍게	오늘은 오전 근무만 한다니까 사부자기 일하고 퇴근해야지.
술적심	밥을 먹을 때에 숟가락을 적시는 것이라는 뜻으로, 국이나 찌개와 같이 국물이 있는 음식을 이르는 말	한국인들은 술적심으로 된장찌개보다 김치찌개를 더 선호한다고 한다.
아기똥거리다	① 작은 몸을 좌우로 둔하게 움직이며 나릿나릿 걷다 ② 작은 물체가 좌우로 흔들리며 나릿나릿 움직이다 ③ 말이나 짓을 자꾸 거만스럽게 하다	어린이집에 있던 아이는 엄마를 보고는 아기똥거리며 걸어왔다.
안다미로	담은 것이 그릇에 넘치도록 많이	그릇에 안다미로 담은 밥을 순식간에 먹어 치웠다.
얄라차	무엇인가 잘못되었음을 이상하게 여기거나 어떤 것을 신기하게 여길 때 내는 소리(감탄사)	얄라차! 너무 신기한 일이 벌어졌어.
오달지다	마음에 흡족하게 흐뭇하다	너를 생각만 해도 오달진 웃음이 퍼진다.
옴살	매우 친밀하고 가까운 사이	그 사람과 나는 어느 순간 옴살이 됐다.
자늑자늑	동작이 조용하며 진득하게 부드럽고 가벼운 모양	나뭇잎이 바람에 자늑자늑 흔들린다.
잠포록하다	날이 흐리고 바람기가 없다.	잠포록한 날이다 보니, 괜히 기운이 없는 것 같다.
정짜	한 번 오면 물건을 꼭 사 가는 단골손님	이 가게는 정짜가 많은 곳이니 잘 봐 두렴.
함초롬	젖거나 서려 있는 모습이 가지런하고 차분한 모양	아침이슬이 풀잎에 함초롬 앉아 있다.
수나롭다	무엇을 하는 데에 있어 어려움이 없이 순조롭다	일을 하면 할수록 수나롭게 돌아가기 마련이다.
너나들이	서로 너니 나니 하고 부르며 허물없이 말을 건넴. 또는 그런 사이	그 사람과는 너나들이를 하는 가까운 사이다.
몰몰	냄새나 연기 따위가 조금씩 약하게 피어오르는 모양	아침에 타놓은 커피에서 김이 몰몰 피어올랐다.
볕뉘	① 작은 틈을 통하여 잠시 비치는 햇볕 ② 그늘진 곳에 미치는 조그마한 햇볕의 기운 ③ 다른 사람으로부터 받는 보살핌이나 보호	울창한 나무들 사이로 볕뉘가 드러났다.
얄브스름하다	조금 얇은 듯하다	그 고기는 얄브스름하게 썰어 접시에 내도록 해.
꾀꾀로	가끔가끔 틈을 타서 살그머니	시간 나면 꾀꾀로 보러 올 거지?
휘뚜루	닥치는 대로 대충대충	그렇게 휘뚜루 할 거면 아예 하지 마.

※ '문해력 고급편'은 231집 특집에서 이어집니다.